KB039188

民事訴訟에서 民事執行까지(Ⅰ)

- 民事訴訟에서 不動産 · 債權 · 動産 押留까지 -

全 將 憲

박영사

머 리 말

광활하고 정교한 대우주(Great Universe) 속의 작은 지구 안에서 살아가고 있는 우리들은 어느 생명체보다도 치열한 경쟁과 복잡한 사회구조 속에서 살아가고 있다. 오랜 세월 동안 농경사회와 자연생활을 하던 사회구조와 달리 현 시대는 100여 년 사이에 엄청난 변화와 격동의 시대를 살아오면서 4차 산업혁명인 AI(Artificial Intelligence)시대로 접어들고 있다. 다른 생명들은 본능적인 자연의 흐름에 따라 살아가고 있지만, 인간의 세계는 다양하고 복잡한 사회구조와 수많은 분쟁 속에서 살아가고 있다. 이러한 사회구조일수록 서로가 지켜야 할 사회규범이 없다면 인간의 세계는 무법천지의 세계가 될 것이다. 그래서 모든 국가들은 현 시대를 살아가면서 가장 공평하고 정의로운 규칙을 만들어 놓고 그 약속(Promise)을 위반한 경우에는 제재를 할 수 있도록 법(Law)이라는 사회규범을 만들어 놓고 있다.

이러한 법은 크게 실체법과 절차법으로 구분할 수 있고 실체법은 민법, 상법 등과 절차법인 민사소송법, 민사집행법 등으로 이루어져 서로 유기적으로 연계되어 효력을 발생하게 되는데, 그 중 현대사회에서 제일 중요한 법은, 법의 마지막 단계이면서 꽃이라고 할 정도로 중요한 부동산 민사집행(부동산경매)이라고 할 수 있다. 옛말에 "길은 로마로 통한다"는 격언이 있듯이 당사자 사이에 민사분쟁은 궁극적으로 민사집행을 통하여 만족을 얻을 수밖에 없다. 그래서 천하에 아무리 자랑할 만한 명문의 확정판결문을 받았더라도 법의 마지막 단계에 해당하는 민사집행에 의하여 실효성이 인정되지 않는다면 그 판결문은 한낱 종잇조각에 불과하게 된다. 그런데 민사집행은 민사집행법만 알아서는 법리적인 관계가 작용이 안 되고 민법 등의 실체법과 민사소송법 등의 절차법이 서로 유기적으로 연계될 때 실무적으로나 학문적으로 효력이 발생하게 된다.

저자는 그간 대학과 관공서 등에서 민법과 민사소송법 그리고 민사집행법 (경매) 등에 대하여 오랜 기간 교육과 연구 그리고 실무를 하면서 대학(원)생과 전문인 그리고 일반인들이 다양한 민사사건에서 벌어지는 분쟁을 어떠한 법리적인 관계로 실체법을 적용하여 민사소송을 제기하고 판결을 받는지 그리고 그 판결문에 기하여 부동산, 동산, 채권 등에 민사집행을 신청하여 그 낙찰대금으로부터 어떠한 배당순위에 의하여 채권을 회수할 수 있는지, 민사소송과 민사집행의 전 과정을 유기적으로 연계하여 쉽게 이해할 수 있고 실속있는 내용의 전문법서를 생각하게 되었다.

그리고 기존에 나와 있는 책들은 민사소송과 민사집행(경매)의 내용이 서로 일련의 과정으로 연계되어 있는데도 각각 독립해서 다루고 있기 때문에 막상 분쟁이 발생하여 소송을 제기하고 판결을 받았더라도 어떻게 민사집행을 신청하여 배당까지 이루어지는지, 권리와 의무의 실체를 규율하는 실체법에서부터 민사집행까지의 전체적인 연계가 되어 있지 않기 때문에 제일 중요한 민사집행단계에서 곤경에 처하거나 위험에 빠지는 경우가 상당히 많다.

그래서 본서의 대제목을 "민사소송에서 민사집행까지"라고 정하여 제1권은 "민사소송에서 민사집행까지(Ⅰ) − 민사소송에서 부동산·채권·동산 압류까지 −"로 하였으며, 제2권은 "민사소송에서 민사집행까지(Ⅱ) − 민사소송에서 부동산집행까지 −"로 정하였다. 그리고 제1권에서는 소송을 제기하여 판결을 받아 부동산·채권·동산에 대한 압류를 하고, 제2권에서는 제1권의 민사소송 등의 판결문을 가지고 부동산집행을 하는 시리즈(Series)로 집필하여 본서를 통하여 민사사건의 처음부터 시작하여 배당을 받아 종결되기까지의 전 과정을 서로 유기적으로 연계·융합하여 다양한 민사분쟁이 해결되는 관계를 조감(see the entire view)할 수 있도록 집필하였다.

그리고 현재의 부동산경매제도는 법학과 부동산학문 중 꽃에 해당한다고 할 수 있을 정도로 중요한 학문분야임에도 불구하고 법의 사각지대로 가장 소외받는 분야로 취급받아 왔다. 그래서 학계와 법조계, 실무계에 계신 분들과 뜻을 같이하여 국내 최초로 한국부동산경매학회를 창립하였고, 위와 같은 내용의 실무적이며 학문적인 전문서가 더욱 필요하다는 점을 느끼게 되었다.

이에 대한 본서의 특징을 간략히 살펴보면 다음과 같다.

첫째, 제1권의 민사소송에서 제2권의 민사집행까지 방대한 전체적인 내용의 연결고리를 보다 쉽게 이해할 수 있도록 민사분쟁에서 실정법의 적용과 그에 따른 소장작성 그리고 판결을 받아 명도까지 이르는 전 과정을 각종서식과 이론, 판례 등을 예시하여 서술하였다. 따라서 하나의 사건이 실정법과 민사소송뿐만 아니라 민사집행신청에서 배당과 명도에까지 이르는, 각각의 연결고리를 설명하여 제1권의 민사소송 내용이 제2권의 민사집행의 각 단계에서 전체적인 내용을 이해하는 데 도움이 되고자 하였으며, 가능한 쉽게 이해할 수 있도록 하였다. 본서에서는 이러한 일련의 전체과정들을 연계하여 설명함으로써 민법은 알고 있지만 소송은 제기할 수 없고, 소송을 통하여 판결은 받았지만 어떻게 경매를 신청할지 제대로 몰라 결국 채권회수도 하지 못하고 소멸시효로 집행권원이 휴짓조각이 되어 버리는 일이 없도록 하였다.

둘째, 민사집행은 단순히 민사집행법만 알아서는 안 되고 민법, 공법 등의 실체법과 민사소송법, 민사집행법 등의 절차법을 서로 유기적으로 연계하여 적용할 때 법리적인 관계가 작용을 하게 된다. 그래서 민사소송과 민사집행은 바늘과 실의 관계와 비유되듯이 밀접한 관계로 연계되어 효력이 발생한다. 이러한 민사집행은 실체법과 절차법 그리고 부동산학문을 포함하고 있는 종합학문으로 제일 복잡하고 난해한 분야에 해당한다. 따라서 추상적이고 난해한 실정법인 민법이 절차법인 경매와의 관계에서 어떻게 응용되고 적용되는지를 알기 쉽게 풀이하여 어느 누구나 법리적인 관계를 이해할 수 있도록 기술하였고, 문장구성은 현실적이며 이해하기 쉽도록 사례와 판례 그리고 도해를 많이 삽입하여 서술을 하였다.

셋째, 민사분쟁의 신속과 비용 절감 등을 위하여 도입한 전자소송에 대하여 어떻게 전자소송으로 민사소송을 제기하고 판결을 받아 부동산과 동산 등에 대하여 민사집행을 할 수 있는지 설명하였다.

넷째, 본서의 부동산경매 사례들은 가능한 실제 사례를 가지고 권리분석과 설명을 하고 있지만 일자와 금액 등은 일부 수정을 하였다. 그리고 부동산경매의 용어는 일반적·대중적으로 많이 사용하고 있는 '매수인'은 '낙찰자', '경락인',

iv

'매각'은 '낙찰', '경락' 등으로 쉽게 표현하여 내용을 이해하는 데 어려움이 없도록 하였다.

다섯째, 부동산경매에 관한 법의 규정은 사회현실과 밀접한 관계가 있기 때문에 얼마 시행되지 않고 변경이나 삭제되는 법들이 많다. 그러나 실질적·법리적인 관계는 변경된 새로운 조문만 적용하면 동일하게 효력을 발생하는 법들도 상당히 많이 있다. 그래서 이러한 법의 규정이나 판례 등에 대한 사례해석, 해석론 그리고 적용 등에 대한 내용은 가능한 삭제를 하지 않고 현행법의 체계에서도 그대로 적용될 수 있도록 하였다. 또한 일부내용은 아예 삭제를 하지 않고 법원경매의 역사적인(Historical) 흐름의 이해 차원에서 그대로 유지하되 이에 대한 내용은 적절히 표시하였다.

여섯째, 부동산경매는 사법과 공법, 부동산학 등 다양한 법 등이 관련되어 강제집행이 이루어지기 때문에 채권자와 채무자, 임차인 그리고 입찰자 사이에 이해관계가 첨예하게 대립되는 경우가 많다. 따라서 본서는 이러한 이해관계인들이 가능한 모두 조화로운 관계 속에서 보호받을 수 있도록 다양한 방안으로 집필하였다. 그리고 실체법인 민법 등이 절차법인 민사집행(경매)과의 관계에서 어떻게 응용되고 효력이 발생하는지를 각종 사례와 판례 등을 통하여 살펴봄으로써 살아 움직이는 법의 실체를 알 수 있도록 하였다.

일곱째, 민사집행은 실무적으로나 학문적으로 중요한 학문영역인데도 법과대학에서는 필수과목이 아니며, 각종 국가시험에서도 제외되고 있다. 그리고 법의 방대함으로 인하여 법과대학에서는 권리와 의무의 실체를 규율하고 있는 실체법인 민법 등을 따로 배우고 나중에 고학년일 때 실체법을 실현하기 위한 절차법인 민사소송법도 각기 따로 배우기 때문에, 민법이나 상법 등은 상당히 많이 알고 있는데도 이를 실현하기 위한 민사소송법과 연계가 되지 않아 판결을 제대로 받을 수 없거나 확정판결은 정상적으로 받았지만 이 중 제일 중요한 민사집행을 배우지 않아서 앞에서 어렵게 실체법을 알고 민사소송까지 제기하여 받은 확정판결문이 제일 중요한 민사집행 단계에서 휴짓조각이 되어 버리는 교육의 메커니즘으로 되어 있다. 따라서 본서는 이러한 메커니즘(Mechanism)을 조금이라도 보완하기 위하여 제목을 "민사소송에서 민사집행까지"라고 정하고 제1

권은 민사소송편, 제2권은 민사집행편의 시리즈(Series)로 집필하여 본서를 통하여 민사사건의 처음부터 시작하여 배당을 받아 종결되기까지의 전 과정을 조감할 수 있도록 집필하였다. 예컨대 제1권 60면에서 주택임대차 분쟁이 발생한 경우 어떠한 주택임대차보호법이 적용되어 해결을 하여야 하는지 그리고 보전처분은 어떻게 하여야 하는지 그래서 본 사건의 민사소송을 어느 법원에 제기하고 소장은 어떻게 작성하여 법원에서 주장해야 하는지를 설명하여 확정판결을 받기까지의 전 과정을 이해할 수 있도록 하였다. 그리고 제2권에서는 제1권에서 받은 확정판결에 기하여 민사집행법에서 2/3 이상 차지하는, 부동산집행을 어떻게 신청하여 매각절차가 이루어지는지 그리고 나중에 매각대금(낙찰대금)으로부터 어떠한 순위에 따라 배당을 받을 수 있는지를 제1권과 제2권을 유기적으로 연계 설명하여 민사사건의 전체적인 법리적인 관계를 각종 서식과 도해, 판례 그리고 실제 사례 등을 인용하여 가능한 쉽게 이해할 수 있도록 하였다.

여덟째, 공동저당, 지분경매, 관습법상 법정지상권, 유치권, 인수되는 후순위 권리, 파산 및 회생절차와 경매와의 관계, 임차인 등의 특수부동산에 대하여 구체적이며 실무적으로 설명을 하였다. 그리고 법정지상권과 일괄경매신청권은 일반거래에서뿐만 아니라 금융기관에서도 여신업무와 밀접한 관련이 있어 양 제도의 차이점과 문제점을 사례로 설명하고 그에 대한 해결방안을 설명하였다. 그리고 민사소송과 민사집행은 실천학문이라 실무경향을 위주로 쉽고 간결하게 설명하였다.

위에 열거한 사항 외에도 본서는 일반인과 전문인 그리고 대학(원)생들이 제1권과 제2권의 "민사소송에서 민사집행까지"의 유기적인 전 과정을 학습함으로써 민사사건을 처음부터 배당받기까지 쉽게 이해할 수 있도록 다양한 방법과 내용으로 구성하였다.

우리 인류는 도전(Challenge)과 창의(Creativity), 중력(Gravity)으로 발전해 나가고 있다. 그리고 우리가 살아가고 보이는 모든 현상들의 세계는 고난(Hardship)과 분쟁(Dispute), 인내(Patience) 속에 아름다운 품격(Dignity)과 희망(Hope) 그리고 감사(Gratitude)하는 마음으로 변화하고 언젠가는 사라지는 미완성의 조각품을 만들면서 보이지 않는 영원한 SOUL의 세계로 향하고 있는 듯

보인다. 어려우면서도 아름다운 현실 속의 과정들을 잘 극복하고 좋은 일들이 독자 여러분들에게 가득하기를 기원한다.

이 책이 나오기까지 주위에서 나를 도와주신 모든 분들께 이 자리를 통하여 감사한 마음을 드린다. 그리고 본서가 나올 수 있도록 간행을 맡아주신 박영사 안종만 회장님과 출간을 위하여 세심히 수고하여 주신 편집부의 사윤지 님, 마케팅팀의 정연환 과장님에게 감사한 마음을 전한다.

2024. 3. 27.

영국 옥스퍼드 대학교에서
저자 전 장 헌

차 례

제 1 절
민사소송은 왜 하는가?

민사소송법 제1조는 "법원은 소송절차가 공정하고 신속하며 경제적으로 진행되도록 노력하여야 하며, 당사자와 소송관계인은 신의에 따라 성실하게 소송을 수행하여야 한다"라고 규정을 하고 있다. 왜 당사자 간에는 분쟁이 발생하였을 경우에 Self-Help는 인정되지 않고 위의 규정에서처럼 국가의 도움을 받아 권리를 실현하여야만 하는가? 하는 문제는 여러 가지 경우로 나누어 볼 수 있을 것이다. 우선 사인 간의 분쟁에서 권리를 침해당한 자가 국가의 힘을 빌리지 않고 자력구제에 의하여 권리를 실현할 수가 있다면, 이 방법은 권리실현의 방법에 있어서는 가장 신속하고 경제적인 수단임에는 틀림이 없을 것이다. 그러나 이러한 자력구제를 실현하기 위해서는 권리자가 항상 강한 자이어야 하고 상대방이 저항을 하지 않았을 때에만 가능할 것이다. 상대방이 조금이라도 저항을 하면 평화롭고 법에 맞는 권리실현은 불가능하며, 사회의 평화는 깨질 뿐만 아니라 폭력이 난무한 약육강식의 사회로 전락하고 말 것이다. 그리하여 국가의 기틀이 잡힌 후에는 자력구제는 긴급한 경우를 제외하고는 허용을 하지 않게 되었다. 그 대신 국가가 권리자의 권리를 보호하고 분쟁을 정당하게 Solution하여 사법질서를 유지하는 제도로써 민사소송제도를 마련하게 된 것이다. 즉 사인 간의 분쟁에서 자력구제는 신속성과 경제적인 측면에서 유리하지만, 사회 전체가 폭력 속에 평화를 깨뜨릴 수 있기 때문에 인정을 하지 않고 국가와 법원이 분쟁을 맡아 해결함으로써 사법질서를 유지하려는 데 민사소송을 제기하는 이유가 있다고 볼 수 있는 것이다.

　이와 같은 민사소송법은 원래 재판절차와 집행절차(강제집행)로 크게 구분하여 진행해 왔었다. 그러나 2002년 7월 1일부터는 두 절차법이 규율하는 기본원리 등이 상이하고, 별도 단행법률로 제정하는 것이 당사자의 권리실현과 그 목적에도 합치하기 때문에 이를 분리하여 규율하고 있다. 다만 위의 두 법률은 하나의 연결고리로 이어져 있어 당사자가 권리를 실현하기 위해서는 재판절차에 의한 집행권원만 있어서는 안 되고, 그 집행절차가 실현될 수 있는 완전한 권리이어야 가능할 것이다. 예컨대 100건의 확정판결문을 받았거나 100억원의 저당권을 설정하였더라도 실질적으로 경매를 신청하여 채권회수를 할 수가 없다면, 그 집행권원은 아무 쓸모가 없는 휴짓조각에 불과할 것이다. 아울러 경매를 신청하여 채권회수를 할 수 있는 재산을 채무자가 아무리 많이 가지고 있다고 하더라도 채권자가 집행권원을 받지 못하였다면 채무자의 재산을 강제적으로 집행할 수는 없을 것이다. 그래서 민사소송법과 민사집행법은 바늘과 실의 관계라고 할 수가 있는 것이다. 즉 집행권원을 받기 위한 민사소송과 그 집행권원에 기한 민사집행은 실질적으로 하나의 연결고리로 이어져 있어 이를 바탕으로 이해하여야 한다. 당사자 사이에 채권채무관계는 채권자가 민사소송을 제기하여 그 판결문으로부터 경매를 신청하고 이어 낙찰대금으로부터 채권을 회수함으로써 실현되는데, 이러한 일련의 과정은 민사소송만 알아서는 안되고 민사집행법도 같이 알아야 전체적인 흐름 속에 원활한 채권회수를 할 수 있게 된다.

　따라서 본서의 제1권(Ⅰ)에서는 각종 실체법상(민법 등)의 불법행위, 채무불이행 그리고 부당이득 등으로 채무자가 변제를 하지 않는 경우에 어떠한 실체법을 적용하여 민사소송으로 집행권원을 받을 수 있는지에 대해서 살펴보고, 이어서 집행권원을 가지고 채무자가 보유하고 있는 각종 부동산, 채권, 동산, 자동차 등의 목적물을 어떻게 발견할 수 있는지 그리고 발견한 각종 목적물에 대하여 어떻게 압류를 할 수 있는지에 대하여 살펴본다. 그리고 통상의 민사소송절차 내용은 일반적인 집행권원을 받기 위한 내용에 한정되지 않고 각종 가옥명도청구소송이나 화해조서·소액심판·가압류·가처분을 하기 위한 소송절차와 추후 경매에 의한 명도소송이나 항고를 제기하는 데 있어서도 기본적인 내용으로 상당히 중요(Core)하다고 할 수 있다. 그리고 제2권(Ⅱ)에서는 민사집행법의 70% 비중을 차지하고 있는 부동산집행(경매)에 대하여 부동산 경매신청으로부터 경매절차, 권리분석, 배당 등 부동산 경매집행에 대한 모든 내용을 분석할 수 있도록 하였다.

그리하여 제1권에서는 민사소송을 제기하여 집행권원으로 각종 목적물을 조사하여 압류를 하고, 이어서 제2권에서는 경매신청을 하고 권리분석과 배당까지 전체적인 민사관계의 내용을 다양한 실무사건을 위주로 설명하여 살아있는 법의 실체와 활용이 가능할 수 있도록 하였다.

제 2 절
소송을 하기 전에 알아두어야 할 사항

제1항 승소 가능성

1. 승소가능성 판단방법

당사자 간에 민사상 분쟁이 발생하여 소송을 제기하다 보면 승소 여부에 대하여 상당한 궁금증을 가지게 될 것이다. 오랜 시간 동안 많은 비용을 들여 소송을 제기하였는데, 패소를 하게 되면 금전적·시간적 손해뿐만 아니라 정신적 충격도 상당하기 때문이다. 따라서 소송을 제기하기 전에 소송의 승패 여부를 미리 가늠하여 보는 것도 상당히 중요하다고 할 수 있다. 그러나 실제 소송에 부딪히면 승소가능성을 판단하는 것은 쉽지 않을 뿐만 아니라 비용도 만만치가 않다. 그러나 다음과 같은 사항을 미리 검토하여 보면 소송결과 여부를 대략은 알 수 있을 것이다.

첫째, 소송을 제기하기 전에 그 분쟁의 증거로 제기할 수 있는 문서가 있는지를 살펴보아야 한다. 예컨대 갑이 을에게 1억원을 빌려주면서 차용증을 받았다면 그 차용증이 소송의 승패를 가늠하는 중요한 문서가 될 것이다. 물론 대여금청구소송 진행 중에 채무자가 1억원을 갑으로부터 차용하였음은 인정하지만 변제를 하였다고 항변을 하는 경우도 있을 수 있을 것이다.[1] 이때는 채무자가

---

1) 상대방의 주장에 대한 답변태도는 다음 중 하나가 된다.

채무를 변제하면서 채권자로부터 받은 영수증이 승소 여부를 결정짓는 중요한 문서(서증)가 될 것이다.

둘째, 문서(서증)가 없다면 증인이 있는지 살펴본다. 예컨대 민사분쟁을 해결할 수 있는 문서(서증)가 없더라도 그에 대한 목격자가 있거나 이야기를 들은 사람이 있을 경우에는 이 사람의 말 한마디가 소송의 승패 여부를 결정지을 수 있는 중요한 자료가 될 것이다.

셋째, 소송을 제기하기 전에 소송비용과 승소금액을 비교하여 살펴보아야 한다. 예컨대 승소한 금액은 1000만원인데 소송비용은 그보다 많은 3,000만원이 들어간다면 소송을 제기할 이유가 없을 것이다.

넷째, 오랜 시간과 비용을 들여 승소판결을 받았더라도 채무자에게 재산이 없으면 그 판결문은 휴짓조각에 불과할 것이다. 예컨대 오랜 시간을 들여 승소판결을 받아 민사집행을 하려고 재산을 조사하여 보았더니 집행은커녕 오히려 채권자가 보태주어야 할 형편에 처해 있는 채무자라면 판결문은 아무짝에도 쓸모가 없을 것이다. 그래서 소송을 제기할 때에는 재산이 완벽한 개인, 대기업이나 은행 또는 보험회사를 상대로 하는 것이 좋다. 이때 상대방은 연 12%의 지연이자 때문에도 확정판결 즉시 변제를 하는 경우가 많아 민사집행까지도 가지 않는 경우가 많다.

2. 변호사 없이 혼자 할 수 있는 경우

법률관계가 복잡하거나 소송가액이 높은 금액인 경우에는 변호사를 선임하여야 할 수 있지만, 다음과 같은 경우에는 비변호사도 할 수 있다.

1심에 한하여 민사소액사건은 재판장의 허가없이 변호사 아닌 사람도 소송

---

1. 인정(자백): 자기에게 불이익한 상대방의 주장사실을 진실이라고 시인하는 진술이다.
2. 부인(부정): 상대방의 주장사실을 부정하는 진술이다. 입증책임은 이를 주장하는 자가 증명하여야 한다.
3. 부지(모름): 상대방의 주장사실을 알지 못한다는 진술이며, 이 경우에는 다툰 것으로 추정한다. 입증책임은 이를 주장하는 자가 증명하여야 한다.
4. 침묵(묵비): 상대방의 주장에 대하여 명백히 다투지 아니하는 것을 뜻한다.
5. 항변(yes, but...): 원고가 주장하는 사실에 대하여 피고가 진실임을 전제로 하면서 이와 별개의 사실을 진술하는 경우이다. 이때 입증책임은 항변을 한 자에게 있다.

대리인이 될 수 있고(소액사건심판법 8조),[2] 단독판사가 심리·재판하는 사건 가운데 그 소송목적의 값이 일정한 금액 이하인 사건에서, 당사자와 밀접한 생활관계를 맺고 있고 일정한 범위 안의 친족관계에 있는 사람 또는 당사자와 고용계약 등으로 그 사건에 관한 통상사무를 처리·보조하여 오는 등 일정한 관계에 있는 사람이 법원의 허가를 받은 때에는 변호사가 아닌 사람도 소송대리인이 될 수 있다(민사소송법 88조).

그러나 누구나 소송대리인으로 선임될 수 있는 것은 아니다. 소액사건의 경우 당사자의 배우자, 직계혈족, 형제자매는 법원의 허가 없이 소송대리인이 될 수 있고(소액사건심판법 8조 1항), 소송목적의 값이 2억원 이하인 민사단독 사건은 당사자의 배우자, 4촌 이내의 친족 또는 고용계약 등으로 그 사건에 관한 통상사무를 처리보조하여 오는 등 일정한 관계에 있는 사람이 법원의 허가를 받은 때에는 소송대리인으로 선임될 수 있다(민사소송규칙 15조 2항).

실질적으로 본안소송의 95% 이상은 변호사 없이 당사자가 직접 소송을 하고 있다는 데 주목해 볼 필요가 있다.

---

2) 소액사건심판법 제8조(소송대리에 관한 특칙) ① 당사자의 배우자·직계혈족 또는 형제자매는 법원의 허가없이 소송대리인이 될 수 있다. ② 제1항의 소송대리인은 당사자와의 신분관계 및 수권관계를 서면으로 증명하여야 한다. 그러나 수권관계에 대하여는 당사자가 판사의 면전에서 구술로 제1항의 소송대리인을 선임하고 법원사무관등이 조서에 이를 기재한 때에는 그러하지 아니하다.

제 2 항 증거 확보

1. 계약서 작성

(1) 계약은 가능한 한 서면으로 명확하게 작성할 것

채무자가 금전을 차용하고 변제하지 않을 경우 채권자는 최종적인 방안으로 소송을 제기하여 이행의 판결을 구하려 할 것이다. 그러나 채권자와 채무자가 금전소비대차 계약을 체결하면서 친한 사이이기 때문에 서면으로 작성하지 않고 구두만으로 약정하고 빌려주었을 경우에 그 친구가 빌린 사실이 없다고 부인을 하면 법원에서는 금전을 빌려준 증빙서류가 없기 때문에 채권자의 주장을 인정하여 줄 수 없을 것이다. 이런 경우 증거가 없다면 결국 소송에서 패소를 하게 된다. 이러한 문제는 구두만으로 체결한 계약뿐만 아니라 서면으로 작성한 계약서도 마찬가지이다. 그 계약서의 내용이 불명확하여 금전을 빌려준 내용을 객관적으로 알 수 없다면, 결국 채권자는 소송에서 패소를 하게 되어 금전을 회수할 수 있는 길이 막히게 되는 것이다.

따라서 계약은 구두(말로 하는 것)에 의해서도 할 수 있지만, 위와 같이 상대방이 부정하면 입증을 할 수 없기 때문에 녹취를 해놓던가 아니면 분쟁의 소지를 없애고 정확한 증거를 확보하는 차원에서 서면으로 작성하는 것이 현명하다. 그리고 계약서의 내용도 명확히 작성하여 애매한 문구로 인해 손해를 보는 일이 없도록 하는 것이 바람직할 것이다.

(2) 계약서를 체결할 때 상대방을 확인할 것

계약서를 작성할 때에는 상대방의 신분을 확인하고 서면에 기재한 당사자와 일치하는지를 확인해야 한다. 예컨대 매매계약을 체결하면서 매도인(남편)이 직접 나오지 않고 부인이 남편의 위임장을 소지하여 매수인과 계약을 체결한 경우에 매도인인 남편이 나중에 소유권을 주장하게 되면 매수인은 소유권을 상실할 수 있게 된다. 따라서 계약을 체결할 때에는 계약서에 기재된 상대방과 일치하는지를 신분증과 대조하여 본인 여부를 확인하여야 하고, 대리인과 계약을 체결할 때에는 위임장의 내용과 인감도장의 일치 여부를 확인해야 할 것이다.

(3) 계약서를 수정 또는 변경할 때 주의할 사항

계약서를 작성하다 틀린 부분을 수정하려고 할 때에는 틀린 부분을 선으로 긋고 정정인을 찍은 다음 몇 자 정정이라고 기재해야 한다. 그리고 계약서를 작성한 후 변경을 하고자 할 때에도 그 변경내용에 대한 확인서와 합의서를 작성하여 두는 것이 분쟁의 소지를 막을 수 있는 예방책이 된다.

2. 계약서 보관

위와 같은 계약서는 후에 분쟁이 발생하여 소송으로 진행하였을 경우 법원의 판결에 결정적인 영향을 미치게 된다. 따라서 발생할 수 있는 분쟁을 미연에 방지하기 위하여는 계약서를 잘 보관하여야 한다. 그리고 소멸시효로 인하여 채권이 소멸하면 채권회수를 할 수가 없으므로 소멸시효기간 내에 중단 내지 정지 신청을 하여야 한다.

제 3 항 소멸시효 진행

〈사례: 소멸시효란 무엇인가〉
---

1. 서울시 송파구 잠실에 살고 있는 "갑"은 친구 "을"이 급히 돈이 필요하다고 하여 20 . 0. 0. 2,000만원을 1년 후에 받는 것으로 하고 빌려주었다. 그런데 "을"은 갚겠다고 한 날짜가 지났는데도 갚지를 않고 있다. "갑"은 '가까운 친구인데 설마 곧 갚겠지'라고 생각하면서 지냈는데, 나중에 세월이 많이 흘러 할 수 없이 내용증명을 작성하여 20 . 0. 0. 최고를 하였다. 그러나 그렇게 하였는데도 갚지를 않자 "갑"은 주소지 관할법원인 동부지원에 "을"을 상대로 대여금청구의 소를 제기하였다. 이 경우 "갑"이 소송에서 승소를 할 수 있을까?

2. "갑"은 "을"이 운영하는 식당에서 20 . 0. 0. 송년회를 하였다. 다들 술이 만취되어 그냥 가는 바람에 "갑"이 혼자 술값을 전부 지불하게 되었다. 그러나 가지고 있던 돈이 모자라 100만원은 외상으로 하였다. 그 후 "갑"이 회사직원들과 수시로 방문해 매상도 많이 올려주고 그래서 주인은 그동안 외상값을 독촉하지 않았다. 그런데 어느 날 "갑"이 지방으로 전근을 간다는 소리를 듣자 "을"은 20 . 0. 0. 회사로 직접 찾아와 외상값을 당장 주지 않으면 법적 조치를 취하겠다고 하였다. 이 경우 "을"이 소송을 제기한다면 어떤 식으로 해야 하는가?

1. 소멸시효의 의의

소멸시효란 일정한 사실상태가 일정 기간 동안 계속된 경우에 그 사실상태가 진실한 권리관계에 합치하느냐 않느냐를 묻지 않고서 법률상 일정한 효과를 부여하는 제도이다. 따라서 소멸시효란 권리의 불행사라는 일정한 사실상태가 계속할 때에 권리소멸의 효과를 생기게 함으로써 "권리 위에 잠자는" 자는 보호할 가치가 없다는 것을 인정하려는 취지이다. 예컨대 채권자 "갑"이 채무자 "을"에게 돈 1억원을 빌려주고 차용증을 받았지만 아무런 조치를 하지 않은 채 10년이 경과하였다면 차용증은 소멸시효로 소멸하게 되어, 채권자 "갑"은 채무자 "을"에게 1억원을 달라고 청구할 수 없게 된다. 왜냐하면 "갑"이 오랫동안 자기 권리를 행사하지 않고 방치하였기 때문에 "갑"의 권리는 보호할 가치가 없을 뿐만 아니라 증거보전의 곤란을 구제하기 위해서이다.

2. 소멸시효에 걸리는 권리

민법은 소유권 이외의 권리와 채권을 소멸시효의 목적이 되는 것으로 규정하고 있다(민법 162조 1항, 2항).

1) 채권은 10년간 행사하지 않으면 소멸시효가 완성되어 그 권리를 주장할 수 없게 된다(민법 162조 1항).
2) 채권 및 소유권 이외의 재산권은 20년간 행사하지 않으면 소멸시효가 완성되어 그 권리를 주장할 수 없게 된다(민법 162조 2항).

3. 소멸시효의 기산점

소멸시효는 권리를 행사할 수 있는 때로부터 진행한다(민법 166조 1항). 즉 권리를 행사할 수 있음에도 불구하고 권리를 행사하지 않는 경우, 그때부터 소멸시효가 진행한다.

(1) 일반채권의 소멸시효기간

일반 민사채권의 소멸시효기간은 10년이다. 그러나 상행위로 인한 상사채권의 소멸시효기간은 5년이다(상법 64조). 위의 사례 1에서와 같이 금전을 빌려주고 못받은 채권은 일반채권에 해당하기 때문에 10년 내에 그 권리를 행사해야 하며, 그 기간이 지난 후에는 소멸시효가 완성되어 청구를 할 수 없게 된다.

따라서 "갑"이 2,000만원을 변제받기 위해서는 10년이 경과하기 전까지 "을"에게 내용증명을 작성하여 최고한 후 6개월 내에 소를 제기하든지, 아니면 아래에서 설명하고 있는 소멸시효의 중단사유(청구, 압류·가압류·가처분 등)를 행사하여 시효를 중단하여야 할 것이다. 특히 내용증명으로 최고를 하는 경우에는 최고를 한 후 6개월 내에 소를 제기하여야 소멸시효가 중단된다는 점에 유의해야 한다. 여기에서는 "을"이 10년이 경과하기 전에 내용증명을 발송한 후 6개월 이전에 소송을 제기하였기 때문에 소멸시효에 해당하지 않고, 나중에 승소판결을 받을 수 있게 된다. 그런데 "갑"이 강제집행을 하려고 하지만, "을"에게 재산이 없어 그동안 강제집행을 할 수 없었다. 10년 후 12년째 되는 해에 "을"이 부동산을 취득하였다는 사실을 알게 된 "갑"은 그 부동산에 대하여 강제경매를 신청하였는데, 법원은 본 판결문이 10년이 지나 소멸시효가 완성되었다고 하여 경매신청을 각하하였다. 결국 "갑"은 어렵게 판결문을 받아 10년 동안 강제집행할 수 있기만을 기다려 왔지만, 정작 강제집행을 행사할 당시에는 10년이라는 소멸시효가 완성되어 휴짓조각이 되어 버린 판결문만을 가지고 있게 된 것이다. 따라서 채권자들은 법원에서 확정판결을 받으면 10년이 도래하기 전에 강제경매를 신청하든가 아니면 아래에서 살펴보고 있는 소멸시효의 중단사유를 행사하여 위와 같은 불의의 손해를 당하지 않아야 할 것이다.

(2) 3년의 소멸시효에 걸리는 채권

민법은 이자, 부양료, 급료, 의사, 약사의 치료비, 공사대금채권, 변호사, 법무사의 직무에 관한 채권, 생산자 및 상인이 판매한 상품의 대가에 대한 채권에 대해서는 3년의 단기소멸시효기간으로 그 채권을 소멸하도록 규정하고 있다(민법 163조).

(3) 1년의 소멸시효에 걸리는 채권

음식값·여관비·학원비·입장료·임금·기타 동산의 사용료 등의 채권은 권리를 행사할 수 있음에도 불구하고 1년 내에 권리를 행사하지 아니하면 소멸시효가 완성되어 청구를 할 수 없게 된다. 위의 사례 2에서 "을"은 그동안 술값을 받을 수 있었는데도 불구하고 그 권리를 1년이 지나도록 행사하지 않았기 때문에 소송을 제기하여도 승소판결을 받기는 어려울 것이다. 이런 경우 "을"은 소멸시효가 완성되기 전까지 내용증명을 발송하여 소멸시효를 중단시킨 다음, 그래도 "갑"이 변제를 하지 않으면 6개월 내에 소액심판청구를 하여 승소판결을 받아 "갑"이 회사에서 받을 퇴직금이나 임금에 대하여 압류를 하고 변제를 받아야 할 것이다.

(4) 판결 등으로 확정된 권리

판결에 의하여 확정된 채권은 단기의 소멸시효에 해당한 것이라도 그 소멸시효는 10년으로 본다. 다만, 판결확정 당시에 변제기가 도래하지 않은 채권은 적용하지 않는다.

4. 소멸시효의 중단 및 정지

(1) 소멸시효의 중단

소멸시효의 중단이란 소멸시효가 진행하는 도중에 권리의 불행사라는 소멸시효의 기초가 되는 사실을 깨뜨리는 사정이 발생한 경우 이미 진행한 시효기간의 효력을 상실케 하는 제도를 말한다. 예컨대 채권자 "갑"이 채무자 "을"에게 1억원을 빌려주면서 소멸시효가 완성되지 않게 하기 위하여 재판상 청구나 가압류·가처분 등을 한 경우를 의미한다. 소멸시효가 중단되면 그때까지 경과한 시효기간은 이를 산입하지 아니하고 중단사유가 종료한 때로부터 새로이 진행한다(민법 178조 1항).

(2) 시효중단의 사유

위와 같은 소멸시효의 중단사유에는 다음과 같은 내용들이 있다.

1) 청구

청구란 권리자가 시효에 의하여 이익을 받을 수 있는 자에 대하여 그 권리를 주장하는 것을 말한다. 이는 재판상이든 재판 외의 것이든 묻지 않는다. 청구의 종류에는 재판상 청구·파산절차 참가·지급명령신청·화해를 위한 소환 내지 임의출석·최고의 5가지가 있다. 이 중 '최고'는 일반적으로 내용증명을 작성하여 상대방에게 독촉을 촉구하는 것인데, 주의할 것은 내용증명을 보내고 나서 6개월 이내에 소를 제기하여야 한다는 것이다. 내용증명을 작성하여 상대방에게 송달한 날로부터 소멸시효는 중단하지만, 6개월 내에 다시 소송을 제기하지 않으면 소멸시효는 그대로 진행되어 권리를 상실하게 된다.

2) 압류 · 가압류 · 가처분

압류·가압류·가처분 등은 모두 권리의 집행행위로서 시효의 중단사유가 된다.

3) 승인

승인은 관념의 통지로써 시효의 이익을 받을 자가 상대방에 대하여 그 권리의 존재를 시인하는 행위를 말한다.

(3) 시효중단의 효력

시효가 중단되면 그때까지 경과한 시효기간은 무효가 되어 이를 산입하지 않는다(민법 178조 1항). 시효중단의 효력은 당사자 및 승계인 사이에서만 생기며, 제3자에게는 그 효력이 미치지 못하는 것이 원칙이다(민법 169조).

5. 소멸시효의 효력

(1) 소급효

소멸시효는 그 기산일에 소급하여 (처음부터) 효력이 생긴다(민법 167조). 따라서 소멸시효로 채무를 면하게 된 자는 기산일 이후의 이자를 지급할 필요가 없다.

(2) 소멸시효이익의 포기

소멸시효의 이익은 시효기간이 완성된 후에 포기할 수 있다.

6. 소멸시효와 제척기간의 차이

(1) 제척기간의 의의

제척기간이란 권리를 중심으로 하는 법률관계를 조속히 확정하기 위해 일정한 권리에 대해 법률이 미리 정해 놓은 존속기간으로 그 기간 동안 권리를 행사하지 않으면 그 권리는 당연히 소멸한다. 즉 제척기간은 일정한 권리에 관하여 법률이 예정하는 기간을 말한다.

(2) 소멸시효와의 차이

1) 권리소멸의 시기

소멸시효는 그 기간에 소급하여 효력이 생기지만, 제척기간은 그 기간이 경과한 때로부터 장래를 향하여 그 권리가 소멸한다.

2) 중단의 적용 여부

소멸시효는 권리자의 청구나 압류 또는 채무자의 승인이 있으면 중단되고, 제척기간은 그 기간이 도래하면 그대로 효과가 발생하여 소멸하게 된다. 따라서 이를 기초로 다시 기간을 갱신한다든지 하는 문제는 발생하지 않기 때문에 제척기간에는 중단사유가 없다.

3) 소송상의 정지

소멸시효는 사실상태를 방해하는 사정이 생기면 시효의 완성을 유예하는 규정(민법 182조)이 있으나, 제척기간에도 준용될 것인지에 대해서는 명문규정이 없어 학설이 나뉘고 있다.

4) 소송상 주장 여부

제척기간은 당사자의 주장이 없더라도 법원이 당연히 고려하여야 하는 직권사항인 데 반해, 소멸시효의 완성은 민사소송법의 변론주의 원칙상 그 사실을 주장한 때에 비로소 고려된다.

5) 이익의 포기

소멸시효의 이익은 포기할 수 있으나, 제척기간에는 인정되지 않는다.

6) 기간의 단축 여부

소멸시효는 법률행위에 의하여 그 기간을 단축 또는 경감할 수 있으나, 제척기간은 자유로이 단축할 수 없다.

7) 소멸시효와 제척기간의 구별

대체로 조문에 "시효로 인하여"라고 규정되어 있는 것은 소멸시효로 보고, 그렇지 않은 것은 제척기간으로 본다.

제 4 항 내용증명 발송

〈사례: 내용증명 작성방법〉
---

1. 임차인 "을"은 임대인 "갑" 소유의 주택을 임대보증금 5,000만원에 월 임대료 70만원으로 하여 20 . 0. 0.부터 20 . 0. 0.까지 2년간 임대차계약을 체결하였다. 임차인이 맨 처음에는 월세를 잘 내다가 나중에는 납부를 하지 않아 구두로 몇 번 독촉하였는데도 계속 이행을 하고 있지 않다면 어떻게 하는 것이 좋은가?

2. 만약 임차인 "을"이 정상적으로 임대료를 지급하였지만 임대차계약 기간이 만료한 상태에서 임대인 "갑"이 월세를 100만원으로 올려 줄 것을 요구하였다면 어떻게 해야 하는가?

1. 내용증명의 의의

　　내용증명이란 우편발송과 그 송달된 내용을 우체국을 통하여 발송함으로써 후일 발생할 수 있는 법적 분쟁에 대하여 증거능력과 확정일자에 따른 효력을 갖기 위한 제도를 말한다. 내용증명은 우체국에서 우편물의 내용을 문서의 등본에 의하여 증명함으로써 공신력을 갖게 한다. 내용증명은 일반적인 법률관계에서 그 계약을 해제하기 위하여 최고장으로 보내는 경우가 많다. 이는 당사자 일방이 계약을 이행하지 않아 계약을 처음부터 소멸시키고자 할 때에 행사하게 되는데, 이때 해제권자는 해제의 의사표시를 다시 행사해야 계약을 처음부터 소멸시킬 수 있게 된다. 위의 사례 1에서 임대인 "갑"이 임차인 "을"을 내보내기 위해서는 "가옥명도청구소송"을 제기해야 하는데, 본 소송을 제기하기 전에 임대차계약의 해지통고를 하여야 한다. 구두(언어)로 계약을 해지하여도 유효하지만, 임차인이 그런 말을 한 적이 없다고 하면 해지되지 않기 때문에 가능한 한 내용증명으로 발송하는 것이 보다 확실하다. 내용증명을 보낼 때는 우체국에서 보내야 하는데, 총 3통을 작성하여 1통은 발송인이 보관하고 다른 1통은 상대방에게 발송한다. 그리고 나머지 1통은 우체국에서 보관하여 나중에 법원에 증거로 제출할 필요가 있을 때 사용한다. 내용증명을 발송할 때는 가능한 한 배달증명으로 발송하는 것이 좋다. 왜냐하면 내용증명의 효력은 임차인에게 도달해야 효력이 발생하게 되는데, 만약 임차인이 받아 보지 못했다고 주장하면 임대인이 내용증명을 언제 임차인에게 보냈다는 것을 입증할 수 없기 때문이다. 따라서 배달증명으로 발송을 하면 상대방에게 도달한 일자를 기재하여 우체국에서 임대인에게 발송하여 도달한 일자를 정확히 기재한 엽서를 보관할 수 있게 된다. 임대인은 그 엽서와 내용증명을 잘 보관하고 있어야 한다. 내용증명은 특별한 서식이나 내용을 요하는 것은 아니며, 상대방에게 말하고 싶은 내용을 편지 쓰듯이 적어서 보내면 된다. 다만, 보통의 편지와 다른 점은 문서 속에 수신인과 발신인의 성명과 주소를 정확히 기재하여야 한다는 것이다. 그리고 중요한 내용이나 기간, 숫자 등은 명확히 기재하여 상대방에게 통고해 주어야 한다.

내용증명

발신인(임대인): 갑
　　주소: 경기도 과천시
수취인(임차인): 을
　　주소: 경기도 과천시

제목　임대료청구, 임대차계약해지 및 가옥명도청구

내용
1. 귀하의 가정에 평안함을 기원합니다. 다름이 아니오라 본인은 귀하와 20．0．0．경기도 과천시 건물에 대하여 보증금 5,000만원에 월세 70만원을 매월 25일에 지급하기로 하고, 계약기간은 20．0．0.까지 2년간 임대차계약을 체결한 사실이 있습니다.
2. 그러나 귀하께서는 20．0．0.부터 20．0．0.까지 임대료를 계속 지급하지 아니하여 연체된 금액이 1,260만원이나 됩니다.
3. 따라서 20．0．0.까지 연체된 임대료를 전액 지불하여 주시기를 바랍니다. 만약이 기일까지 이행하지 않는 경우에는 별도의 통지없이 본 임대차계약은 해지됨을 미리 알려드리오니 이 점 양해하여 주시기를 바랍니다. 그리고 본 서면 도달 후 즉시 지상건물을 원상으로 회복하여 명도하여 주시기를 통지합니다.

20．0．0．

발신인(임대인): 갑
주소: 경기도 과천시

어떤 사람은 채무자가 이행을 하지 않는다고 문서 속에 협박을 하거나 욕만 잔뜩 써서 보내는 경우가 있는데 이것은 잘못한 것이다. 나중에 내용증명을 증거로 해서 판사에게 제출할 때 그런 내용을 판사가 본다면 임대인도 똑같은 사람이라고 생각할 것이기 때문이다.

문서가 여러 장일 때에는 앞문서의 뒷면과 뒷문서의 앞장에 보내는 사람의 도장을 찍어야 할 것이다. 이렇게 하여 내용증명을 보내면 대개 90% 이상은 채권자의 요구대로 이행을 해준다. 만약 이렇게 내용증명을 발송하였는데도 임차인이 밀린 차임을 갚지 않고 이사를 가지 않는 경우에는 법적 절차를 밟아서 내보내야 하는데, 임대인은 임차인을 상대로 "임대료 청구의 소"3)와 "가옥명도청구소송"을 제기하여 내보내면 될 것이다. 임대인이 "가옥명도청구소송"을 제기하기 위해서는 첨부서류로 "가옥명도청구소송" 1통과 내용증명, 우편물배달증명서 각 1통씩 그리고 부동산등기부등본 1통을 작성하여 본 목적물 소재지 법원 민사신청과에 제출하면 된다. 그런데 주의할 점은 이때 임차인을 상대로 점유이전금지 가처분신청도 함께 하는 것이 좋다. 왜냐하면 임차인이 소송 중에 이사를 가고 다른 사람이 점유를 하게 된다면, 어렵게 승소판결을 받았더라도 집행관은 본 목적물에 대하여 집행을 하지 못하고 그냥 되돌아갈 수밖에 없기 때문이다. 위의 사례와 같은 경우 임대인이 명도를 받기까지의 기간을 보면 대략 내용증명을 발송하는 데 1개월, 소송을 제기하여 판결을 받는 데 3개월, 판결문을 가지고 집행관하고 강제집행을 하는 데 1개월로 총 5개월 정도가 소요된다. 이는 정상적으로 소송관계가 이루어질 때 걸리는 기간이며, 그렇지 않은 경우에는 더 오래 걸릴 수 있다.

　위의 사례 2에서 임차인 "을"이 인상한 월세를 계속 납부할 수 없다고 하면서 그냥 살겠다고 할 때 임차인을 내보내기 위해서는 우선 위에서 살펴본 내용증명을 작성하여 계약을 해지하여야 하겠지만 문제는 다른 곳에 있다. 임대인 "갑"이 계약을 해지하였더라도 그 해지효력이 2년이 지난 다음에 발생한다는 점이다. 임차인이 인상한 금액을 인정할 수 없다고 하면서 종전대로 70만원씩 납부하겠다고 한다면, 임대인은 약정한 차임이나 보증금액의 20분의 1의 금액을 초과하지 아니하는 범위에서 증액 청구할 수 있다는 점을 임대인은 주의해야 한다.4) 그렇기 때문에 특히 임대사업을 하는 사람은 계약기간만료 6개월에서 2개월 전 사이에 계약의 변경이나, 소멸의 통지를 하여야지, 그렇게 하지 않고 계약

---

3) "임대료 청구의 소" 판결을 받은 경우에는 임대인은 그 집행권원(임대료 청구의 소)에 집행문을 부여받아 임차인 소유의 동산에 압류를 한 다음 낙찰대금으로부터 임대료를 상환받으면 될 것이다.

4) 임차인 입장에서는 계약만료 6개월 전부터 2개월 전까지 계약갱신청구권을 행사하면 기존 2년의 계약기간이 만료하여도 한 번 더 2년 계약을 연장할 수 있다. 이에 대하여 임대인은 연 5% 이내의 임대료 인상을 주장할 수 있고, 집주인이나 직계존속, 비속이 주택에 살고 있는 경우에는 임차인의 계약갱신청구권을 거부할 수 있다.

기간이 지난 상태에서 임차인을 상대로 계약해지통고를 하게 되면 그 해지의 효력은 2년이 지난 후에야 발생하게 된다. 따라서 종전 계약대로 70만원씩만 계산한 월세를 받거나 약정한 차임이나 보증금의 20분의 1의 금액을 초과하지 않는 범위에서 증액 청구할 수 있게 된다(주임법 7조).[5] 물론 이때에 계약을 해지하기 위해서는 내용증명을 발송하는 것이 좋은데, 가능한 한 배달증명으로 하는 것이 좋다. 그렇지 않으면 임차인이 나중에 그런 해지통고를 받은 적 없다고 하면서 2년을 주장하면 임대인은 이에 따라 2년의 계약기간을 수용해야 한다.

2. 내용증명을 발송하는 이유

(1) 증거 보전

1) 일정한 내용의 의사표시를 독촉하고자 할 때 내용증명을 이용한다.

2) 계약해제의 의사표시를 증빙할 때 내용증명을 이용한다.

상대방 일방이 채무의 이행을 지체할 때 계약을 해제하기 위해서는 최고를 한 후 계약을 해제할 수 있다. 만약 상대방이 최고를 하지 않은 것을 이유로 계약해제의 효력을 부인하고자 할 때에 해제권자는 내용증명을 최고의 증거로 제시할 수 있다.

3) 소멸시효중단을 하고자 할 때 내용증명을 이용한다.

돈을 빌려주고 차용증을 받았지만 10년 동안 청구를 하지 않은 경우에는 소멸시효가 완성되어 돈을 받을 수 있는 권리가 소멸하게 된다(채권소멸시효는 10년). 따라서 소멸시효의 진행을 채권자가 중단시키고 싶을 때는 그 권리를 행사해야 하는데, 권리행사의 종류에는 내용증명도 포함된다. 다만 내용증명으로 소멸시효의 진행을 중단하고자 할 때에는 내용증명을 발송한 후 6개월 내에 소송을 제기해야 한다.

---

5) 이를 법정갱신(묵시의 갱신)이 이루어졌다고 한다. 법정갱신이 이루어진 경우 계약의 내용은 전 임대차와 동일한 조건으로 계약한 것으로 보고, 그 존속기간은 정함이 없는 계약기간으로 보고 있다. 정함이 없는 계약기간으로 보기 때문에 양 당사자는 언제든지 계약해지통고를 할 수 있는데, 그 해지의 효력과 관련하여서는 임대인과 임차인 간에 차이가 있다. 주택인 경우에는 임차인이 해지통고를 한 때에는 임대인이 해지통고를 수령한 날로부터 3개월 후에 효력이 발생한다. 임대인이 해지통고를 한 경우에는 임차인이 수령한 날로부터 2년이 지난 후에 효력이 발생하기 때문에 위의 사례 2와 같은 경우가 발생하게 된다.

4) 채권양도를 통지하고자 할 때 내용증명을 이용한다.

(2) 심리적 압박

상대방이 어떤 문제를 이행하지 않는 것에 대하여, 내용증명으로 법적 조치를 하겠다고 할 경우 채무자는 심리적인 부담감과 압박감을 받게 된다. 일반적인 경우에는 내용증명만으로 분쟁이 해결되는 경우도 많다. 내용증명은 심리적인 압박과 이후 법적인 분쟁에서 증거보존의 서면으로 상당히 중요하기 때문에 소송을 제기하기 전에 내용증명을 발송하여 최고를 하는 것이 좋다.

3. 내용증명의 효력

(1) 내용증명의 법적 효력

내용증명을 상대방에게 보냈다고 하여 법적 효력이 발생하는 것은 아니다. 내용증명을 발송하였다 하더라도 강제력을 주장할 수는 없다. 따라서 내용증명을 수령한 채무자는 상대방의 청구에 대하여 부인할 수 있는 증빙서류가 있다면 굳이 내용증명에 대하여 응답하지 않아도 된다.

(2) 내용증명을 받은 경우 어떻게 해야 하는가

만일 상대방이 보내온 내용증명의 주장이 틀렸거나 부당한 내용의 내용증명을 받았다면, 이를 그대로 방치하지 말고 답변서를 내용증명으로 발송하여 주는 것이 좋다. 이를 그대로 방치하면 상대방의 주장에 대하여 묵인한 것으로 인정되어 나중에 소송이 진행될 때 불리할 수 있기 때문이다. 따라서 채무자가 내용증명을 받았을 때에는 그 최고서에 대한 답변을 내용증명으로 발송하여 후일 법적 분쟁에 대비하여야 한다.

제 3 절
채권과 담보권에 따른 강제집행

제1항 서설

채무자가 담보물을 제공하지 않은 상태에서 채무불이행이나 불법행위 등을 한 경우 채권자는 법원으로부터 이에 따른 손해배상의 집행권원(판결)을 받기 위하여 민사소송을 제기하여야 한다. 그리고 이후 집행권원에 기하여 채권자는 채무자가 보유하고 있는 부동산, 동산, 임금 그리고 유체동산 등에 대하여 민사집행을 하여 채권의 만족을 얻게 된다. 그리고 채권자가 채무자를 상대로 집행권원에 기하여 민사집행을 하기 위해서는 우선 채무자가 어떠한 재산이 있는지 알아야 하는데, 채무자가 자진하여 알려주지 않기 때문에 어렵게 민사소송을 제기하여 판결을 받아도 민사집행을 할 수 없는 문제가 발생하게 된다.

그래서 이러한 문제를 해결하기 위해 민사집행법은 민사집행의 보조절차로서 '재산명시', '재산조회' 그리고 '채무불이행자 명부'의 방법으로 채무자의 재산을 발견하여 압류를 하고, 환가절차를 거쳐 배당을 받는 순서에 의하여 채권의 만족을 얻게 된다.

물론 채권자가 채무자와 합의에 의하여 담보권을 설정한 경우는 채무자가 채무불이행을 한 경우 담보권 실행(경매)에 의하여 채권의 만족을 얻게 되며, 파산선고[1]를 받은 경우에도 별제권을 행사하여 우선변제를 받을 수 있다. 그리고

---

1) 파산에 대해서는 다음 제2절 파산절차 참고.

담보권자는 다른 후순위 담보권자나 일반채권자보다 우선하여 우선변제권을 주장할 수도 있다.

 ## 제 2 항 채권과 담보권에 의한 강제집행

1. 차이점

담보물을 확보하지 않은 일반채권은 차용자(Borrower)의 재산상태나 신용여부에 의지하여야 한다. 담보권과 다르게 일반채권의 대부자(Lender)는 차용자가 차용한 금전을 지급일자에 상환하여 줄 것을 믿을 뿐이다. 그래서 차용한 금전에 대한 이자율은 담보권자에 대한 금전이자율에 비하여 상당히 높다.

담보권자는 일반채권자와 다르게 담보목적물로부터 차용한 금전을 반환받을 수 있는 반면, 일반채권자는 채무자가 채무불이행을 하는 경우 채무자가 소유하고 있는 각종 목적물에 대하여 압류를 하고 경매 등 매각절차를 거쳐 배당을 받음으로써 만족을 얻게 되는 차이가 있다. 채무자가 소유하고 있는 목적물의 종류에는 부동산, 유체동산, 채권 등이 있다. 그런데 일반채권의 경우에는 설사 민사소송을 제기하여 집행권원(예: 판결 등)을 받았더라도 채무자가 소유하고 있는 부동산이나 동산 등이 없는 경우 그 집행권원은 무용지물이 되는 단점이 있다.

〈채권(비담보권)과 물권(담보권) 차이〉

채권(비담보권)	물권(담보권)
• 대주는 차주의 신용평가에 따라 채권을 회수 • 대주는 차주가 채무를 변제하여 줄 것만을 신뢰 • 이자율은 상당히 높음	• 담보된 물적물에 의하여 계약이 담보됨 • 대주는 차주가 채무불이행을 하는 경우 채무자 소유의 목적물에 대하여 압류를 하고 환가조치를 법원에 신청할 수 있음 • 담보물은 부동산이나 동산 등 재인재산권 • 담보권에 기한 이자율은 낮음

2. 담보권의 기능 등

근저당 등 담보권에 기한 금전소비대차계약은 대출기능을 촉진시키고 대출금의 반환을 담보목적물에 의하여 반환받을 수 있는 기능이 있다. 그리고 차주는 채권에 비하여 금전대출을 용이하게 받을 수 있는 장점과 저렴한 이자율로 이용할 수 있는 기능을 가지고 있다.

미국은 담보부 거래(Secured Transactions)에 대하여 미국통일상법전(UCC: Uniform Commercial Code)에서 규정하고 있다. 미국통일상법전 제9조에서는 동산과 부동산 등 개인재산에 대한 담보권설정에 대하여 일괄하여 규정하고 있다. 이에 반하여 한국은 부동산과 동산에 대하여 이원적으로 규율하고 집행에 따라 개별법률을 적용하고 있어 편리성은 있지만 규율체제가 번잡할 수 있다. 또한, 미국통일상법전 제9조는 담보권의 설정과 실행에 대하여 규정하고 있는데, 담보권설정은 전자적이나 종이 혹은 다른 형식으로 제출될 수 있다.

3. 용어 정의

- 담보권(Security interest): 차주(담보권설정자)가 채무불이행을 하는 경우 채무자 소유의 부동산이나 동산 등으로 채권을 담보받을 수 있는 권리
- 담보권당사자(Secured party): 담보된 목적물에 대하여 각각의 권리를 보유하고 있는 권리자
- 담보물건(Collateral): 담보권에 부속되어 있는 부동산이나 동산 등
- 부착물(Fixtures): 부동산에 부착되어 있는 물건
- 소유자(Debtor): 담보물건의 소유자
- 채무자(Obligor): 담보물건의 채무자
- 담보계약(Security Agreement): 담보권설정에 대한 담보권자와 담보권설정자의 합의서
- 채무불이행(Default): 담보물건의 소유자가 채무를 불이행하는 경우
- 압류(Repossession): 담보물건의 소유자가 채무불이행을 하는 경우 담보권자가 그 담보목적물에 대하여 압류를 하여 처분을 하지 못하도록 하는 경우

- 우선권(Perfection): 담보권자는 담보물건으로부터 다른 권리자보다 우선하여 보호받을 수 있는 권리
- 담보융자성명서(Financing Statement): 담보권 당사자가 담보권에 대한 내용을 일반인에게 공시하기 위하여 제출한 담보대출 문서
- 기록(Record): 종이나 다른 매체 등에 담보에 대한 내용을 기록하는 것
- 인증(Authenticate): 담보권설정계약서 당사자가 싸인하는 것

4. 강제집행(Enforcement)

담보권자는 채무자 혹은 물상보증인을 상대로 다음과 같은 요건을 갖추었을 때 담보권을 실행한다.

- 담보물이 일정한 재화적 가치가 존재할 것
- 채무자가 담보물에 대한 권리를 보유할 것
- 담보권설정계약에 따라 채무자가 보유하고 있는 담보물을 채권자에게 제공하여야 할 것
- 채무자가 담보권설정계약에 따른 이행을 하지 않을 것

위와 같은 요건을 갖추었을 때 채권자는 채무자의 담보물에 대하여 담보권을 실행(Foreclosure)한다.

담보권자가 채권을 만족하는 방법으로는 크게 "법원경매"(Judicial sale)와 "사경매"(power of sale clause)로 구분할 수 있다. 여기서 채권자는 부동산을 담보로 대출 등을 하여 준 채권자를 의미한다. 담보권자에 해당하는 채권자가 경매를 실행하는 사경매는 저당권설정자가 저당권자나 제3자에게 부동산을 매각하는 권한을 저당권계약에 동의하여 진행하는 경우를 의미한다. 그리고 저당권설정계약에 따라 법원에 경매를 신청하는 법원경매로 구분할 수 있다. 담보권자에 해당하는 채권자가 경매를 실행하는 사경매는 저당권설정자가 저당권자나 제3자에게 법원이 아닌 일반 사경매로 부동산을 매각하는 권한을 저당권계약에 동의하여 진행하는 경우를 의미한다.[2]

---

2) Jeffrey F. Beatty, Susan S. Samuelson, Business Law and the legal environment, Thomson

5. 압류(Attachment)

채무자가 보유하고 있는 담보물에 대하여 압류를 하기 위해서는 우선 담보권설정계약서를 채무자와 체결하여야 한다. 그리고 담보권설정계약서의 내용에는 담보물의 종류와 면적, 위치, 채권금액, 변제기, 채권자와 채무자의 성명 등을 작성하여야 한다. 이후 담보권설정자가 담보권설정계약에 따른 채무를 이행하지 않는 경우 담보권자는 담보권설정자의 담보물에 대하여 경매를 실행하기 위해서 부동산소재지 관할법원에 임의경매신청서를 제출한다. 관할법원은 임의경매신청서, 담보권설정계약서, 부동산등기부사항증명서, 등기촉탁비용, 송달료 등의 서류에 이상이 없으면 3일 이내에 경매개시결정을 한다. 그리고 관할 등기소에 부동산등기부 갑구에 '임의경매'등기를 하도록 촉탁명령을 내린다.

부동산등기부등본에 '임의경매'라고 등기가 되었을 때 압류의 효력이 발생한다. 압류가 되면 채무자는 목적물을 매매, 담보권설정 등의 처분을 원칙적으로 하지 못한다. 만약 압류를 하였는데도 소유권이전 등의 처분을 하면 매수자는 압류권자에게 대항하지 못하며, 결국 목적물이 매각된 경우 낙찰자에게 대항하지 못하고 소유권을 상실하는 효력이 발생한다.

따라서 임의경매나 강제경매로 압류가 된 부동산을 매수하거나 임차인이 된 경우에는 권리를 상실하게 되므로 주의해야 한다.

6. 손해배상의 청구방법(Remedies)

담보권자는 담보권설정자(채무자)가 채무를 이행하지 않는 경우 법원에 담보물에 대한 경매를 신청하여 채권을 변제받게 된다. 관할법원에 경매를 신청하면 법원은 채무자에게 경매개시결정에 대한 통지를 하여 담보물이 경매로 진행된다는 사실을 통지하여 주어야 한다.

Southwestern west, 2004, p.1050; Lynn T. Slossberg, The Essentials of Real Estate Law, Thomson Delmar Learning, 2008, p.634; 전장헌, "미국부동산에서 경매의 종류에 대한 연구", 창간호 Vol.1, 부동산경매연구, 한국부동산경매학회, 2020.12.20., 1면.

7. 담보권의 우선순위(Competing security interest)

(1) 사실관계(fact)
갑은 1월 1일 을에게 1억원을 대여하고 담보권설정계약서를 체결하였다. 이후 3월 3일 을 소유의 부동산에 대하여 근저당 등기를 하였다. 그리고 병은 을에게 2월 2일 1억원을 대여하고 근저당권설정계약서를 체결하였다. 그리고 을 소유의 부동산에 대하여 2월 3일 근저당 등기를 하였다.

(2) 우선순위(perfection)
을 소유의 부동산에 대하여 갑이 부동산경매를 신청하여 1억원에 낙찰된 경우 누가 우선하여 배당을 받을 수 있을 것인가?

이에 대해서는 갑과 병 모두 물권자로 근저당권을 설정하였기 때문에 시간순서에 따라 우선순위가 정하여진다. 즉 근저당권, 저당권, 전세권자 사이에 우선변제권의 순위는 시간순서에 의하여 우선변제권이 정하여지는데, 그 우선적 효력은 등기를 누가 먼저 하였는지에 따라 정하여진다.

이 사례에서 갑은 3월 3일, 병은 2월 3일에 근저당 등기를 하였기 때문에 병이 우선하여 낙찰대금 1억원에 대한 우선변제권을 행사하게 된다. 다시 말해서 갑이 근저당권설정계약서는 먼저 체결하였지만, 병보다 늦게 등기를 하였기 때문에 병이 먼저 낙찰대금 1억원을 변제받게 된다. 그리고 남은 금액이 없기 때문에 갑은 변제를 받을 수 없게 된다. 결국 갑은 을 소유의 부동산에 대하여는 채권을 확보할 수 없고, 나중에 근저당권 설정계약에 따라 법원에 금전 채권에 따른 소송을 제기하여 판결을 받아 을이 재산이 있는 경우 강제경매를 신청하여 채권을 확보할 수 있다. 그러나 채권은 배당순위가 제일 낮은 9순위에 해당하여 근저당권 등 선순위권자가 우선변제받은 후에 배당을 받을 수 있기 때문에 채권 확보가 어려울 수 있다.

제1항   서설

　　자력구제가 허용되지 않는 현행 법체제하에서 권리자가 그 권리를 실현하기 위해서는 판결을 받고 다시 강제집행절차를 밟을 수밖에 없다. 그러나 이러한 절차는 많은 시일이 소요되므로 그 사이에 채무자가 자기의 재산을 다른 곳으로 빼돌리게 되면 설사 소송에 승소하여 이행판결을 받았더라도 강제집행이 불가능하게 되거나 현저하게 곤란하게 될 우려가 있다. 따라서 이때는 채무자의 처분을 금하는 방법으로 강제집행을 보전하는 절차가 필요하다. 그래서 탄생한 제도가 가압류와 가처분제도이다. 가압류와 가처분은 강제집행절차에 부수하는 절차로서 강제집행을 보전하는 절차이기 때문에 집행보전절차 또는 보전소송이라고 한다.

　　가압류란 금전채권이나 금전으로 환산할 수 있는 채권에 대하여 장래에 그 집행을 보전하려고 할 때 미리 채무자의 재산을 압류하여 그 처분권을 빼앗아 두는 것을 목적으로 하는 집행보전절차를 말한다(민사집행법 276조). 그리고 가처분이란 물건의 인도 기타 특정물 또는 권리에 관한 급여청구권의 장래의 실현을 위하여 현상의 변경을 금지시킬 목적으로 하는 집행보전처분을 말한다.[1] 예컨대

---

1) 근저당권에 기하여 담보권의 실행을 위한 경매절차가 진행되던 중 채무자가 채권자를 상대로 근저당권설정등기의 말소를 구하는 본안소송을 제기하는 한편, 이를 근거로 민사소송법 제505 조(현 민사집행법 44조)의 청구에 관한 이의의 소에 준하여 동법 제507조 제2항(현 민사집행법

자기의 토지 위에 타인이 임의로 가옥을 건축하기 시작하였을 때 건축공사의 중지를 명하고자 가처분을 이용하게 된다.

가압류는 금전채권의 강제집행을 보전하기 위한 제도이므로 재산상의 청구권이 아닌 권리는 그 피보전권리로 할 수 없다. 따라서 친족법상의 청구권이라든지 금전으로 평가할 수 없는 청구권은 가압류에 의해 보전될 수 없다. 또한, 장래에 청구권이 생기게 될지 여부가 전혀 불확정적인 채권이거나 강제집행에 의하여 집행이 곤란한 채권은 가압류에 적합한 채권이라고 할 수 없다.

 제 2 항   보전처분

1. 보전처분의 의의

우리 법제는 원칙적으로 자력구제를 허용하지 않으므로 권리자가 그 권리를 실현하기 위해서는 민사소송절차를 거쳐서 집행권원(채무명의)을 얻고 다시 강제집행을 밟아 권리의 종국적 실현을 얻을 수밖에 없게 된다. 이렇게 민사소송절차는 필연적으로 많은 시일을 소요하게 되므로 그 사이에 채무자의 재산상태가 변경된다든가 계쟁물에 관하여 멸실·처분 등 사실적 또는 법률적 변경이 생기게 되면 채권자는 많은 시일과 비용을 소비할 뿐 아니라 권리의 실질적인 만족을 얻을 수 없게 되는 경우가 많이 발생하게 된다.

46조 2항)에 의한 잠정처분으로서 경매절차를 정지하는 가처분을 받아 그에 따라 경매절차가 정지되었다가 그 후 위 본안소송에서 채무자의 패소판결이 선고·확정되었다면, 그 법률관계는 부당한 보전처분 집행의 경우와 유사하여, 그 잠정처분에 의하여 경매절차가 정지되고 그로 인하여 채권자가 입은 손해에 대하여 특별한 반증이 없는 한 잠정처분을 신청한 채무자에게 고의 또는 과실 있음이 추정되고 따라서 부당한 경매절차 정지로 인한 손해에 대하여 이를 배상할 책임이 있다. 부당한 경매절차의 정지로 인하여 경매채권자가 입게 된 손해는, 그 정지된 기간 동안 경매 목적물의 가격에 현저한 등락이 있었다는 등의 특별한 사정이 없는 한, 경매절차가 정지되지 않았더라면 일찍 받았을 배당금의 수령이 지연됨에 따른 손해라 할 것인데, 경매채권자에 대한 배당은 경매절차가 정지된 날부터 본안소송의 패소판결이 확정되어 다시 경매절차가 진행되기 전날까지의 기간에 해당하는 일수만큼 지연된 것으로 봄이 상당하며, 한편 금원의 수령이 지체되어 이를 이용하지 못함으로 인하여 생기는 통상손해는 이용하지 못한 기간 동안의 법정이자 상당액이라 할 것이다(대판 2001. 2. 23. 98다26484).

이러한 결과를 방지하기 위해서 확정판결을 받기 전 미리 채무자의 일반재산이나 계쟁 목적물의 현상을 동결시켜 두거나 임시로 잠정적인 법률관계를 형성시켜 두는 조치를 필요로 하게 된다. 이렇게 함으로써 나중에 확정판결을 얻었을 때 그 판결의 집행을 용이하게 하고, 그때까지 채권자가 입게 될지 모르는 손해를 예방할 수 있다. 이러한 수단은 권리의 만족을 얻고자 하는 것이 아니고 단지 그 집행을 보전하고자 하는 것이므로 무엇보다 신속하게 행하여질 수 있어야 한다. 법원은 채권자의 신청을 받아 최소한의 심리를 거쳐 집행보전을 위한 잠정적 조치를 명하는 판결을 하게 하고 그 재판의 집행을 통하여 현상을 동결하거나 임시적 법률관계를 형성하게 하는 제도를 필요로 하게 되는데, 이러한 잠정적 조치를 명하는 재판을 보전처분 또는 보전재판이라고 부른다. 또한 이러한 처분을 얻기 위한 절차와 그 당부를 다투는 쟁송절차를 보전절차[2]라고 부르기도 한다. 보전처분절차는 확정판결의 집행보전이라는 특수성으로 인하여 일반 민사소송절차와는 달리 잠정성·긴급성·밀행성·부수성·자유재량성의 특징을 가지고 있다.

2. 보전처분의 종류

(1) 가압류

1) 의의

장기간 소송을 진행하다 보면 채무자가 제3자로부터 강제집행을 당하거나 파탄을 당하는 경우가 있는데, 이런 경우가 발생하게 되면 설사 채권자가 승소판결을 받았다고 하더라도 강제집행을 할 재산이 없기 때문에 몇 년 동안 한 소송이 헛수고가 될 수 있다. 따라서 채권자는 채무자의 재산을 강제집행할 때까지 임시 보전하고자 하는 가압류를 이용하게 된다.[3]

이는 채무자의 일반재산의 감소를 방지하고자 하는 것으로서 금전채권이나 금전으로 환산할 수 있는 채권에 대한 보전수단이라는 점에서 계쟁물 자체에 대

---

2) 법원행정처, 법원실무제요 강제집행(하), 법원행정처, 1993, 488면.
3) 전장헌, 법원경매의 함정과 투자, 동학사, 1997, 73면.

한 청구권의 보전을 위해 그 현상변경을 금지하는 가처분과 구별된다. 또한 단순히 재산의 압류에 그친다는 점에서 금전을 직접 추심할 수 있는 권능을 주는 단행적 가처분권(임금의 지급을 명하는 것)과도 다르다. 가압류 후 금전을 명하는 확정판결이 있게 되면 가압류는 본압류로 전이되어 가압류된 재산에 대한 금전채권의 강제집행절차를 밟게 된다. 이러한 가압류의 대상이 되는 재산에는 부동산 가압류, 채권가압류, 유체동산가압류 등이 있다.

2) 가압류 신청

【사례 1: 부동산가압류신청서】

부동산 가압류 신청서

채권자 성명: 갑
　　주소: 경기도 안양시 안양동 12번지　　　　수입인지
채무자 성명: 을
　　주소: 서울시 강남구 청담동 752

청구채권(피보전권리) 및 그 금액: 20 . 0. 0.(대여금)
　　　　　　　　　　金; 壹億 원

가압류할 채권: 별지 목록 기재와 같음

신청취지
　채권자는 채무자에 대한 위 채권의 집행을 보전하기 위하여 채무자 소유의 별지목록 기재 부동산을 가압류한다.
　라는 결정을 구함

신청이유
1.
2.

소명방법
1. 부동산등기부등본
2. 금전소비대차계약

20 . 0. 0.
채권자: 갑

지방법원 귀중

가압류는 일반소송에 비해서 신속하게 행해진다. 왜냐하면 채무자가 재산을 다른 곳으로 **빼돌리면** 설사 가압류결정을 받았더라도 아무 소용이 없기 때문이다. 일반소송이 6개월 내지 1년 정도가 소요되는 반면, 가압류는 신청에서부터 결정까지 1주일 정도가 소요된다. 가압류는 채무자 몰래 절차를 진행하기 때문에 당사자가 법원에 출석하지 않고 법원의 단독으로 서증(문서)에 의하여 결정을 내린다.

3) 가압류절차

가압류를 신청하기 위해서는 우선 신청서를 작성하여 부동산 관할법원에 접수한다. 법원은 가압류결정을 하기 전에 신청권자에게 담보를 제공할 것을 명한다. 담보는 현금으로 공탁할 것을 명하게 되나 그렇게 되면 채권자의 부담이 크기 때문에 지급보증 위탁계약을 체결한 문서로 제출케 하고 있다. 즉 공탁금액의 1%에 해당하는 보증보험증권으로 제출할 수 있다. 예컨대 부동산가압류의 경우 가압류 금액이 1억원이라면 10%인 1,000만원을 현금으로 공탁하여야 하지만, 보증보험으로 할 경우에는 1억원의 1%인 10만원에 해당하는 보증보험증권을 발급받아 제출하면 된다.[4] 한편 가압류등기를 하기 위해서 채권금액의 0.2%인 등록세와 그 세액인 12%의 교육세를 납부하고 납부 시 받은 영수필 통지서를 법원에 제출해야 한다. 그렇게 하여 가압류 신청서 1통, 부동산 목록 6통, 권리증서(차용증, 약속어음, 기타 계약서 등) 사본 1통, 부동산등기부등본 1통, 등록세·교육세 영수증, 송달료 납부영수증, 공탁보증보험증권을 가지고 부동산이 있는 곳의 법원 민사신청과에 제출하면 된다. 법원은 채권자와 채무자를 소환하지 않고 위의 신청서만 가지고 심리하여 이유가 있으면 가압류결정을 관할등기소에 촉탁명령하고 이유가 없으면 기각한다. 채권자에게는 가압류결정이 나면 결정문을 송달하지만, 채무자에게는 등기부에 기재를 한 이후에 송달을 한다. 이는 채무자가 가압류등기를 하기 전에 재산을 **빼돌리는** 것을 방지하기 위해서이다.

---

4) 부동산가압류는 청구채권의 10분의 1에 해당하는 금액을 공탁해야 하고, 유체동산가압류는 청구채권액의 3분의 1, 채권가압류는 청구채권액의 5분의 1에 해당하는 금액을 공탁해야 가압류할 수 있다.

【부동산가압류결정】

서울지방법원 의정부지원

제 22 단독
결정

사 건   20[5] 카단 1198   부동산가압류

채 권 자   ○○○
채 무 자   김○○
            파주시 ○○동 ○○○

주 문
채무자 소유의 별지 기재 부동산을 가압류한다.
채무자는 다음 청구금액을 공탁하고 집행정지 또는 그 취소를 신청할 수 있다.

청구채권의 내용
보증채무금

청구금액
금 50,000,000원

이 유
이 사건 부동산가압류 신청은 이유 있으므로 담보로 공탁보증보험증권(서울보증보험주식회사 증권번호 제218-052-200107호)을 제출받고 주문과 같이 결정한다.

20 . 0. 0.

판 사   ○○○

---

5) 본서에서의 집행권원, 부동산경매사례물건 등에 대한 연도 표시는 해당하는 연도를 가능한 모두 "20 ."으로 표시하기로 하고 월(月)과 일자(日)만 사례에 해당하는 날짜로 표시한다. 그렇게 연도를 "20 ."으로만 표시를 하더라도 월과 일자만으로 권리분석 등을 할 수가 있도록 하였다.

청 주 지 방 법 원

결   정

사   건   20 카단50   8 부동산가압류

채 권 자   김○○

채 무 자   오○○
              서울 종로구
              등기부상주소   괴산군

주   문

채무자 소유의 별지 기재 부동산을 가압류한다.

채무자는 다음 청구금액을 공탁하고 집행정지 또는 그 취소를 신청할 수 있다.

청구채권의 내용   20 . 8. 30. 자 부당이득금

청구금액   금 13   원

주식회사 증권번호 제 100-000-20210069   호)을 제출받고 주문과 같이 결정한다.

20 . 2. 17.

판사   김○○

※ 1. 이 가압류 결정은 채권자가 제출한 소명자료를 기초로 판단한 것입니다.
  2. 채무자는 이 결정에 불복이 있을 경우 가압류이의나 취소신청을 이 법원에
     제기할 수 있습니다.

부동산의 표시

20 카단501

1. 충청북도 괴산군
　　　임야 25 ㎡
　　갑구 순위번호 1번. 공유자　지분
　　갑구 순위번호 3번. 공유자　지분

2. 충청북도 괴산군
　　　임야 179 ㎡
　　공유자　지분 25분의 2 전부

정본입니다.

20 . 2. 17.

청주지방법원

법원주사 강○○

※ 각 법원 민원실에 설치된 사건검색 컴퓨터의 발급번호조회 메뉴를 이용하거나, 담당 재판부에 대한 문의를 통하여 이 문서 하단에 표시된 발급번호를 조회하시면, 문서의 위,변조 여부를 확인하실 수 있습니다.

▶ 지급보증으로 보증보험증본을 발급받아 법원에 제출하면 3일 이내에 가압류결정 문이 송달된다.
▶ 본 가압류결정문에 가압류 대상 부동산등기소에 촉탁등기를 하면 갑구에 가압류 기입등기가 이루어지게 된다.

목록

1. 경기도 파주시 금촌동 ○○○-○○○
   대 163.9 평방미터

2. 위 지상
   시멘트블록조 시멘트기와지붕
   단층 주택 64.19 평방미터

-이상 파주등기소 관할-

정본입니다.

20 . 0. 0.

서울지방법원 ○○○지원

법원주사 ○○○

【사례 2: 부동산가압류신청서】

부동산가압류신청

채 권 자   ○○○○
주소: ○○○
휴대폰번호: 010-
전자우편(e-mail)주소:
채 무 자   ○○○
서울시

청구채권의 표시 및 피보전권리의 요지: 금 ○○○○원(부당이득금)

가압류할 부동산의 표시: 별지 목록 기재와 같음

신 청 취 지

채권자가 채무자에 대하여 가지고 있는 위 청구채권의 집행을 보전하기 위하여 채무자 소유의 별지 목록 기재 부동산을 가압류한다.
라는 재판을 구합니다.

신 청 이 유

1. 당사자 관계 및 사건 경위

이 사건 채권자는 … 받습니다(갑 제1호증). 그런데 채무자는 … 였습니다. 그래서 채권자는 … (갑 제2호증: 영수증) … 소송을 제기하였습니다(갑 제3호증: 부당이득반환청구 소).

2. 보전의 필요성 및 피보전권리의 발생

(1) 보전의 필요성

채권자는 채무자의 위와 같은 … 부당이득반환청구 소송을 제기하여 승소판결을 받았습니다. 그러나 채무자 소유의 별지목록 부동산에 선순위 근저당권을 공동 설정하여 강제집행을 실시하여도 목적물의 담보가치가 낮아 채권자는 변제를 받을 수 있는 가능성이 없습니다. 그리고 채권자가 위와 같은 소송을 제기하여 본안 소송의 승소판결을 받았다고 하더라도 채무자가 다른 사람에게 별지목록 부동산을 양도하면 강제집행이 불가능하여 집행채권의 실현을 할 수 없게 됩니다. 판례는 채권자가 집행권원을 가지고 있더라도 즉시 강제집행을 할 수 없는 특별한 사정이 있는 경우에는 가압류를 인정하고 있습니다. 여기서 특별한 사정이란, 채무자의 재산인 부동산이 선순위 담보권자들의 존재로 강제경매를 진행해도 남을 가망이 없는 경우 등입니다.[6]

따라서 본 사건의 가압류신청은 보전의 필요성이 인정되므로 인용하여 주시기 바랍니다

(2) 피보전권리의 발생

채무자는 현재까지 채권자에게 변제를 하지 않고 있으며, 채권자는 채무자에 대하여 부당이득금에 대한 승소판결을 받았기 때문에 채권자의 피보전권리는 상당히 발생한 상태에 있습니다.

---

6) 서울고법 1974. 11. 15. 74나2148[가압류취소신청사건].

4. 결 어

채권자가 채무자를 상대로 현재 부당이득반환청구 소송을 제기하여 본안 소송
의 승소판결을 받았더라도 채무자가 다른 3자에게 별지목록 부동산을 양도하면
승소 이후 강제집행이 불가능하여 집행채권의 실현을 할 수 없게 됩니다. 그리고
채권자가 집행권원을 가지고 있더라도 채무자의 부동산이 선순위 담보권자들의
존재로 강제경매를 진행해도 남을 가망이 없을 뿐만 아니라 채권자의 피보전권리
가 상당히 존재하고 있는 상태에 있으므로 채무자의 별지목록 부동산에 대하여
가압류결정을 하여 주시기를 바랍니다.

입증서류

갑 제1호증: 집행권원
갑 제2호증: 부동산등기부증명서
갑 제3호증: 부당이득반환청구 소
갑 제4호증: 공동담보 부동산의 양도
갑 제5호증: 공시송달

첨부서류
1. 위 입증방법   각 1통
1. 부동산 가압류신청   1통
1. 별지목록(채무자 부동산등기부)   1통

20 . 2. 0.

채권자: ㅇㅇㅇ

ㅇㅇ 지방법원 귀중

제4민사부

결   정

사 건   20 라10   부동산가압류
채권자, 항고인   김○○

채무자, 상대방   오○○

제1심 결정   대전지방법원   지원 20. 2. 10.자 20 카단10   결정

주   문

1. 제1심 결정을 취소한다.
2. 채권자가 이 결정을 송달받은 날로부터 10일 이내에 채무자를 위하여 담보로 1,500,000원을 공탁하거나 위 금액을 보증금액으로 하는 지급보증위탁계약을 체결한 문서를 제출하는 것을 조건으로 채무자 소유의 별지 목록 기재 부동산을 가압류한다.
3. 채무자는 다음 청구금액을 공탁하고 가압류의 집행정지 또는 집행취소를 신청할 수 있다.

청구채권의 내용: 부당이득반환청구권
청구금액: 13   원

이   유

 채권자가 제출한 영수증(소감 제2호증) 등을 포함하여 제1심 법원에 제출한 자료에 다가 이 법원에 추가로 제출한 자료에 나타난 사정을 종합하여 보면, 이 사건 가압류 신청은 그 피보전권리 및 보전의 필요성에 관한 소명이 있는 것으로 보이므로, 제1심 결정을 취소하고 주문과 같이 결정한다.

20 . 3. 3.
재판장 판사   김○○
판사   이○○
판사   이○○

부동산 목록

1. 서울 종로구
2. 위 지상
   연와조 평슬래브지붕 2층 근린생활시설
   1층   ㎡
   2층   ㎡ 끝.

정본입니다.

20 . 3. 3.

대전지방법원

법원주사보 박○○   (인)

※ 각 법원 민원실에 설치된 사건검색 컴퓨터의 발급번호조회 메뉴를 이용하거나, 담당 재판부에 대한 문의를 통하여 이 문서 하단에 표시된 발급번호를 조회하시면, 문서의 위,변조 여부를 확인하실 수 있습니다.

▶ 부동산 가압류신청을 관할법원7)에 하면 위의 가압류결정문의 주문란에 기재하고 있듯이 담보로 보증금액을 서울보증보험회사 등에 지급보증계약을 체결한 문서를 제출하는 조건으로 가압류결정을 한다.
▶ 가압류결정이 이루어지기 위해서는 위의 가압류결정문의 이유란에 기재하고 있듯이 가압류 신청에 대한 피보전권리 및 보전의 필요성이 인정되어야 한다.
▶ 가압류결정이 이루어지면 부동산 소재지 관할 등기소에 가압류 기입등기를 촉탁하게 된다.

---

7) 부동산가압류신청의 관할법원은 원고주소지, 피고주소지, 부동산소재지 관할법원 중 선택하면 된다.

(2) 가처분

가처분은 금전채권 이외의 권리 또는 법률관계에 관한 확정판결의 강제집행을 보전하기 위한 집행보전제도로서 계쟁물에 관한 가처분과 임시의 지위를 정하는 가처분으로 구분할 수 있다. 전자의 경우는 청구권을 보전하기 위한 제도라는 점에서 가압류와 같으나 그 청구권이 금전이 아니라는 점과 그 대상이 일반재산이 아닌 특정 계쟁물이라는 점에서 다르다. 금전채권으로서는 가처분이 허용되지 않는다.[8]

예컨대 가옥명도청구소송을 제기하여 집행을 하러 갔는데 점유자가 바뀌어 있으면 강제집행을 하지 못하게 된다. 이때는 다시 현 점유자를 상대로 가옥명도소송을 제기해야 하는 불편한 점이 발생하게 된다. 따라서 이런 경우를 대비하여 가옥명도대상자를 상대로 점유이전금지가처분 신청을 하고 이후 가옥명도소송을 하면 설사 가옥명도소송에서 승소판결을 받은 이후 점유자가 바뀌었다고 하더라도 그 효력을 그대로 유지하여 집행을 행사할 수 있다. 한편 임시의 지위를 정하는 가처분은 본안판결을 얻고자 하는 내용과 실질적으로 전혀 동일한 내용의 권리관계를 형성하게 된다. 예컨대 해고의 무효를 주장하는 자에게 임금의 지급을 계속 명하는 따위의 가처분에 있어서는 권리자는 가처분의 집행만으로써 실질적인 만족을 얻을 수 있기 때문에 굳이 본안소송을 제기할 필요가 없다.

이러한 성질을 가진 가처분이 최초근저당일자[9]보다 앞선 일자로 되어 있는 경우는 경락이 되더라도 원칙적으로 말소가 되지 않고 그 이후에 가처분이 설정되어 있을 경우만 말소가 된다.

다만 다음과 같은 경우에는 이후에 가처분등기가 되어 있더라도 말소가 되지 않는다.

---

8) 경매법에 의한 경매를 신청할 수 있는 권리의 존부를 다투기 위하여 소송이 계속중이거나 또는 경매법 제28조에 있는 경우에 그 경매절차를 정지하기 위하여 민사소송법 제714조(현 민사집행법 300조)의 규정에 의한 가처분은 필요하지 않아 허용되지 않는다(대판 1971. 3. 16. 70그124).
9) 또는 최초근저당일자보다 최초가압류나 담보가등기, 경매개시결정일이 빠른 날짜로 되어 있는 경우에는 그 날짜가 기준이 되어 그보다 앞선 일자로 되어 있는 가처분은 경락이 되더라도 말소되지 않는다.

【부동산가처분신청서】

부동산 처분금지 가처분신청

채권자: 갑
　　서울시 강남구 청담동 263번지
채무자: 을
　　서울시 마포구 아현동 245번지

목적물의 표시　　　별지 목록 기재와 같다
목적물의 가격　　　금 5억원
피보전권리의 요지
20 . 1. 1.자 대금 5억원의 매매를 원인으로 하는 소유권이전등기청구권

신청취지

채무자는 별지 목록 기재 토지 및 건물에 관하여 매매·양도·저당권·전세권·임차권의 설정 기타 일체의 처분을 하여서는 아니된다.
　라는 재판을 구함

신청이유

1. 채권자는 채무자로부터 별지 목록 기재의 토지·건물을 20 . 1. 1. 소외 김ㅇㅇ의 중개로 대금 5억원에 매수하여 동일 대금 중 금 2억5천만원을 지급하고 잔금 2억5천만원은 6월 1일 등기절차를 함과 상환으로 지급하기로 약정하였다.

2. 그런데 채무자는 위 약속의 등기절차를 이행하지 않을 뿐 아니라 잔대금도 수령하지 않고 있고, 또한 위 토지·건물의 매도는 중개인이 임의로 한 행위이고 채무자 자신으로서는 금 5억원에 매도할 의사가 없었다고 주장하고 있다.

3. 그래서 채권자로서는 위 매매로 인한 소유권이전등기절차 등 청구의 소를 제기하려고 준비중이나 채무자는 본건 토지·건물을 고가로 매각하려고 알아보고 있다. 위와 같이 되어서는 채권자가 본안소송에서 승소하여도 권리의 실현을 기할 수 없게 될 우려가 있으므로 신청취지와 같은 가처분을 구하게 되었음.

소명방법

1. 매매계약서　1통
2. 영수증　　　1통
3. 토지등기부등본, 건물등기부등본 각 1통

첨부서류

1. 위 소명서류 각 1통

　　　　　　　20 . 10. 5.
　　　　　　　위 채권자 갑
　　　　　　　지방법원 귀중

1) 부동산강제경매개시결정 등기 후에 그 부동산에 대하여 처분금지가처분 등기를 한 자는 강제경매 신청인이나 경락인에게 대항할 수 없다. 그러나 절대적 무효 등의 사유를 원인으로 한 가처분인 경우에는 설사 경락으로 가처분이 소멸한다고 할지라도 절대적 무효 등의 사유의 결과에 따라 매수인의 소유권 관계는 달라진다고 할 수 있을 것이다.

2) 가처분등기의 피보전권리가 토지소유자의 그 지상 건물소유자에 대한 건물철거 및 토지인도청구권인 건물에 관한 처분금지가처분인 경우에는 낙찰이 되더라도 말소가 되지 않는다.

【별지목록】

별지 부동산 목록

서울시 마포구 아현동 245번지
 1) 대지 200m^2
 2) 위 지상 철근콘크리트 3층 다가구주택 450m^2
  (위 부동산 감정평가액 5억원)

---

3. 보전처분의 요건

보전처분을 하기 위해서는 우선 실체법상 보전을 받아야 할 권리가 있어야 하고, 그 다음에 그와 같은 권리를 보전하여야 할 필요성이 있어야 한다. 전자를 피보전권리라고 하고, 후자를 보전의 필요성이라고 한다.[10]

가압류와 계쟁물에 관한 가처분 및 임시의 지위를 정하는 가처분은 전술한 바와 같이 그 목적하는 바가 다르므로 피보전권리에 관하여도 그 태양을 달리한다. 가압류의 피보전권리는 다음과 같은 요건을 필요로 한다.

① 재산상의 청구권으로서 금전채권이나 금전으로 환산할 수 있는 채권이어야 한다.

[10) 법원행정처, 전게서, 511면.

② 가압류신청 시에는 청구권이 성립해 있을 필요는 없지만, 그에 대한 재판 시까지는 청구권이 성립하고 있어야 한다.

③ 가처분의 피보전권리는 금전채권 이외의 권리 또는 법률관계에 관한 확정판결의 강제집행에 의하여 보호를 받을 수 있는 권리에 관하여 인정된다.[11]

4. 보전처분의 효력

보전처분의 효력은 그 재판이 고지된 때에 발생함이 원칙이다. 보전처분이 채무자에게 송달되기 전에 집행을 하게 되면, 채무자는 그 집행에 의하여 내용을 알게 되므로 그 때에 효력이 생긴다고 한다. 이러한 보전처분은 다음과 같은 효력을 갖게 된다. 보전처분을 하게 되면 법원이 스스로 이를 취소·철회할 수 없는 구속력을 가지게 되고, 그 외 집행력·효력 잠정성·형식적 확정력·실체적 확정력의 효력을 가지게 된다.

채권은 양도할 수 있다. 그러나 당사자가 반대의 의사를 표시한 경우에는 양도하지 못한다(민법 449조). 예컨대 채권자로부터 근저당권과 함께 채권을 양수하여 근저당권설정등기를 받았다 하더라도 그 채권 및 근저당권 양도에 관하여 채무자의 승낙을 얻은 바 없는 이상 채권 및 근저당권 양수를 원인으로 하여 저당권을 실행할 수 없다. 저당권이전의 부기등기를 갖추었다 하더라도 민법 제450조 제1항의 대항요건, 즉 근저당의 피담보채권을 양도하였다는 내용의 양도인의 채무자에 대한 채권양도통지서 등이 없으면 임의경매를 신청할 수 없다. 이는 저당권의 양도등기를 할 때에는 "양도인의 채무자에 대한 통지"나 "채무자의 승낙"이 없으면 채무자에게 대항하지 못하는 규정 때문이다(민법 450조 1항). 단 자산관리공사가 채권자로부터 채권양도를 받은 경우에는 저당권이전의 부기등기를 마친 경우에 민법 제450조의 규정에 의한 대항요건을 갖춘 것으로 본다.

---

11) 전장헌, 전게서, 78면.

5. 채권의 양도

【채권양수도 통지 및 최고서】

채권양수도 통지 및 최고서

  김 영 숙 님께

  폐사는 ㈜우리은행이 귀하(귀사)에 대하여 가지는 아래 근저당권 및 피담보채권 일체를 양도받았기에 채권양수도의 통지를 합니다.

  본 통지서를 수령한 이후부터 귀하(귀사)는 ㈜우리은행이 아니라 폐사에 채무를 변제하여야 함을 알려 드리옵니다.

- 양수도 채권의 표시 -

1. 채권자(양도인): (주)우리은행
2. 채무자: 양 동 길
3. 연대보증인: 김 영 숙
4. 양수도 채권액: 금 1억원(이자별도)
   (위 채권금액은 20 . 0. 0. 기준의 채권원금임)
5. 문의처: 담당 홍길동 전화 44-444-4444

20 . 0. 0.
통지인(양수인): 대성신용금고
서울시 강남구 논현동 252번지
대표이사 ○ ○ ○(인)

제3항 경매절차와 가압류

1. 소제주의와 인수주의

　　부동산 경매에 있어서는 등기부상에 설정되어 있는 각종 제한물권과 주택 및 상가건물임대차보호법에 의한 임차인의 보증금 인수 여부와 관련하여 소제주의와 인수주의로 나뉘어 지고 있다. 전자는 경매의 매득금으로부터 권리의 순위에 따라 배당을 하고, 이후 말소촉탁을 하여 목적부동산에 설정되어 있는 각종 물적 부담을 소멸시키는 경매방식이다. 후자는 그와 같은 물적 부담을 경락인에게 인수시키는 방식이다. 구 민사소송법 제608조 제2항에서는 저당권에 관하여 소제주의를 취하고 제3항에서는 유치권에 관하여 인수주의를 취하고 있었던바, 이것은 민사집행법 제91조 제1항, 제3항, 제5항과 맥을 같이 하고 있는 것으로서 현행 민사집행법은 저당권 이외 일정한 범위의 전세권을 소제의 대상으로 추가하고 있다.

　　또 경락인에게 대항할 수 없는 그 밖의 다른 권리도 위 규정을 유추적용하여 별소에 의하지 아니하고 법원의 촉탁에 의하여 말소할 수 있도록 하여 경매의 신속과 채권회수를 원활하게 하였다. 경락부동산 위에 존재하는 선순위 가압류의 문제는 특별한 경우 소제주의·인수주의의 처리에 따라 경락인의 추가부담이 달라질 수 있기 때문에 이에 대한 가압류의 법적 지위에 대해서 살펴보기로 한다.

2. 가압류가 경매신청권자의 담보권자보다 뒤에 경료된 경우

　　이와 같은 경우 경락인이 경락대금을 완납하면 그 가압류는 소멸되므로(민법 608조 2항) 촉탁에 의하여 말소된다. 원래 가압류는 경매신청인에게 대항할 수 없는 것이고 경매신청인의 권리와 동일한 순위를 갖는다고 보아야 하기 때문에 경락인에 대하여도 역시 대항할 수 없고 촉탁말소의 대상이 된다.

3. 가압류등기 후 경료된 근저당권 설정등기의 효력

낙찰대금 : 1억원				
순위	권리	권리내용	원인일자	채권최고액
1	갑	가압류	20 . 1. 1.	5,000만원
2	을	근저당	20 . 2. 2.	5,000만원
3	병	강제경매	20 . 3. 3.	5,000만원

　　부동산에 대하여 가압류등기가 먼저 되고 나서 근저당권 설정등기가 마쳐진 경우에는 그 근저당권등기는 가압류에 의한 처분금지의 효력 때문에 그 집행보전의 목적을 달성하는 데 필요한 범위 안에서 가압류채권자에 대한 관계에서만 상대적으로 무효이다.

　　가압류채권자와 근저당권자 및 근저당권 설정등기 후 강제경매신청을 한 압류채권자 사이에 배당관계에 있어서는 근저당권자는 선순위 가압류채권자에 대하여는 우선변제권을 주장할 수 없으므로 1차로 채권액에 따른 안분비례에 의하여 평등배당을 받은 다음 후순위 강제경매신청채권자에 대하여는 우선변제권이 인정되기 때문에 근저당권은 자기의 채권액을 만족시킬 때까지 이를 흡수하여 배당받게 된다.

【해설: 배당순위】

　　① 가압류 $1억원 \times \dfrac{5000만원}{1억5천만원} = 3,333만원$

　　② 근저당 $1억원 \times \dfrac{5000만원}{1억5천만원} = 3,333만원$

　　③ 강제경매 $1억원 \times \dfrac{5000만원}{1억5천만원} = 3,333만원$

　　④ 여기서 가압류권자는 근저당권자와 안분배당에 의하여 3,333만원을 배당받는다.

⑤ 근저당권자는 우선 안분배당에 의하여 계산된 3,333만원에다가 5,000만 원의 채권을 만족할 때까지 후순위 강제경매 신청권자의 배당금 1,667만 원을 흡수하게 된다. 그리하여 강제경매신청권자는 1,666만원만 배당을 받는다.

⑥ 결국 강제경매신청권자는 1,666만원만 배당을 받게 된다. 만약 위의 사례 에서 강제경매 신청권자가 임차인이라고 가정할 때는 어떻게 될 것인가? 확정일자를 받지 않았다면 강제경매 신청권자와 동일한 배당금을 받아 갈 뿐이다.

4. 가압류등기 후 저당권이 설정된 경우의 가압류 배당관계는

낙찰대금 : 2억원				
순위	권리	관리내용	원인일자	채권최고액
1	갑	가압류	20 . 1. 1.	1억
2	을	근저당	20 . 2. 2.	1억
3	병	가압류	20 . 3. 3.	1억
4	정	근저당	20 . 4. 4.	1억

부동산등기부등본에 가압류등기가 1번으로 제일 빠르게 설정되어 있고, 그 가압류가 전 소유자 앞으로 설정된 말소가 안 되는 가압류가 아닌 경우 그 가압 류는 등기부상의 말소기준권리가 될 수 있고 임차인의 대항력 유무에 기준권리 가 된다.

이때 배당관계를 살펴보면 다음과 같다.

【해설: 배당순위】

① 갑 가압류 2억원$^{(낙찰대금)}$ $\times \dfrac{1억원(가압류)}{4억원(총금액)}$ = 5,000만원

② 을 근저당 2억원$^{(낙찰대금)}$ $\times \dfrac{1억원}{4억원}$ = 5,000만원

③ 병 가압류 2억원 $\times \dfrac{1억원}{4억원}$ = 5,000만원

④ 정 근저당 2억원 $\times \dfrac{1억원}{4억원}$ = 5,000만원

⑤ 1순위 가압류권자는 채권액이 1억원이나 안분배당의 결과 5천만원을 배당받는다.

⑥ 2순위 근저당권자는 후순위 권리자인 가압류나 근저당권자보다 우선적 효력이 있으므로 자기의 채권 1억원이 만족될 때까지 흡수하여 배당을 받는다. 따라서 2순위 근저당권자는 3순위 가압류권자의 배당금 5,000만원과 4순위 근저당권자의 5,000만원을 흡수하여 1억원 전액을 배당받게 된다.

⑦ 결국 3순위 가압류권자와 4순위 근저당권자는 남은 배당금 5,000만원을 가지고 다시 안분배당을 하게 된다. 이것을 계산하여 보면 다음과 같다.

㉠ 가압류 5,000만원$^{(남은배당금액)}$ $\times \dfrac{1억원(가압류)}{2억원(총금액)}$ = 2,500만원

㉡ 근저당 5,000만원$^{(남은배당금액)}$ $\times \dfrac{1억원(가압류)}{2억원(총금액)}$ = 2,500만원

⑧ 결국 최종적인 배당관계는 다음과 같다.

【해설: 배당결과】

낙찰대금 : 2억				
순위	권리	권리내용	원인일자	채권최고액
1	A	소유권	20 . 1. 1.	
2	갑	가압류	20 . 2. 2.	5,000만원
3	을	근저당	20 . 3. 3.	1억원
4	B	소유권	20 . 4. 4.	
5	병	가압류	20 . 5. 5.	2,500만원
6	정	근저당	20 . 6. 6.	2,500만원

5. 가압류가 마지막 소유권 이전 일자보다 앞서고, 1번 저당권자보다 후에 설정되어 있는 경우

아래 사례에서 가압류권자인 박동수는 최초근저당(1번 저당권)보다 후에 가압류가 되어 있기 때문에 매각대금으로부터 채권적 순위에 의하여 배당을 받고 그 가압류등기는 존재이유를 상실하여 경락에 의하여 소멸된다. 구 소유자에 대한 저당권과 함께 가압류가 되어 있는 경우는 구 소유자의 저당권이 말소되기 때문에 가압류도 말소된다. 이때 구 소유자의 가압류권자와 저당권자는 순위배당에 의하고 남는 배당금이 있을 때에는 현 소유자의 권리자에게 배당을 하여 준다. 또한 압류의 효력 발생 후에 등기한 가압류채권자도 경락인에게 대항할 수 없으므로 경락에 의하여 소멸하는 것이 원칙이다.

【사례】

김미수 소유권 20 . 1. 1.
김갑돌 저당권 20 . 2. 2.
박동수 가압류 20 . 3. 3.
김일태 소유권 20 . 4. 4.

① 저당권자와 가압류권자는 현소유자인 김일태로부터 설정된 자들이 아니다. 즉 전소유자로부터 설정된 자이다. 위와 같은 경우 가압류는 1번 저당권이 말소되므로 박동수 가압류도 말소가 된다.

② 따라서 가압류권자는 법원에서 배당에 참여할 수가 있게 된다. 이때 구소유자의 가압류권자와 저당권자는 우선배당을 받고, 그 후 남은 배당금이 있을 때에 현 소유자의 채권자에게 배당을 하여 준다.

6. 가압류가 1번 저당권과 마지막 소유권 이전 일자보다 앞선 일자로 설정되어 있는 경우(전소유자의 가압류)

용도	사건 0-18	소재지	면적 (평방)	권리분석	임차 관계	결과	감정평가액 최저경매가
주택	김형윤 김기석	관악구 신림동 125-7	대(103) 건물 2층 방 3개	가압 20 . 2. 2. 고일석 3억 임의 20 . 7. 7. 국민은행 근저 20 . 3. 3. 국민은행 4억 근저 20 . 4. 4. 김형윤 2억	권영선 2억원 전입+계 약+인도 =20 . 1. 1. 확정 =20 . 3. 1.	20 . 8. 8. 유찰 20 . 9. 9. 유찰	3억 2억 4천 전소유자 (김정은) 20. 1. 1.

(1) Fact

전 소유자를 상대로 고일석이 3억원에 대한 가압류를 하였다(if: 3억에 낙찰된 경우).

(2) Issue

가압류는 제일 마지막 배당 순위에 해당하는데도 1순위로 배당을 받을 수 있는지 논점이 된다. 그리고 현 소유자의 채권자들이 배당 금액이 없는 경우 배당을 받을 수 없는지도 분석해야 한다. 만약 이러한 경우라면 임차인 권영선이 낙찰자에게 대항력을 행사하여 졸지에 2억원을 인수해야 하는지도 분석해야 한다.

(3) Case law

부동산에 대한 가압류집행 후 가압류목적물의 소유권이 제3자에게 이전된 경우 가압류의 처분금지적효력이 미치는 것은 가압류결정 당시의 청구금액의 한도 안에서 가압류목적물의 교환가치이고, 위와 같은 처분금지적효력은 가압류채권자와 제3취득자 사이에서만 있는 것이므로 제3취득자의 채권자가 신청한 경매절차에서 매각 및 경락인이 취득하게 되는 대상은 가압류목적물 전체라고 할 것이지만, 가압류의 처분금지적효력이 미치는 매각대금 부분은 가압류채권자가 우선적인 권리를 행사할 수 있다.

그러므로 제3취득자의 채권자들은 이를 수인하여야 하므로, 가압류채권자는 그 매각절차에서 당해 가압류목적물의 매각대금에서 가압류결정당시의 청구금액을 한도로 하여 배당을 받을 수 있고, 제3취득자의 채권자는 위 매각대금 중 가압류의 처분금지적효력이 미치는 범위의 금액에 대하여는 배당을 받을 수 없다.12)

따라서 전 소유자 앞으로 설정되어 있는 가압류를 모르고 낙찰받은 경락인은 본 가압류의 권리실현으로 제한을 받는 부동산을 낙찰받게 된 것이다. 이때 채무자 및 배당을 받은 채권자가 경락인에게 부담해야 할 대금반환청구권은 그 실현가능성이 크고 재산적 가치가 있는 것으로 보아야 할 것이므로 이를 피보전권리로서의 적격성을 인정할 수 있을 것이다. 그러므로 이때에 매수인은 배당금 상당액의 부당이득에 대한 반환청구권을 피보전권리로 한 가압류신청을 주장할 수 있을 것이다. 이외에도 매수인은 배당을 받은 채권자들을 상대로 매도인의 담보책임을 주장하여 반환청구도 행사할 수 있을 것으로 본다.

---

12) 대판 2006. 7. 28. 2006다19986; 가압류집행이 있는 상태에서 소유권이전이 되어 가압류가 1번 저당권과 마지막 소유권이전일자보다 앞선일자로 설정되어 있는 경우 초기 법원실무는 "가압류등기 후 소유권이 이전된 상태에서 현 소유자의 채권자가 경매신청을 하여 경락이 된 경우 말소될 선순위의 저당권설정등기가 존재하는 등 특별한 사유가 없는 한 구 소유자에 대한 가압류 채권자는 배당에 가입할 수 없으므로 그 가압류등기는 말소촉탁의 대상이 되지 않고 경락인이 인수해야 한다"는 절차상대효설의 입장에 있었다. 그러나 이후 판례는 "제3취득자의 채권자가 신청한 경매절차에서 가압류채권자는 매각대금에서 가압류결정 당시의 청구금액을 한도로 하여 배당을 받을 수 있고, 제3취득자의 채권자는 배당을 받을 수 없다"고 판시하고 있다.

제 4 항 장래이익의 피보전권리로서의 적격성 여부

장래의 권리가 부동산가압류신청사건에 있어서 피보전권리로서의 적격성을 갖느냐는 문제에 대해서는 장래에 생길 권리라도 현재 이미 그 원인이 확정되어 권리를 특정할 수 있거나 그 발생의 확실성이 있다면 가압류의 목적이 된다. 예컨대 공사완성 전 도급대금채권·토지수용의 보상금청구권·퇴직금채권 등이 그러하다. 그러나 어떠한 정도의 요건을 갖춘 권리가 실현가능성이 크고 재산적 가치가 있는 권리라고 볼 것인가에 관하여는 어떤 획일적인 기준을 정하기는 어렵고 개별적인 사안에 따라 판단할 수밖에 없다.

제 5 항 보전처분의 남용

1. 의의

채권자가 어렵게 민사소송절차를 거쳐 집행권원을 얻더라도 채무자가 재산을 은닉하게 되면 그 집행권원은 무용지물이 된다. 그래서 법원에서는 보전처분을 폭넓게 허용하여 왔는데, 채권자가 오히려 채무자에 대한 압박용 또는 권리실현의 편법적 수단으로 남용하여 문제가 되었다. 예컨대 채무자에게 다른 재산이 있음에도 불구하고 채무자에게 심리적 압박이 큰 급여나 유체동산을 가압류하거나 보전처분의 발령이 매우 저비용으로 이루어지는 것을 이용하여 무조건적으로 신청하는 현상이다. 그래서 법원은 2003. 11. 1.부터 접수되는 가압류사건에 대해서는 "가압류신청 진술서"와 현금공탁의 확대를 실시하고 있다.

2. 가압류신청 진술서

채권자가 보전처분을 신청할 때 가압류신청 진술서에 답변을 기재한 후 그 신청서와 함께 제출하도록 하고 있다. 그래서 가압류신청의 남용과 보전처분의 발령 전에 심리를 용이하게 하고 있다.

만약 "가압류신청 진술서"의 양식을 첨부하지 아니하거나, 고의로 진술 사항을 누락한 경우에는 특별한 사정이 없는 한 보정명령 없이 신청을 기각할 수 있다. 가압류신청 진술서 양식은 다음과 같다.

– 가압류신청 진술서 –

채권자는 가압류신청과 관련하여 다음 사실을 진술합니다. 다음의 진술과 관련하여 고의로 누락하거나 허위로 진술한 내용이 발견된 경우에는, 그로 인하여 보정명령 없이 신청이 기각되거나 가압류이의절차에서 불이익을 받을 것임을 잘 알고 있습니다.

20 . 0. 0.

채권자(대리인)　　　　　　　　　　　(날인 또는 서명)

다음

① 피보전권리와 관련하여
• 채무자가 신청서에 기재한 청구채권을 인정하고 있습니까?
　예
　아니오　　　채무자의 주장의 요지:
• 채무자가청구채권과 관련하여 오히려 채권자로부터 받을 채권을 가지고 있다고 주장하고 있습니까?
　예　　　　　채무자의 주장의 요지:
　아니오
• 채권자가 신청서에 기재한 청구금액은 본안소송에서 승소할 수 있는 금액으로 적정하게 산출된 것입니까?(과도한 가압류로 인해 채무자가 손해를 입으면 배상하여야 함)
　예　　　　　　　　　　　아니오

② 보전의 필요성과 관련하여

• 채권자가 채무자의 재산에 대하여 가압류하지 않으면 향후 강제집행이 불가능하거나 매우 곤란해질 사유의 내용은 무엇입니까?(필요하면 소명 자료를 첨부할 것)

• [유체동산가압류 또는 채권가압류사건인 경우] 채무자에게는 가압류할 부동산이 있습니까?

　　예

　　아니오　　　　　채무자의 주소지 소재 부동산등기부등본을 첨부할 것

• ["예"라고 대답한 경우] 가압류할 부동산이 있다면, 부동산가압류 이외에 유체동산 및 채권가압류신청을 하는 이유는 무엇입니까?

　이미 부동산상의 선순위 담보 등이 부동산가액을 초과한 부동산등기부등본을 첨부할 것

　　　기타 사유 내용:

③ 본안소송과 관련하여

• 채권자는 신청서에 기재한 청구채권(피보전권리)의 내용과 관련하여 채무자를 상대로 본안소송을 제기한 사실이 있습니까?

　　예　　　　　　　　　　　　　　아니오

• ["예"로 대답한 경우]

　　– 본안소송을 제기한 법원·사건번호·사건명은?

　　– 현재 진행상황(소송이계속중인 경우)은?

　　– 소송결과(소송이 종료된 경우)는?

• ["아니오"로 대답한 경우] 채권자는 본안소송을 제기할 예정입니까?

　　예　　　　　　본안소송 제기 예정일:

　　아니오

④ 중복가압류와 관련하여

• 채권자는 이 신청 이전에 채무자를 상대로 동일한 가압류를 신청하여 기각된 적이 있습니까?

　　예　　　　　　　　　　　　　　아니오

• 채권자는 신청서에 기재한 청구채권을 원인으로, 이 신청과 동시에 또는 이 신청 이전에 채무자의 다른 재산에 대하여 가압류를 신청한 적이 있습니까?

　　예　　　　　　　　　　　　　　아니오

• ["예"로 대답한 경우]

　　– 동시 또는 이전에 가압류를 신청한 법원·사건번호·사건명은?

　　– 현재 진행상황은?

　　– 신청결과(취하/각하/인용/기각 등)는?

유의사항

　채무자가 여럿인 경우에는 각 사람별로 이 서면을 작성하여야 합니다.

3. 담보의 제공

【가압류의 공탁액】

목적물	담보제공액
부동산, 자동차	청구금액의 1/10 (현금 또는 보증보험)
채권	청구금액의 2/5 (급여, 영업자 예금의 경우 1/5 이내의 현금공탁 포함)
유체동산	청구금액의 4/5 (청구금액의 2/5 이내의 현금공탁 포함)
기타	소명정도에 따라 담보제공액 중 일정부분에 대하여는 현금공탁만을 허용

법원은 보전처분에 대하여 소명이 부족하다고 인정되는 경우 담보를 제공하게 하고 보전처분을 명할 수 있다. 담보의 제공은 금전 또는 법원이 인정하는 유가증권을 공탁하거나 지급보증위탁계약을 맺은 문서를 제출하는 방법으로 한다. 다만 당사자들 사이에 특별한 약정이 있으면 그에 따른다(민사소송법 122조). 그런데 공탁보증보험사고의 발생율은 극히 낮다. 약 0.4% 정도에 불과할 정도로 공탁보증보험사고의 발생이 거의 없다. 위와 같은 이유는 위법한 보전처분이 발령되는 경우가 적다는 것을 의미하기도 하지만, 그보다는 채무자가 본안소송에서 승소판결을 받더라도 손해액에 대한 입증곤란과 시간, 비용이 적지 않게 소용되는 손해배상청구소송을 아예 포기하기 때문이다.

【가압류공탁보증보험】

공탁보증보험증권

(인터넷 발급용)

증권번호 제 100-000-2020(호)

기본사항

보험계약자	12-1******	피보험자	6202 -1****** 오
보험가입금액	金 壹百五拾萬 원整 ₩1,500,000-	보험료	₩15,000- ■ 일시납 □ 분납
보험기간	※ 해당 사항 없음		

보증하는 사항

보증내용	가압류 담보
특별약관	1. 신용카드이용보험료납입특별약관 본 증권에 첨부되어 있는 보통약관 및 이 보험계약에 적용되는 특별약관의 내용을 반드시 확인하여 주시기 바랍니다.
특기사항	
주계약내용	[담보제공의무내용] 관할법원 대전지방법원 사건번호 2020라1 부동산가압류 사건명 부동산가압류 담보제공금액 ₩1,500,000- 담보제공기한 신청인(채권자) 피신청인(채무자)

알아두셔야 할 사항

1. '보증보험증권으로 보증하는 내용'이 '주계약상 보증이 필요한 내용'과 일치하는지 여부를 반드시 확인하시기 바랍니다.
2. 증권발급사실 및 보험약관, 보상심사 진행사항은 회사 홈페이지(www.sgic.co.kr)에서 확인 하실 수 있습니다.

우리 회사는 공탁보증보험 보통약관, 특별약관 및 이 증권에 기재된 내용에 따라 공탁보증보험 계약을 체결하였음이 확실하므로 그 증으로 이 증권을 발행합니다.

제5절
통상의 민사소송절차

 제1항   소장의 작성

〈사례: 소장의 작성〉

"갑"(주인)은 30년 동안 다니던 직장을 퇴사하고 퇴직금으로 다가구 주택을 구입하여 노후설계를 하였다. 과천에 있는 지하 1층 지상 3층짜리 다가구주택으로 다른 층은 모두 정상적으로 월세를 납부하고 있는데, 지하 1층에서 20 . 1. 1.부터 20 . 12. 31. 까지 2,000/70만원에 살고 있는 "을"(세입자)만이 월세를 계속 납부하지 않고 있어 지금은 보증금이 하나도 없으며 연체료만 1,120만원이 밀려 있다. "갑"은 할 수 없이 연체된 금액 중 반만 내고 나가라고 하였는데도 "을"은 나가지 않고 있다. "갑"은 어떻게 소송을 제기하여야 하는가?

소를 제기하기 위해서는 법원에 소장을 작성하여 제출해야 하는데, 우선 초안을 잡아 수정을 한 다음 정식으로 작성을 하여야 실수가 없을 것이다. 그리고 서류는 법원과 상대방에게도 보내 주어야 하기 때문에 한 통만으로는 되지 않고 복사를 하여 최소한 3통은 준비해야 한다. 소장을 작성할 때에는 우선 표지를 작성해야 하는데, 이는 모든 소송에 공통되는 사항이다. 표지의 사건명 칸에는 "가옥명도청구"라든가 "대여금청구" 등으로 그 사건의 성질을 기재해야 한다. 그리고 원고와 피고의 칸에는 성명과 주소를 기재하고 당사자가 행위무능력자인 경우에는 법정대리인을 반드시 기재해야 한다. 그리고 나서 청구취지와 청구원인을 기재하면 된다. 소장에는 증거에 대한 내용을 기재할 필요는 없으나 소송을 촉진하기 위해서는 중요한 증거서류의 사본을 소장의 말미에 기재하는 것도 좋을 것이다. 이때 원고가 내놓은 증거는 「갑 제1호증」, 「갑 제2호증」 등으로 문서에 번호를 붙여 제출하면 되고, 피고가 내놓은 증거는 「을 제1호증」, 「을 제2호증」 등으로 문서에 번호를 붙여 제출하면 된다. 나중에 증거서류를 주장할 때에는 소장에 기재되어 있는 본 문서번호를 인용하여 변론을 하면 된다.

1. 당사자

(1) 당사자의 의의

당사자라 함은 법원에 대하여 자기명의로 판결이나 집행을 요구하는 자와 그와 대립하는 상대방을 말한다. 당사자는 판결절차의 제1심 법원에서는 원고·피고, 제2심 법원에서는 항소인·피항소인, 제3심 법원에서는 상고인·피상고인이라고 부른다.

그리고 강제집행절차와 독촉절차에서는 채권자·채무자라 하며, 제소전 화해절차에서는 신청인·상대방이라는 명칭을 쓴다. 이처럼 절차의 종류에 따라 상대방의 명칭을 달리하고 있다. 위의 사례에서 "갑"은 "을"을 상대로 "임대료청구의 소"와 "가옥명도청구의 소"를 제기하여 해결하여야 할 것으로 본다. 그리고 "갑"은 자기명의로 판결을 요구하는 자에 해당하기 때문에 원고가 될 것이고, 그 상대방 "을"은 피고가 되어 소장에 기재를 하여야 할 것이다. 소장에는 반드시 원고가 누구를 피고로 하여 어떠한 내용의 재판을 구하는지를 분명히 알 수 있게 기재하여야 한다. 즉 소송의 주체인 당사자(원고와 피고)와 소송의 객체인 청구(소송물)를 명확히 알 수 있도록 기재해야 한다. 그리고 당사자가 제한능력자인 경우에는 반드시 법정대리인을 기재하여야 한다. 위의 사례에서 "갑"이 "임대료 청구의 소"와 "가옥명도청구의 소"를 제기하기 위해서는 우선 당사자인 "갑"과 "을"이 행위능력자이기 때문에 "을"만을 기재하면 될 것이고, 그 다음에 청구의 취지(원고가 바라는 소의 결론 부분), 청구의 원인(청구취지에서 자신이 청구할 내용을 명확하게 기재하는 것)을 기재하여 과천시의 관할법원인 수원지방법원의 안양지원 소액사건 전담부에 제출하면 될 것이다.

(2) 소송능력

소송능력은 당사자로서 스스로 유효하게 소송행위를 하고 상대방이나 법원으로부터 소송행위를 받을 수 있는 능력을 말한다. 소송무능력자의 범위는 민법상의 제한능력자와 일치한다. 따라서 의사무능력자, 미성년자, 피한정후견인 및 피성년후견인은 소송무능력자로서 소송행위를 할 수 없고 법정대리인만 소송행위를 할 수 있다. 즉 미성년자의 소송행위는 그의 부모가 할 수 있다. 그리고 남편을 피성년후견인으로 하여 가정법원에서 부인이 성년후견인으로 법정대리인이 된 경우(민법 936조 1항, 938조 1항)에는 그 부인이 소송행위를 할 수 있다. 특별한 사유가 없는 한 일반적으로 배우자가 후견인이 되어 법정대리인으로 소송행위를 하게 된다.

종전에는 한정치산·금치산이 선고되면 일정범위의 근친이 후견인으로 선임되었는데, 후견인과 이해관계가 대립하는 경우가 적지 않았다. 한편 배우자로서 당연 후견인이 되는 경우, 그 역시 고령인 경우가 대부분이어서 후견의 실효성에 문제가 있다는 비판에 따라, 종전의 규정(민법 933조 내지 935조)을 삭제하고 가정법원이 여러 사정을 고려하여 직권으로 성년후견인을 선임하는 것으로 바꾸었다.[1]

(3) 소송상의 대리인

민사소송법상 대리인이란 대리인임을 표시하고 당사자의 이름으로 당사자에 갈음하여 스스로의 의사결정에 따라 소송행위를 하거나 자기에게 향한 법원이나 상대방의 소송행위를 하는 자를 말한다. 이러한 소송상의 대리인은 법정대리인과 임의대리인으로 구분할 수가 있다.

1) 법정대리인

법률의 규정에 의하여 대리권한이 부여되는 법정대리인을 말한다. 위에서 살펴본 한 예로 미성년자의 소송행위를 부모가 하는 경우에 부모를 법정대리인이라 한다.

---

1) 김준호, 민법강의, 법문사, 2014, 94면.

2) 임의대리인

임의대리인은 본인을 위하여 일정한 범위의 업무에 관하여 일체의 재판상 행위를 할 수 있는 법령상의 소송대리인(예: 지배인, 선장 등)과 소송위임에 의한 대리인(예: 변호사)이 있다.

우리나라는 변호사강제주의를 취하지 않고 있으므로 본인도 직접 소송행위를 할 수 있다. 그러나 본인이 소송행위를 하지 않고 대리인으로 하여금 소송행위를 부탁하는 경우에는 법률에 의한 소송대리인(예: 지배인, 선장 등) 이외에는 원칙적으로 변호사가 아니면 할 수 없다. 다만, 다음의 경우에는 변호사대리의 원칙이 제외된다. 단독판사가 심리·재판하는 사건 가운데 그 소송목적의 값이 2억원 이하인 사건에서, 당사자와 밀접한 생활관계를 맺고 있고 일정한 범위 안의 친족관계에 있는 사람 또는 당사자와 고용계약 등으로 그 사건에 관한 통상사무를 처리·보조하여 오는 등 일정한 관계에 있는 사람이 법원의 허가를 받은 때에는 변호사 대리의 원칙을 적용하지 아니한다(민사소송법 87조, 88조).

① 단독사건

소송물가액이 2억원 이하 사건과 수표금·어음금 사건, 지급명령, 가압류·가처분, 조정신청, 제소전 화해신청 등은 사안이 간단하고 경미하므로 법원의 허가를 얻어 변호사 이외의 자가 대리인이 될 수 있다.

② 소액사건

소액사건심판의 경우에는 당사자의 배우자, 직계혈족, 형제자매는 법원의 허가없이 소송대리인이 될 수 있다. 또한 당사자가 직접 출석하지 않고 배우자나 친족을 대리인으로 정하여 대리출석시킬 수도 있다.

2. 청구취지

(1) 의 의

청구취지는 원고가 어떠한 대상에 대해 어떠한 내용과 종류의 판결을 구하는가를 기재하는 소의 결론부분으로서, 한편으로는 판결의 결론인 주문에 해당한다. 청구취지에는 원고가 바라는 판결부분을 기재하고 내용과 범위는 간결·명

료하게 표시하여야 한다. 그리고 판결의 청구취지란에는 소송비용에 관한 재판
과 가집행선고의 신청을 함께 기재하는 것이 좋다. 또한 한사람에 대해서 여러
개의 소송을 제기하고 싶을 때는 따로 따로 소송을 제기하지 말고 하나의 소장
으로 병합해서 소송을 진행하면 비용과 시간을 절약할 수가 있다. 이러한 경우
에도 소장 쓰는 방법은 별로 다를 것이 없다. 다만 청구취지의 칸에 판결의 선고
를 구하는 요지를 나란히 쓰고 청구원인의 칸에는 그에 해당하는 청구취지의 내
용을 각각 계속해서 쓰면 된다. 예컨대 주위적 청구로서 임대료청구의 소를 제
기하고 임대료청구의 소가 기각된 경우 예비적 청구로 건물명도청구를 구하는
청구취지를 한 경우가 이에 해당된다.

  청구의 취지는 이를 명확히 알아 볼 수 있도록 구체적으로 특정하여야 한다.
소송심사단계에서 청구취지가 분명하지 않으면 재판장은 그 보정을 명하고, 소
송계속 중에 발견된 경우에는 석명권²⁾을 발동하여 이를 명확히 알 수 있도록 해
야 한다. 위의 사례에서 "갑"이 "임대료청구의 소"를 제기하면서 연체된 차임의
금액을 기재하지 않고 "법원이 적당하다고 인정되는 범위의 금액을 구한다"라고
기재를 하면 법원에서는 각하를 하고 청구취지를 명확히 작성할 것을 요구한다.
청구취지는 그 내용이 명확해야 하고, 그 주장내용이 어떤 것인지 알 수가 없으
면 안된다. 청구취지에는 이를 명확히 알아 볼 수 있도록 구체적으로 특정하고
청구원인에서는 청구취지에서 판결을 구하는 결론부분이 어떠한 내용을 가지고
옳고 그른지를 판단하는 내용을 기재한다.

(2) 기재의 원칙과 방법

1) 원칙

  청구취지는 판결주문에 해당하는 내용으로 그 자체로 집행이 가능하도록 기
재하여야 하며 원고가 구하는 결론에 해당한다.

  청구의 취지에는 판결을 확정적으로 요구하여야지 기한이나 조건을 붙여 판
결을 요구하여서는 안 된다.³⁾ 다만 소송 내에서 밝혀진 사실을 조건으로 하여

---

2) 석명권이란 당사자의 진술이나 공격방어방법의 전부 또는 일부에 관하여 불명확하거나 모순이 있는
   경우에 이를 명확하게 하기 위하여 재판장이 그의 권한으로 상대방에게 진술케 하는 것을 말한다.
3) 기한을 붙여 판결을 요구하는 경우에는 어느 때나 인정되지 않는다.

청구의 취지를 기재하는 것은 허용한다(소송 내 조건).

2) 이행의 소

원고가 피고에게 의무의 이행을 구하는 소, 즉 이행의 소에서는 청구취지에서 반드시 그 원인이나 금전의 성격을 밝힐 필요는 없고 단순히 금전의 지급을 구하는 것으로 충분하다.[4] 그러나 특정물의 인도청구를 구하는 경우 집행의 편의를 위해 목적물을 명확히 기재하여야 하며, 소유권이전등기청구의 경우에도 청구취지에 등기원인을 기재하여야 한다.

그리고 이행의 소는 원칙적으로 원고가 이행청구권의 존재를 주장하는 것으로서 권리보호의 이익이 인정되고, 이행판결을 받아도 집행이 사실상 불가능하거나 현저히 곤란하다는 사정만으로 그 이익이 부정되는 것은 아니다.[5]

3) 확인의 소

확인의 소는 구체적인 집행을 전제로 하지 않으므로 이행청구와 같이 명확성을 요구하지는 않는다. 그러나 확인을 구하는 권리의무가 명확히 나타나도록 기재해야 한다. 예컨대 원고 "갑"과 피고 "을" 사이에 "서울시 ○○번지 ○○평방미터 토지의 소유가 원고 '갑'의 소유임을 확인한다"라고 명확히 권리의무관계를 기재하여야 한다.

그리고 확인의 소에서 확인의 대상은 현재의 권리 또는 법률관계일 것을 요하므로 특별한 사정이 없는 한 과거의 권리 또는 법률관계의 존부확인은 인정되지 아니하는바, 근저당권의 피담보채무에 관한 부존재확인의 소는 근저당권이 말소되면 과거의 권리 또는 법률관계의 존부에 관한 것으로서 확인의 이익이 없게 된다.[6]

4) 형성의 소

형성의 소는 법률에 그 근거규정을 두고 있는 경우에 제기할 수 있는 소로서,[7] 소송물인 권리관계의 존재에 대한 확인에 기하여 권리관계의 변동을 구하는 소이다. 그러므로 형성의 소는 청구취지에 형성판결을 통하여 취득하고자 하

---

4) 한충수, 민사소송법, 박영사, 2018, 238면.
5) 대판 2016. 8. 30. 2015다255265.
6) 대판 2013. 8. 23. 2012다17585.
7) 이시윤·조관행·이원석, 판례해설 민사소송법, 박영사, 2018, 176면.

는 내용을 특정하여야 한다. 예컨대 공유물분할 청구의 소와 같은 형성의 소에 있어서 법원이 이에 대하여 구속되는 것은 아니지만, 원고는 청구취지에 원하는 공유물분할의 대상에 대하여 명확히 기재하여야 한다.8)

그리고 공유물분할은 협의분할을 원칙으로 하고 협의가 성립되지 아니한 때에는 재판상 분할을 청구할 수 있다. 그리고 공유자 사이에 이미 분할에 관한 협의가 성립된 경우에는 일부 공유자가 분할에 따른 이전등기에 협조하지 않거나 분할에 관하여 다툼이 있더라도 그 분할된 부분에 대한 소유권이전등기를 청구하든가 소유권확인을 구함은 별문제이나 또다시 소로써 그 분할을 청구하거나 이미 제기한 공유물분할의 소를 유지함은 허용되지 않는다.9)

(3) 청구의 병합

1) 의의

원고는 소송에서 하나의 청구만을 구할 수도 있지만 여러 개의 청구를 동시에 청구할 수도 있다. 이때 하나의 청구의 소에서 여개 개의 청구를 동시에 같이 심리·재판하는 경우를 청구의 병합이라고 한다(민사소송법 253조). 청구의 병합은 크게 단순병합, 선택적병합, 예비적병합으로 구분할 수 있다.

2) 병합요건

청구의 병합이 이루어지기 위해서는 첫째, 여러 개의 청구가 동종의 소송절차에서 심리될 수 있어야 한다. 예컨대 민사사건은 비송사건이나 가사사건, 행정사건과 절차의 종류를 달리하므로 원칙적으로 병합이 허용되지 않는다. 둘째, 수소법원에 공통의 관할권이 존재하여야 한다. 셋째, 단순병합의 경우는 청구 상호간에 관련성이 요구되지 않는다. 그러나 선택적·예비적 병합의 경우에는 청구 상호 간의 관련성이 요구된다. 예컨대 매매대금반환청구의 소송을 제기하면서 이와 전혀 사실관계를 달리하는 건물철거를 선택적·예비적으로 청구하는 것은 허용되지 않는다.

판례는 "예비적 청구는 주위적 청구와 서로 양립할 수 없는 관계에 있어야

---

8) 한충수, 앞의 책, 239면.
9) 대판 1995. 1. 12. 94다30348.

하므로, 주위적 청구와 동일한 목적물에 관하여 동일한 청구원인을 내용으로 하면서 주위적 청구를 양적이나 질적으로 일부 감축하여 하는 청구는 주위적 청구에 흡수되는 것일 뿐 소송상의 예비적 청구라고 할 수 없다"고 판시하고 있다. 그리고 "통상의 민사사건과 가처분에 대한 이의사건은 다른 종류의 소송절차에 따르는 것이므로 변론을 병합할 수 없다"고 하여 병합요건을 갖추지 못한 것으로 보고 있다.[10]

3) 병합의 종류

① 단순병합

단순병합이란 원고가 상호관련이 있거나 무관한 복수의 청구를 병렬적으로 병합하여 그 전부에 관하여 판결을 구하는 경우를 의미한다. 따라서 법원은 모든 청구에 대하여 판단을 하여야 한다. 그러므로 법원이 청구의 일부에 대하여 재판을 누락한 경우에 그 청구부분에 대하여는 그 법원이 계속하여 재판하여야 한다(민사소송법 212조). 위의 사례에서 원고는 피고를 상대로 손해배상청구와 차면시설의 청구의 소를 동시에 청구할 수 있다. 단순병합의 경우는 여러 개의 청구를 단순히 합치는 형태이다. 즉 A+B의 형태이다.

판례는 "채권자가 본래적 급부청구에다가 이에 대신할 전보배상을 부가하여 대상청구를 병합하여 소구한 경우의 대상청구는 본래적 급부청구의 현존함을 전제로 하여 이것이 판결확정 후에 이행불능 또는 집행불능이 된 경우에 대비하여 전보배상을 미리 청구하는 경우로서 양자의 경합은 현재의 급부청구와 장래의 급부청구와의 단순병합에 속한다"고 보고 있다.[11]

---

10) 대판 2003. 8. 22. 2001다23225, 23232.
11) 대판 1975. 7. 22. 75다450.

【사례 1: 손해배상 및 차면시설 소장작성】

소 장

원 고   김〇〇 서울시 〇〇〇(휴대전화: 010-〇〇〇-****)
원 고   소송대리인 〇〇〇 서울시 〇〇〇(휴대전화: 010-〇〇〇-****)
피 고   고〇〇 서울시 〇〇〇-111호(휴대전화: 010-〇〇〇-****)
손해배상(기) 청구의 소

청구취지

1. 피고는 원고에게 1,960,000원 및 이에 대하여 20 . 8. 9.부터 소장부본 송달일까지 연 5%, 소 장부본송달 다음날부터 완제일까지 연 12%의 각 비율에 의한 금원을 지급하라.
2. 피고는 서울시 00-111호 3층 옥상의 별지도면 표시 1, 2, 3, 4의 각 점을 차례로 연결하는 선내 3과 4의 각점을 차례로 연결하는 차면시설을 옥상바닥에서 2m 높이로 설치하라.
3. 피고는 원고에게 위 2.항 기재 차면시설의 완료일까지 월 금 300,000원의 비율에 의한 금원을 지급하라.
4. 소송비용은 피고의 부담으로 한다.
5. 제1항은 가집행할 수 있다.
라는 판결을 구합니다.

청구원인

1. 원고, 피고 상호간의 관계
2. 피고의 손해배상책임
가. 손해배상 책임판단
(1) 사실관계
(2) 법적판단
나. 손해배상의 범위(손해배상액의 내역)
3. 청구취지 제2항의 차면시설에 대한 설치 의무
4. 결 어
입증방법
첨부서류

20 . 5. 15.
원고 〇〇〇(인)
〇〇지방법원 귀중

【사례 1-1: 건물명도 등 청구의 소】

소 장

원　고　○○○
피　고　○○○

건물명도 등 청구의 소

청구취지

"1. 피고는 원고에게,
　가. 20 . 2. 1. 별지목록 기재 건물 중 별지도면 표시 1, 2, 3, 4, 5, 6, 7, 8의 각 점을 차례로 연결하는 선내 (ㄷ) 1층 제104호(3.0m2)를 제외한 (ㄱ) 1층 제105호(4.6m2), (ㄴ) 1층 제104호(3.9m2)를 명도하고, 나. 20 . 2. 1.부터 건물의 명도 완료시까지 매월 금 2,000,000원의 비율에 의한 금원을 지급하라".
　2. 소송비용은 피고의 부담으로 한다.
　3. 위 제1항은 가집행할 수 있다.
라는 판결을 구합니다.

청구원인

1. 건물명도 청구
2. 명도연체에 따른 임대료 청구

입증방법

1. 갑 제1호증　　　　　건물등기부등본
1. 갑 제2호증　　　　　임대차계약서

첨부서류

1. 위 입증방법　　　　　　　　　　　　　　각 1통
1. 건물등기부 등본　　　　　　　　　　　　2통

20 . 0. 0.
위 원고　○○○
서울중앙지방법원 귀중

② 선택적 병합

【사례 2: 손해배상 청구의 소 등】

소 장

원고   ○○○
피고 1   ○○○
피고 2   ○○○

청 구 취 지

1. '피고 1은 원고에게 금 13,232,070원을 지급하라'라는 판결을 구함.
2. '원고는 피고 2가 보유하고 있었던 채권을 대위하여 채무자 소유의 서울시 ○○○ 부동산에 대하여 ○○○등기를 명한다'라는 판결을 구함.
3. 소송비용은 피고가 부담한다.

청 구 이 유

1. 사실관계
2. 청구 1.에 대하여
3. 청구 2.에 대하여
4. 결 어
입 증 방 법
첨 부 서 류

20 . 11. 0.
원고   ○○○
○○지방법원 귀중

선택적 병합이란 양립할 수 있는 여러 개의 청구 중 어느 하나라도 법원이 인용한다면 나머지 청구에 대해서는 심판을 구하지 않는 형태의 병합을 의미한다. 예컨대 위의 사례에서 '청구취지 1의 손해배상청구나 청구취지 2의 … ○○○등기를 명한다'라는 재판에서 어느 하나라도 법원에서 인용된다면 나머지 청구에 대해서는 심판을 구하지 않는 형태이다. 또는 "갑"이 음주운전을 하여 승객인 "을"에게 상해를 입힌 경우 "을"은 "갑"을 상대로 불법행위와 채무불이행에

의한 손해배상청구의 청구취지를 선택적으로 병합하여 청구할 수 있다. 또한 민법 제840조에 따른 법정이혼사유에는 6개의 규정이 있는데, 이혼청구소송을 제기하면서 이혼사유로 '배우자의 생사가 3년이상 분명하지 아니한 때'와 '기타 혼인을 계속하기 어려운 중대한 사유가 있을 때' 중 하나의 사유에 해당하면 이혼이 가능함으로 다른 사유에 대한 심리판단을 하지 않는 경우가 선택적 병합의 형태이다. 즉 A or B의 형태이다.

따라서 논리적으로 양립할 수 없는 수개의 청구는 동일소송절차에서 동시에 심판할 수 없다. 판례는 "양립할 수 있는 수개의 경합적 청구권에 기하여 동일 취지의 급부를 구하거나 양립할 수 있는 수개의 형성권에 기하여 동일한 형성적 효과를 구하는 경우에 그 어느 한 청구가 인용될 것을 해제 조건으로 하여 수개의 청구에 관한 심판을 구하는 병합형태이므로 논리적으로 양립할 수 없는 수개의 청구는 성질상 선택적 병합으로 동일소송절차내에서 동시에 심판될 수 없다"고 판시하고 있다.[12]

양 청구가 논리적으로 양립할 수 없는 경우란 공익사업을 위한 토지 등의 취득 및 보상에 관한 법률 제74조에 따른 잔여지 수용청구와 제73조에 따른 잔여지의 가격감소로 인한 손실보상청구의 심판을 구하는 경우,[13] 매매계약의 유효함을 전제로 소유권이전등기의 청구를 구하면서 다른 청구취지로 매매계약의 무효임을 전제로 매매대금의 반환을 선택적으로 구하는 경우에 원고는 매매의 유효를 주장함과 동시에 무효도 주장하는 선택적 병합형태가 되는데, 주장의 일관성도 없고 신청자체가 불특정하기 때문에 인정되지 않는다.[14]

---

12) 대판 1982. 7. 13. 81다카1120.
13) 대판 2014. 4. 24. 2012두6773.
14) 한충수, 앞의 책, 659면.

③ 청구의 예비적 병합

【사례 3: 임대료반환청구의 소 등】

소 장

원고   갑
피고   을

청구취지

1. 주위적 청구로
   피고는 원고에게 금 1억원 및 이에 대한 소장 다음날부터 완제일까지 연 12%의 비율에 의한 돈을 지급하라.
2. 예비적 청구로
   '피고는 원고에게 별지목록 부동산을 20 . 0. 0.에 명도하라.'라는 판결을 구한다.
3. 소송비용은 피고부담으로 한다.

청구원인

증거방법
첨부서류

20 . 0. 0.
위 원고 갑 (인)
수원지방법원 귀중

청구의 예비적 병합은 제1차적으로 주위적 청구가 기각될 때를 대비하여 2차적으로 예비적 청구에 대하여 심판을 구하는 경우를 경우를 의미한다. 예비적 병합은 양립할 수 없는 수개의 청구에 대해서 제1차적 청구가 기각되거나 각하될 경우에 대비하여 제2차적 청구에 대하여 심판을 구하는 형태의 병합을 말한다.

위의 사례 2에서 임대인 "갑"은 두 개의 청구를 병합하여 청구할 수 있다. 우선 "갑"은 주위적 청구로 임대차관계가 있음을 전제로 임대료지급청구를 하고, 임대차관계가 인정되지 않아 기각당할 경우에 대비하여 예비적 청구로서 건물명도청구를 구할 수 있다. 다만 주위적 청구가 인용되면 건물인도청구를 구한 예비적 청구는 소멸하게 된다.

【사례 3-1: 주위적 청구/예비적 청구】

소 장

원고   ○○○(○○○○-1○○○○)
　　　주소: ○○○○
피고   ○○○(○○○-○○)
　　　서울시 ○○○

청 구 취 지
1. 주위적으로 '피고는 원고에게 별지목록 토지에 관하여 20 . 0. 0. 매매를 원인으로 한 소유권이전등기 절차를 이행하라.'라는 판결을 구함.
2. 예비적으로 '피고는 원고에게 별지목록 토지에 관하여 20 . 0. 0. 시효취득을 원인으로 한 소유권이전등기절차를 이행하라.'라는 판결을 구함.
3. 소송비용은 피고가 부담한다.

청 구 이 유
1. 사실관계
2. 주위적 청구 1.에 대하여
3. 예비적 청구 2.에 대하여
4. 결　어
입증 방법
1. 갑 제1호증
2. 갑 제2호증
 첨부서류
1. 위 입증방법　　　　　　　　　　　　　　　　　각 1통

　　　　　　　　　　　　　　20 . 0. 0.
　　　　　　　　　　　　　　원고 ○○○

　　　　　　　　　○○○법원 귀중

주위적 청구는 양립할 수 없는 청구로서 채무불이행에 기한 손해배상청구를 제기하고 예비적으로는 불법행위에 기한 손해배상청구를 하거나, 주위적으로 매매를 원인으로 한 소유권이전등기절차의 이행을 구하면서 예비적으로는 시효취득을 원인으로 한 소유권이전등기절차의 이행을 구하는 소를 청구취지로 소장을 작성하는 경우이다. 무효확인의 청구와 취소청구의 소는 서로 양립할 수 없으므로 예비적 병합의 심판을 할 수 없고 단순병합이나 선택적 병합의 심판만을 청구할 수 있다.

다시 말해서 예비적 병합은 공동소송의 한 형태로 논리적으로 서로 양립할 수 없는 여러 개의 청구에 순위를 정하여 공동소송으로서 심판을 신청하는 것을 말한다. 예컨대 피고가 공동소송인 경우 주위적 청구로 "갑이 "을"(공작물점유자)에 대하여 우선청구를 하고 그 청구가 배척될 경우를 대비하여 "병"(소유자)을 예비적으로 병합시키는 것을 말한다.

위 사례의 경우에 법원은 우선 주위적 청구로 매매에 따른 소유권이전등기절차의 심리를 하고, 이에 대해 이유가 있으면 예비적 청구는 심리하지 않고 승소판결을 내릴 수 있다. 그러나 주위적 청구를 이유가 없어 기각을 해야 할 경우에는 예비적 청구를 심리하여 판결을 내린다.

판례는 "민사소송법 제70조 제1항에서 예비적 공동소송의 요건으로 규정한 '법률상 양립할 수 없다'는 것은, 동일한 사실관계에 대한 법률적인 평가를 달리하여 두 청구 중 어느 한 쪽에 대한 법률효과가 인정되면 다른 쪽에 대한 법률효과가 부정됨으로써 두 청구가 모두 인용될 수는 없는 관계에 있는 경우나, 당사자들 사이의 사실관계 여하에 의하여 또는 청구원인을 구성하는 택일적 사실인정에 의하여 어느 일방의 법률효과를 긍정하거나 부정하고 이로써 다른 일방의 법률효과를 부정하거나 긍정하는 반대의 결과가 되는 경우로서, 두 청구들 사이에서 한 쪽 청구에 대한 판단 이유가 다른 쪽 청구에 대한 판단 이유에 영향을 주어 각 청구에 대한 판단 과정이 필연적으로 상호 결합되어 있는 관계를 의미하며, 실체법적으로 서로 양립할 수 없는 경우뿐 아니라 소송법상으로 서로 양립할 수 없는 경우를 포함한다(대결 2007. 6. 26. 2007마515 등 참조). 그리고 예비적 공동소송에서 주위적 당사자와 예비적 당사자 중 어느 한 사람에 대하여 상소를 제기하면 다른 당사자에 대한 청구 부분도 확정이 차단되고 상소심에 이심되어 심판대상이 되며, 이러한 경우 상소심은 주위적·예비적 당사자 및 그 상대방 당사자 사이에 결론의 합일확정 필요성을 고려하여 그 심판의 범위를 판단하여야 한다(대판 2011. 2. 24. 2009다43355 참조). 그러나 당사자가 예비적 공동소송의 형태로 청구하고 있지만 그 공동소송인들에 대한 청구가 상호 간에 법률상 양립할 수 없는 관계에 있지 않다면 이는 민사소송법 제70조 제1항이 규정한 예비적 공동소송은 아니고 그 청구의 본래 성질에 따라 통상 공동소송 등의 관계에 있다고 보아야 할 것이다"고 판시하고 있다.[15]

즉 논리적으로 전혀 관계가 없어 순수하게 단순병합으로 구하여 할 수개의 청구를 예비적 청구로 병합하여 청구한다면 부적합하더라도 이를 각하하지 않고 본래의 성질에 따라 통상 공동소송으로 보고 판결을 내릴 수 있다.

3. 청구원인

청구취지를 원고가 소로써 바라는 권리보호의 형태라고 한다면, 청구원인은 원고의 청구를 이유 있게 하는 사실을 기재하는 부분이다. 따라서 원고는 청구취지에서 자신이 청구할 내용을 명확하게 기재하여야 하고, 청구원인에서 왜 그러한 청구를 하게 되었는지 그 사유를 밝혀야 한다. 다시 말해서 청구원인은 청구취지에 대한 근거가 되는 사실관계와 적용되는 법을 주장하면 된다.

일반적으로 분쟁에 대한 사실관계와 법적판단 그리고 결어의 순으로 작성하면 된다. 그러나 청구원인에 어떠한 사항을 어느 정도 상세히 기재하여야 하는지에 대해서는 학설의 대립이 있는데, 통설은 원고는 법률전문가가 아니기 때문에 청구원인에 사실관계만 잘 주장하여 입증하면 되지 그에 대한 법적 성질까지 밝힐 필요는 없다고 한다. 즉 청구원인에는 청구취지에서 주장하고 있는 법률효과를 이끌어 내는 데에 필요한 사실관계를 기재하면 충분하고 그것이 어떠한 법적 성질을 갖고 있는지를 기재하거나 그 법적 성질에 맞추어 요건사실을 기재할 필요는 없다는 것이다. 위의 사례에서 원고는 임차인이 언제부터 얼마의 차임을

---

15) 대판 2012. 9. 27. 2011다76747.

어떻게 연체하고 있는지 사실관계만을 기재하면 청구원인으로 족할 수도 있을 것이다. 이에 대하여 법적 판단은 법원에서 판단하고 판결을 내릴 수 있겠지만, 구체적인 사실관계에 대한 입증과 관련된 법적인 주장을 하는 것이 유리할 수 있을 것이다.

4. 청구취지 및 원인의 변경

(1) 변경

원고는 청구의 기초가 바뀌지 아니하는 한도 안에서 변론을 종결할 때(변론 없이 한 판결의 경우에는 판결을 선고할 때)까지 청구의 취지 또는 원인을 바꿀 수 있다. 다만, 소송절차를 현저히 지연시키는 경우에는 그러하지 아니하다. 그리고 청구취지의 변경은 서면으로 신청하여야 하며 상대방에게 송달하여야 한다.

판례는 "甲 주식회사가 乙을 상대로 배당이의의 소를 제기하면서 乙이 丙 주식회사와 체결한 근저당권설정계약이 사해행위에 해당한다고 주장하였으나 소장의 청구취지로 배당표 경정청구만을 기재하였다가 그 후 청구취지 변경신청서를 제출하면서 사해행위취소를 청구취지에 기재한 사안에서, 甲 회사의 청구취지 변경은 청구취지의 보충 내지는 정정으로 볼 수 있을지언정 이를 가리켜 새로운 소의 제기라고 볼 수 없는데도, 甲 회사가 청구취지 변경신청서를 제출함으로써 비로소 사해행위취소청구의 소를 제기한 것으로 보아 1년의 제척기간이 도과하였다고 본 원심판단에 법리오해 등의 잘못이 있다"고 보고 있다.[16]

그리고 새로운 청구를 심리하기 위하여 종전의 소송자료를 대부분 이용할 수 없고 별도의 증거제출과 심리로 소송절차를 현저히 지연시키는 경우, 법원이 청구의 변경을 허용하지 않는 결정을 할 수 있다. 민사소송법 제1조 제1항은 "법원은 소송절차가 공정하고 신속하며 경제적으로 진행되도록 노력하여야 한다"라고 하여 민사소송의 이상을 공정·신속·경제에 두고 있고, 그중에서도 신속·경제의 이념을 실현하기 위해서는 당사자에 의한 소송지연을 막을 필요가 있다. 이에 따라 원고는 청구의 기초가 바뀌지 않는 한도에서 변론을 종결할 때까지

---

16) 대판 2019. 10. 31. 2019다215746.

청구의 취지 또는 원인을 바꿀 수 있지만, 소송절차를 현저히 지연시키는 경우에는 허용되지 않는다(민사소송법 262조 1항). 청구의 변경이 있는 경우에 법원은 새로운 청구를 심리하기 위하여 종전의 소송자료를 대부분 이용할 수 없고 별도의 증거제출과 심리로 소송절차를 현저히 지연시키는 경우에는 이를 허용하지 않는 결정을 할 수 있다.[17]

그리고 항소심에서 청구가 교환적으로 변경된 경우, 구 청구는 취하되고 신 청구가 심판의 대상이 된다.[18]

(2) 청구변경의 불허가

1) 원칙

법원이 청구의 취지 또는 원인의 변경이 옳지 아니하다고 인정한 때에는 직권으로 또는 상대방의 신청에 따라 변경을 허가하지 아니하는 결정을 하여야 한다(민사소송법 263조). 소장에서 심판을 구하는 대상이 불분명한 경우 이를 명확하게 하기 위하여 청구취지를 보충·정정하는 것은 민사소송법 제262조가 정하는 청구의 변경에 해당하지 아니한다.[19]

2) 상대방의 동의여부

수량적으로 가분인 동일 청구권에 기한 청구금액의 감축은 소의 일부취하로 해석되는바(대판 1993. 9. 14. 93누9460, 2004. 7. 9. 2003다46758 등 참조), 소 취하서 또는 소 일부취하서가 상대방이 본안에 관한 준비서면을 제출하거나 변론준비기일에서 진술하거나 변론을 한 뒤에 법원에 제출된 경우에는 민사소송법 제266조 제2항에 의하여 상대방의 동의를 받아야 효력을 가지는 것이지만, 이 경우에 원심은 같은 조 제4항에 따라 그 취하서 등본을 상대방에게 송달한 다음 상대방의 동의 여부에 따라 심판범위를 확정하여 재판을 하여야 하고, 상대방의 동의 여부가 결정되지 아니한 상태에서 종전의 청구에 대하여 재판을 하여서는 아니된다고 할 것이다.[20]

---

17) 대판 2017. 5. 30. 2017다211146.
18) 대판 2017. 2. 21. 2016다45595.
19) 대판 1982. 9. 28. 81누106.
20) 대판 2005. 7. 14. 2005다19477.

판례는 "원고는 당초에 피고 소유건물이 원고 소유대지에 들어와 있으니 피고는 그 침범건물 부분 8홉을 철거하고 그 대지 8홉을 인도 하라고 청구하다가 감정결과에 따라 피고의 건물 추녀(처마) 6홉이 원고의 대지에 걸처있으니 그 추녀 6홉부분을 제거하라고 그 청구를 변경한 것이 분명한 바 위 두 청구는 모두 원고의 대지 소유권에 의거하여 그 침해배제를 구하는 것이라 그 청구의 기초에 변경이 있는 것이 아니므로 원판결에는 소론과 같이 민사소송법 제235조를 그릇 해석 적용한 위법이 있지 않으니 논지는 이유없다"고 판시하여 건물 일부의 철거청구와 건물 추녀부분의 철거청구 간에는 청구의 기초에 변경이 없다고 보고 있다.[21]

3) 청구취지와 원인의 기초가 변경되지 않을 것

청구취지와 변경을 하는데는 기초가 바뀌지 않는 한도 안에서만 가능하다. 판례는 "가처분의 본안소송에서 그 청구취지와 청구원인을 원래의 원인무효로 인한 말소등기청구에서 명의신탁해지로 인한 이전등기청구로 변경한 것은 동일한 생활 사실 또는 동일한 경제적 이익에 관한 분쟁에 관하여 그 해결 방법을 다르게 한 것일 뿐이어서 청구의 기초에 변경이 있다고 볼 수 없고, 이와 같이 가처분의 본안소송에서 청구의 기초에 변경이 없는 범위 내에서 적법하게 청구의 변경이 이루어진 이상, 변경 전의 말소등기청구권을 피보전권리로 한 위 가처분의 효력은 후에 본안소송에서 청구변경된 이전등기청구권의 보전에도 미친다"고 보고 있다.[22]

그러나 청구기초의 동일성이 인정된다고 하더라도 새로운 청구를 추가하거나 변경함으로써 소송절차를 현저히 지연시키는 경우에는 유일한 증거방법이라 하여도 그 조사에 부정기간의 장애가 있었으면 그를 조사하지 아니하였다 하여 위법이라 할 수 없다.[23]

4) 청구가 교환적으로 변경된 경우

항소심에서 청구가 교환적으로 변경된 경우, 구 청구는 취하되고 신 청구가 심판의 대상된다. 판례는 "갑의 남편 을의 채권자 병이 제1심 법원에서 을을 대위하여 갑이 경매에서 낙찰받은 부동산은 낙찰대금을 을이 실질적으로 부담한

21) 대판 1969. 5. 27. 69다347.
22) 대판 2001. 3. 13. 99다11328.
23) 대판 1973. 12. 11. 73다711.

것으로 명의신탁에 해당한다는 이유로 갑을 상대로 부당이득반환청구를 하다가, 원심에서 위 부동산은 갑과 을의 부부공동재산이라고 주장하면서 을을 대위하여 부동산 중 1/2 지분에 관하여 명의신탁 해지를 원인으로 한 소유권이전등기절차의 이행을 구하는 것으로 청구를 변경한 사안에서, 병의 소의 교환적 변경으로 구 청구인 부당이득반환청구는 취하되고 신 청구인 소유권이전등기청구가 심판의 대상이 되었음에도, 신 청구에 대하여는 아무런 판단도 하지 아니한 채 원래의 부당이득반환 청구를 기각한 제1심판결을 유지하여 병의 항소를 기각한 원심판결에 법리오해의 위법이 있다"고 판시하고 있다.[24]

5. 기타의 기재사항

이상에서 살펴본 당사자, 법정대리인, 청구취지, 청구원인 등은 소장의 필요적 기재사항들로서 이것들은 소장에 반드시 기재를 하여야 효력을 발생하게 된다. 이들 외에 임의적 기재사항이 있는데, 이는 기재하지 않더라도 소장각하결정을 받지 않을 사항들이다. 원고가 준비서면으로 기재하여 제출하여도 될 것을 미리 소장을 이용하여 기재한 사항들이다. 예컨대 청구를 이유 있게 할 사실상의 주장이나 소송요건에 기초가 될 사실 또는 청구원인사실에 대응하는 증거방법 등의 기재로서, 증거방법이나 소장에 첨부된 서류를 당해 소장에 표시하는 것은 임의적 기재사항이기 때문에 원고가 이를 기재하지 아니하여도 무방하다.

---

24) 대판 2017. 2. 21. 2016다45595.

제 2 항 관할법원에 소장 제출

1. 관할의 의의

전국에는 수십개의 법원이 있는데, 소장을 작성하여 어느 법원에 신청서를 제출해야 할지 모르는 경우가 많다. 소를 제기하는 사람의 입장에서는 물론 자기 연고와 가장 근거리에 있는 법원에 소장을 제출하여 시간과 경비를 절약하려고 하겠지만, 상대적으로 상대방인 채무자도 역시 자기에게 유리한 쪽의 법원을 선택하고자 할 것이다. 이와 같이 양 당사자가 서로 자기에게 유리한 쪽의 법원을 선택하려고 한다면 이해가 대립되어 소송을 제대로 할 수가 없을 것이다. 따라서 이와 같은 문제점을 해결하기 위해 만든 제도가 법원의 관할이다.

【소송이송 신청에 대한 이의신청】

소송이송 신청에 대한 이의신청

사건번호 20 카기○○○
신청인   갑
피신청인 을
       주소: ○○○ 8호

이의 신청내용

위 사건(20 카기○○○)에 대하여 피신청인(을)은 다음과 같이 신청인의 소송 이송신청을 거절합니다.

이의 신청취지

"'위 사건에 대하여 서울중앙지방법원으로 이송한다'라는 소송이송신청을 기각한다"라는 결정을 구합니다.

이의 신청이유

1. 위 사건(20 카기○○○)에 관하여 신청인은 피신청인(을)은 상대로 소제기의 원인이 된 부동산이 서울시 ○○○번지 있고, 향후 소송진행과정에서 예상되는 현장검증 등을 고려하여 볼 때 귀원에서 심리하는 것은 당사자간에 부담을 줄 수 있고 소송의 지연을 초래할 염려가 있다는 이유로 서울중앙지방법원으로 소송이송의 결정을 구하는 신청을 제기하였습니다.

2. 그러나 본안 가압류 사건(20 가단120486)에 있어서 주위적 청구의 피고 1. ○○○은 그동안 일체의 답변서를 제출하지 않고 있습니다. 그리고 신청인이 주장하는 당사자간에 부담을 줄 수 있고 소송의 지연을 초래할 염려가 있다는 주장은 타당하지 않다고 봅니다. 그리고 전자소송으로 소송이 이루어지고 있기 때문에 거리상의 제한에 따른 소송지연 또한 타당하지 않은 주장이라고 봅니다. 또한 현장검증의 필요성도 이 단계에서는 서면만으로도 충분하며 사안의 정도가 현장검증까지 할 이유도 없습니다. 설사 있다고 하더라도 지금 단계에서는 전혀 필요하지 않으며, 오히려 원고의 주장대로 하게 되면 당사자 간에 부담을 줄 수 있을 뿐만 아니라 재판의 지연을 초래할 수 있습니다.

3. 따라서 피신청인은 민사소송법 제8조, 제32조에 의하여 신청인이 이 사건 소송을 서울중앙지방법원으로 소송이송의 결정을 구하는 신청을 기각하여 주시기를 바랍니다.

20 . 2. 18.
피신청인: ○○○(인)

○○지방법원(민사○단독) 귀중

【소송이송신청에 대한 결정】

대전지방법원

결 정

사 건 20 카기2 이송

신 청 인

피 신 청 인

주 문

이 사건 신청을 기각한다.

이 유

　기록에 비추어 이 법원에서 재판을 진행할 경우 신청인이 주장하는 민사소송법 제35조의 현저한 손해 또는 지연이 있다고 인정하기 어려우므로, 이 사건 신청은 이유 없어 주문과 같이 결정한다.

---

2. 관할의 종류

(1) 의 의

관할이라 함은 우리나라 법원의 재판권이 미침을 전제로 하여 국내의 각종, 각급, 다수의 법원 중 어느 법원이 특정사건을 관장하느냐에 따라 소송사건 분배범위를 정한 것으로, 이와 같은 관할은 여러 가지 기준에 따라 다음과 같이 나눌 수 있다.

(2) 관할의 종류

① 법원의 재판권의 작용에 따른 분류: 직무관할, 토지관할, 사물관할

② 관할의 발생근거에 따른 분류: 법정관할, 지정관할, 합의관할, 응소관할

③ 소송법상의 효과에 따른 분류: 전속관할, 임의관할

즉 재판권의 작용이 다름에 따른 직무관할, 법원의 재판권 행사의 지역적 한계에 따른 토지관할, 소송물의 가액에 따른 사물관할로 나눌 수 있다. 그리고 관할이 생기는 근거가 법률의 규정이면 법정관할, 법원의 결정이면 지정관할, 당사자의 합의에 따라 법원을 정하는 경우는 합의관할, 공익상 필요에 의하여 어느 특별법원에만 관할이 있음을 특정한 경우를 전속관할이라 한다. 그리고 이에 대응하는 법원은 임의관할이 된다. 법원의 관할은 소장을 제출할 때를 표준으로 하며 그 후의 사정변경에 따라 변동하지 않는다.

(3) 관할의 예외
1) 원고의 주소지 관할
모든 소송사건의 관할은 원칙적으로 피고의 주소지 법원에 관할이 있다. 즉 피고의 주소가 있는 법원에 소를 제기하여야 한다. 그러나 예외적으로 금전의 지급을 목적으로 하는 소송은 원고의 주소지에도 관할을 인정하고 있다. 왜냐하면 서울에 살고 있는 채권자가 빌린 돈을 변제받기 위하여 제주도에 살고 있는 채무자의 주소지에만 소송을 제기할 수 있다면 채권자에게 너무 가혹한 것이기 때문이다. 따라서 이런 금전채권소송은 피고의 주소지 이외에 원고의 주소지에서도 할 수 있도록 규정을 두고 있다(민사소송법 8조).

예컨대 서울에 살고 있는 채권자 "갑"이 부산에 살고 있는 채무자 "을"에게 4,000만원에 대한 대여금청구소송을 제기한다고 할 때 관할법원은 우선 토지관할을 원칙으로 채무자 소재지인 부산의 법원에 제기해야 하겠지만, 금전채권을 목적으로 하는 소송은 특별재판적으로서 채권자의 주소에서 할 수 있기 때문에 서울에 있는 법원에 소를 제기할 수 있다. 그리고 소송금액이 4,000만원이기 때문에 사물관할의 범위는 단독판사가 하고, 직무관할의 범위는 제1심 법원의 수소법원에서 재판을 하게 된다.

2) 특수한 사건의 관할
소송은 원칙적으로 피고의 주소지 관할법원에 신청해야 하지만, 특수한 사건은 피고 주소지 이외의 법원에도 할 수 있다.

① 국가가 피고인 경우

국가를 상대로 한 소송은 법무부장관의 소재지 법원에 관할권이 있다.

② 어음·수표지급지의 재판적

어음에 관한 소는 그 지급지의 법원에 제기할 수 있다.

③ 소규모 사업자의 경우

공인중개사, 회계사, 법무사, 슈퍼마켓, 구멍가게 등 소규모 사업을 하는 사람의 경우 그 사무소 소재지 법원에도 관할이 있다.

④ 부동산 소재지

부동산을 목적으로 한 소송은 부동산 소재지에 관할법원이 있다. 예컨대 채무자 소유의 부동산에 대하여 경매를 신청하기 위해서는 부동산 소재지의 주소지 법원에 하여야 한다. 즉 채무자가 부산에서 살고 있지만 부동산은 서울 마포에 있다면 서울 마포의 관할법원인 서부지방법원에 강제경매를 신청한다. 채무자가 관할을 달리하는 수개의 부동산이 있는데 어느 하나의 부동산으로 채권의 만족을 얻을 수 없는 경우에는 병합하여 한 곳에 경매를 신청할 수 있다.

⑤ 불법행위

불법행위에 관한 소는 그 행위지의 법원에 제기한다. 예컨대 교통사고, 사기, 살인, 폭행행위 등 불법행위로 인하여 발생하는 손해배상채권은 불법행위를 일으킨 행위지 소재의 법원에 제출한다.

3. 단독·합의부사건

법원에 소장이 접수되면 법원은 소송물의 가액에 따라 소액, 단독, 합의부사건으로 진행한다.

(1) 단독사건

단독사건은 단독판사에 의하여 진행된다. 그리고 단독사건의 제1심 법원은 원칙적으로 단독판사가 담당한다. 제1심에서는 신속한 재판이 중요하다고 보기 때문이다.

1) 5억원 이하

2) 어음·수표소송은 2억원을 초과하더라도 단독사건 관할

3) 변호사를 꼭 선임하지 않고 소송대리인을 선임하여 할 수 있다. 본인이 출석할 수 없을 경우에는 친족이나 고용계약 등으로 특별한 관계에 있는 자를 법원의 허가를 받아 소송대리인으로 지정할 수 있다. 민사소송법 제88조는 "단독판사가 심리·재판하는 사건 가운데 그 소송목적의 값이 일정한 금액 이하인 사건에서, 당사자와 밀접한 생활관계를 맺고 있고 일정한 범위 안의 친족관계에 있는 사람 또는 당사자와 고용계약 등으로 그 사건에 관한 통상사무를 처리·보조하여 오는 등 일정한 관계에 있는 사람이 법원의 허가를 받은 때에는 소송대리인이 될 수 있다. 즉 '법률에 따라 재판상 행위를 할 수 있는 대리인 외에는 변호사가 아니면 소송대리인이 될 수 없다'(민사소송법 87조)는 규정에 따라 예외적으로 변호사 아닌 사람도 소송대리인이 될 수가 있다.

(2) 합의부사건

합의부에서 심리하는 사건이나 단독판사가 심리하는 사건 중 소송목적의 값이 5억원을 초과하는 경우에는 합의부에서 관할한다. 합의부는 세 명의 판사 합의체에서 소송을 진행한다. 그리고 합의부 사건은 제1심 법원을 지방법원 합의부에 제기하고, 제2심 법원은 고등법원에, 제3심 법원은 대법원에 소를 제기한다. 합의부사건은 변호사(지배인 등 법률상 소송대리인 포함)만이 소송대리인이 될 수 있다.

(3) 소액사건

1) 소송물가액이 3천만원 이하의 사건은 단독판사의 관할에 속한다.

2) 특별한 사유가 없는 한 변론기일날 선고를 한다.

3) 소액사건의 재판절차는 다음과 같다.

소액사건의 신속한 처리를 위하여 소장이 접수되면 즉시 변론기일을 지정하여 1회의 변론기일로 심리를 마치고 즉시 선고할 수 있도록 하고 있다. 다만, 법원이 이행권고결정을 하는 경우에는 즉시 변론기일을 지정하지 않고, 일단 피고에게 이행권고결정등본을 송달한 후 이의가 있을 경우에만 변론기일을 즉시 지정하여 재판을 진행하게 된다. 당사자의 배우자, 직계혈족, 형제자매는 법원의

허가 없이도 소송대리인이 될 수 있다. 이 경우 신분관계를 증명할 수 있는 가족관계기록사항에 관한 증명서 또는 주민등록등본 등으로 신분관계를 증명하고, 소송위임장으로 수권관계를 증명하여야 한다. 그리고 법원은 소장, 준비서면 기타 소송기록에 의하여 청구가 이유없음이 명백한 때에는 변론없이도 청구를 기각할 수 있다. 증인은 판사가 신문하고, 상당하다고 인정한 때에는 증인 또는 감정인의 신문에 갈음하여 진술을 기재한 서면을 제출케 할 수 있다. 판결의 선고는 변론종결 후 즉시 할 수 있고, 판결서에는 이유를 기재하지 아니할 수 있다.

 제 3 항　소송절차의 개시

1. 법원에 소장 제출

(1) 통상의 소제기의 방식

소의 제기는 소장을 법원에 제출함으로써 시작하는데, 소장의 필요적 기재사항으로서 당사자의 표시, 법정대리인의 표시, 청구취지, 청구원인을 기재해야 한다. 그리고 임의적 기재사항으로는 준비서면의 기재사항을 임의적으로 기재할 수가 있다.

(2) 특수한 소제기의 방식

1) 소의 제기로 간주되는 경우

제소전 화해가 성립되지 아니한 경우에 당사자가 제소신청을 하거나, 독촉절차에서 지급명령에 대한 채무자의 적법한 이의가 있는 경우 또는 민사조정에 대하여 이의신청을 한 경우에는 판결을 받기 위한 통상의 소로 이행하게 된다.

2) 소액사건에 관한 특수제소방식

구술제소는 법원사무관 등의 면전에서 진술하면 이들이 제소조서를 작성하고 이에 서명날인함으로써 이루어진다.

2. 소제기에 대한 법원의 조치

【답변서제출 및 응소 안내서】

답변서제출 및 응소 안내서

1. 소장을 읽은 다음 응소할 의사가 있으면 되도록 빨리(소액사건의 경우에는 소장 부본을 받은 날로부터 10일 안에) 답변서를 제출하시기 바랍니다. 다만, 원고의 청구를 그대로 인정하는 경우에는 답변서를 제출하지 아니하여도 무방합니다.

2. 답변서에는 사건번호와 당사자, 원고의 주장에 대한 답변을 기재하여 우편이나 인편으로 제출하되, 원고의 수만큼의 부본을 함께 제출하셔야 합니다.

3. 원고의 주장에 대한 답변은 구체적, 개별적으로 기재하여야 하고, 그에 대한 증거방법과 입증취지도 명시하여야 합니다. 답변서를 제출하더라도 구체적인 내용 없이 단순히 부인한다 또는 모른다고 기재한 채 변론기일에 출석하지 아니할 때에는 진정으로 원고의 제소에 방어할 의사가 없다고 인정되어 불이익을 받을 수도 있습니다.

4. 답변서 기타 준비서면을 제출하지 아니하고 변론기일에도 출석하지 아니하면 원고의 주장사실을 그대로 인정하는 것으로 보게 되고, 또 답변서의 제출이 시기에 늦으면 실권의 제재나 소송비용부담의 불이익을 받게 될 수 있습니다.

5. 증거로 제출할 서류는 반드시 원본과 함께 미리 사본(상대방 수+1통)을 준비하고 증인은 그 주소, 성명을 알아두었다가 가능한 한 가장 빠른 시기에 필요한 증거를 일괄하여 제출 또는 신청하시기 바랍니다. 그 시기가 늦을 경우에 이를 받지 않을 수도 있습니다.

6. 변론기일에 본인 또는 소송대리인만이 출석하여 변론할 수 있습니다. 소송대리인(변호사)을 선임할 뜻이 있다면 가급적 빠른 시일 안에 선임하여 소송절차에 관여하도록 하는 것이 소송수행이나 촉진에 도움이 될 것입니다.

7. 합의사건에서는 변호사만이 소송대리인으로 될 수 있고, 단독사건에서는 변호사 외에 당사자의 친족, 고용 기타 특별한 관계가 있는 자 중에서 법원의 허가를 받은 자는 소송대리인이 될 수 있습니다. 그리고 소액사건에서는 당사자의 배우자, 직계혈족, 형제자매 또는 호주는 법원의 허가 없이도 소송대리인으로 될 수 있습니다.

8. 당사자나 소송물의 관련 등 서로 관련성이 있는 사건이 재판중이거나 또는 재판을 하였던 사실이 있을 경우에는 답변서의 여백이나 적당한 곳에 "관련사건"이라고 기재하고 그 사건번호와 사건명을 적어주시기 바랍니다.

9. 질병 기타 부득이한 사정으로 변론기일에 출석하지 못할 때에는 그 사유를 기재한 기일변경신청서와 의사의 진단서 기타 소명자료와 함께 미리 제출하시기 바랍니다. 다만 신청이 이유 있다고 법원이 인정할 경우에만 기일이 변경됩니다.

10. 법률의 규정에 의하여 구체적인 사정에 따라서는 위 안내내용과 달리 처리되는 경우도 있을 수 있습니다.

(1) 재판장의 소장심사 및 후속조치

소장이 관할법원에 제출되면 재판장은 소장을 심사하여 부적법한 소장은 명령으로 각하한다. 다만 경미한 흠결이 있는 때에는 원고에게 보정명령(잘못된 내용을 바로 잡음)을 하여 다시 제출할 것을 명할 수 있다. 이때 원고가 보정기간 내에 보정을 다시 하여 제출하지 않으면 소장을 각하한다.

(2) 소장의 송달 및 변론기일의 지정

법원에 제출된 소장이 방식에 맞는다고 인정하면 재판장은 법원사무관으로 하여금 송달부본(송달원본을 복사한 것)을 피고에게 송달한다. 이때 송달부본은 소송을 신청한 자가 상대방의 수만큼 복사하여 법원에 제출한다.

법원은 피고에게 소장부본은 물론 답변서와 응소 안내서를 함께 송달하고, 송달이 되지 않았으면 변론기일을 개시하지 않는다. 그러나 송달이 되었는데도 불구하고 피고가 변론기일날 출석을 하지 않으면 상대방의 소송내용을 인정한 것으로 보아 원고에게 일방적으로 승소판결을 선고하게 된다.

(3) 송달

1) 송달의 의의

송달은 당사자 기타 이해관계인에게 소송상의 서류를 교부하거나 그 내용을 알 수 있는 기회를 주기 위하여 법정형식에 따라 시행하는 사법기관의 공증적 통지행위이다. 송달은 서류의 등본을 송달받을 자에게 교부하여 실시하는 것이 원칙이고 예외적으로 공시송달의 방법으로 할 수도 있다.

2) 피고에게 변론준비기일장과 소장부본 송달

피고는 변론준비기일장과 소장부본을 법원으로부터 받음으로써 재판날짜와 장소를 알게 되고 재판준비도 하게 된다. 따라서 변론준비기일장과 소장부본이 피고에게 송달되지 않으면 변론기일을 개시할 수 없다. 그러나 피고에게 송달이 되었음에도 변론기일에 출석하지 않으면 원고의 청구에 대하여 피고가 승인한 것으로 보아 원고에게 일방적인 승소를 내리게 된다.

3) 송달불능사유와 대처방안

피고에게 송달이 되지 않으면 소송을 진행할 수가 없다. 송달이 안 되는 사유는 이사불명, 수취인 불명, 주소불명, 수취인 거절 등이 있을 수 있다. 이와 같은 사유로 피고에게 소장부본의 송달이 안 되면 법원은 원고에게 주소보정명령을 내리게 된다. 이때 원고는 주소를 보정하여 다시 채무자에게 송달을 하여야 한다. 보정명령이란 소송상 제출하는 서류나 소송상의 행위의 불충분한 점이나 잘못된 점을 보충하거나 고치게 하는 법원의 명령을 말하는 것으로서, 보정명령을 받고 원고가 이행을 하지 않으면 소장을 각하하게 된다. 각하를 하게 되면 청구한 사건은 종결되고 원고는 처음부터 다시 소를 제기해야 한다.

【보정명령】

서 울 지 방 법 원
보 정 명 령

사건 20 가단 15492호
원고: 갑
피고: 을
원고는 이 명령이 송달된 날로부터 7일안에 다음 흠결사항을 보정하시기 바랍니다.

흠결사항

송달불능 : 주소불명

20 . 2. 2.
판사 ○○○(인)

① 주소보정

주소보정은 주소불명, 수취인불명, 이사불명 등으로 송달이 되지 않는 경우에 판사가 정확한 주소를 확인하여 다시 제출할 것을 명하는 것을 말한다.

원고는 주소보정명령을 소지하고 해당 동사무소에서 주민등록초본 등을 신청하면 발급하여 준다. 그리고 주민등록초본 등을 첨부하여 주소보정신청을 법원에 제출하면 된다.

【주소보정명령】

서 울 중 앙 지 방 법 원

보 정 명 령

사   건   20 타명 102445 재산명시

채 권 자

채 무 자   오

[채권자1   (귀하)]

채권자는 이 명령이 송달된 날로부터 7일 안에 흠결사항을 보정하시기 바랍니다.

흠 결 사 항

1. 당사자의 동일성과 관할을 확인하기 위하여, 최근 1월 내 발급받은 채무자
   오 (6-1001   )의 주민등록표초본(주소변경사항이 포함되어 있고 주민등록
   번호가 모두 표시된 것)을 제출해 주시기 바랍니다.

20 . 6. 24.

판   사

② 재송달신청 및 집행관송달

재송달신청 및 집행관송달은 피고가 송달을 거절하거나, 주소지에 살지 않는 경우에 하는데, 이와 같은 특별송달은 피고가 송달할 장소에 살고 있으면서 송달을 받지 않거나 신속히 해야 할 경우에 집행관이 직접 송달하는 것을 말한다.

③ 공시송달

【공시송달신청서】

서 울 중 앙 지 방 법 원
보 정 명 령

소유자: 오○○

주　소: 서울시 ○○○

위 당사자 간의 귀원 20　타경　　부동산임의(강제)경매사건에 관해서, 신청서에 기재된 주소지에 소유자는 실제 거주하지 않으므로 주소, 거소, 기타 송달할 장소를 알 수 없어 통상절차에 의하여 송달할 수 없으므로 공시송달방법에 의하여 송달해 주시기를 신청합니다.

첨부서류

1. 주민등록등본　1통
2. 특별송달보고서 1통

20　. 0. 0.

신청인(경락인)　김○○　　　　(인)

서울중앙지방법원 귀중

공시송달은 상대방의 송달장소를 알 수 없기 때문에 통상의 방법으로는 송달을 시행할 수 없는 경우에 당사자의 권리보호와 소송절차의 진행을 위하여 사무관 등이 송달서류를 보관하고 그 사유를 법원게시판에 게시하여 2주일이 경과하면 송달된 것으로 보게 하는 제도를 말한다.

종래 통·반장이 관행적으로 발급해 오던 불거주확인서는 법령상 그 작성근거가 마련되어 있지 않았고, 행정자치부의 업무처리지침에 의하여 그 발급이 사실상 중단되었다. 이에 법원에서는 집행관이나 법정경위에 의한 특별송달을 내실화하여 송달보고서를 충실하게 작성·제출하도록 하여 이를 공시송달의 소명자료로 적극 활용하고 있다. 또한 이와 다른 방법으로 공시송달신청서 1통과 상대방이 그 곳에 살고 있지 않다면 동사무소 직원의 확인을 받아 주민등록을 말소시킨 다음 그 말소된 주민등록을 법원에 제출하여 공시송달하는 방법도 있다. 위와 같은 서류를 구비하여 관할법원 민사신청과에 제출하면 사무관은 이를 심사한 후 신청자에게 과실(송달을 하려고 노력한 흔적)이 없다고 인정된 경우 공시송달을 개시한다. 공시송달은 법원게시판에 2주일 동안 공고하여 그동안 이해관계인이 이의를 하지 않는 경우에는 상대방에게 송달한 것으로 본다. 그러나 공시송달이 채권자를 위해서는 편리하지만, 다른 한편으로는 상대방의 권리를 해할 수도 있기 때문에 일반적인 송달방법으로 송달을 시도하였지만 송달하지 못하는 데에 과실이 없을 것을 요구하고 있다. 그리고 이외의 방법으로 말소된 주민등록등본을 첨부하여 신청을 하면 확정적으로 거주하지 않고 있다는 관계가 입증되기 때문에 쉽게 공시송달을 개시한다. 주민등록 말소신청은 공시송달신청권자가 점유자가 현재 살고 있지 않다는 사실을 입증하여 관할 동사무소 직원의 확인을 받아 주민등록등본을 말소할 수 있다.

(4) 변론기일

변론기일이란 법원, 당사자, 기타의 소송관계인이 모여서 소송행위를 하기 위한 기간을 뜻한다. 당사자 일방이 변론기일에 불출석하였거나 출석하더라도 본안 변론을 하지 않은 경우 그가 제출한 소장, 답변서, 기타 준비서면에 기재한 사항을 진술한 것으로 간주하여 출석한 상대방에게 변론을 하게 한다. 이때 변론기일에 상대방의 주장에 대하여 침묵을 하는 것은 자백한 것으로 취급을 한다. 변론을 여러 차례 나누어 실시하였다고 하여도 동일한 기일에 동시에 진행한 것으로 본다.

3. 소제기의 효과

소장의 부본이 피고에게 송달된 때에 소송이 진행되는데, 그 소송의 법적 효과로서 원고는 동일한 내용을 가지고 중복제소를 하지 못한다.

소송의 청구가 동일한 중복소송일 경우에는 법원은 직권으로 조사하여 부적법 각하를 한다. 한편 원고가 제기한 소송은 그 권리에 대한 소멸시효중단의 효력을 발생케 하는데, 이때에 소멸시효중단의 효력은 원고가 법원에 소장을 제출한 때 발생한다.

제 4 항   소송심리의 과정

1. 소송심리의 과정개요

(1) 전체 심리과정의 흐름 개요

일반적인 통상의 소송절차는 우선 소를 제기하면 심리절차를 거치고 이어서 판결의 순서로 이어진다. 이에 대한 개괄적인 소송심리의 과정을 살펴보면 다음과 같다.

1) 소장의 접수

소장이 법원에 제출되면 소송절차가 개시되는데, 인터넷시대를 맞이 하여 소의 제기도 일반적으로 전자소송으로 소장을 접수하여 진행하고 있다.[25]

2) 소장부본의 송달과 답변서의 제출

사건을 배당받은 재판장은 소장의 필요적 기재사항, 관할 그리고 인지 등이 적법하게 구비되어 있으면 소장부본을 피고에게 송달한다. 소장부본을 송달받은 피고는 송달받은 날로부터 30일 이내에 답변서를 제출하여야 한다. 만약 피고가 답변서를 제출하지 아니한 때에는 청구의 원인이 된 사실을 자백한 것으로 보고 변론 없이 판결할 수 있다. 다만, 직권으로 조사할 사항이 있거나 판결이 선고되기까지 피고가 원고의 청구를 다투는 취지의 답변서를 제출한 경우에는 그러하

---

25) https://ecfs.scourt.go.kr/ecf/index.jsp; 본서의 전자소송에 대한 내용 참고.

지 아니하다(민사소송법 256조).

만약 피고에게 소장부본이 송달되지 아니한 경우에는 공시송달에 의하여 할 수도 있다.

3) 준비절차

① 의의

재판장은 필요한 경우 변론절차 이전에 변론준비절차에 부칠 수 있다(민사소송법 257조). 변론준비절차에서는 변론이 효율적이고 집중적으로 실시될 수 있도록 당사자의 주장과 증거를 정리하여야 한다. 그리고 재판장은 특별한 사정이 있는 때에는 변론기일을 연 뒤에도 사건을 변론준비절차에 부칠 수 있다(민사소송법 280조).

② 변론준비기일

변론준비절차에서는 변론이 효율적이고 집중적으로 실시될 수 있도록 당사자의 주장과 증거를 정리하여야 한다. 변론준비절차는 기간을 정하여, 당사자로 하여금 준비서면, 그 밖의 서류를 제출하게 하거나 당사자 사이에 이를 교환하게 하고 주장사실을 증명할 증거를 신청하게 하는 방법으로 진행한다. 그리고 변론준비절차를 진행하는 재판장, 수명법관은 변론의 준비를 위하여 필요하다고 인정하면 증거결정을 할 수 있다.

재판장등은 변론준비절차를 진행하는 동안에 주장 및 증거를 정리하기 위하여 필요하다고 인정하는 때에는 변론준비기일을 열어 당사자를 출석하게 할 수 있다. 다만 변론준비절차에 부쳐진 뒤 변론준비기일이 지정됨이 없이 4월이 지난 때에는 재판장등은 즉시 변론준비기일을 지정하거나 변론준비절차를 끝내야 한다. 당사자는 변론준비기일이 끝날 때까지 변론의 준비에 필요한 주장과 증거를 정리하여 제출하여야 한다(민사소송법 282조).

③ 변론준비절차의 종결

재판장등은 다음과 같은 '사건을 변론준비절차에 부친 뒤 6월이 지난 때', '당사자가 변론준비절차의 기간 이내에 준비서면 등을 제출하지 아니하거나 증거의 신청을 하지 아니한 때', 당사자가 변론준비기일에 출석하지 아니한 때에는 변론준비절차를 종결하여야 한다(민사소송법 284조).

④ 변론준비기일을 종결한 효과

변론준비기일에 제출하지 아니한 공격방어방법은 다음 사유 가운데 어느 하나에 해당하여야만 변론에서 제출할 수 있다. ① 그 제출로 인하여 소송을 현저히 지연시키지 아니하는 때, ② 중대한 과실 없이 변론준비절차에서 제출하지 못하였다는 것을 소명한 때, ③ 법원이 직권으로 조사할 사항인 때, ④ 소장 또는 변론준비절차 전에 제출한 준비서면에 적힌 사항은 위의 사유에 해당하지 않아도 변론에서 주장할 수 있다. 다만, 변론준비절차에서 철회되거나 변경된 때에는 그러하지 아니하다(민사소송법 285조).

⑤ 변론준비절차를 마친 뒤의 변론

법원은 변론준비절차를 마친 경우에는 첫 변론기일을 거친 뒤 바로 변론을 종결할 수 있도록 하여야 하며, 당사자는 이에 협력하여야 한다. 그리고 당사자는 변론준비기일을 마친 뒤의 변론기일에서 변론준비기일의 결과를 진술하여야 하며 법원은 변론기일에 변론준비절차에서 정리된 결과에 따라서 바로 증거조사를 하여야 한다(민사소송법 287조).

4) 변론절차

재판장은 변론 없이 판결하는 경우 외에는 바로 변론기일을 정하여야 한다. 다만, 사건을 변론준비절차에 부칠 필요가 있는 경우에는 그러하지 아니하다(민사소송법 258조).

변론은 집중되어야 하고 당사자는 변론을 서면으로 준비하여야 하며, 단독사건의 변론은 서면으로 준비하지 아니할 수 있다. 다만, 상대방이 준비하지 아니하면 진술할 수 없는 사항은 그러하지 아니하다(민사소송법 272조).

5) 판결선고

변론을 종결하면 판결을 선고할 기일을 지정한다. 그리고 선고기일 지정되면 법원은 기록을 검토하여 최종적인 결론을 내리고 판결문을 작성한다. 법원은 선고기일에 주문을 읽는 방식으로 판결을 선고하며, 필요한 경우에는 이유를 간단히 설명한다.

(2) 처분권주의

처분권주의란 법원 당사자가 신청하지 아니한 사항에 대하여는 판결하지 못하도록 한 제도를 의미한다(민사소송법 203조).

따라서 법원은 당사자를 특정하여 신청한 범위 안에서만 소송절차의 개시, 심판의 대상 그리고 종료에 대하여 판단하여야 한다.[26] 처분권주의는 소송물에 대한 처분이 당사자에 맡겨져 있음에 반하여, 변론주의는 당사자의 소송행위의 공격방어방법과 관련되어 있다는 점에서 양 제도상에 차이가 있다고 볼 수 있다.

이에 대한 판례의 견해를 살펴보면 다음과 같다.

부동산 임의경매를 신청한 근저당권자가 유치권을 신고한 사람을 상대로 경매절차에서 유치권을 내세워 대항할 수 있는 범위를 초과하는 유치권의 부존재 확인을 구할 법률상 이익이 있다. 이는 부동산 임의경매절차에서 매수인이 유치권을 신고한 사람을 상대로 유치권의 부존재 확인청구를 하는 경우에도 마찬가지이다. 유치권의 피담보채권으로 주장하는 금액의 일부만 경매절차에서 유치권으로 대항할 수 있는 것으로 인정되는 경우, 법원이 유치권 부분에 대하여 일부 패소 판결을 할 수 있다.[27]

甲이 乙을 상대로 사해행위를 이유로 근저당권설정계약 취소를 구하고 함께 원상회복으로서 부동산 경매절차를 통해 취득한 배당금지급채권 일부에 대한 채권양도 등을 구한 사안에서, 甲이 양도를 구한 금액을 초과하는 배당금지급채권액의 양도를 명한 원심판결에 처분권주의를 위반한 위법이 있다.[28]

(3) 변론주의

변론주의란 법원의 직권탐지주의에 대립하는 개념으로 당사자에게 사실인정에 필요한 소송자료의 제출책임을 맡기고 법원은 당사자가 변론에서 제출한 소송자료만을 재판의 기초로 삼아야 한다는 원칙을 말한다.

소송자료는 사실의 주장에 해당하는 사실자료와 증명을 요하는 증거자료로 구분할 수 있는데, 결국 사실의 주장과 증명책임은 당사자가 하여야 한다는 것이다. 변론주의는 사실자료와 증명자료에 관련된 내용이기 때문에 법률의 해석 내지 적용에는 미치지 않으며, 특정 법률의 규정에 대한 요건사실에 해당한다.

---

26) 전원열, 민사소송법강의, 박영사, 2020, 259면.
27) 대판 2018. 7. 24. 2018다221553.
28) 대판 2012. 6. 14. 2012다24163.

따라서 당사자가 유리한 사실주장과 증거제출을 하지 않으면 불이익을 받을 수 있으며, 법원은 그 사실을 없는 것으로 취급한다.

변론주의는 당사자 사이에 다툼이 없는 주요사실에 대해서 당사자는 물론 법원도 구속되기 때문에 이와 다른 판결을 할 수 없다. 그러나 간접사실 등에 대해서는 당사자의 주장이 없더라도 법원에서 인정할 수 있다.

판례는 변론주의에 대하여 다음과 같이 판시하고 있다.

변론주의는 주요사실에 대하여만 적용되고 그 경위, 내력 등 간접사실에 대하여는 적용이 없는 것이므로 갑이 중도금을 을에게 직접 지급하였느냐 또는 그 수령권한 수임자로 인정되는 자를 통하여 지급하였느냐는 결국 변제사실에 대한 간접사실에 지나지 않는 것이어서 반드시 당사자의 구체적인 주장을 요하는 것은 아니다.[29]

공유자 중 1인이 다른 공유자의 동의 없이 그 공유 토지를 매도하여 타인 명의로 소유권이전등기가 마쳐졌다면, 그 매도 토지에 관한 소유권이전등기는 처분공유자의 공유지분 범위 내에서는 실체관계에 부합하는 유효한 등기라고 보아야 한다(대판 1994. 12. 2. 93다1596 등 참조). 따라서 원고가 공유물의 보존행위로서 피고 명의의 소유권이전등기 전부에 관한 말소를 구하는 이 사건에서, 다른 공유자가 타인이 자신의 지분을 피고에게 처분하는 데 사전 동의하였다는 사실은 위 소유권이전등기가 실체관계에 부합하는 유효한 등기라는 법률효과를 발생시키는 실체법상의 구성요건 해당사실에 속하므로, 법원은 변론에서 당사자가 주장하지 않는 이상 이를 인정할 수 없다. 그리고 이와 같은 주장은 반드시 명시적인 것이어야 하는 것은 아니고 당사자의 주장 취지에 비추어 이러한 주장이 포함되어 있는 것으로 볼 수 있으면 족하며, 반드시 주장책임을 지는 당사자가 진술하여야 하는 것은 아니다. 소송에서 쌍방 당사자 간에 제출된 소송자료를 통하여 심리가 됨으로써 그 주장의 존재를 인정하더라도 상대방에게 불의의 타격을 줄 우려가 없는 경우에는 그 주장이 있는 것으로 보아 이를 재판의 기초로 삼을 수 있다.[30] 즉 공유물의 처분에 관하여 다른 공유자들이 사전 동의하였다

---

29) 대판 1993. 9. 14. 93다28379.
30) 대판 1990. 6. 26. 89다카15359, 2002. 2. 26. 2000다48265.

는 사실이 변론주의가 적용되는 요건사실에 비추어 이러한 주장이 포함되어 있
는 것으로 볼 수 있으면 족하다고 보고 있다.

(4) 기타 원칙

1) 쌍방심리주의

쌍방심리주의란 소송의 심리에서 당사자 양쪽에 공정하게 진술할 기회를 주
기 위한 방안을 말한다. 심리과정에서 당사자 모두 공평하게 법적심문청구권 등
을 보장하기 위한 자연법적 원리이기도 하다.

2) 공개주의

공개주의는 헌법에 "재판의 심리와 판결은 공개한다. 다만, 심리는 국가의
안전보장 또는 안녕질서를 방해하거나 선량한 풍속을 해할 염려가 있을 때에는
법원의 결정으로 공개하지 아니할 수 있다"고 규정하여 여론의 감시와 사법권의
남용을 견지하여 재판절차의 공정성을 확보하기 위하여 인정하고 있는 제도이
다. 다만, 수명법관이 수소법원 외에서 증거조사를 할 경우에는 반드시 공개심리
의 원칙이 적용되는 것은 아니다.[31]

3) 구술심리주의

민사소송의 심리방식은 구술심리와 서면심리가 있고, 구술심리는 구술변론
이라고도 한다. 심리과정에서 변론 및 증거조사를 구술 또는 서면으로 하는 방
식을 의미한다.

소송절차에서 변론의 방법과 관련하여 변론은 당사자가 말로 중요한 사실상
또는 법률상 사항에 대하여 진술하거나, 법원이 당사자에게 말로 해당사항을 확
인하는 방식으로 한다. 그리고 법원은 변론에서 당사자에게 중요한 사실상 또는
법률상 쟁점에 관하여 의견을 진술할 기회를 주어야 한다(민사소송규칙 28조). 그
리고 변론준비기일에서는 당사자가 말로 변론의 준비에 필요한 주장과 증거를
정리하여 진술하거나, 법원이 당사자에게 말로 해당사항을 확인하여 정리하여야
한다(민사소송규칙 70조2).

구술주의에 대한 예외로 서면주의가 적용되는 경우가 있다. 청구의 변경, 관

---

31) 대판 1971. 6. 30. 71다1027.

할의 합의, 변론은 집중되어야 하며, 당사자는 변론을 서면으로 준비하여야 한다 (민사소송법 272조). 피고가 답변서를 제출하지 않은 경우 등은 구술변론기일 자체를 열지 않을 수 있다.

(5) 심리효율화를 위한 원칙

1) 적시제출주의

적시제출주의란 당사자가 공격방어방법을 소송의 과정에 따라 적절한 시기에 제출하여야 하며, 그렇지 않은 경우에는 변론준비기일의 실권효(민사소송법 285조), 실기한 공격방어방법의 각하(민사소송법 149조 1항), 30일의 답변서제출기한(민사소송법 256조)에 따라 불이익을을 받도록 하는 제도를 의미한다. 그러므로 당사자의 공격 또는 방어의 방법은 소송의 정도에 따라 적절한 시기에 제출하여야 한다(민사소송법 164조).

① 주위적 청구와 논리적으로 양립할 수 있는 청구를 예비적 청구로 할 수 있다.

원고는 청구의 기초가 바뀌지 아니하는 한도 안에서 청구를 변경할 수 있고 본래 예비적 청구는 주위적 청구와는 논리적으로 양립할 수 없는 청구에 관하여 주위적 청구의 인용을 해제조건으로 하여 심판을 구하는 것이지만, 논리적으로 양립할 수 있는 수개의 청구라 하더라도 당사자가 심판의 순위를 붙여 청구를 한다는 취지에서 예비적 청구를 할 수도 있다.[32]

② 시기에 늦어서 방어방법으로 제출한 유치권 항변을 각하한다.

건물철거와 대지명도의 청구사건에 있어서 제1심 법원에서 유치권의 항변을 주장할 수 있었을 뿐만 아니라 제2심의 1, 2, 3차 변론기일에까지도 그 항변을 주장할 수 있었을 것인데, 만연히 주장을 하지 않고 제4회 변론기일에 비로소 그 주장을 한 것은 시기에 늦어서 방어방법을 제출한 것이라 볼 것이고 만일 항변의 제출을 허용한다면 소송의 완결에 지연을 가져올 것은 분명하다.[33]

2) 집중심리주의

미국연방지방법원[34]의 민사소송절차 기본원칙은 공정, 신속 그리고 저비용

---

32) 대판 1966. 7. 26. 66다933, 2002. 2. 8. 2001다17633 등 참조.
33) 대판 1962. 4. 4. 4294민상1122[건물철거대지명도,손해배상].
34) 미국의 민사소송법은 각 주별로 정해진다. 그리고 연방지방법원의 민사소송절차는 연방민사소

을 바탕으로 하고 있다. 이러한 기본원칙에 따라 소송심리과정도 가능한 신속하고 저비용으로 이루어지기 위해 집중심리주의를 택하고 있다.35) 집중심리주의는 우선 공판전 준비절차로 소답절차(소장과 답변서의 제출, 원고와 피고의 준비서면 제출 등의 서면에 의한 공격방어가 이루어진다)와 공판전 절차(쟁점의 정리와 증거개시)로 사건파악을 한다. 그리고 이어서 공판절차(변론과 증인심문)와 판결이 이루어진다. 이러한 신모델의 추진은 2002년 법개정 시 집중심리주의를 위한 제도로 "변론준비절차를 거친 사건의 경우 그 심리에 2일 이상이 소요되는 때에는 가능한 한 종결에 이르기까지 매일 변론을 진행하여야 한다. 다만, 특별한 사정이 있는 경우에도 가능한 최단기간 안의 날로 다음 변론기일을 지정하여야 한다"(민사소송규칙 72조 1항)고 규정하였다. 그러나 이러한 집중심리주의는 대법원이 구술주의를 강조하면서,36) 준비절차가 임의적인 것으로 변경되었다(민사소송법 258조 1항).

2. 당사자의 변론

(1) 제1차 변론기일 변론의 준비

1) 변론의 의의

변론이라 함은 원고와 피고가 재판을 받을 날짜에 출석하여 구술로 사실관계를 주장하거나 판결의 기초가 되는 증거자료를 제출하는 행위 등으로 심리하는 절차를 말한다.37) 2002년 7월 1일부터 시행되는 민사소송법 제280조, 제287조에 의하면 변론방식은 다음과 같이 변경되었다. 원고가 소장을 법원에 제출하면 법원은 소장부본을 피고에게 송달하면서 30일 내에 답변서를 법원에 제출하

송규칙에서 정하고 있는데, 이는 연방법률의 수권에 기하여 연방대법원에서 정하고 있기 때문이다.

35) https://www.uscourts.gov/rules-policies/current-rules-practice-procedure/federal-rules-civil-procedure; This site is maintained by the Administrative Office of the U.S. Courts on behalf of the Federal Judiciary.

36) 전원열, 전게서, 284면.

37) 대판 1992. 2. 14. 91다31494; 변론주의의 원칙상 당사자가 주장하지 아니한 사실을 기초로 법원이 판단할 수 없는 것이지만 소송물의 전제가 되는 권리관계나 법률효과를 인정하는 진술은 권리자백으로서 법원을 기속하는게 아니므로 청구의 객관적 실체가 동일하다고 보여지는 한 법원은 원고가 청구원인으로 주장하는 실체적 권리관계에 대한 정당한 법률해석에 의하여 판결할 수 있다.

도록 하고 있다. 변론은 집중되어야 하며, 당사자는 변론을 서면으로 준비하여야 한다. 그리고 단독사건의 변론은 서면으로 준비하지 아니할 수 있으나 상대방이 준비하지 아니하면 진술할 수 없는 사항은 그러하지 아니하다(민사소송법 272조). 답변서를 받은 법원은 원고에게 다시 답변서를 보내서 원고가 피고의 답변서 내용에 대하여 반박할 서증(문서)이나 준비서면을 작성하도록 하고 있다. 법원은 다시 원고로부터 받은 반박준비서면과 서증(문서) 등을 피고에게 보내어 이에 대한 반박을 할 수 있는 기회를 부여한다. 법원으로부터 반박준비서면을 받은 피고는 이에 대해서 서증이나 재반박 준비서면을 작성하여 법원에 다시 보내면, 법원은 다시 원고에게 피고의 반박내용을 송달하게 된다. 이와 같은 일련의 과정을 양 당사자가 반복하여 자신의 주장38)과 필요한 증거를 변론기일 전에 충분히 마칠 수 있도록 하고 변론준비기일날은 지금까지 쟁점이 되어 왔던 부분만을 정리하고 이후 첫 변론기일날에 증인 및 당사자를 집중적으로 신문하여 변론을 종결하도록 하고 있다.

2) 제1차 변론기일 재판개시

소장접수로 소송은 시작되고 소장을 접수한 법원은 소장부본과 답변서의 제출을 상대방에게 송달하여 변론준비절차를 밟는다. 이후 변론기일날 당사자가 법원에 출석하면 법정경위가 법정에 출석한 당사자로 하여금 일어서게 한다. 재판장이 착석을 한 후 당사자들이 의자에 앉게 된다. 이어 재판장은 사건번호와 원고·피고의 호명으로 재판을 개시한다.

재판장은 피고가 답변서를 제출하지 아니한 때에는 청구의 원인이 된 사실을 자백한 것으로 보고 변론 없이 판결할 수 있는데, 이렇게 판결하는 경우 외에는 바로 변론기일을 정하여야 한다. 다만, 사건을 변론준비절차에 부칠 필요가 있는 경우에는 그러하지 아니하다. 그리고 재판장은 변론준비절차가 끝난 경우에는 바로 변론기일을 정하여야 한다(민사소송법 258조).

민사집행법 제158조의 문언이 '첫 변론기일'이라고 명시하고 있을 뿐만 아니

---

38) 대판 1982. 4. 27. 80다851; 소송물의 전제가 되는 권리관계나 법률효과를 인정하는 진술은 권리자백으로서 법원을 기속하는 것이 아니고 상대방의 동의없이 자유로이 철회할 수 있으므로 피고가 이건 매매계약이 원고에 의하여 해제되었다고 자백하였다 할지라도 이를 철회한 이상 계약해제의 효과가 생긴 것이라고 할 수 없다.

라, 변론준비절차는 변론이 효율적이고 집중적으로 실시될 수 있도록 당사자의
주장과 증거를 정리하여 소송관계를 뚜렷이 하기 위하여 마련된 제도(민사소송법
279조 1항)로서 당사자는 변론준비기일을 마친 뒤의 변론기일에서 변론준비기일
의 결과를 진술하여야 하는 등(민사소송법 287조 2항) 변론준비기일의 제도적 취지,
그 진행방법과 효과, 규정의 형식 등에 비추어 볼 때, 민사집행법 제158조에서
말하는 '첫 변론기일'에 '첫 변론준비기일'은 포함되지 않는다. 따라서 배당이의
의 소송에서 첫 변론준비기일에 출석한 원고라고 하더라도 첫 변론기일에 불출석
하면 민사집행법 제158조에 따라서 소를 취하한 것으로 볼 수밖에 없다.[39]

3) 소장부본 송달 여부에 따른 재판진행관계

변론이 시작되면 담당판사는 피고에게 소장부본이 송달되었는지 여부와 원
고·피고가 변론기일날 출석하였는지의 여부 등을 확인한 후 재판을 진행한다.

① 피고에게 소장부본이 송달된 경우

소장부본 및 변론기일소환장이 피고에게 송달되어 피고가 원고의 주장사실
을 검토한 후 전적으로 인정할 수 있는 사실관계라면 구태여 재판준비나 변론기
일날 법원에 나가지 않아도 된다. 그러나 원고의 주장이 사실과 다른 경우에는
피고는 소장부본을 송달받은 날로부터 30일 이내에 답변서를 제출하여 항변을
해야 할 것이다.

② 피고에게 소장부본이 송달되지 않은 경우(주소보정)

피고에게 소장부본 및 변론기일이 송달되지 않은 경우에 법원은 변론기일날
재판을 진행하지 않고 원고에게 송달되도록 보정명령을 내린다. 원고는 재판장
의 명령에 따라 피고의 주소가 정확한지 또는 고의로 송달을 거절하였는지를 알
아보고 그에 대하여 주소를 보정하도록 하여 송달하거나 특별송달 또는 최후적
으로 공시송달을 하여 그 다음 재판을 진행한다.

【보정서】

---

39) 대판 2007. 10. 25. 2007다34876.

보 정 서

(해당사항을 기재하고 해당번호란에 ○표를 하세요)

사건번호
원고(채권자) 갑
피고(채무자) 을
귀원의 보정명령에 따라 아래와 같이 보정합니다.

---

1. 주소보정
성명: 을
보정할 주소: 전라북도 남원시 춘향동 고무신리 825호

---

2. 재송달신청

---

3. 주간특별송달신청(집행관에 의한 송달)
　상대방이 송달할 장소에 살고 있지만 고의로 송달물을 받지 않고 있고, 공휴일에만 있으니 집행관에 의하여 송달물을 송달하여 주시기를 바랍니다.

---

4. 야간 및 휴일 특별송달신청(집행관에 의한 송달)

---

5. 공시송달신청서(위 1 내지 4의 방법에 의한 보정이 불가능)

---

20 ． 0． 0．
지방법원　귀중

---

4) 답변서

① 답변서의 의의

　답변서란 원고의 주장이 사실과 현저하게 다른 경우 피고가 답변서를 준비절차기간 내에 법원에 제출하면, 법원은 원고에게 송달하여 항변하는 것을 말한다. 법원은 소장의 부본을 송달할 때에 제1항의 취지를 피고에게 알려야 한다.

　답변서는 준비서면에 관한 규정을 준용하며 피고가 원고의 주장이 부당함을 내세워 최초로 법원에 제출하는 서면을 말하고, 준비서면이란 원고와 피고가 자기의 주장과 다른 답변을 변론기일 전에 미리 써서 서면으로 제출하는 것을 말한다. 원래 원고의 주장사실에 대하여 피고가 다투려면 변론기일날 법정에서 원고와 만나 서로 구두(언어)로써 자기의 주장을 하고 이에 기하여 판결을 내리게 되는 것인데(구술주의), 현재의 실무관행은 서면으로 제출하도록 하고 있다(서면주

의). 피고가 답변서를 제출하지 않거나 변론기일날 출석도 하지 않은 경우에는 원고에게 승소판결을 내린다.[40]

② 답변서 작성방법

답변서는 가능한 한 간결·명확하게 작성해야 한다.

③ 청구원인에 대한 답변서 작성방법

원고의 청구원인에 대한 답변서의 내용은 부인할 것은 부인하고, 인정할 것은 인정한다고 밝혀준다. 원고의 청구에 대한 피고의 답변방법은 자백(yes), 부인(no), 항고(yes, but....) 등의 방법으로 한다.

④ 답변서제출과 미제출의 효력

피고가 변론준비기일날[41] 법원에 출석하지 않았을 뿐만 아니라, 소장부본을 받은 날로부터 답변서를 30일 내에 제출하지 않은 경우에는 원고의 주장에 대해 피고가 의제자백을 한 것으로 보아 법원이 일방적으로 원고의 승소판결을 내린다. 다만, 직권으로 조사할 사항이 있거나 판결이 선고되기까지 피고가 원고의 청구를 다투는 취지의 답변서를 제출한 경우에는 그러하지 아니하다. 피고가 청구의 원인이 된 사실을 모두 자백하는 취지의 답변서를 제출하고 따로 항변을 하지 아니한 때에는 변론없이 판결할 수 있다. 법원은 피고에게 소장의 부본을 송달할 때에 판결을 선고할 기일을 함께 통지할 수 있다(민사소송법 257조). 원고의 청구원인변경에 대하여 피고에게 방어의 기회를 주지 않고 심리종결한 원심의 조치는 위법하다.[42]

원고와 피고가 변론준비기일날 출석을 하지 않았거나, 양 당사자가 출석을 하였으나 변론을 모두 하지 않은 경우에는 양 당사자가 모두 출석하지 않은 경

---

40) 민사소송법 제256조 및 제257조의 답변서제출의무와 무변론판결제도를 보면 피고가 "원고의 청구를 다투는 때에는 공시송달의 방법이 아닌 한 소장부본의 송달수령일부터 30일 이내에 답변서를 제출하도록 하고 있고 만약 이 기간 내에 피고가 아무런 답변을 하지 않은 경우나 피고가 원고의 주장사실을 모두 인정하는 취지의 답변서를 제출한 때에는 그것이 직권조사사항이 아닌 한 법원은 변론없이 원고에게 승소판결"을 내리도록 규정을 하고 있다. 이에 따라 피고가 답변서를 30일 내에 제출하지 않으면 쟁점정리기일이나 변론기일을 열 필요도 없이 바로 재판을 열어 원고승소판결을 한다.

41) 변론준비 기일날 피고가 출석을 하지 않거나, 재판장이 정한 변론준비기간 동안에 양 당사자가 준비서면이나 증거신청을 하지 아니한 때에는 변론준비절차를 종결한 후(민사소송법 284조) 바로 판결을 선고한다.

42) 대판 1989. 6. 13. 88다카19231.

우로 보아 법원은 제2차 변론준비기일을 지정하고 변론준비기일소환장을 원고와 피고에게 보낸다. 단독사건에서는 민사소송법 제251조 단서와 제246조의 규정에 의하여 미리 준비서면에 기재하지 아니한 증인을 상대방이 변론기일에 출석하지 아니한 채 재정증인으로 증거조사를 하고 증거로 채택하였을 경우 위법이 아니다.[43]

　⑤ 답변서제출

피고는 답변서(상대방수＋법원제출용 1통)를 작성하고 답변서 표지에는 인지를 붙이지 않은 상태에서 민사신청과에 제출한다. 답변서제출기간은 소장부본을 받은 날로부터 30일 내에 제출해야 한다.

(2) 변론의 준비

1) 변론준비의 필요성

변론은 수소법원의 공개법정에서 실시되는 만큼 갑자기 변론기일날 새로운 사실을 진술하게 되면 법원과 상대방은 이에 대하여 즉석에서 충분히 쟁점을 파악하여 응답하기가 어렵다. 따라서 법원은 미리 주장할 공격과 방어의 내용에 대한 것을 준비서면으로 작성하도록 하여 변론기일 이전에 제출하도록 하고 있다. 법원은 준비서면을 접수한 후 상대방에게 이를 송부하여 미리 쟁점을 정리할 수 있도록 한다.

---

43) 대판 1975. 1. 28. 74다1721.

【답변서】

답 변 서

사건 20 가단 20호 대여금
원고 갑
피고 을
위 당사자간 귀원 20 가단 22호 대여금 청구사건에 관하여 피고는 다음 같이 답변
을 합니다.

청구취지에 대한 답변
1. 원고의 청구를 기각한다.
2. 소송비용은 원고의 부담으로 한다.
라는 판결을 구합니다.

청구원인에 대한 답변
1. 피고가 원고로부터 20   . 2. 2. 금 1억원을 대여하였다는 내용은 인정합니다.
2. 그러나 피고는 20   . 5. 5. 이 중 5천만원을 갚았습니다.
3. 따라서 원고가 주장하는 청구금액은 부당합니다.

입증방법
1. 을 제1호증(영수증)
2. 을 제2호증(녹취)

20   . 12. 12.
피고 을 (인)

---

2) 준비서면과 준비절차

준비서면제도란 당사자로 하여금 그가 제출하려는 공격방어방법을 변론기일 전에 서면으로 작성하여 법원에 제출하게 하고, 법원은 그 부본을 상대방에게 송달하여 법원과 상대방에게 이에 응답할 수 있는 준비기회를 미리 부여하고 있는 제도를 말한다. 변론기일에서는 원고가 소장에서 충분히 말을 못했던 부분이나, 피고 또는 답변서로 주장을 반박하였지만 답변서에서 충분히 설명을 하지 못한 내용을 준비서면을 통하여 정확히 주장하게 된다. 준비서면에 적지 아니한 사실은 상대방이 출석하지 아니한 때에는 변론에서 주장하지 못한다(민사소송법 276조).

3) 준비서면의 제출

민사소송법 제256조 제1항은 "피고가 원고의 청구를 다투는 경우에는 소장의 부본을 송달받은 날부터 30일 내에 답변서를 제출하여야 한다"라고 규정하면서 동법 제3항에서는 "법원은 답변서의 부본을 원고에게 송달하여야 한다"라고 규정을 하고 있다. 이어서 법원은 준비서면 제출기간과 관련하여 "변론준비절차는 기간을 정하여, 당사자로 하여금 준비서면, 그 밖의 서류를 제출하게 하거나 당사자 사이에 이를 교환하게 하고 주장사실을 증명할 증거를 신청하게 하는 방법으로 진행한다"라고 규정하여(민사소송법 280조 1항) 변론기일 전에 양 당사자가 법원 외에서 서면공박을 먼저 충분히 하여, 어느 정도 쟁점사항이 정리된 후에 법원 내에서 변론준비기일날[44]과 변론기일날[45]에 집중적으로 심리토록 하고 있다. 이와 같은 준비서면은 변론기일 전에 상대방이 준비하는 데 필요한 기간을 두고 상대방 수만큼의 부본과 함께 미리 제출하여 송달하면 된다.

4) 준비서면의 기재사항

준비서면에는 당사자의 성명·명칭 또는 상호와 주소, 대리인의 성명과 주소, 사건의 표시, 공격방어방법, 상대방의 청구와 공격방어방법에 대한 진술, 부속서류, 작성년월일, 법원의 표시를 기재하고 당사자 또는 대리인이 기명날인한다.

---

44) 변론준비절차를 진행하는 동안에 변론의 준비에 필요한 주장과 증거를 정리하여 제출하여야 한다.

45) 변론준비기일을 마친 뒤의 변론기일에서 변론준비기일의 결과를 진술하거나 변론준비절차에서 정리된 결과에 따른 증거조사를 한다.

5) 준비서면 제출의 효과

① **진술간주:** 변론기일 또는 준비절차에 결석하거나 출석하여 본안변론을 하지 아니한 때에는 그 준비서면으로 제출한 내용을 진술한 것으로 간주한다.

【준비서면】

준 비 서 면

사건 20 가단2205 대여금
원고 갑
피고 을
위 당사자 간 귀원 20 가단2205호 대여금 청구사건에 관하여 원고는 다음과 같이 변론을 준비합니다.

-다 음-

1. 피고는 20 . 7. 7. 답변서에서 대여금 1억원 중 금 5천만원을 변제하였다고 주장하면서 을 제1호증(영수증)과 을 제2호증(녹취)을 증거로 제출하였습니다.
2. 그러나 이는 사실과 다른 주장이므로 피고는 위 대여금을 변제한 사실이 없습니다.
3. 다만 피고가 주장하는 을 제1호증(영수증)은 임대차보증금으로 수령한 것입니다. 그리고 을 제2호증(녹취)부분은 증거로서 인정할 수 없습니다.
4. 따라서 피고의 변제주장은 사실과 다른 주장이므로 이유가 없습니다.

첨부서류

1. 갑 제1호증 임대차계약서 사본 1통

20 . 0. 0.

원고 갑 (인)

---

② **의제자백**: 준비서면에 기재된 사실은 준비서면 제출자가 불출석한 경우에도 준비서면의 내용을 주장한 것으로 본다.

③ **소취하 동의**: 피고가 본안에 관한 사항을 기재한 준비서면을 제출한 후 원고가 소를 취하하려면 피고의 동의를 받아야 한다.

6) 준비서면 불제출의 효과

변론기일 전(변론준비절차기간)에 양 당사자가 주장할 쟁점부분에 대해 미리 준비서면을 법원에 제출하도록 하고 있다. 이어 법원은 양 당사자에게 준비서면을 변론기일 전(변론준비절차기간)에 양 당사자에게 송달하여 상대방이 주장하는 사실이나 증거 등에 대한 자신의 반박과 자신의 입장을 충분히 주장하여 쟁점사실에 대한 부분을 밝히도록 하고 있다. 한편 양 당사자는 변론기일날 준비서면에 기재하지 아니한 내용에 대해서는 주장할 수 없으므로 이를 주장하기 위해서는 준비서면을 제출하여야 한다. 준비서면에는 주장하려고 하는 사실이나 반박의 내용을 명확, 간결하게 기술하고 이에 대한 증거서류가 있을 때는 이를 첨부하여 제출한다.

(3) 변론주의의 내용

1) 주장책임

법원은 당사자가 변론에서 주장하지 아니한 사실은 판결의 기초로 삼을 수 없다.

2) 자백의 구속력

당사자 간에 다툼이 없는 내용에 대해서는 그대로 판결의 기초로 삼아야 한다.

3) 증거신청

다툼 있는 내용에 대해서 인정을 받으려면 당사자는 증거를 제출하여 이에 대해 인정받아야 한다.

(4) 변론의 종결

재판장은 원고와 피고의 변론과 증거자료를 통하여 주장과 입증을 다했다고 판단되면 구두로 변론을 종결하고 다음기일에 선고하겠다고 한다.

3. 심리방식(변론준비절차)

(1) 의의

민사재판 심리방식에서는 심리의 촉진과 능률을 기하기 위하여 예외적인 사정이 없는 한 변론기일을 지정하기 전에 사건을 변론준비절차에 부침으로써 양당사자가 서로 서면으로 서증(문서)이나, 준비서면, 증거신청, 석명처분 등을 먼저 하고, 미진한 부분은 변론준비기일을 열어서 집행하도록 하고 있다. 이때 변론준비절차는 서면진행방식만으로도 변론의 준비를 위한 진행을 할 수 있도록 하되, 주장 및 증거를 정리하기 위하여 필요하다고 인정하는 때에는 따로 변론준비기일을 열어 심리하도록 하고 있다(민사소송법 280조). 그 결과 구체적인 사건의 특성에 맞추어 다양한 방법으로 변론을 사전에 준비할 수 있도록 하였고, 이에 따라 소송진행은 더욱 신속성과 능률적인 심리방식으로 변화를 기하게 되었다.

(2) 변론준비절차(변론기일 전에 절차)

민사소송법 제256조, 제258조, 제280조(변론준비절차의 진행)의 규정에 따라 답변서와 준비서면은 변론기일 이전에 양 당사자가 충분히 주고 받아 서면으로 공방을 마칠 수 있도록 하였다. 양 당사자는 변론준비절차 기간 동안에 준비서면 그 밖의 서류를 제출하거나 당사자 사이에 이를 교환하고 주장사실을 증명할 증거를 신청하여 변론준비절차기간 내에 쟁점부분에 대해서 충분히 공박을 한다. 그렇게 하여 변론준비절차에서는 변론이 효율적이고 집중적으로 진행되도록 당사자의 주장과 증거를 정리하여 소송관계를 미리 뚜렷하게 밝혀 분쟁의 핵심이 되는 부분을 가려낸다. 이때 피고가 답변서를 제출하지 않거나 방어의 의사를 표시하지 않을 때는 무변론판결을 내리는데, 이외의 사유로써 사건의 내용상 변론준비절차를 거칠 필요가 없다고 인정되는 경우를 제외하고는 사건을 변론준비절차에 회부하여 심리를 열도록 하고 있다. 변론준비절차에서는 재판장이 기간을 정하여 준비서면 등을 법원에 제출하도록 하여 당사자에게 교환하며, 증거를 신청하는 방법으로 절차를 진행한다. 이때 재판장은 증인심문을 제외하고는 증거결정과 증거조사를 할 수도 있다. 그리고 재판장은 변론준비절차를 진행하는 동안에 당사자의 주장과 증거를 정리하기 위하여 필요하다고 인정하는 때에는 아래에서 설명하고 있는 변론준비기일을 열어 당사자를 출석하게 하기도 한다. 사건이 변론준비절차에 부쳐진 뒤 변론준비기일이 지정됨이 없이 4월이 지난 때에는 재판장 등은 즉시 변론준비기일을 지정하거나 변론준비절차를 끝내야 한다(민사소송법 282조 2항).

재판장 등은 변론준비절차를 진행하는 동안에 주장 및 증거를 정리하기 위하여 필요하다고 인정하는 때에는 변론준비기일을 열어 당사자를 출석토록 하고 있다(민사소송법 282조 1항). 재판장 등은 변론준비기일이 끝날 때까지 소장과 답변서, 준비서면 및 석명으로 최종적인 쟁점 및 증거의 정리, 화해의 권고 및 변론기일 진행의 협의 등 변론의 준비를 위한 모든 처분을 하여야 하고(민사소송법 282조 4항, 5항), 당사자는 변론준비기일이 끝날 때까지 변론의 준비에 필요한 주장과 증거를 정리하여 제출하여야 한다. 사건이 변론준비절차에 부쳐진 뒤 변론준비기일의 지정됨 없이 4월이 지난 때에는 즉시 변론준비기일을 지정하거나 변론준비절차를 끝내도록 하고 있다. 그리고 사건을 부친 뒤 6월이 지난 때나, 당사자가 재판장 등이 정한 기간 내에 준비서면 등을 제출하지 아니하거나 증거의 신청을 하지 아니한 때, 당사자가 변론준비기일에 출석하지 아니한 때에는 변론준비절차를 종결하되, 변론의 준비를 계속하여야 할 상당한 이유가 있는 때에는 그러하지 아니하다(민사소송법 284조 1항).

변론준비기일이 종결한 사건에 대해서는 원칙적으로 더 이상 새로운 공격방어방법을 제출할 수 없다. 단 다음에서 설명하고 있는 사유로 인한 경우는 주장할 수가 있다.

① 그 제출로 인하여 소송을 현저히 지연시키지 아니하는 때
② 중대한 과실 없이 변론준비절차에서 제출하지 못하였다는 것을 소명한 때
③ 법원이 직권으로 조사할 사항인 때

변론준비절차를 마친 이후에는 첫 변론기일을 정하게 되는데, 이때는 바로 변론을 종결하도록 하고 있다.

그리고 변론준비기일에서 양쪽 당사자 불출석의 효과가 변론기일에 승계되지 않으며, 양쪽 당사자가 변론준비기일에 한 번, 변론기일에 두 번 불출석하였

다고 하더라도 소를 취하한 것으로 볼 수 없다.

판례는 "변론준비절차는 원칙적으로 변론기일에 앞서 주장과 증거를 정리하기 위하여 진행되는 변론 전 절차에 불과할 뿐이어서 변론준비기일을 변론기일의 일부라고 볼 수 없고 변론준비기일과 그 이후에 진행되는 변론기일이 일체성을 갖는다고 볼 수도 없는 점, 변론준비기일이 수소법원 아닌 재판장 등에 의하여 진행되며 변론기일과 달리 비공개로 진행될 수 있어서 직접주의와 공개주의가 후퇴하는 점, 변론준비기일에 있어서 양쪽 당사자의 불출석이 밝혀진 경우 재판장 등은 양쪽의 불출석으로 처리하여 새로운 변론준비기일을 지정하는 것 외에도 당사자 불출석을 이유로 변론준비절차를 종결할 수 있는 점, 나아가 양쪽 당사자 불출석으로 인한 취하간주제도는 적극적 당사자에게 불리한 제도로서 적극적 당사자의 소송유지의사 유무와 관계없이 일률적으로 법률적 효과가 발생한다는 점까지 고려할 때 변론준비기일에서 양쪽 당사자 불출석의 효과는 변론기일에 승계되지 않는다고 보고 있다. 만약 양쪽 당사자가 변론준비기일에 한 번, 변론기일에 두 번 불출석하였다고 하더라도 변론준비기일에서 불출석의 효과가 변론기일에 승계되지 아니하므로 소를 취하한 것으로 볼 수 없다"고 보고 있다.46)

(3) 변론준비절차를 마친 뒤의 변론기일

법원은 변론준비절차를 마친 이후에 첫 변론기일을 정하게 되는데, 가급적 이때는 1회의 변론으로 심리를 종결한다(민사소송법 287조 1항). 이 변론기일날에는 그 동안 제출된 소장, 답변서, 준비서면의 결과를 상정하여 진술에 갈음한 후 바로 핵심적인 심리에 들어가서 변론준비절차에서 정리된 결과에 따른 증거조사를 하고 변론을 종결하게 된다(민사소송법 287조 2항, 3항). 따라서 변론기일날은 증인신문 등의 증거조사를 주된 내용으로 하고 심리를 종결한다.

---

46) 대판 2006. 10. 27. 2004다69581.

(4) 변론기일에서 당사자의 결석에 따른 불이익

1) 의의

변론기일에서 당사자의 출석여부는 민사소송에 있어서 구술주의 원칙상 당사자가 출석을 함으로써 운용될 수 있다는 점에서 상당히 중요하다. 그래서 민사소송법은 당사자 쌍방이 불출석한 경우(민사소송법 268조), 어느일방이 불출석한 경우(민사소송법 148조, 150조)에 따라 불이익을 가하는 규정을 두고 있다. 그러므로 통상의 변론기일에 이 제도가 적용되는 것은 당연하나 구술주의가 적용되지 않는 보전절차나 당사자가 출석하지 않아도 되는 선고기일은 당사자가 출석하지 않아도 이 제도가 적용되지 않는다.

2) 당사자 쌍방의 결석: 취하간주

양쪽 당사자가 변론기일에 출석하지 아니하거나 출석하였다 하더라도 변론하지 아니한 때에는 재판장은 다시 변론기일을 정하여 양쪽 당사자에게 통지하여야 한다. 그리고 위의 경우에 새 변론기일 또는 그 뒤에 열린 변론기일에 양쪽 당사자가 출석하지 아니하거나 출석하였다 하더라도 변론하지 아니한 때에는 1월 이내에 기일지정신청을 하지 아니하면 소를 취하한 것으로 본다. 또한 그리고 1월 이내에 기일지정신청에 따라 정한 변론기일 또는 그 뒤의 변론기일에 양쪽 당사자가 출석하지 아니하거나 출석하였다 하더라도 변론하지 아니한 때에는 소를 취하한 것으로 본다(민사소송법 268조).

이에 대한 판례의 내용을 살펴보면 다음과 같다.

① 변론준비기일에서 양쪽 당사자 불출석의 효과는 변론기일에 승계되지 않는다.

변론준비절차는 원칙적으로 변론기일에 앞서 주장과 증거를 정리하기 위하여 진행되는 변론 전 절차에 불과할 뿐이어서 변론준비기일을 변론기일의 일부라고 볼 수 없고 변론준비기일과 그 이후에 진행되는 변론기일이 일체성을 갖는다고 볼 수도 없는 점, 변론준비기일이 수소법원 아닌 재판장 등에 의하여 진행되며 변론기일과 달리 비공개로 진행될 수 있어서 직접주의와 공개주의가 후퇴하는 점, 변론준비기일에 있어서 양쪽 당사자의 불출석이 밝혀진 경우 재판장 등은 양쪽의 불출석으로 처리하여 새로운 변론준비기일을 지정하는 외에도 당사자 불출석을 이유로 변론준비절차를 종결할 수 있는 점, 나아가 양쪽 당사자 불출석으로 인한 취하간주제도는 적극적 당사자에게 불리한 제도로서 적극적 당사자의 소송유지의사 유무와 관계없이 일률적으로 법률적 효과가 발생한다는 점까지 고려할 때 변론준비기일에서 양쪽 당사자 불출석의 효과는 변론기일에 승계되지 않는다.[47]

즉 변론준비기일에서 양쪽 당사자 불출석의 효과는 변론기일에 승계되지 않는다고 보고 있으며, 양쪽 당사자가 변론준비기일에 한 번, 변론기일에 두 번 불출석하였다고 하더라도 소를 취하한 것으로 볼 수 없다고 보고 있다.

② **변론준비기일에서의 쌍방불출석의 효과는 변론기일에 승계되지 않는다.**

민사소송법 제286조에 의하여 변론준비절차에 준용되는 제268조 소정의 쌍불취하간주 규정은 '동일 심급'의 '동종의 절차'에서 행해진 당사자의 기일해태의 경우에 한하여 적용되는 것인데, 변론기일과 변론준비기일은 그 기일 운영의 진행 주체와 방식 등에 있어서 실질적인 차이가 존재하므로 양자를 동종의 절차로 취급하기는 어렵고, 동법 제286조의 준용규정을 변론준비기일에서의 쌍불의 효과가 변론기일에 승계된다는 명문의 근거규정으로 보기도 어려우며, 나아가 쌍불취하간주 규정의 입법 목적이 당사자의 기일해태로 인한 소송지연을 막기 위한 것이기는 하지만, 이는 국민의 기본권인 재판받을 권리의 행사와 직접 관련되는 것으로서 재판청구권을 제한하는 규정이므로 법률에 명백한 근거가 없는 한 막연히 제도의 취지라든가 형평의 관념 등에 기대어 섣불리 확대 적용할 수 없는 점 등의 사정을 종합할 때 변론준비기일에서 쌍불의 효과가 변론기일에도 승계된다고 볼 수는 없다.[48]

배당이의의 소송에서 원고가 변론준비기일에 출석한 적이 있더라도 첫 변론기일에 불출석하면 소를 취하한 것으로 간주된다.

민사집행법 제158조의 문언이 '첫 변론기일'이라고 명시하고 있을 뿐만 아니라, 변론준비절차는 변론이 효율적이고 집중적으로 실시될 수 있도록 당사자의 주장과 증거를 정리하여 소송관계를 뚜렷이 하기 위하여(민사소송법 279조 1항) 마련된 제도로서 당사자는 변론준비기일을 마친 뒤의 변론기일에서 변론준비기일

---

47) 대판 2006. 10. 27. 2004다69581.
48) 서울고법 2004. 11. 2. 2004나33492.

의 결과를 진술하여야 하는 등(민사소송법 287조 2항) 변론준비기일의 제도적 취지, 그 진행방법과 효과, 규정의 형식 등에 비추어 볼 때, 민사집행법 제158조에서 말하는 '첫 변론기일'에 '첫 변론준비기일'은 포함되지 않는다. 따라서 배당이의 의 소송에서 첫 변론준비기일에 출석한 원고라고 하더라도 첫 변론기일에 불출석하면 민사집행법 제158조에 따라서 소를 취하한 것으로 볼 수밖에 없다.[49]

3) 당사자 일방의 결석

① 진술간주

원고 또는 피고가 변론기일에 출석하지 아니하거나, 출석하고서도 본안에 관하여 변론하지 아니한 때에는 그가 제출한 소장·답변서, 그 밖의 준비서면에 적혀 있는 사항을 진술한 것으로 보고 출석한 상대방에게 변론을 명할 수 있다. 위의 내용에 따라 당사자가 진술한 것으로 보는 답변서, 그 밖의 준비서면에 청구의 포기 또는 인낙의 의사표시가 적혀 있고 공증사무소의 인증을 받은 때에는 그 취지에 따라 청구의 포기 또는 인낙이 성립된 것으로 본다. 그리고 당사자가 진술한 것으로 보는 답변서, 그 밖의 준비서면에 화해의 의사표시가 적혀 있고 공증사무소의 인증을 받은 경우에, 상대방 당사자가 변론기일에 출석하여 그 화해의 의사표시를 받아들인 때에는 화해가 성립된 것으로 본다(민사소송법 148조).

이에 대한 판례의 내용을 보면 다음과 같다.

한쪽 당사자가 변론기일에 불출석한 상태에서 법원이 변론을 진행하기 위하여는 반드시 불출석한 당사자가 그때까지 제출한 소장·답변서 그 밖의 준비서면에 기재된 사항을 진술간주하여야 한다.

민사소송법 제148조 제1항에 의하면, 변론기일에 한쪽 당사자가 불출석한 경우에 변론을 진행하느냐 기일을 연기하느냐는 법원의 재량에 속한다고 할 것이나, 출석한 당사자만으로 변론을 진행할 때에는 반드시 불출석한 당사자가 그때까지 제출한 소장·답변서, 그 밖의 준비서면에 적혀 있는 사항을 진술한 것으로 보아야 한다.[50]

---

49) 대판 2007. 10. 25. 2007다34876
50) 대판 2008. 5. 8. 2008다2890.

답변서나 준비서면에 자백에 해당하는 내용이 기재되어 있는 경우라도 그것이 변론기일이나 변론준비기일에서 진술 또는 진술간주되어야 재판상 자백이 성립한다.

민사소송법 제288조의 규정에 의하여 구속력을 갖는 자백은 재판상의 자백에 한하는 것이고, 재판상 자백이란 변론기일 또는 변론준비기일에서 당사자가 하는 상대방의 주장과 일치하는 자기에게 불리한 사실의 진술을 말하는 것으로서(대판 1996. 12. 20. 95다37988 등 참조), 법원에 제출되어 상대방에게 송달된 답변서나 준비서면에 자백에 해당하는 내용이 기재되어 있는 경우라도 그것이 변론기일이나 변론준비기일에서 진술 또는 진술간주되어야 재판상 자백이 성립한다.51)

② **자백간주**

당사자 일방이 답변서나 준비서면을 제출하지 아니하고 변론기일에도 출석하지 아니한 경우에는 상대방의 주장 사실을 자백한 것으로 본다. 즉 인정한 것으로 본다. 다만, 공시송달의 방법으로 기일통지서를 송달받은 당사자가 출석하지 아니한 경우에는 그러하지 아니하다. 그리고 당사자 일방이 변론에서 상대방이 주장하는 사실을 명백히 다투지 아니한 때에는 그 사실을 자백한 것으로 본다. 다만, 변론 전체의 취지로 보아 그 사실에 대하여 다툰 것으로 인정되는 경우에는 그러하지 아니하다.

경매개시결정에 대한 이의의 재판절차에서 민사소송법상 재판상 자백이나 의제자백에 관한 규정이 준용되지 않는다.

---

51) 대판원 2015. 2. 12. 2014다229870[유치권부존재확인의소]; 우선, 기록에 의하면 피고가 2012. 11. 13. 제출한 답변서에는 '피고가 2011. 11. 14.경 이 사건 1 부동산에 관한 점유를 시작하였다'는 취지의 기재가 있는 반면, 2013. 6. 5. 제출한 준비서면에는 '이 사건 1 부동산에 관한 점유를 2011. 11. 14.경 시작하였다는 답변서의 내용은 잘못된 것이고, 2011. 3. 30.경 그 점유를 시작하였다'는 취지의 기재가 있는데, 피고는 2013. 6. 7. 제1심 제1회 변론기일에서 답변서와 2013. 6. 5.자 준비서면을 함께 진술하였음을 알 수 있다. 이처럼 피고가 답변서와 2013. 6. 5.자 준비서면을 같은 변론기일에서 함께 진술한 이상, 위 준비서면에 기재된 내용대로 정정된 진술, 즉 '피고가 이 사건 1 부동산에 관한 점유를 2011. 3. 30.경 시작하였다'는 진술만을 변론기일에서 한 것이지, 답변서에 기재된 내용대로의 진술, 즉 피고가 경매개시결정 기입등기 후인 2011. 11. 14.경 점유를 시작하였다는 진술을 먼저 한 것이 아니다. 그리고 이는 피고의 위와 같은 준비서면 제출 이전에 원고가 제출한 준비서면에 피고의 답변서에 기재된 내용을 원용하는 내용이 기재되어 있다고 하여 달리 볼 수 없다. 따라서 피고가 경매개시결정 기입등기 후인 2011. 11. 14.경 이 사건 1 부동산에 관한 점유를 시작한 사실에 관하여 재판상 자백이 성립할 수 없다.

  민사집행법 제23조 제1항은 민사집행절차에 관하여 민사집행법에 특별한 규정이 없으면 성질에 반하지 않는 범위 내에서 민사소송법의 규정을 준용한다는 취지인데, 집행절차상 즉시항고 재판에 관하여 변론주의의 적용이 제한됨을 규정한 민사집행법 제15조 제7항 단서 등과 같이 직권주의가 강화되어 있는 민사집행법하에서 민사집행법 제16조의 집행에 관한 이의의 성질을 가지는 강제경매 개시결정에 대한 이의의 재판절차에서는 민사소송법상 재판상 자백이나 의제자백에 관한 규정은 준용되지 아니하고, 이는 민사집행법 제268조에 의하여 담보권 실행을 위한 경매절차에도 준용되므로 경매개시결정에 대한 형식적인 절차상의 하자를 이유로 한 임의경매 개시결정에 대한 이의의 재판절차에서도 민사소송법상 재판상 자백이나 의제자백에 관한 규정은 준용되지 아니한다.52)

  종전 건물이 멸실되고 동일성이 없는 별개의 현존 건물이 신축된 이상 종전 건물에 관한 근저당권설정등기는 무효이기 때문에 경락인의 소유권도 무효에 해당한다.

  대규모의 증·개축으로 인하여 종전 건물이 멸실되고 동일성이 없는 별개의 현존 건물이 신축된 이상 종전 건물에 관한 근저당권설정등기는 무효이고, 이에 기하여 진행된 이 사건 경매절차도 무효이므로, 원고가 이 사건 경매절차에서 이 사건 각 토지상에 있는 건물을 낙찰받았다고 하더라도 원고는 현존 건물의 소유권을 취득할 수 없다. 이에 대하여 원고는, 참가인이 현존 건물이 등기부에 기재된 종전 건물과 동일함을 주장하여 이를 담보로 제공하고 대출을 받았고, 그 대출금을 변제하지 아니하여 진행된 이 사건 경매절차를 통하여 현존 건물이 정당한 가격에 매각되었음에도, 이제 와서 자신이 설정한 근저당권과 그에 기한

---

52) 대결 2015. 9. 14. 2015마813; 이 사건 경매개시결정에 대한 이의를 신청한 신청인이 원심에서 2014. 11. 26.자 준비서면을 통하여 종전의 주장을 번복하여, 원심결정에 첨부된 별지 기재 각 점포(이하 '이 사건 각 점포'라고 한다)가 현재는 집합건물의 소유 및 관리에 관한 법률(이하 '집합건물법'이라고 한다) 제1조의2 소정의 구분소유권의 객체가 되기 위한 요건인 구분점포의 경계표지나 건물번호표지 등의 요건을 갖추고 있지 못하나, 이 사건 각 점포가 속한 부산 북구 (주소 생략) 외 3필지 지상 ○○○○ 건물(이하 '이 사건 건물'이라고 한다)의 사용승인 당시인 2008. 3. 31.경에는 위와 같은 경계표지 등 구분소유권의 객체가 되기 위한 요건을 모두 갖추고 있었다고 진술한 이래 이 법원에 이르기까지 동일한 취지로 재항고인의 주장에 부합하는 진술을 하고 있음은 재항고인의 주장과 같다. 그러나 앞서 본 법리를 기록에 비추어 살펴보면, 경매개시결정에 대한 절차상의 하자를 이유로 한 이 사건 경매개시결정에 대한 이의의 재판절차에는 민사소송법상 재판상 자백에 관한 규정은 준용되지 아니한다.

경매가 무효라고 주장하는 것은 신의칙에 위반된다고 주장한다. 그러나 위와 같은 사유만으로 무효인 등기에 기한 경매의 무효를 주장하는 것이 신의성실의 원칙이나 금반언의 원칙에 위배되지 아니한다. 따라서 이 사건 각 토지상에 있는 현존 건물이 원고(경락인)의 소유임을 전제로 하는 본소청구는 이유 없다.

4. 증거

(1) 증거의 의의

원고와 피고의 주장이 다를 때 재판장은 원고와 피고의 일방적인 주장만을 듣고서는 판결을 내리기가 힘들 것이다. 따라서 재판장은 당사자들이 주장하는 사실에 대한 증거에 대하여 심증이 갈 만한 확신이 있을 때 판결을 내리게 된다. 여기서 증거란 사실상의 주장을 상대방이 부인하는 경우에 이를 증명하기 위하여 하는 행위를 말한다. 이러한 입증방법에는 제한이 없으나 계약서 등 문서를 제출하도록 하여 입증하는 것을 서증이라 하며, 증인을 내세워 하는 증인심문을 인증이라 한다. 그리고 검증·감정·당사자 본인심문 등의 증거방법도 존재한다.

(2) 증거를 신청하는 방법

1) 증거의 신청

영수증을 분실한 경우 계약서를 작성할 때 같이 있던 사람을 증인으로 신청하거나 또는 계약서나 영수증과 같은 서증에 대해 위조나 변조된 것을 이유로 필적이나 인영의 대조를 법원에 신청할 수도 있을 것이다. 이와 같이 증거신청은 원고나 피고가 주장하는 일정한 사실에 대하여 이를 증명하기 위하여 법원에 청구하는 증거조사방법을 말한다.

2) 증거의 신청방법

증거신청은 구두나 서면으로 할 수 있다. 피고가 영수증을 분실하여 재판장에게 증인을 신청한다고 구두로 말하면, 재판장은 그 여부를 판단하여 증인채택을 허락하고 피고는 허락된 증인채택에 대하여 서면으로 신청서를 작성하여 제출하면 된다.

(3) 증거방법

증거방법이라 함은 원고와 피고의 증거신청이 있는 경우 법원이 그 외관의 작용에 대하여 조사할 수 있는 유형물을 말한다. 이러한 증거방법에는 인증(증인·감정·당사자 본인), 서증(문서), 검증(물증) 등이 있다.

1) 서증

① 의의

서증이란 법원에 증거로 제출하는 문서를 말한다. 서증으로 채택된 문서는 법원의 재판기록에 철해 놓아야 하기 때문에 반환하여 주지 않는다. 따라서 문서를 증거로 제출하는 경우에는 사본(복사본)을 제출하는 것이 좋다. 서증을 증거로 제출하는 경우로서 원고가 제출하는 문서는 "갑호"라고 하고, 피고가 제출하는 문서는 "을호"라고 한다. 원고가 제출하는 문서가 여러 개인 경우는 "갑 제1호증", "갑 제2호증"으로 만들어 제출하고, 피고가 제출하는 경우에는 "을 제1호증", "을 제2호증"이라고 번호를 붙여서 제출하면 된다. 서증은 처음에 한꺼번에 제출하는 것보다 변론기일 때마다 필요한 서증을 제출하여 소송을 이끌어 나아가는 것이 좋다. 서증을 법원에 제출할 때는 법원용 1통과 상대방용 1통을 준비하여 제출하면 된다. 물론 본인 것도 준비하여야 한다.

【서증: 영수증】

영 수 증

금 五阡萬원 整(50,000,000원)

위 금액을 임대차보증금으로 20　. 2. 2. 정히 수령함.

20　. 0. 0.

위 영수인 갑 (인)
　서울시 마포구 아현동 222번지

을 제2호증

---

② 문서제출명령

㉠ 의의

서증으로 증거를 제출하는 방법 중에 문서제출명령 제도가 있다. 문서제출명령이란 문서제출의무를 부담하는 문서소지자에 대하여 그 문서의 제출을 명하는 법원의 재판을 말한다. 어느 문서를 서증으로 제출하고자 하지만, 이를 상대방 또는 제3자가 소지하고 있기 때문에 직접 제출할 수 없는 경우에 당사자는 그에 대한 문서제출명령을 구하는 신청을 문서를 제출하는 방식 또는 문서를 가진 사람에게 그것을 제출하도록 명할 것을 신청하는 방식으로 할 수가 있다(민사소송법 343조).

민사소송법은 증인의무 등과 균형을 맞추면서 증거의 구조적 편재 문제를 시정하기 위하여 당사자의 문서 사이에 특별한 관계가 없는 경우에도 일정한 제외 사유에 해당하지 않는 한 문서를 가지고 있는 사람은 문서제출의무를 부담하도록 하고 있다(민사소송법 344조 2항).

다만 동영상 파일 등과 사진의 제출명령신청에 대하여, 동영상 파일은 검증의 방법으로 증거조사를 하여야 하므로 문서제출명령의 대상이 될 수 없고, 사진의 경우에는 그 형태, 담겨진 내용 등을 종합하여 감정·서증·검증의 방법 중 가장 적절한 증거조사 방법을 택하여 이를 준용하여야 하며 사진에 관한 구체적인 심리 없이 곧바로 문서제출명령을 하고 검증의 대상인 동영상 파일을 문서제출명령에 포함시키는 것은 정당하지 않다.[53)]

ⓛ 문서제출의무

다음 사유에 해당하는 문서를 가지고 있는 사람은 그 제출을 거부하지 못한다. 첫째 당사자가 소송에서 인용한 문서를 가지고 있는 때, 둘째 신청자가 문서를 가지고 있는 사람에게 그것을 넘겨 달라고 하거나 보겠다고 요구할 수 있는 사법상의 권리를 가지고 있는 때, 셋째 문서가 신청자의 이익을 위하여 작성되었거나, 신청자와 문서를 가지고 있는 사람 사이의 법률관계에 관하여 작성된 것인 때이다.

'당사자가 소송에서 인용한 문서'라 함은 당사자가 소송에서 당해 문서 그 자체를 증거로서 인용한 경우뿐 아니라 자기 주장을 명백히 하기 위하여 적극적으로 문서의 존재와 내용을 언급하여 자기 주장의 근거 또는 보조로 삼은 문서도 포함한다고 할 것이고, 민사소송법 제344조 제1항 제1호의 인용문서에 해당하는 이상, 같은 조 제2항에서 규정하는 바와는 달리, 그것이 '공무원이 그 직무와 관련하여 보관하거나 가지고 있는 문서'라도 특별한 사정이 없는 한 문서제출의무를 면할 수 없다.[54)]

ⓒ 문서제출신청

문서제출명령을 통하여 필요한 증거를 확보하기 위해서는 적시에 문서제출명령을 통하여 필요한 문서가 기일 전에 법원에 현출되어 상대방과 법원이 그 내용을 검토할 수 있도록 하여야 한다.[55)]

문서제출신청에는 문서의 표시, 문서의 취지, 문서를 가진 사람, 증명할 사실 그리고 문서를 제출하여야 하는 의무의 원인의 사항을 밝혀 제출하여야 한다(민사소송법 345조).

문서제출명령을 하는 이유는 상대방이 어떠한 문서를 소지하고 있는지를 몰라서 신청자가 위 규정에 맞추어 특정하여 신청하기 어려울 때가 많기 때문이다. 그래서 문서제출의 신청을 위하여 필요하다고 인정하는 경우에 법원은 신청대상이 된 문서의 취지나 그 문서로 증명할 사실을 개괄적으로 표시한 당사자의 신

---

53) 대결 2010. 7. 14. 2009마2105.
54) 대결 2008. 6. 12. 2006무82.
55) 법원행정처, 민사집무제요-민사소송(II), 법원행정처, 2017, 1112면.

청에 따라, 상대방 당사자에게 신청내용과 관련하여 가지고 있는 문서 또는 신청내용과 관련하여 서증으로 제출할 문서에 관하여 그 표시와 취지 등을 적어 내도록 명할 수 있도록 규정하고 있다. 만약 당사자가 이 명령에 따르지 아니한 때에는 나중에 그 목록에서 누락된 문서를 서증으로 제출하는 때에 적시에 제출되지 아니한 공격방어방법으로서 각하하거나 특정 사실의 입증에 관한 재정기간을 활용하는 등의 방법으로 제재를 가하는 것으로 검토할 수 있고 변론 전체의 취지로도 참작할 수도 있다.[56]

　　ㄹ 문서제출신청에 대한 심리와 재판

　　문서제출 신청을 위하여 필요하다고 인정하는 경우에는, 법원은 신청대상이 되는 문서의 취지나 그 문서로 증명할 사실을 개괄적으로 표시한 당사자의 신청에 따라, 상대방 당사자에게 신청내용과 관련하여 가지고 있는 문서 또는 신청내용과 관련하여 서증으로 제출할 문서에 관하여 그 표시와 취지 등을 적어 내도록 명할 수 있다.

　　그리고 법원은 문서제출신청에 정당한 이유가 있다고 인정한 때에는 결정으로 문서를 가진 사람에게 그 제출을 명할 수 있다. 다만 문서제출의 신청이 문서의 일부에 대하여만 이유 있다고 인정한 때에는 그 부분만의 제출을 명하여야 하며, 제3자에 대하여 문서의 제출을 명하는 경우에는 제3자 또는 그가 지정하는 자를 심문하여야 한다.

　　그리고 법원은 문서가 문서제출의무에 해당하는지를 판단하기 위하여 필요하다고 인정하는 때에는 문서를 가지고 있는 사람에게 그 문서를 제시하도록 명할 수 있다. 이 경우 법원은 그 문서를 다른 사람이 보도록 하여서는 안 된다. 다만 문서제출신청을 받은 법원이 상대방에게 이에 대한 의견진술 기회를 부여하지 않고 문서제출명령의 요건에 관하여 별다른 심리도 하지 않은 채 문서제출신청 바로 다음날 한 문서제출명령은 위법하다.[57] 증거조사의 개시가 있기 전에는 상대방의 동의 없이 자유로 그 신청을 철회할 수 있다.[58]

　　프라이버시와 영업비밀에 관한 사항이 기재된 문서에 해당한다는 이유로 문

---

56) 법원행정처, 전게서, 1113면.
57) 대결 2009. 4. 28. 2009무12.
58) 대결 1971. 3. 23. 70다3013.

서제출의무의 존재 여부가 다투어지는 경우 법원은 그 문서를 다른 사람이 보도록 하여서는 안 된다. 이 경우 법원은 문서제출의무의 존재 여부 판단을 마칠때까지 제시받은 문서를 일시적으로 맡아 둘 수 있으며, 제시한 사람이 요구하는 때에는 법원사무관 등은 문서의 보관증을 교부하여야 한다(민사소송규칙 111조).

법원은 문서제출신청이 방식에 위배되거나 제출명령신청 대상인 문서가 서증으로서 필요하지 않다고 인정할 경우,59) 대상 문서로 증명하고자 하는 사항이 청구와 직접 관련이 없는 경우 그리고 기술 또는 직업의 비밀에 속하는 사항이 적혀 있는 경우에는 문서의 제출을 거부할 수 있다. 여기에서 '직업의 비밀'은 그 사항이 공개되면 직업에 심각한 영향을 미치고 이후 직업의 수행이 어려운 경우를 가리키는데, 어느 정보가 직업의 비밀에 해당하는 경우에도 문서소지자는 비밀이 보호가치 있는 비밀일 경우에만 문서의 제출을 거부할 수 있다.60)

ㅁ 부제출

법원은 문서제출신청에 정당한 이유가 있다고 인정한 때에는 결정으로 문서를 가진 사람에게 그 제출을 명할 수 있다. 그런데 당사자가 문서제출명령, 일부제출명령, 비밀심리를 위한 문서의 제시명령을 받고도 이에 따르지 아니한 때에는 법원은 그 문서의 기재에 대한 상대방의 주장을 진실한 것으로 인정할 수 있으나(민사소송법 350조), 그 밖에 과태료 부과의 제재는 없다.

당사자가 문서제출명령에 따르지 아니한 경우에 법원은 상대방의 그 문서에 관한 주장, 즉 문서의 성질, 내용, 성립의 진정 등에 관한 주장을 진실한 것으로 인정하여야 한다는 것이지 그 문서에 의하여 입증하고자 하는 상대방의 주장사실까지 반드시 증명되었다고 인정하여야 한다는 취지가 아니며, 주장사실의 인정 여부는 법원의 자유심증에 의하는 것이다.61) 다만 문서제출명령을 이행하지 아니하였다는 사정은 상대방의 주장사실에 관한 법원의 심증형성 과정에 영향을 미치는 자료로 활용될 수 있다. 또한 당사자가 상대방의 사용을 방해할 목적으로 제출의무가 있는 문서를 훼손하여 버리거나 이를 사용할 수 없게 한 때에, 법원은 그 문서의 기재에 대한 상대방의 주장을 진실한 것으로 인정할 수 있다(민

---

59) 대결 2008. 9. 26. 2007마672.
60) 대결 2016. 7. 1. 2014마2239.
61) 대판 1993. 6. 25. 93다15991.

사소송법 350조).

여기서 제출의무가 있는 문서란 제출명령을 받은 문서가 아니고 민사소송법 제344조에 따라 문서의 제출을 거부할 수 없는 문서라는 뜻으로서 객관적으로 제출의무가 있는 문서는 모두 이에 해당한다. 그러므로 문서제출명령 이전에 그 문서를 사용할 수 없게 한 때에도 법원은 그 문서의 기재에 대한 상대방의 주장을 진실한 것으로 인정할 수 있다.[62] 그리고 제3자가 정당한 사유 없이 문서제출명령에 따르지 아니한 때에 법원은 결정으로 500만원 이하의 벌금에 처할 수 있다(민사소송법 318조, 동법 351조).

ⓑ 제출된 문서의 서증으로서의 제출

당사자가 문서제출신청에 의한 문서제출명령에 의하여 법원에 제출된 문서를 변론기일에 서증으로 제출할 것인지 여부는 당사자가 임의로 결정할 수 있다. 제출된 문서를 당사자가 서증으로 제출할 때에는 통상의 서증 제출의 예에 따라 기재하되, 비고란에 문서제출명령이라고 부기한다.[63]

2) 증 인

① 증인신청방법

원고와 피고는 증인이 될 수 없고 제3자가 증인이 될 수 있다. 단 제3자일지라도 가까운 사이의 사람을 증인으로 내세우면 증언의 신빙성이 떨어질 것이기 때문에 가능한 한 친척은 증인으로 세우지 않는 것이 좋다. 증인신청은 변론기일에서 재판장에게 구두나 서면으로 신청할 수 있다. 증인을 당사자가 신청하였다고 판사가 다 받아들이지는 않고 필요하다고 인정할 때에만 인정을 하고 있다.

② 증인신청서제출

증인신청이 채택된 때에는 다음 재판기일 10일 전까지 증인신청서 1통과 증인신문사항 4통을 작성하여 법원에 제출해야 법원은 상대방에게 증인신문사항을 송달하여 반대신문할 사항을 준비하게 된다.

③ 증인심문방식

증인은 구술로 진술하는 것이 원칙이고 예외적으로 복잡한 내용에 대해서는

---

62) 법원행정처, 전게서, 1116면.
63) 상게서, 1117면.

문서를 보면서 할 수 있다.

ⓐ 주심문(직접심문)

증인은 증인신청을 한 자가 증명할 사항에 관하여 먼저 신문한다. 주심문은 증명할 사항을 뒷받침하는 유리한 증언을 얻고자 한다.

ⓑ 반대신문

증인을 신청한 자가 먼저 심문을 하고 나면 상대방이 심문을 한다.

ⓒ 재주신문

증인을 신청한 자는 반대심문이 끝나면 다시 증인을 상대로 반대심문에서 나타난 사항이나 이와 관련된 내용에 대해서 심문을 할 수 있는데, 이를 재신문이라 한다. 재주심문이 끝나면 다시 상대방이 재반대심문, 재재주심문 등을 재판장의 허가를 얻어 계속할 수 있게 된다.

3) 감정

감정이라 함은 법관의 판단능력을 보충하기 위하여 감정인으로 하여금 전문적 지식 혹은 의견을 보고하게 하는 증거조사를 말한다.

4) 검 증

검증이란 토지의 경계상황, 소음, 녹음테이프 등과 같이 직접 사물의 현상을 검사하여 그 결과를 증거자료로 하는 증거조사방법을 말한다.

5) 사실조회

사실조회라 함은 관공서나 기관에 대하여 특정사항에 관한 조사보고를 요구함으로써 증거를 수집하는 절차를 말한다.

6) 당사자심문

당사자심문이란 원고·피고 또는 법정대리인에 대하여 그가 알고 있는 사실에 관하여 신문하고 그 응답을 증거자료로 하는 증거조사방법을 말한다.

7) 증거보전신청

증거보전신청은 자동차의 충돌이나 문서의 소멸과 같이 사물의 현상을 영구히 보존하기 어려운 경우, 그 사실관계를 미리 보관하여 이후 변론과정에서 이를 증거로 이용하기 위하여 하는 것을 말한다.

제 5 항 소송절차의 종료

1. 소송의 종료

재판장이 변론과 증거자료를 검토한 결과 양측이 주장과 입증을 다했다고 판단되면, 재판장은 구두로 선고기일을 언제 하겠다고 통고하고 재판을 종료한다. 즉 재판장이 더 할 것이 있느냐고 묻고 더 할 것이 없다고 하면 "결심"을 한다. 결심이란 심리를 끝낸다는 것이다. 이후 재판장은 변론종결일부터 2주일 내에 판결을 선고하게 된다. 다만 번잡한 사건이나 특별한 사정이 있을 경우에는 4주 이내에 할 수도 있다. 판결을 선고하면 원고와 피고에게 판결문을 송달하게 되는데, 당사자가 본 판결문을 수령한 후 2주일 이내에 항소를 하지 않으면 판결은 확정된다.

(1) 소송의 종료사유

소송은 법원의 확정판결 이외의 소의 취하, 청구의 포기나 인낙, 재판상 화해에 의해서도 종료를 하게 된다.

1) 소의 취하

소의 취하는 원고가 법원에 대하여 요구한 심판의 일부 또는 전부를 철회하는 소송상의 의사표시를 말한다. 이와 같은 소의 취하는 원고가 법원에 대하여 단독적으로 하는 소송행위이다. 이는 소송 외에서 당사자가 합의하는 소취하계약과는 다르다. 소의 취하는 소송의 계속 중 판결의 확정 전이면 자유로이 할 수 있다.

2) 청구의 포기·청구의 인낙

① 청구의 포기

원고가 변론 또는 준비절차에서 스스로 자기의 소송상 청구가 이유 없음을 자인하는 것으로 법원에 대한 일방적 진술이다.

② 청구의 인낙

피고가 자기에 대한 원고의 청구가 이유 있다고 승인하는 진술로 법원에 대한 소송상의 진술을 말한다.

3) 양 당사자의 재판상 화해

재판상 화해란 분쟁의 당사자가 법원에서 그 주장을 양보하여 분쟁을 종료시키는 행위를 말한다. 재판상 화해는 "제소전 화해"와 "소송상의 화해"로 구분할 수 있다. 제소전 화해는 당사자가 다툼을 하고 있는 문제에 대하여 소송사건으로 진행되지 않도록 청구의 취지와 원인인 쟁의사실을 명시하여 상대방의 소재지 지방법원에 신청을 하면 법원이 화해기일날 당사자를 소환하여 화해조서를 작성하는 것을 말한다. 화해조서가 작성되면 그 조서는 확정판결과 동일한 효력이 있기 때문에 채무자가 이행을 하지 않는 경우 강제경매를 할 수 있다. 예컨대 채권자 "갑"이 채무자 "을"에게 1억원의 채권을 가지고 있는데, 채무자 "을"이 변제를 계속 지체하여 채권자와 채무자가 화해조서를 작성하기로 합의하고 담당판사 앞에서 화해조서를 작성하였다면 그 화해조서는 확정판결과 동일한 효력이 있게 된다. 이후 채무자가 변제기일이 지나도록 변제를 하지 않게 되면 채권자는 그 화해조서를 가지고 채무자소유의 부동산에 대하여 경매를 신청하여 낙찰대금으로부터 변제받을 수 있게 된다. 그리고 소송상의 화해는 당사자 쌍방이 소송계속 중 변론기일에서 청구에 대한 주장에 대하여 서로 양보한 결과를 법원에 대하여 진술하고 소송을 종료시키는 것을 말한다. 이때도 담당판사 앞에서 화해조서를 작성하는데, 본 화해조서는 확정판결과 동일한 효력이 인정되기 때문에 추후 채무자가 이행을 하지 않으면 강제경매를 신청할 수 있다.

(2) 판결의 선고

1) 판결의 선고

원고와 피고가 주장과 입증을 다했다고 판단되면 재판장은 변론을 종결하고, 2주일 내에 판결선고를 하게 된다. 판결의 선고는 공개된 법정에서 재판장이 판결원본에 의하여 주문을 낭독하여야 한다. 판결을 선고한 후에는 2주일 내에 그 정본을 당사자에게 송달하고 있다. 판결문을 수령한 패소자는 2주일 내에 항소를 할 수가 있다. 만약 2주일 내에 항소를 하지 않았다면 그 판결은 확정되고 재심에 의하지 않고는 항소를 할 수 없다. 원고가 승소하였다면 피고에게 판결문대로 이행할 것을 구두로 요구하고, 이를 이행하지 않을 경우에는 민사집행을 신청하면 된다. 그러나 피고가 판결문을 수령한 날로부터 2주일 내에 항소를 할 수 있기 때문에 즉시 민사집행을 신청하지 말고 2주일을 기다렸다가 그때까지도 하지 않은 경우에 민사집행을 신청하여야 한다. 확정된 판결문이 금전의 지급을 명하는 판결문이라면 채무자의 재산에 대하여 강제경매를 법원에 신청하면 되고, 가옥의 명도를 이행하라는 판결문이라면 판결문과 송달증명원 그리고 집행비용 을 준비하여 집행관 사무실에 접수하면 명도를 할 수 있다.

【판결문】

서울지방법원 서부지원
판결

사건 20 가단2002호 대여금
원고 갑
    서울시 마포구 아현동 222번지
피고 을
    서울시 마포구 공덕동 325번지
변론종결 20. 7. 1.

주문

1. 피고는 원고에게 금 100,000,000원과 이에 대하여 20 . 0. 0.부터 송달부본 도착일까지는 연 5%, 그 다음 날로부터 갚는 날까지는 연 12%의 각 비율에 의한 금 액을 지급하라.
2. 소송비용은 피고부담으로 한다.
3. 제1항은 가집행할 수 있다.

청구취지   주문과 같다.

이유
1.
2.

20 . 0. 0.

판사 ○○○ (인)

---

2) 가집행선고

판결서 주문에는 일반적으로 "가집행할 수 있다"라는 문구가 들어가는데, 이는 아직 본 판결문이 확정되지는 않았지만 확정된 경우와 마찬가지로 집행력을 주는 것을 말한다. 이와 같이 확정되지 않은 종국판결에 대하여 확정된 경우와 마찬가지의 집행력을 인정하여 강제경매(민사집행)를 할 수 있게 하는 것은 패소자가 강제경매의 지연을 목적으로 상소하는 것을 막고, 조속한 집행의 이익을 인정하기 위해서이다. 가집행선고는 피고의 재산에 대하여 조속히 집행을 하기 위하여 인정하고 있지만 판결의 확정 전에 이루어지는 것이기 때문에 본안판결이 상급심에서 취소되거나 변경되는 경우도 발생한다. 본안판결이 상급심에서 취소되거나 변경되면 가집행선고도 실효되므로 원고는 피고에게 무과실책임으로 원상회복과 손해배상의 의무를 지게 된다. 이렇게 하여 가집행선고가 실효되면 이미 강제집행이 개시되었어도 집행의 정지나 취소를 구할 수 있다. 그러나 경락인이 이미 잔금을 지급한 상태라면 그 번복을 요구할 수는 없을 것이다.

2. 확정판결

(1) 확정판결

설사 1심에서 판결을 받았다고 하더라도 그 판결이 확정된 것은 아니다. 만약 패소자가 상급법원에 항소를 제기하여 승소판결을 받게 되면 1심판결은 무효가 되기 때문에 제1심 법원의 판결 여부만 가지고서는 강제집행을 할 수가 없게 된다. 법원의 심급제도는 확실한 판결을 위하여 민사소송구조를 3심제로 하고 있다. 1심에서 패소한 자는 항소를 할 수 있고, 항소심에서 패소를 하였을 때는 법률관계의 적용에 있어 위법한다는 것을 이유로 대법원에 상고를 할 수 있다.

경매를 신청할 수 있는 판결문은 확정된 판결문이어야 하는데, 확정된 판결문은 패소자가 항소하지 않겠다는 합의를 한 경우나, 상소기간 내(예: 원심판결이 양 당사자에게 송달된 후 14일 이내)에 상소를 하지 않은 경우, 상소를 취하한 때, 상소를 제기하였으나 상소각하 판결이 나거나 상소장 각하명령이 있는 등의 사유가 있을 경우 원심판결은 확정이 되고 강제경매를 신청할 수 있는 집행권원이 된다.

(2) 집행권원

대전지방법원

판   결

사   건   20 가단120486 부당이득금

원   고

피   고   1. 오○○
              최후주소 서울 종로구
            2. 서○○

변 론 종 결   20 . 4. 29.

판 결 선 고   20 . 5. 13.

주   문

1. 원고의 피고
2. 피고 오○○은 원고에게 13,232,070원과 이에 대하여 20 . 2. 21.부터 다 갚
   는 날까지 연 12%의 비율로 계산한 돈을 지급하라.
3. 소송비용
   위 피고가 각 부담한다.

20 . 0. 0.

판사 ○○○

집행권원이란 강제집행에 의해서 실현된 일정한 사법상의 이행청구권의 존재와 범위가 표시되고, 법률에 의하여 그 청구권을 실현할 수 있는 집행력을 인정한 공정증서를 말한다. 이와 같은 집행권원의 종류에는 확정된 종국판결, 가집행선고 있는 종국판결, 소송상의 화해조서 및 제소전 화해조서, 인락조서, 확정된 지급명령, 가압류명령, 가처분명령, 조정조서 등이 있다. 채권자가 소송에서 확정판결을 받은 경우에는 소송기록이 있는 법원에서 판결확정증명을 받아야 하

고, 확정 전에 가집행선고가 있는 경우라면 판결정본 송달증명을 받아 그 판결문에 집행문을 부여받고 상대방의 재산 등에 강제경매를 신청하면 낙찰대금으로부터 채권을 회수할 수 있게 된다.

(3) 집행문

집 행 문

사   건: 대전지방법원   20 가단12   [전자]부당이득금

이 정본은 피고1 오   에 대한 강제집행을 실시하기 위하여 원고   에게 내어준다.

20 . 6. 19.

대전지방법원

법원주사   정○○

◇ 유 의 사 항 ◇

1. 이 집행문은 판결(결정)정본과 분리하여서는 사용할 수 없습니다.
2. 집행문을 분실하여 다시 집행문을 신청한 때에는 재판장(사법보좌관)의 명령이 있어야만 이를 내어줍니다(민사집행법 제35조 제1항, 법원조직법 제54조 제2항). 이 경우 분실사유의 소명이 필요하고 비용이 소요되니 유의하시기 바랍니다.
3. 집행문을 사용한 후 다시 집행문을 신청한 때에는 재판장(사법보좌관)의 명령이 있어야만 이를 내어줍니다(민사집행법 제35조 제1항, 법원조직법 제54조 제2항). 이 경우 집행권원에 대한 사용증명원이 필요하고 비용이 소요되니 유의하시기 바랍니다.
4. 집행권원에 채권자·채무자의 주민등록번호(주민등록번호가 없는 사람의 경우에는 여권번호 또는 등록번호, 법인 또는 법인 아닌 사단이나 재단의 경우에는 사업자등록번호·납세번호 또는 고유번호를 말함. 이하 '주민등록번호등'이라 함)가 적혀 있지 않은 경우에는 채권자·채무자의 주민등록번호등을 기재합니다.

여기서 집행문[64]이란 승소판결을 근거로 판결문에 강제집행을 할 수 있다는 것을 법원이 공적으로 증명하여 주는 것을 말한다. 이러한 집행문을 부여받아야 하는 집행권원의 종류에는 확정된 판결문 외에 화해조서, 조정조서, 청구인낙조서, 공정증서 등이 해당되는데, 실질적으로 강제경매를 신청하기 위해서는 위의 집행권원에 집행문을 부여받아야 강제경매를 신청할 수 있게 된다. 다만 이행에 조건이 붙어 있는 집행권원의 경우에는 조건이 성취되었음을 입증하여야 집행문을 내어 준다. 예컨대 "원고가 피담보채무를 먼저 이행하면 피고는 담보등기를 말소하라"는 판결에서 원고가 피담보채무를 변제한 서류를 제출해야 하며, 토지거래허가구역에서 "주무관청의 허가가 있으면 소유권을 이행"하라는 판결에서는 주무관청의 허가서를 제출해야 집행문을 부여받는다. 집행문은 민사신청과에 위의 집행권원(확정된 판결문이나 화해조서 등)의 원본을 가지고 가면 원본이 맞는지 확인한 후 집행권원 말미에 집행문을 찍어준다. 다만 공정증서는 합동변호사사무실에서 받기 때문에 그 곳에서 집행문을 부여받으면 된다.

(4) 집행력 있는 정본

채권자가 승소판결문을 송달받고 채무자의 재산에 대하여 경매를 신청하기 위해서는 "집행력 있는 정본"을 경매법원에 제출해야 하는데, "집행력 있는 정본"은 판결을 받은 제1심 법원에 집행문을 부여하여 줄 것을 신청하면 법원은 확정판결문의 진의를 확인한 후 이상이 없으면 판결문 정본에 "강제집행을 허용한다"는 취지의 집행문을 철해 준다. 이것이 바로 강제경매를 신청할 수 있는 "집행력 있는 정본"[65]에 해당한다. 집행문부여는 강제경매를 신청하기 위해 모든 집행권원(예: 종국판결·가집행선고·인도명령결정문·민사조정조서·화해조서·공정증서·외국판결 등)에 받아야 함이 원칙이나 확정된 지급명령·확정된 이행권고·부동산관

---

64) 집행문이란 집행권원에 집행력이 현존한다는 것과 집행력이 미치는 주관적(인적)·객관적(물적) 범위 및 강제집행에 적합함을 집행문부여기관이 집행권원정본의 말미에 부기하여 공증하는 문언을 말한다. 판결을 받은 법원에 확정된 판결문을 가지고 가서 집행문을 부여하여 줄 것을 신청하면 법원은 확정된 판결문의 진의를 심사한 후 "강제집행을 허용한다"는 취지의 집행문을 확정된 판결문에 찍어 준다. 이것이 바로 "집행력 있는 정본"으로서 바로 강제경매를 신청할 수 있는 문서가 된다.
65) 집행권원에 집행문을 부기한 문서를 "집행력 있는 정본"이라 하며, 강제집행은 이에 의하여 행하여진다(민사집행법 28조 1항).

리명령·보전집행의 경우와 같이 간이·신속한 집행의 필요상 법이 특히 집행문 부여를 요하지 아니하는 경우나 법문상 집행력 있는 집행권원 또는 집행력 있는 민사판결정본과 같은 효력이 인정되는 "과태료의 집행", 법관이 한 재산형의 집행을 위한 검사의 집행명령(형사소송법 477조), 금전지급을 조건으로 하지 않은 부동산이전등기 이행판결, 감치결정에는 집행문을 요하지 않고 바로 강제경매신청을 할 수 있다.

(5) 부동산 경매신청

채권자가 "집행력 있는 정본"과 채무자의 등기부등본, 강제경매신청서, 예납금을 준비하여 부동산 소재지 관할법원 민사신청과에 제출을 하면 경매를 신청할 수 있게 된다. 법원은 채권자가 신청한 경매를 집행하기 위하여 관할등기소에 경매개시결정기입등기를 촉탁하고, 이어서 집행관에게는 임대차 현황조사보고 명령을 하고, 감정평가사에게는 채권자가 신청한 채무자의 목적물에 대한 감정평가의 명령을 한다. 구체적인 내용은 제2장 이하 제4장(경매진행절차 등)에서 설명을 하고 있으니 그 곳을 참고하면 될 것이다.

3. 재심

(1) 재심

판결이 확정되었는 데도 불구하고 판결절차나 소송자료에 중대한 하자가 있는 경우 이에 불복하여 다시 변론과 재판을 하여줄 것을 신청하는 불복신청방법을 말한다.

재심의 소는 재심의 대상이 될 확정판결의 효력을 받은 날로부터 30일 내에 하든가, 아니면 판결의 확정 후 5년 내에 제출해야 한다. 소장에는 재심의 대상이 되는 확정판결과 등기부등본을 인지액과 송달료를 계산하여 판결을 내린 법원에 제출하여야 한다.

(2) 재심을 할 수 있는 사유

1) 법률에 의하여 판결법원을 구성하지 아니한 때
2) 법률상 그 재판에 관여하지 못할 법관이 재판에 관여한 때
3) 판결에 증거된 문서, 기타 물건이 위조나 변조된 것인 때
4) 판결에 영향을 미칠 중요한 사항에 관하여 판단을 유탈한 때
5) 증인·감정인·통역인 또는 선서한 당사자나 법정대리인의 허위진술을 판결의 증거로 한 때

서울지방법원 서부지원
판결

사건 20 가단 2002호 대여금
원고 갑
　서울시 마포구 아현동 222번지
피고 을
　서울시 마포구 공덕동 325번지

변론종결 20 . 5. 1.

주 문
1. 피고는 원고에게 금 100,000,000원과 이에 대하여 20 . 0. 0.부터 송달부본 도착일까지는 연 5%, 그 다음 날로부터 갚는 날까지는 연 12%의 각 비율에 의한 금액을 지급하라.
2. 소송비용은 피고부담으로 한다.
3. 제1항은 가집행할 수 있다.

청구취지　　주문과 같다.

이유
1.
2.

　　　　　　20 . 0. 0.
　　　　판사　 ○○○(인)

제 6 항 상소

【사례: 상소의 기간】

"갑"은 "을"이 운영하는 인쇄소에서 근무를 하다가 다쳐 자기의 주소지 관할법원인 서울중앙지방법원에 3천만원의 손해배상을 구하는 소송을 제기하였다. 그러나 서울중앙지방법원은 "을"의 과실이 입증되지 않았다고 하여 청구기각판결을 선고하였다. 이에 대해 "갑"은 너무나 억울하여 항소를 하려고 하는데 어떻게 해야 하는가?

1. 상소

(1) 상소의 의의

민사소송은 3심제로 이루어져 있기 때문에 설사 1심에서 승소를 하였더라도, 패소자가 상급법원에 상소를 하게 되면 판결은 확정되지 않고 소송은 계속 진행하게 된다. 상소는 하급법원이 내린 미확정 판결의 취소나 변경을 구하고자 상급법원에 신청하는 불복방법이다. 상소에는 1심판결에 불복하는 항소와 2심판결에 불복하는 상고 그리고 결정이나 명령에 대하여 불복하는 항고제도가 있다. 1심(지방법원)과 2심(지방법원 항소부 및 고등법원)은 사실심이고 3심(대법원)은 법률심이다. 이와 같은 상소제도를 두게 된 이유는 하급심법원에서 내린 판결의 오판 및 구체적 정의에 부합하지 않는 재판결의를 시정함으로써 사법에 대한 신뢰 및 당사자의 권리구제를 확보하고 법령의 해석과 적용에 있어서 전국적 통일을 기함을 그 목적으로 하고 있다.

(2) 상소의 기간 및 효력

재판이 확정되지 않은 상태에서 당사자가 상급법원에 그 재판의 취소·변경을 구하는 소를 상소라 하는데, 이에 해당하는 불복방법은 항소·상고·항고·재항고가 있다.

각기 상소를 할 수 있는 기간이 다르다. 항소와 상고는 판결에 대한 불복신청방법이고 항고와 재항고는 결정과 명령에 대한 불복신청이다.

상소기간에 있어 항소와 상고(대법원)는 판결이 송달된 날로부터 2주일 내에 하여야 하는데, 이때 상소법원이 아닌 원심법원에 해야 한다. 그리고 즉시항고와 특별항고는 재판의 고지를 받은 날로부터 1주일 내에 해야 한다. 이때도 역시 상급법원이 아닌 원심법원에 제출을 하여야 한다. 위의 사례에서 "갑"이 원심법원(서울중앙지방법원)의 판결에 불복하여 상소를 하고 싶다면, 서울중앙지방법원의 청구기각판결의 선고를 받은 날로부터 14일 내에 항소를 제기해야 한다. 이때 일반인들은 항소장을 상급법원에 제출하는 경우가 많은데 이는 그렇지가 않다는 것이다. 예컨대 위의 경우 "갑"이 항소장을 서울중앙지방법원이 아닌 항소법원인 서울고등법원에 제출을 하게 되면 서울고등법원은 서울중앙지방법원으로 송부를 하게 되는데, 이렇게 하여 만약 서울중앙지방법원에 접수된 기간이 14일을 초과하였다면 "갑"의 항소는 기간을 초과하였기 때문에 인정할 수 없게 되어 "갑"은 억울하지만 결국 1심판결의 선고에 굴복을 하고 말게 될 것이다. 따라서 "갑"은 판결문의 송달일로부터 14일 내에 원심법원인 서울중앙지방법원에 항소장을 제출하여야 할 것이다. 원심법원(서울중앙지방법원)은 항소장이 접수된 날로부터 2주일 내에 항소법원(서울고등법원)에 1심 기록을 항소장과 함께 첨부하여 송부하며, "갑"은 항소법원에서 1심에서처럼 변론과 증거 등의 재판을 하면 된다.

2. 항소심절차

(1) 항소의 의의

항소란 항소심 법원에 대하여 1심의 종국판결에 대한 판결을 다시 하여 줄 것을 구하기 위하여 상급법원에 대하여 하는 불복신청방법을 말한다. 불복이유에 대하여는 사실문제이거나 법률문제이거나 제한이 없고, 잘못된 재판으로부터 당사자의 권리를 보호하는 데 그 목적이 있다.

(2) 항소장 작성방법

제1심 법원에서 패소한 자는 판결문을 송달받은 날로부터 2주일 이내에 1심 재판을 한 법원에 항소장을 제출하고, 이를 접수한 법원은 다시 상급법원인 항소법원에 제반소송서류를 이송하게 된다. 1심재판을 한 법원에 항소장을 제출하면 제1심 법원은 항소법원에 관련된 소송자료를 모두 상급법원에 송부하게 된다. 이어 항소법원은 약 1개월 후 피항소인(원고)과 항소인(피고)에게 변론기일을 통지하고 항소인에게는 항소이유서와 추가적인 증거를 제출하라고 안내장을 보낸다. 그리고 나서 피항소인과 항소인은 변론기일에서 만나 제1심 법원에서 했던 변론과정을 통하여 판결을 선고받게 된다. 항소심에서도 1심에서와 같이 변론을 계속한다.66) 항소인(일반적으로 피고)과 피항소인(일반적으로 원고)은 1심에서 하는 것과 같이 준비서면이나 증인신청서, 감정신청서, 서증 등을 항소법원에 제출하여 재판을 진행하게 된다. 그리고 피고(항소인) 항소장에 붙이는 인지액은 1심의 1.5배이다.

(3) 항소심의 종국판결

  항소심에서 변론이 종결되면 판결을 선고하게 된다. 항소법원이 종국판결을 함에 있어 항소가 부적법하면 각하결정을 하여야 할 것이고, 항소가 이유 없을 때에는 항소기각결정을 하게 된다. 그러나 항소가 이유 있을 때에는 이를 인용해야 하는데, 이때는 1심판결을 취소하고 항소법원에서 새로운 판결을 내리거나 제1심 법원으로 환송 또는 이송하는 판결을 내리게 된다. 항소법원의 심판은 당사자처분권주의의 원칙상 당사자가 항소 또는 부대항소67)로서 불복한 범위에 한하여 판결을 내려야 한다. 그러다 보면 항소법원에서는 1심판결보다 원칙상 더 불리하게 판결을 내릴 수가 없게 된다. 예컨대 금 1억 5천만원의 대여금청구소송에서 1심이 1억원만 인용을 하여 원고가 이에 불복하고 항소를 하였을 경우, 항소법원은 설사 원고의 청구 전부가 이유 없다고 하더라도 그저 원고의 항소를 기각할 수 있을 뿐이고, 1심에서 원고승소 판결을 내린 1억원의 지급판결까지

---

66) 민사소송법 제410조는 "제1심의 변론준비절차의 효력은 항소심에서도 그 효력을 가진다"라고 규정하고 있다.

67) 부대항소란 피항소인이 항소에 의하여 개시된 항소심 절차 중에 있어서 항소심판의 범위를 자기에게 유리하게 확장시켜서 원판결의 취소나 변경을 구하는 신청을 말한다. 항소인은 항소가 기각된 경우에도 원 판결에서 승한 부분까지 불이익으로 변경되는 경우는 없다(항소인 불이익금지의 원칙). 이와 같이 항소인에게 유리하게 작용하는 항소에 대항하여 피항소인이 이 부대항소의 방식에 의하여 원 판결을 본인에게 유리하게 작용하도록 소를 제기함으로써 항소인에게 불이익금지변경의 제한을 배제하는 역할을 하게 된다.

취소하여 원고청구 전부를 기각할 수는 없다.

3. 상고심절차

(1) 상고의 의의

상고란 2심판결에 패소한 자가 판결문을 송달받은 날로부터 2주일 이내에 대법원에 하는 불복신청방법을 말한다(민사소송법 396조, 동법 425조). 상고는 제2심 법원과 달리 법률적인 측면에서만 심사할 것을 구하는 불복신청이다. 이는 하급 심법원에서 내린 판결에 대한 오판방지와 법령해석·적용의 전국적 통일을 기하기 위해서 상고를 인정하고 있다.

고등법원이나 지방법원의 합의부가 선고한 종국판결이 상고심의 대상이 된다. 상고는 판결에 영향을 미친 헌법·법률·명령 또는 규칙의 위반이 있을 경우에 한하여 할 수 있다. 이와 같이 상고심은 원심의 사실인정을 기초로 원 판결이 법령에 위반된 여부만을 심사하므로 당사자는 새로운 청구, 새로운 사실주장이나 새로운 증거방법을 제출할 수 없다. 대법원에 상소를 할 수 있는 상고심 제도를 두게 된 첫 번째 이유는, 항소법원에서 내린 잘못된 판결을 고쳐서 당사자의 권리를 구제하고자 하는 데 있을 것이고, 두 번째는 통일적인 법형성과 법령해석이라고 할 수 있다. 전국의 각 법원에서 법령해석이 통일되지 않으면 법의 해석이나 적용에 있어서 혼란이 초래될 수 있기 때문이다.

【항소장】

항 소 장

항소인(피고)　　　을
피항소인(원고)　　갑

대여금청구항소사건
　위 당사자 간 ○○지방법원 20 가압1005호 대여금 청구사건에 관하여 피고는 동원이 20 . 0. 0. 선고한 판결에 대하여 전부 불복이므로 이에 항소를 제기합니다.

원 판결의 표시

　1. 피고는 원고에게 100,000,000원 및 이에 대한 20 . 0. 0.부터 완제에 이르기까지 연 12%의 비율에 의한 돈을 지급하라.
　2. 소송비용은 피고의 부담으로 한다.
　3. 위 제1항에 한하여 가집행할 수 있다.
　(피고는 위 판결정본을 20 . 0. 0. 송달받았음)

항소취지

　1. 원판결을 취소한다.
　2. 원고의 청구를 기각한다.
　3. 소송비용은 모두 원고의 부담으로 한다.
　라는 판결을 구한다.

항소이유

추후 제출하겠습니다.

첨부서류

　1. 납부서　　　1통
　2. 항소장부본 1통

20 . 0. 0.
위 항소인(피고) 을 (인)
○○고등법원 귀중

(2) 상고심절차

상고장의 작성은 항소장의 작성방법과 동일하다. 다만 상고장에 붙이는 인지액은 1심 인지액의 2배에 해당한다. 상고장에 상고이유를 기재하지 아니한 때에는 소송기록을 송부받은 날로부터 20일 내에 상고이유서를 제출하도록 강제하고 있다. 만약 상고인이 이 기간 내에 상고이유서를 제출하지 아니한 때에는 상고법원은 변론없이 상고기각의 결정을 한다. 상고인이 상고이유서를 제출하면 대법원은 상고이유서의 부본이나 등본을 지체없이 상대방에게 송달하고, 이를 송달받은 상대방은 그 송달을 받은 날로부터 10일 이내에 제출할 수가 있다. 상고이유서의 송달을 받기 전에 답변서를 제출하여도 무방하다. 답변서가 제출되면 대법원은 이를 상고인에게 송달한다.

상고법원은 상고가 적법하다고 인정되더라도 변론을 여는 일은 드물고 상고장, 상고이유서, 답변서, 기타의 소송기록을 조사하여 변론없이 판결을 할 수 있다. 법률심인 상고심에서는 상고이유의 유무에 관하여 서면심리만으로 충분하므로 서면심리가 원칙이다.

(3) 상고심의 재판

상고심은 기록을 송부받은 날로부터 5월 이내에 불복신청의 범위 내에서 종국판결을 하여야 한다. 상고심판결에도 불이익변경금지의 원칙이 적용되어 피상고인이 부대상고를 하지 않는 한 상고인에게 원 판결 이상으로 불이익한 판결을 할 수 없다. 상고심판결은 선고와 동시에 확정된다. 상고심판결도 소의 취하, 청구의 포기·인락, 화해 등의 사유로 종료될 수 있다. 상고법원은 다음과 같은 사항에 따라 재판을 진행한다.

1) 상고각하판결

상고요건이 흠결되어 상고가 부적법한 경우에는 판결로 상고를 각하한다.

2) 상고기각판결

상고가 이유 없다고 인정된 때 또는 상고인이 기간 내에 상고이유서를 제출하지 아니한 때에는 상고기각의 판결을 한다. 이때는 선고를 요하지 아니하고 상고인에게 송달함으로써 그 효력이 발생하게 된다.

3) 상고가 이유 있다고 인정된 때에는 원칙적으로 원심판결을 파기하여 환송 또는 이송의 판결을 한다. 다만 원심의 인정사실에 의하여 더 이상 사실심리를 할 필요가 없을 경우나 사건이 법원의 권한에 속하지 않는 것을 이유로 판결을 파기하는 때에는 상고법원에서 스스로 판결을 한다.

4. 항고절차

(1) 항고의 의의

항고란 판결 이외의 재판인 결정·명령에 대한 불복신청방법으로써 상급법원에 한다. 일반적으로 항고는 비교적 중요성이 크지 않은 사항에 관한 것으로, 소송절차가 진행됨에 따라 생겨나는 절차상의 파생적 다툼을 종국판결의 상소시까지 기다리지 않고도 간이절차를 거쳐 신속하게 처리하고자 할 때 한다.

(2) 항고의 종류

1) 통상항고와 즉시항고

통상항고는 불복신청기간이 정하여진 바 없고 원 재판의 취소를 구할 이익이 있는 한 언제나 제기할 수 있는 항고를 말한다. 이에 대하여 즉시항고란 속결의 필요상 재판고지일로부터 1주일 이내의 불변기간을 두고 그 기간 내에 즉시항고장을 결정 또는 명령을 한 원심법원에 하는 항고를 말한다. 즉시항고를 하기 위해서는 그 기간 내에 해야 하고 법률에서 즉시항고를 할 수 있는 규정이 있는 경우에 한하여 할 수 있는 반면, 통상항고는 항고를 할 수 있는 기간의 제한이 없고 원심법원에서 내린 판결에 대하여 취소를 구할 실익이 있는 한 언제든지 제기할 수 있다는 점에 차이가 있다. 집행절차에 관한 집행법원의 재판에 대한 즉시항고는 집행정지의 효력을 가지지 아니한다(민사집행법 15조 6항).

강제집행절차의 재판에 대한 즉시항고는 2심의 효과와 확정차단의 효력이 있기 때문에 집행정지의 효력은 없게 된다. 그래서 경락허가결정은 확정이 되어야 효력이 발생하므로 낙찰허가에 대한 즉시항고를 한 경우에는 항고심의 확정까지는 경락허가결정이 확정되지 아니하므로 그 허가결정에 따른 후속조치로 잔금기일 통지서를 발송하게 된다. 따라서 그동안 집행절차가 결과적으로 정지하게 된다는 것이다. 예컨대 입찰자가 법원경매를 통하여 낙찰을 받았는데 이해관계인이 즉시 항고를 1주일 내에 제기하게 되면 낙찰허가를 확정할 수 없기 때문에 이에 따른 후속조치로 잔금을 납부할 수 없게 되고 결국 경매절차는 즉시항고가 기각이 될 때까지 정지하게 된다.

2) 최초의 항고와 재항고

항고는 심급에 따라 제1심 법원에서 내려진 결정·명령에 대한 항고를 최초의 항고라 하고, 이에 대한 항고심의 결정에 대한 불복과 고등법원 또는 항소법원의 결정·명령에 대한 불복을 재항고라고 한다. 최초의 항고에 대하여는 항소의 규정이 적용되며, 재항고에는 상고의 규정과 상고심절차에 관한 특례법의 규정이 준용된다.

3) 특별항고와 일반항고

특별항고는 불복을 신청할 수 없는 결정이나 명령에 대하여 재판에 영향을 미친 헌법 또는 법률의 위반이 있음을 이유로 하는 때에 한하여 대법원에 하며 그렇지 않은 항고를 일반항고라 한다.

(3) 항고에 있어 집행정지의 효력

결정 또는 명령은 고지에 의하여 효력이 발생함과 동시에 집행력이 발생하기 때문에 항고에는 집행정지의 효력이 없는 것이 원칙이다. 다만 항고법원이나 원심법원은 항고에 대한 결정이 있을 때까지 명령이나 결정에 대하여 집행정지나 기타의 처분을 명할 수는 있다(민사소송법 448조).

(4) 항고심의 심판

항고는 결정으로 완결되는 사건이므로 반드시 변론을 열지 않아도 된다. 다만 항고법원이 필요하다고 인정한 때에는 항고인, 이해관계인 기타 참고인을 심문하여 재판을 하는 경우는 있다. 항고법원의 재판에는 항소심의 재판에 관한 규정이 준용된다. 따라서 항고법원의 심판범위는 불복신청의 한도에서 해야 하고 항고인은 언제든지 새로운 소송자료를 제출할 수 있고 불복신청의 범위를 확장하거나 변경할 수도 있다. 항고법원은 항고가 항고요건을 갖추지 못한 경우에는 각하를 하고, 항고의 이유가 없거나 원심재판이 결과에 있어서 정당하다고 인정되는 경우에는 항고를 기각하여 원심법원으로 되돌려 보낸다.

그러나 항고가 이유 있다고 인정되는 때에는 원심재판을 취소하고 항고법원에서 스스로 재판을 하고, 원심법원에 환송(돌려보냄)하는 경우도 있다.

제 6 절
혼자서 쉽게 할 수 있는 민사소송절차

【사례: 전세금을 제때에 안 돌려줘 계약금을 날렸는데요?】

전세를 살고 있는 저희는 남편의 전근으로 이사를 가기 위해 방을 내 놓았으나 방이 계속 빠지지 않아, 할 수 없이 집주인에게 전세금을 반환해 달라고 사정을 하였습니다. 집주인은 얼마 후 언제까지 해주겠으니 걱정하지 말라고 하여 우리들은 안심하고 다른 집에 전세계약을 체결하였습니다. 그 후 이사갈 날짜가 임박하여 전세금을 반환해 달라고 하였더니 집주인은 현재 돈이 없어 줄 수가 없다고 하면서 발뺌을 하고 있습니다. "지금 와서 그러면 어떻게 하느냐"고 하니까, 아예 지금은 만나주지도 않고 있어 이사도 못가고 전세계약금도 날리게 될 형편에 놓여 있습니다. 어떻게 하면 좋을지 한 숨만 쉬고 있습니다.

사인 간의 분쟁은 반드시 민사소송에 의해서 해결하는 것이 바람직한 것은 아니다. 법원의 판결은 분쟁 당사자 사이의 승패를 명쾌하게 해결하여 주는 점도 있지만 반면에 감정적 앙금도 남기게 된다. 따라서 소송에 의하지 않고 당사자가 자주적·능동적으로 분쟁을 해결할 수 있는 제도로써 민사조정·화해제도, 신속성과 비용이 저렴한 소액소송·지급명령신청제도를 이용할 수 있다. 이 제도들은 일반소송절차보다 절차나 비용이 간편하여 혼자서도 할 수 있다. 따라서 당사자는 복잡한 소송을 하기 전에 위와 같이 간략한 방법으로 분쟁을 해결할 수 있는지의 여부를 검토한 후 소송을 제기하는 것이 경제적으로나 채권회수의 신속성을 위해서도 바람직할 것이다.

제1항 민사조정제도

1. 민사조정제도

민사조정제도는 법관 또는 법원에 설치된 조정위원회가 간이절차에 따라 분쟁을 해본다는 제도이다. 다시 말해서 당사자로부터 각자의 주장과 자료를 검토하고 여러 사정을 참작하여 합의를 할 수 있도록 이끌어 내는 제도이다. 재판상의 화해는 법관만이 관여하지만 조정에서는 법관 이외에 민간인인 조정위원회가 관여하는 것이 원칙이다. 법관이나 조정위원회가 당사자를 중재한 후 조정안을 작성하여 당사자의 수락 여부를 묻는 방법에 의한다. 민사조정제도는 감정대립이나 원한관계가 생기지 않기 때문에 소송에 의한 해결보다는 분쟁해결에 유리하다.

이와 같은 민사조정은 처음부터 신청인이 조정을 신청하여 진행하는 경우와 소송진행 중에 당사자가 조정신청을 하여 민사조정절차로 진행되는 경우 또는 재판부가 직권으로 그 사건을 민사조정에 회부함으로써 이루어지는 경우로 나누어 볼 수 있다.

【조정신청서】

조정신청서

신청인: 갑
　　서울시 마포구 아현동 125번지
피신청인: 을
　　부산시 영도구 동삼동 201번지
전세금반환 청구사건

신청취지

　피신청인은 신청인에게 금 1억원 및 이에 대한 20　. 0. 0.부터 전액 변제할 때까지 연 12%의 비율에 의한 돈을 지급한다.
라는 조정을 구함.

분쟁의 내용

　1. 신청인은 피신청인 소유의 서울시 마포구 아현동 125번지 112호 2층 주택에 전세보증금 1억원, 계약기간은 20　. 0. 0.부터 2년으로 입주하여 살고 있는 자입니다.
　2. 신청인은 전세기간이 만료하여 다른 곳으로 이사를 가야 하는데 피신청인이 전세금반환을 거부하고 있습니다.
　3. 이에 따라 신청인은 위 전세보증금 1억원과 그에 대한 지연손해금을 지급받기 위하여 조정신청을 하게 되었습니다.

첨부서류

　1. 전세계약서 사본 1통
　2. 부동산등기부등본 1통

20　. 0. 0.

신청인: 갑○○

○○ 법원 귀중

2. 민사조정제도의 장점

(1) 일반통상의 소송절차보다 민사조정제도가 간편하다

(2) 민사조정절차는 신속하게 이루어진다는 장점이 있다. 그리고 날짜가 잡히고 당사자가 출석하면 한 번의 출석으로 결정을 한다.

(3) 비용이 저렴하다. 인지액은 일반통상소송 인지액의 1/5밖에 들어가지 않는다.

3. 민사조정의 신청방법

(1) 신청서류

민사조정신청시 필요한 서류는 신청서(당사자수＋법원 1통) 3통, 증거서류(차용증, 약속어음, 계약서 등으로 자기의 권리를 증명할 수 있는 서류), 인지액은 민사소송 제기시 첨부하는 인지액의 1/5이기 때문에 청구목적물 가액의 40/1000에 해당하는 금액이다. 예컨대 1억원을 청구할 때는 91,000원에 해당하는 인지액을 붙여야 한다.

(2) 신청서제출

조정은 피신청인의 주소지, 사무소, 분쟁의 목적물 소재지 및 손해배상 발생지를 관할하는 지방법원, 지방법원 지원, 시·군법원에 제출해야 한다. 또는 당사자가 합의하여 정한 법원을 관할법원으로 할 수 있다.

법원이 정해졌으면 법원 내에 있는 민사신청과에 제출하면 된다.

4. 조정절차

(1) 조정기관

조정사건은 조정담당판사가 이를 처리한다(민사소송법 7조 1항). 다만 조정담당판사는 조정위원회로 하여금 이를 하게 하거나 당사자가 조정위원회에 조정하여 줄 것을 신청한 때에는 조정위원회에서 조정을 한다. 조정위원회의 조정절차는 조정장이 지휘하며 의결은 과반수의 의결에 의한다. 조정위원은 학식·명망이 있는 자로서 고등법원장, 지방법원장 또는 지방법원 지원장이 미리 위촉한 자로 하며 그 임기는 2년으로 한다.

(2) 조정기일

조정신청이 있으면 즉시 조정기일을 정하여 양 당사자에게 그 일시와 장소를 통지한다. 만약 당사자 쌍방이 법원에 출석하여 조정신청을 하는 때에는 특별한 사정이 없는 한 그 신청일을 조정일로 한다. 이는 당사자 쌍방이 출석하여 조정을 신청하는 경우에는 따로 조정기일을 정하여 돌려 보내지 말고 신청당일 날 조정기일을 열고 조정을 함으로써 양 당사자에게 편리함과 조정에 친숙할 수 있도록 하려는 취지이다. 물론 당일날 조정할 판사가 없는 등 특별한 경우에는 즉일 날 열지 않고 다음 기일을 통지하여 준다.

(3) 당사자 및 이해관계인의 출석과 대리

위 기일을 통지받은 당사자는 기일에 본인이 출석하여야 하나, 특별한 사정이 있는 경우에는 담당판사의 허가를 받아 당사자의 친족이나 피용자를 대리인으로 출석케 하여 진행시킬 수 있다.

(4) 진술청취와 증거조사

조정담당판사나 조정위원회는 조정에 관하여 당사자 또는 이해관계인의 진술을 듣고 필요하다고 인정하는 때에는 적당한 방법으로 사실 또는 증거를 조사할 수 있다. 또한 담당판사나 조정위원회는 여러 가지 사실과 증거를 조사하여 쌍방이 납득할 수 있는 선에서 합의를 권고한다. 합의가 성립되지 아니한 경우에는 조정담당판사 또는 조정위원회는 상당한 이유가 없는 한 직권으로 "조정에 갈음하는 결정"을 한다. 이 결정에 대해서는 그 내용이 기재된 조서정본 또는 결정서 정본을 당사자에게 법원이 송부한다. 당사자는 송달을 받은 날로부터 2주일 이내에 이의신청을 할 수 있다. 만약 당사자 쌍방이 조정결정문을 받고 이의

신청서를 2주일 이내에 법원에 제출하지 않으면 결정내용대로 조정은 성립된 것으로 보고 본 조정조서는 강제집행할 수 있는 집행권원이 된다.

5. 조정조서의 효력

(1) 당사자가 출석하여 쌍방합의가 성립되면 그 내용은 조정조서에 기재되고 정본은 각 당사자에게 송달한다.

(2) 그러나 조정기일에 출석한 당사자들이 자기 의견을 충분히 진술하였는데도 불구하고 합의가 이루어지지 않은 경우에는 판사나 조정위원회는 합의안을 제시한다. 그리고 여기서 당사자가 이의를 제기하지 않으면 조정이 성립된 것으로 본다. 조정이 성립되었더라도 당사자는 조정조서정본이 송달된 날로부터 2주일 이내에 이의신청을 할 수 있다.

(3) 따라서 법원의 조정결정에 대하여 이의신청을 한 경우에는 그 결정은 효력을 상실하고 자동적으로 통상의 소송이 제기된 것으로 보게 된다.

(4) 이때 인지액은 통상의 소송과 같은 인지액을 납부해야 하므로 나머지 4/5을 별도로 납부하여야 하며 소장은 별도로 작성하지 않아도 된다.

(5) 조정은 당사자 사이에 합의된 사항을 조서에 기재함으로써 성립한다. 그리고 조정조서는 재판상의 화해조서와 같이 확정판결과 동일한 효력이 있으며 창설적 효력을 가지는 것이어서 당사자 사이에 조정이 성립하면 종전의 다툼있는 법률관계를 바탕으로 한 권리·의무관계는 소멸한다. 그리고 조정의 내용에 따른 새로운 권리·의무관계가 성립한다. 그러나 동업관계해지를 원인으로 한 공유물분할 소송에서 성립한 조정의 효력이 조정조서에 기재되지 않은 손해배상채권에는 미치지 않는다.[1]

(6) 화해계약을 체결한 경우에는 조정조서로서의 효력이 부정될 수 있다. 화해계약은 당사자가 서로 양보하여 그들 사이의 분쟁을 종식시키는 계약(민법 731조)으로 화해가 되면 당사자 사이의 법률관계는 확정되고 화해 이전의 주장은 하지 못하게 된다. 즉, 화해계약이 성립되면 당사자의 한편이 양보한 권리는 소멸

---

1) 대판 2007. 4. 26. 2006다78732.

되고, 상대편이 화해로 인하여 그 권리를 취득하는 효력이 생긴다(민법 732조). 화해계약은 착오가 있더라도 취소하지 못하는 것이 원칙이지만, 화해의 목적인 분쟁 이외의 사항에 착오가 있을 때에는 취소할 수 있다(민법 733조). 예를 들면, 금전채권에 관하여 그 금액에 분쟁이 있어서 이 금액에 관한 화해를 하였으면, 그 금액에 착오가 있어도 취소하지 못한다. 그러나 그 금전채권의 존부 자체에 관한 착오가 있으면 취소가 가능하다. 당사자가 함부로 처분하지 못하는 법률관계(예: 상속인의 결정 등)에 대하여는 화해계약이 성립될 수 없다. 화해는 당사자가 자기의 주장을 부분적으로 양보하는 채무를 서로 부담하기 때문에 쌍무계약인 동시에, 양보에 의하여 서로 손실을 받으므로 유상계약이다. 화해계약은 형식이 필요없는 낙성계약이다.

화해계약은 착오를 이유로 하여 취소하지 못한다. 그러나 화해 당사자의 자격 또는 화해의 목적인 분쟁 이외의 사항에 착오가 있는 때에는 그러하지 아니하다(민법 733조).

여기서 화해의 목적인 분쟁 이외의 사항이란 분쟁의 대상이 아니라 분쟁의 전제 또는 기초가 된 사항으로서 쌍방 당사자가 예정한 것이어서 상호양보의 내용으로 되지 않고 다툼이 없는 사실로 양해된 사항으로 보고 있다.[2]

그래서 화해계약이 성립되면 특별한 사정이 없는 한 그 창설적 효력에 의하여 종전의 법률관계를 바탕으로 한 권리의무관계는 말소되는 것으로서 계약당사자 간에는 종전의 법률관계가 어떠하였느냐를 묻지 않고 화해계약에 의하여 새로운 법률관계가 생기는 것이다. 그리고 화해계약의 의사표시에 착오가 있더라도 이것이 당사자의 자격이나 화해의 목적인 분쟁 이외의 사항에 관한 것이 아니고 분쟁의 대상인 법률관계 자체에 관한 것인 때에는 이를 취소할 수 없다.[3]

그러나 교통사고 발생에 가해자의 과실이 경합되었는데도 피해자 측이 피해자의 일방적 과실에 의한 것으로 착각하고 실제 손해액보다 훨씬 적은 금원의 합의금을 받고 일체의 손해배상청구권을 포기하기로 합의한 경우, 그 합의의 착오 취소를 인정하였고,[4] 의사의 치료행위 직후 환자가 사망하여 의사가 환자의

---

2) 대판 2005. 8. 19. 2004다53173.
3) 대판 1989. 9. 12. 88다카10050.
4) 대판 1997. 4. 11. 95다48414.

유족에게 거액의 손해배상금을 지급하기로 합의하였으나 그 후 환자의 사망이 의사의 치료행위와는 전혀 무관한 것으로 밝혀진 사안에서, 의사에게 치료행위 상의 과실이 있다는 점은 위 합의의 전제였지 분쟁의 대상은 아니었다고 보아 착오를 이유로 화해계약의 취소를 인정한 경우도 있다.5)

---

5) 대판 2001. 10. 12. 2001다49326.

6. 소액사건에서 강제조정으로

【소액심판청구】

소 장

원 고 윤○○   (전화번호: ○○○-○○○)
주 소

피 고 박○○   (전화번호: ○○○-○○○)
주 소

청 구 취 지

1. 피고는 원고에게 금 19,528,000 및 이에 대한 소장부본송달 다음날부터 완제일까지 연 12%의 비율에 의한 금원을 지급하라.
2. 소송비용은 피고의 부담으로 한다.
3. 위 제1항은 가집행할 수 있다.
라는 판결을 구합니다.

청 구 원 인

① 피고 박○○은 청계천상가에서 보석을 취급하는 자로써 원고 윤○○(보석무경험자)에게 물건을 매출하여 이익을 창출할테니 자금을 투자하라고 하여 20 . 9. 1. 이천이백만원을 넘겨 주었습니다.

② 피고는 그동안 전혀 이익을 남겨준 바 없으며, 일부(50만원, 80만원, 100만원)만원을 변제하다 현재는 전혀 지급을 하지 않고 있습니다. 그래서 원금과 이자를 청구하기 위하여 본소를 제기하는 바입니다.

기간 20 . 0. 0.
20 . 0. 0.(27개월)
원고가 요구하는 이자율 월 0.012%
원금 2,200만원×0.012=264,000×27개월=7,128,000원

원금   22,000,000원

이자   7,128,000원

            29,128,000원

피고 지급금액 - 9,600,000원

잔액   19,528,000원

피고지급금액

①	20 . 0. 0.	4. 19.	50만원
②		5. 10.	60만원
③		6. 14.	80만원
④		8. 16.	80만원
⑤		10. 6.	100만원
⑥		12. 11.	100만원
⑦	20 . 0. 0.	2. 19.	50만원
⑧		3. 17.	200만원
⑨		5. 1.	100만원
⑩		8. 31.	100만원
⑪		10. 4.	40만원
			계 960만원

입증방법

1. 차용증서
2.

20 . 12. 13.

위 원고 윤○○ (인)

○○○지방법원 ○○지원 귀중

【조정조서】

```
            ○○○지방법원 ○○지원 ○○○법원
                    조 정 조 서


   사        건     20 가소 ○○○ 대여금
   원        고     윤○○
   피        고     박○○
   조정장 판사    ○ ○ ○ 기     일: 20  . 2. 3. 10:00
   조 정 위 원    ○ ○ ○ 장     소: 조정실
   조 정 위 원    ○ ○ ○ 공개 여부: 비공개
   조 정 위 원    ○ ○ ○
   법원 주사보    ○ ○ ○
   원고    윤○○   출석
   피고    박○○   출석




   ·····································································································


   다음과 같이 조정성립


                        청 구 의 표 시
   청구취지
         } 별지 소장 해당란 기재와 같다
   청구원인
```

【조정내용】

조 정 조 항

1. 피고는 원고에게 금 13,44,000원을 지급하되, 20 . 3. 7.부터 20 . 6. 7.까지 매월 7일에 금 3,411,000원씩을 지급한다.
   만일 피고가 위 금원의 지급을 1회라도 지체하면 기한의 이익을 상실하고, 피고는 지체된 금액에 대하여 지체된 날로부터 완제일까지 연 12%의 비율에 의한 원금을 가산하여 지급한다.
2. 원고의 나머지 청구를 포기한다.
3. 소송비용 및 조정 비용은 각자부담으로 한다.

　　　　　　　　　　　법원 주사보　ㅇㅇㅇ(인)
　　　　　　　　　　　조정장 판사　ㅇㅇㅇ(인)

정본입니다.

　　　　　　　　　　　20 . 0. 0.
　　　　　ㅇㅇㅇ지방법원 ㅇㅇ지원 ㅇㅇㅇ법원
　　　　　법원주사보　　ㅇ ㅇ ㅇ(인)

민소 151 ②　　　　　　　　　　　　　　　　2-139

　　윤ㅇㅇ은 박동생이 이행권고결정을 받고 몇 번 이행을 하다가 다시 이행을 하지 않자 고민에 빠지게 되었다. 이행권고결정을 가지고도 강제집행은 할 수 있지만 박동생은 재산이 없는 것이었다. 그런데 주 채무자인 그의 형은 서울시 내에서 귀금속을 하고 있지만 채권자에게 집행권원이 없었다. 그래서 다시 주채무자를 상대로 소액심판을 청구한 것이었다. 법원은 위의 사례와 같이 당사자를 민사조정제도에 의하도록 하였고, 피고에게 4회분납으로 지급하도록 강제조정을 하였다. 그러나 피고가 법원의 조정조서대로 이행을 하지 않아, 할 수 없이 원고 박ㅇㅇ은 서울시 마포구에서 귀금속을 하고 있는 피고의 가게에 있는 동산을 압류하기로 작정하였다. 동산압류를 하기 위해서는 우선 집행문과 송달증명서(판결을 받은 법원에서 받음), 집행비용 12만원을 동산 소재지 관할법원 집행관 사무실에 납부하여야 한다. 약 20일 후 귀금속에 압류를 하고 약 30일 후에는 동산경매를 귀금속 가게에서 실시하여 채권을 회수하였다.

제 2 항   제소전 화해제도

1. 서설

화해는 당사자 간의 상호 양보를 통하여 분쟁을 해결하는 제도이다. 화해는 제소전 화해와 소송상의 화해로 구분한다. 제소전 화해란 민사상의 분쟁을 소송으로 발전하는 것을 방지하기 위하여 소를 제기하기 전에 화해를 원하는 당사자의 신청으로 지방법원 단독판사 앞에서 행하여지는 화해를 말한다. 당사자가 서로 합의된 내용을 적어 법원에 미리 화해신청을 하는 제도로, 당사자 간 화해가 성립되면 법원은 화해조서를 작성·송달하게 되고, 그 화해조서는 확정판결과 같은 효력이 있다. 따라서 당사자가 화해 내용대로 이행하지 아니한 때에는 화해조서로써 즉시 강제집행을 할 수 있다.

제소전 화해제도는 제소전에 행하는 점에서 소송계속 후에 하는 소송상 화해와는 다르나 그 밖에 법적 성질·요건·효력에 있어서는 양자가 같으며, 이 양자를 합하여 재판상 화해라고 한다. 제소전 화해는 소제기 없이 하기 때문에 그 하자를 다투기 위해서는 기일신청을 할 수가 없고, 당사자의 신청이 있어야 법원이 화해절차를 밟을 수 있게 된다.

2. 제소전 화해의 장점

(1) 소송을 제기하기 전에 당사자가 서로 합의된 내용을 적어 법원에 신청하는 제도이기 때문에 장차 민사상 분쟁으로 발전되는 것을 방지할 수 있다.

(2) 소액심판이나 지급명령제도와 달리 모든 소송에서 간략하게 할 수 있다. 예컨대 가옥명도청구화해, 대여금화해, 손해배상청구의 화해 등이 그러한 예이다.

(3) 당사자가 판사 앞에서 화해를 하여 법원이 화해조서를 작성하면 화해조서는 법원의 확정판결과 동일한 효력을 가지므로 강제집행을 할 수 있다.

(4) 비용이 저렴하다. 통상의 소장에 첨부할 인지액의 1/5이다.

예컨대 갑이 청구할 금액이 5천만원이면 아래와 같은 계산에 따라 약 46,000원의 인지액이 들어간다.

($50,000,000 \times 45/10,000 + 5,000$원) $\times 1/5 = 46,000$원이 소장에 첨부할 인지액이다.

【인지액】

청구금액이 1,000만원 미만일 경우	(청구금액$\times 50/10,000$)$\times 1/5$
청구금액이 1,000만원~1억원 미만일 경우	(청구금액$\times 45/10,000 + 5,000$)$\times 1/5$
청구금액이 1억원 이상일 경우	(청구금액$\times 40/10,000 + 55,000$)$\times 1/5$
청구금액이 10억 이상일 경우	(청구금액$\times 35/10,000 + 555,000$)$\times 1/5$

3. 제소전 화해의 신청방법

(1) 제소전 화해신청은 서면 또는 구술로 할 수 있다.

(2) 관할법원은 상대방의 주소를 관할하는 지방법원, 지원, 시·군 법원에 신청 할 수 있다. 단, 당사자의 합의가 있는 경우에는 합의한 법원에 신청할 수 있다. 법원 내 민사신청과에 신청하면 된다.

(3) 제소전 화해를 신청하면 법원은 화해신청의 요건 및 방식에 흠결이 있는가 조사하고 흠결이 있으면 결정으로 각하한다. 각하가 되면 어떤 이유로 되었는지 알아보고 당사자는 신청서를 다시 작성하여 제출하면 된다.

(4) 제소전 화해의 신청을 접수하면 법원은 신청인과 상대방을 화해기일날 소환한다.

(5) 화해기일에 출석한 신청인과 상대방에게 화해의사를 확인하고 화해가 성립되면 판사는 화해조서를 작성하게 하고, 화해성립일로부터 7일 이내에 그 정본을 쌍방에게 송달한다.

(6) 화해를 신청하였으나 채무자가 이를 거절한 경우나 출석하지 않은 경우에는 화해가 성립되지 않은 것으로 보이므로 제소신청을 할 수 있다. 제소신청은 화해불성립의 조서등본을 받은 날로부터 2주일 이내에 서면이나 구술로 할

수 있다. 그리고 인지액은 나머지 1/5 부분만 계산하여 인지를 신청서 표지에 붙이면 된다.

【제소전 화해신청서】

제소전 화해신청

　　신청인: 갑
　　　서울시 마포구 아현동 125번지
　　피신청인: 을
　　　부산시 영도구 동삼동 201번지
　　전세금반환청구사건

신청취지

　　신청인과 피신청인은 다음 화해조항 기재 취지의 제소전 화해를 신청합니다

청구원인

　　1. 신청인은 피신청인 소유의 서울시 마포구 아현동 125번지 112호 2층 주택에 전세보증금 5,000만원, 계약기간은 20   . 1. 1.부터 2년으로 입주하여 살고 있는 자입니다.
　　2. 이러한 계약에 관해 후일 분쟁을 방지하기 위해 당사자 쌍방 간에 아래와 같은 화해가 이루어져 이 신청에 이른 것입니다.

화해조항

　　1. 피신청인은 전세기간이 만료된 후 임차인이 계약해지를 원할 경우 3개월이 지난 후 즉시 보증금을 반환한다.
　　2. 신청인이 주택을 사용하면서 지출된 필요비에 대해서는 계약종료 후 즉시 지불한다.
　　3. 화해비용은 각자의 부담으로 한다.

첨부서류

　　1. 전세계약서 사본 1통
　　2. 부동산등기부등본 1통

　　　　　　　　20   . 4. 1.
　　　　　　위 신청인 갑 (인)
　　　　서울중앙지방법원 귀중

4. 화해조서의 효력

　화해조서는 확정판결과 동일한 효력이 있기 때문에 상급법원에 상소할 수 없다.

　따라서 화해조서를 받은 채권자는 본 집행권원에 집행문을 부여받아 바로 채무자 재산에 대해서 경매를 신청하고, 낙찰대금으로부터 채권을 회수할 수 있게 된다.

【제소신청】

서울중앙지방법원
통 지 서

사건 20　자 00호 전세금반환청구화해
신 청 인: 갑
피신청인: 을

위 당사자 간 귀원 20　자 00호 전세금반환청구 화해사건에 관하여 당사자 사이에 화해가 성립되지 않았으므로 제소를 신청합니다.

20　. 7. 7.
위 신청인　갑 (인)

서울중앙지방법원 귀중

제 3 항   소액소송제도

【소장표지】

소 장

사건번호	
배당순위번호	
재판부	제부(단독)
주심	

원 고 윤○○

피 고 박○○

소가	14,000,000원
첨부할 인지액	68,000원
첨부한 인지액	
송달료	60,400원
비고	인

○○○지방법원 ○○지원 귀중

【청구취지·원인】

소 장

원 고 윤○○   (전화번호: ○○○-○○○)
주소

피 고 박○○   (전화번호: ○○○-○○○)
주소

청 구 취 지

  1. 피고는 원고에게 금 일천사백만원 및 이에 대한 소장부본 송달 다음날부터 완제일까지 연 12%의 비율에 의한 금원을 지급하라.
  2. 소송비용은 피고의 부담으로 한다.
  3. 위 제1항은 가집행할 수 있다.
라는 판결을 구합니다.

청 구 원 인

  1.
  2.

입증방법
  1. 차용각서
  2.

20   . 7. 5.

위 원고 윤○○ (인)
○○○지방법원 ○○지원 귀중

---

1. 소액소송제도

소액사건이란 지방법원 및 동 지원의 관할사건 중 소송물가액(청구금액)이 3,000만원을 초과하지 아니하는 금전 기타 대체물이나 유가증권의 일정한 수량의 지급을 목적으로 하는 제1심 법원 민사사건을 말한다. 그러나 소액사건심판법의 적용을 받기 위하여 채권자가 고의로 채권을 소액으로 분할하여 일부청구를 하는 것은 허용하지 않는다.

【차용각서】

차 용 각 서

윤○○

박○○은 윤○○씨로부터 ○○○○년 ○○월 ○○일 차용한 금액을 10월까지 분할하여 대금을 지불할 것을 각서합니다.

대금지불방법은 매월 말일에 일 백만원씩 통장 지불 방식으로 처리하고, 나머지 차액은 11월에 상의하여 일시금으로 지불할 것을 서약합니다.

차용잔액은 ○○월 ○○일 현재 일천사백만원이 되어 있는 상태입니다.

20 . 0. 0.
서명 박○○(인)

윤○○은 박○○에게 소액의 금전을 대여하였는데 계속 변제받지 못하자 채무자의 동생을 상대로 소액심판청구를 하였다. 이행권고결정을 받은 후 지금까지 일부는 상환받았지만 동생이 몇 번 상환을 하다 지급을 하지 않아, 앞에 소장에 나타나듯이 다시 주 채무자를 상대로 소액심판을 청구하였다.

2. 소액소송의 장점

(1) 소액사건은 변호사가 아니어도 당사자의 배우자·직계혈족·형제자매는 법원의 허가없이 소송대리인이 될 수 있다.

(2) 소액사건은 신속처리를 위하여 소의 제기가 있으면 판사는 지체없이 변론기일을 지정해야 하고 가능한 한 제1회의 변론기일로 심리를 종결한다.

(3) 판사는 필요한 경우 근무시간외 또는 공휴일에도 개정을 하여 직장인들의 편의를 도모할 수 있다.

(4) 변론기일을 변경하거나 변론을 속행하는 때에는 속행기일을 전회기일로부터 15일 이내로 정한다.

3. 소액소송 신청방법

(1) 소장에 의한 제소 이외에 구술제소와 당사자 쌍방의 임의출석에 의한 소제기 등을 인정한다.

(2) 법원은 소장, 준비서면 기타 소송기록에 의하여 청구가 이유 없음이 명백한 경우에는 구술주의의 예외로서 변론없이 청구를 기각할 수 있다.

4. 소액소송 판결의 효력

소액사건은 변론종결 후 즉시 판결을 선고할 수 있다. 이는 판결이유 요지의 구술설명과 판결이유 기재의 생략을 통하여 즉시 판결선고를 할 수 있다. 소액사건에 대한 판결은 집행권원이 되므로 채무자가 판결문 내용대로 이행하지 않으면 집행권원에 집행문을 부여받아 강제경매를 신청할 수 있다.

【사례해설: 전세금을 제때에 안 돌려줘 계약금을 날렸는데요?】

① 결론적으로 우선 말씀드린다면 집주인이 제때 전세금을 돌려주지 않아 이사갈 집의 전세계약금을 날렸다면 집주인은 계약금을 세입자에게 반환해 주어야 합니다(서울중앙지법 민사합의 20　가합31399). 위의 경우 세입자가 계약금을 반환받기 위해서는 우선 임차인이 다른 곳으로 이사를 간다는 사실과 계약금은 얼마였다는 사실을 알려 주었어야 합니다. 그래야 계약금에 기한 손해배상을 청구할 수 있습니다. 세입자가 다른 곳으로 이사를 하기 위해 그 곳 임대인과 계약금은 얼마를 지급하였고 어느 날짜에 이사를 갈 것인지를 임대인에게 알려 주었어야 한다는 것입니다. 이렇게 임차인이 임대인에게 조치를 하였는데도 불구하고 임대인이 그 날짜에 전세보증금을 반환하지 않을 경우는 소송을 제기하여 계약금을 돌려 받을 수 있습니다.

② 귀하와 같은 경우는 집주인에게 전세금 반환을 주장하였고 그에 기하여 집주인이 언제까지 반환하여 주겠다는 약속을 믿고 다른 곳에 임대차계약을 체결하였기 때문에 계약금 반환을 주장할 수 있을 것입니다. 위와 같은 전세금을 반환받기 위해서는 우선 소재지 관할법원에 전세보증금 반환청구소송을 제기하거나 조정신청을 하면 전세금과 계약해지에 따른 계약금의 반환을 청구할 수 있을 것입니다.

③ 조정신청은 일반소송에 비하여 비용이 저렴하게 들고 간이·신속하게 처리할 수 있으며 절차가 엄격하지 않고 자유로운 분위기에서 할 수 있다는 장점이 있습니다. 조정비용은 약 소장인지액의 1/5 정도가 들어가는데 일반소송보다는 훨씬 저렴합니다. 조정조서가 작성되면 확정판결과 동일한 효력이 있기 때문에 이에 기하여 주택에 강제경매를 신청하여 낙찰대금으로부터 전세금을 반환받을 수 있습니다.

【이행권고 결정문】

원 고 윤○○

○○○지방법원 ○○지원 ○○○법원
이행권고결정

사건   20 가소 ○○○○ 대여금
원고   윤○○
　　주소 별지 기재와 같다.
피고   박○○

　　주소 별지 기재와 같다.　　┌──────────────────────────┐
　　　　　　　　　　　　　　　　│ 20 . 7. 15. 송달, 20 . 7. 30. 확정 │
　　　　　　　　　　　　　　　　└──────────────────────────┘
청구취지와 원인 별지 기재와 같다.

소액사건심판법 제5조의3 제1항에 따라 다음과 같이 이행할 것을 권고한다.

이 행 조 항
1. 피고는 원고에게 별지 청구취지 제1항의 금액을 지급하라.
2. 소송비용은 피고가 부담한다.

20   . 7. 8.

판 사   ○ ○ ○ (인)

┌─────────────────────────────────┐
│ 위 정본임(박상○)   │
│ 에 대한 강제집행을 실시하기 위한 것임.   │
│ 　　　　　　20   . 7. 30.   │
│ 법원주사보   ○ ○ ○ (인)   │
└─────────────────────────────────┘

※ 피고는 위 이행조항의 내용에 이의가 있으면 이 결정을 송달받은 날로부터 2주
　일 이내에 이의 신청서를 법원에 제출하여야 합니다. 위 기간 안에 이의신청서
　를 제출하지 않으면 이 결정은 확정판결과 같은 효력을 가집니다.

윤○○은 박동생을 상대로 소액심판을 하면서 피고가 작성한 차용각서를 증거서류로 제출하였다. 법원은 증거서류가 확실하고 소액사건이라 굳이 당사자를 법원에서 심리하지 않고 바로 이행권고결정을 한 후 피고에게 송부하였다. 이행권고결정이란 소액사건의 소가 제기된 때에 법원이 결정으로 소장부본이나 제소조서등본을 첨부하여 피고에게 청구취지대로 이행할 것을 권고하는 결정이다(소액사건심판법 5조의3 1항). 이행권고결정은 간이한 소액사건에 대하여 직권으로 이행권고결정을 한 후 이에 대하여 피고가 이의를 하지 않으면 곧바로 변론절차없이 원고에게 집행권원을 부여하는 제도이다. 특히 이행권고결정이 확정된 때에는 원칙적으로 지급명령제도나 가압류·가처분명령과 같이 집행문부여 없이 간이하고 신속하게 강제집행을 할 수 있다. 다만 지료연체나 불명하지 않은 손해배상청구에서는 이행권고결정을 원칙적으로 하지 않는다.

제 4 항 지급명령신청 <독촉절차>

【사례: 지급명령 신청방법】

"갑"은 등산점을 운영하는 "을"에게 월 70만원을 받기로 하고 1억원을 빌려주었는데, 만기가 한참 지났는데도 "바쁘다" "나중에 주겠다" 하면서 1년이 넘도록 갚을 생각을 하고 있지 않다. 그래서 하는 수 없이 법적 절차를 밟아 변제를 받고자 하는데 어떤 방법으로 하는 것이 가장 좋은가?

1. 지급명령제도의 의의

위의 사례에서 채무자가 자금능력과 지급의사를 어느 정도 가지고 있다면 굳이 민사소송을 제기할 것이 아니라 사전절차로서 지급명령신청 제도를 이용하여 보는 것이 어떤가 싶다. 지급명령신청은 위의 사례에서와 같이 금전을 차용하고 갚지 않는 경우 채무자의 관할법원에 지급명령신청을 하면 법원은 양 당사자를 심문하지 않고서도 지급명령문을 채무자에게 발송하고 채무자가 2주일 이내에 이의신청을 하지 않으면 법원은 약 1개월을 전후하여 지급명령결정을 한다. 지급명령신청을 할 때는 특별한 서식이나 서류를 요하는 것은 아니다. 위의 경우 "갑"은 지급명령신청서 3통, 계약서(이자부소비대차계약) 사본 1통을 준비하여 "을"의 주소지 관할법원에 제출을 하고, 법원은 본 서류를 접수한 후 당사자를 심문하지 않고 지급명령을 "을"에게 송부한다. "을"이 본 지급명령문을 받아보고서도 2주일 이내에 이의신청을 하지 않으면 법원은 약 1개월 전후를 기해서 지급명령을 확정하여 준다. "갑"은 본 지급명령결정문(집행권원)을 가지고 10년 내에 "을"의 재산에 대하여 강제경매를 신청하여 채권을 회수할 수 있다.

지급명령(독촉절차)은 채권자가 법정에 나오지 않고서도 신속하고 적은 소송비용으로 민사분쟁을 해결할 수 있다는 점과 그 이의신청서에 지급명령에 응할 수 없다는 취지만 명백히 제시하면 충분하고, 불복하는 이유를 특별히 기재할 필요가 없다는 장점이 있다. 그러나 지급명령에 대하여 채무자가 이의신청을 하면 결국은 통상의 소송절차로 옮겨져 이후에는 청구금액에 따라6) 3,000만원 이하의 경우에는 소액심판사건, 3천만원 초과 5억원 이하인 경우에는 단독심판 사건, 5억원을 초과하는 경우에는 합의부사건으로 진행되어 채무자는 일반 소송 절차와 동일하게 피고의 지위에서 자신의 주장을 법원에 충분히 진술할 수 있는 기회를 보장받게 된다. 이때 채권자는 부족인지액 및 송달료를 보정명령에 따라 추가로 납부하여야 하며, 인지보정명령에 응하지 않을 경우에는 지급명령신청이 각하된다. 따라서 채무자에게 송달을 정확하게 할 수 없는 경우나 지급명령신청 을 하더라도 채무자가 이의신청을 하여 소송절차로 이행될 가능성이 높은 경우 에는 지급명령을 이용하기보다는 직접 소송을 제기하는 편이 더 바람직하다.

2. 지급명령을 신청할 수 있는 청구(지급의 목적물)

지급명령을 신청할 수 있는 청구는 금전 기타 대체물이나 유가증권의 일정 한 수량의 지급을 목적으로 하는 청구에 대하여 인정된다. 예컨대 채권자 "갑"이 채무자 "을"을 상대로 금 5,000만원을 지급하여 달라는 지급명령신청을 법원에 신청하면 법원은 "갑"과 "을"을 소환하지 않고 채권자 "갑"의 주장만을 가지고 채무자 "을"에게 지급명령신청서를 송달한다. 채무자가 이에 대해 기간 내에 이 의신청을 하지 않으면 채권자의 주장을 인정한 것으로 보아 그 기간이 도래하였 을 때 지급명령신청에 대해 확정판결과 동일한 효력을 인정한다. 단, 지급명령신 청은 금전이나 대체물에 대해 인정을 하는 것이지 가옥명도소송이나 소유권이전 등기 청구소송 등에 대한 청구에 대해서는 지급명령신청을 이용할 수 없다.

3. 지급명령신청방법

(1) 신청서작성

1) 신청서작성은 통상의 소장작성과 유사하다.

2) 제목은 지급명령신청이라고 쓴다.

---

6) 민사소송 1심 단독사건의 청구금액(소가)은 3천만원 초과 5천만원 이하 합의부 사건은 청구금 액(소가) 5억원 초과로 변경되었다. 그리고 2심에서 청구금액이 2억원 이하인 경우는 지방법원 합의부, 2억원 초과는 고등법원에서 심판한다.

3) 청구금액과 사건명을 기재한다.

4) 판결을 원하는 요지를 신청취지에 기재한다.

5) 판결을 원하는 요지에 대한 이유 및 사실관계를 명료·간단하게 기재한다.

(2) 신청방법

1) 신청서 3통, 권리증서(차용증, 약속어음, 각서, 계약서 등) 사본 1통, 대리인이 신청할 경우에는 위임장 1통을 별도로 준비하여 제출한다.

2) 채권자는 지급명령신청서를 채무자 주소 관할법원 민사신청과에 제출한다. 지급명령신청은 청구가액에 불구하고 지방법원 단독판사의 직무관할이며, 토지관할은 채무자의 보통재판적 근무지 또는 사무소, 영업소의 소재지를 관할하는 지방법원의 전속관할이다.

3) 인지액은 통상의 소송의 1/10이다.

【인지액】[7]

청구금액이 1,000만원 이하일 경우	(청구금액×50/10,000)×1/10
청구금액이 1,000만원~1억원 미만일 경우	(청구금액×45/10,000＋5,000)×1/10
청구금액이 1억원 이상일 경우	(청구금액×40/10,000＋55,000)×1/10
청구금액이 10억원 이상일 경우	(청구금액×35/10,000＋555,000)×1/10

지급명령신청서를 민사신청과 지급명령담당자에게 제출하면 법원은 신청서를 검토한 후 이상이 없으면 접수를 받아 주는데, 이때 채권자는 인지를 법원구내 우체국에서 구입하여 지급명령신청서 표지에 붙이고 송달료는 법원구내 은행에 납부하면 된다. 여기서 인지액은 다음과 같은 계산에 따른 금액의 인지액을 붙이면 된다.

---

7) 첨부인지액이나 송달료는 물가상승 등으로 향후 계속적으로 변경되므로 이에 따른 계산방법과 절차를 본서에서 숙지한 내용으로 적용하면 향후 계속 변경증액되는 첨부인지액이나 송달료의 금액을 산정할 수 있을 것이다. 또는 본서의 전자소송 편의 민사소송이나 민사집행 신청을 하면 자동적으로 송달료와 인지액이 계산되므로 이에 따라 소를 제기하면 된다.

예컨대 청구금액이 50,000,000원일 경우는 (50,000,000원× 45/10,000＋5,000원)×1/10 ＝ 23,000원이다.

【지급명령신청원】

<h2 style="text-align:center;">지급명령신청원</h2>

채권자 갑
　서울시 마포구 아현동 201번지
채무자 을
　전라남도 보성군 조성면 200번지

약속어음청구독촉사건
신청취지

채무자는 채권자에게 금 100,000,000원 및 이에 대한 본 지급명령 송달 다음날부터 다 갚을 때까지 연 12%의 비율에 의한 이자 및 다음의 독촉절차비용을 지급하라.
독촉절차비용 금　　　원
내역 1. 신청서 첨부인지대 원
　　 2. 송달료　　　원
　　 3. 본건신청서 제출일당

신청원인

1. 채권자는 채무자가 발행한 다음의 약속어음 1매를 소지하고 있습니다.
액면: 금 100,000,000원 발행일 20　. 7. 7. 발행지 및 지급지: 서울시
지급장소: 주택은행 평안지점 지급기일: 20　. 12. 1. 수취인: 갑
2. 채권자는 위 약속어음을 지급기일에 지급장소에 지급제시를 하였지만 지급거절되었습니다.
3. 이에 따라 채권자는 채무자에 대하여 원금과 법정이자, 독촉절차비용을 구하기 위하여 이 신청에 이른 것입니다.

첨부서류

1. 약속어음 사본 1통

20　. 2. 28.
위 채권자 갑 (인)
지방법원 귀중

4. 지급명령신청 판결의 효력

【지급명령서】

채권자: 갑
　　　서울시 마포구 공덕동 200번지
채무자: 을
　　　서울시 마포구 아현동 00번지

서울지방법원 서부지원
지급명령

사건 20　차 15425호　대여금청구소송
당사자　　　　　　　별지와 동일
청구취지와 원인　　　별지와 동일

　채무자는 채권자에게 별지 청구취지 기재의 금액을 지급하라. 채무자들은 이 명령
이 송달된 날로부터 2주일 내에 이의신청을 할 수 있다.

20 . 0. 0.

판사 한정일　（인）

【지급명령에 대한 이의 신청서】

지급명령에 대한 이의신청서

사건번호: 20 차19925

채권자: 갑   수입인지 000원

채무자: 을

  위 독촉사건에 관하여 채무자는 20 . 8. 8. 지급명령정본을 송달받았으나 이에 불복하여 이의신청을 합니다.

20 . 0. 0.

이의신청인(채무자): 을(인)

전화번호: 02-777-5750

서울지방법원 서부지원 귀중

(1) 채무자에게 지급명령

지급명령의 신청이 이유 있다고 인정되면 법원은 채무자를 심문함이 없이 지급명령을 양 당사자에게 송달한다. 지급명령에는 당사자, 법정대리인, 청구의 취지와 원인을 기재하고, 채무자가 송달을 받은 날로부터 2주일 내에 이의신청을 할 수 있음을 기재한다.

(2) 채무자에게 지급명령송달

1) 지급명령이 송달된 후 2주일 이내에 채무자가 이의를 제기하지 않은 경우에는 지급명령이 확정된다. 이때부터 지급명령은 확정된 판결이 되어 강제경매를 신청할 수 있는 집행권원이 된다.

2) 지급명령이 송달된 후 2주일 이내에 채무자가 이의신청을 한 경우 지급명령절차는 종료되고 통상의 소송절차로 진행된다. 이때 지급명령결정은 실효되고 정식재판을 통하여 판결을 얻어야 한다. 위와 같이 지급명령이 송달이 된 후 채무자가 2주일 이내에 이의신청을 한 경우에는 지급명령은 실효되고, 이의신청이 지방법원 합의부의 사물관할에 속하는 소의 제기가 있는 것으로 보게 된다. 이 경우 법원사무관 등은 지체없이 소송기록을 그 합의부로 이송해야 한다.

제 7 절
실정법에서 민사소송까지

서울시 강남에 거주하는 "갑"은 경기도 파주시에 소재하는 "을"의 근린상가를 경매로 2억 8천만원에 매입한 후 20 . 3. 3. 잔금을 납부하였다. 경락대금 중 1억원은 금융기관에서 융자를 받고 8천만원은 제3자로부터 연 12%의 이자로 1년 동안 차용하기로 하였다.

본 건물의 1층은 근린상가인데 "병"이 월 40만원에 상가로 사용하고 있고, 2층은 소유주 "을"이 주거용으로 사용하고 있다.

경락인은 낙찰을 받은 후 소유자와 이사문제를 협의하였는데 소유주는 3개월 이사기한을 주면 1층도 비워줄 수 있고, 1층의 임차인은 잘 아는 사이이기 때문에 자기만 결정하면 이사 보내는데 문제가 없다고 하였다. 그 후 "갑"은 경락잔금을 지불하고 이사문제를 협의하기 위해 소유주 "을"과 다시 만났는데, "을"은 같이 동거하고 있는 자녀들과 협의하기만을 원하고 만나주지도 않고 있다. 그래서 그의 아들 "정"과 협의를 하였지만 장남인 "정"은 고액의 이사비용과 소유자 "을"과의 만남을 반대하는 협박만을 하면서 명도를 거부하고 있다.

1층의 공부상에는 근린상가로 되어 있지만 임차인 "병"이 주민등록전입이나 사업자등록신청도 하지 않고 욕조기구를 판매하기 위해 약 2년여 동안 상가로 사용하고 있었다.

경락인은 수소문을 하여 임차인 소재를 파악한 후 물건의 인도를 요구하였는데, 소유자와 마찬가지로 차일피일 날짜만 미루고 이에 불응하고 있다.

"갑"이 "을"과 "병" 그리고 "정"에 대하여 주장할 수 있는 민·형사상의 관계와 그에 따른 소장의 작성을 아래에서 살펴보도록 한다.

제1항 설정법의 적용

1. "갑"과 "을"의 관계

(1) "갑"의 "을"에 대한 소유물반환청구권의 행사여부(민법 213조)

민법 제213조에서는 "소유자는 그 소유에 속한 물건을 점유한 자에 대하여 반환을 청구할 수 있다. 그러나 점유자가 그 물건을 점유할 권리가 있는 때에는 반환을 거부할 수 있다"라고 규정한 바 성립요건은 다음과 같다.

1) 『소유물반환청구권을 가지는 자는 소유자이어야 한다』

청구권 행사자는 소유자이어야 하는데, 사안에서 경매에 의한 물권변동은 등기를 요함이 없이, 완전한 물권변동이 발생하므로(민법 187조), "갑"은 경락대금을 완납할 때에 소유자가 된다(민사소송법 642조의2, 728조).

2) 『상대방의 점유』

소유물 반환의무를 부담하는 자는 사실심 변론종결 당시의 점유자이다. 이 때 점유의 태양은 문제되지 않는다. 따라서 점유자에게 소유의 의사가 없더라도 문제되지 않고, 상대방이 점유를 취득한 원인은 상관없다.

사안에서 "을"은 전소유자로 소유자 아닌 점유자에 해당한다.

3) 『점유할 권리의 부존재』

제213조 단서에 따라 점유자가 그 물건을 점유할 권리를 가지는 경우에 소유자의 반환청구를 거절할 수 있다. 사안에서 "갑"의 경락대금 완납으로 "을"은 소유권을 상실하므로 점유할 권리가 있다고 할 수 없다.

(2) "갑"의 "을"에 대한 부당이득반환청구권 행사 여부(민법 741조)

민법 제741조에서는 "법률상 원인 없이 타인의 재산 또는 노무로 인하여 이익을 얻고 이로 인하여 타인에게 손해를 가한 자는 그 이익을 반환하여야 한다"라고 규정하고 있는 바 성립요건은 다음과 같다.

1) 『법률상 원인의 흠결』

부당이득이 성립하기 위해서는 우선 법률상 원인이 없어야 한다. 여기서 법률상 원인이란 수익자에 의한 일정한 이익의 취득을 법률상 정당화하는 사유 내지 그 이득을 보유할 권원을 말한다. 사안에서 "갑"의 경락대금 완납으로 "을"은 소유권을 상실하였음으로 그 이득을 보유할 권원이 있다고 할 수 없고, 법률상 정당화하는 사유가 있다고 할 수 없다.

2) 『이득』

부당이득이 성립하기 위해서는 반환의무자가 타인의 재화 또는 노무로부터 이득을 취하여야 한다. 여기서 타인의 재산이라 함은 현실적으로 이미 타인의 재산으로 귀속되어 있는 것만이 아니라 당연히 그 타인에게 귀속하여야 할 재산도 포함된다. 학설은 기본적으로 차액설의 입장에서 수익자의 전체 재산에 일어난 가치의 변동을 이득으로 파악한다. 즉, 부당이득의 원인 사실이 있은 후 현실적으로 존재하는 재산의 총액이 그 사실이 없었다고 가정하면 있었을 것으로 예상되는 재산의 총액보다 많은 경우에 그 차액이 이득이라고 한다. 사안에서 "을"은 "갑"의 소유물을 점유하여 그 이익으로 법정과실(차임)을 취득하였으므로 이득을 취하였다고 할 수 있다.

3) 『손해』

부당이득이 성립하기 위해서는 나아가 반환의무자의 이득에 의하여 상대방이 손실을 입었어야 한다. 반환의무자가 이득을 얻었더라도 그로 인하여 상대방에게 손실이 발생하지 않았다면 부당이득이 성립하지 않는다. 판례는 "타인 소유의 토지 위해 권한 없이 건물을 소유하고 있는 자는 그 자체로써 특별한 사정이 없는 한 법률상 원인 없이 타인의 재산으로 인하여 토지의 차임에 상당하는 이익을 얻고 이로 인하여 타인에게 동액 상당의 손해를 주고 있다고 보아야 한다"라고 판시하고 있어, 사안에서 "을"은 이득을 얻고 "갑"에게 손해를 가하고 있다고 할 수 있다. 그리고 제3자에게 8천만원을 연 12%에 1년 동안 차용하기로 한 것은 "갑"이 경락대금 납부를 위한 개인의 행위이므로 여기서 말하는 손해에는 해당하지 않는다고 할 수 있다. 또한 "을"이나 "병"은 알 수 없었기 때문에 손해에 해당할 수 없다.

4) 『이득과 손실 사이의 인과관계』

부당이득이 성립하기 위하여 마지막으로 반환의무자의 이득이 상대방의 손실에 의하여 생길 것, 즉 이득과 손실 사이에 인과관계가 있어야 한다. 사안에서 "을"의 점유로 인하여 "갑"은 차임 상당액의 손실이 있었고, "을"은 차임상당액의 이익을 얻었기 때문에 인과관계가 있다고 할 수 있다.

(3) "갑"의 "을"의 불법행위로 인한 손해배상청구권 행사 여부(민법 750조)

민법 제750조에서는 "고의 또는 과실로 인한 위법행위로 타인에게 손해를 가한 자는 그 손해를 배상할 책임이 있다"라고 규정하고 있는 바 성립요건은 다음과 같다.

1) 『고의 또는 과실』

불법행위가 성립하기 위하여는 가해자의 고의 또는 과실이 있어야 한다. 고의란 자기 행위로 인하여 타인에게 손해가 발생할 것임을 알고도 그것을 의욕하는 심리상태를 말하고, 과실이란 사회생활상 요구되는 주의를 기울였다면 일정한 결과의 발생을 알 수 있었거나 그러한 결과를 회피할 수 있었을 것인데, 그 주의를 다하지 아니함으로써 그러한 결과를 발생하게 하는 심리상태를 말한다. 사안에서 "을"은 집을 비워주지 않는다면 "갑"에게 손해가 발생할 것임을 알고도 그것을 의욕하였다고 할 수 있으므로 고의가 있다고 할 수 있다.

2) 『위법성』

인간의 공동생활 자체가 일정한 범위에서 타인에 대한 가해 가능성을 내포하고 있다. 그래서 법은 불법행위의 요건으로 행위의 위법성을 요구하고 있다. 위법성은 어떤 행위가 법체계 전체의 입장에서 허용되지 않아 그에 대하여 부정적인 판단을 받음을 의미한다. 그리고 어떤 행위가 위법한지 여부는 당해 행위에 의하여 침해된 법익의 성질과 그 침해행위의 모습 사이의 상관적 관계에 의하여 개별적으로 결정된다. 가령 물권이나 인격권 같은 절대권을 침해하는 행위는 일응 위법한 것으로 평가되지만, 채권과 같은 상대권을 침해하는 경우에는 제3자가 채권의 실현을 방해할 적극적인 의도로써 침해행위를 한 경우에만 위법하게 된다. 사안에서 "을"은 경락으로 인하여 자신의 건물 소유권이 "갑"에게 넘어간다는 사실을 알고 있었고, "갑"은 "을"의 요청으로 3개월의 이사기간을 주었음에도 불구하고 "을"이 집을 비워주지 않은 것은 절대권 침해에 대한 위법성이 있다고 할 수 있다. 또한 여기서 위법성조각사유는 발생하지 않았으므로 위법성 성립에 대한 아무런 제한이 없다.

3)『손해의 발생』

침해행위에 의하여 손해가 발생하여야 한다. 즉, 불법행위로 인한 손해배상청구권은 현실적으로 손해가 발생한 때 성립하는 것이고 이때 현실적으로 손해가 발생하였는지 여부는 사회통념에 비추어 객관적이고 합리적으로 판단하여야 한다. 사안에서 "갑"은 차임상당액의 손해가 발생하였다고 할 수 있다.

4)『가해행위와 손해의 인과관계』

가해행위로 인하여 손해가 발생하여야 한다. 즉 가해행위와 손해 사이에 인과관계가 있어야 한다. 그런데 책임성립요건으로서 인과관계는 "그 행위가 없었다면 그 손해는 발생하지 않았을 것"이라는 자연적, 사실적인 원인과 결과의 관계가 있으면 되고, 귀책범위의 문제인 상당인과관계를 문제 삼을 필요는 없다. 사안에서 "을"의 퇴거 불응에 대한 손해가 발생하였으므로 인과관계가 있다고 할 수 있다.

2. "갑"과 "병"의 관계

(1) "갑"의 "병"에 대한 소유물반환청구권 행사 여부(민법 213조)

민법 제213조에서는 "소유자는 그 소유에 속한 물건을 점유한 자에 대하여 반환을 청구할 수 있다. 그러나 점유자가 그 물건을 점유할 권리가 있는 때에는 반환을 거부할 수 있다"라고 규정한 바 성립요건은 다음과 같다.

1)『소유물반환청구권을 가지는 자는 소유자이어야 한다』

청구권 행사자는 소유자이어야 하는데, 사안에서 경매에 의한 물권변동은 등기를 요함이 없이 완전한 물권변동이 발생하므로(민법 187조), "갑"은 경락대금을 완납할 때에 소유자가 된다(민사소송법 646조의2, 728조).

2) 『상대방의 점유』

소유물 반환의무를 부담하는 자는 사실심 변론종결 당시의 점유자이다. 이때 점유의 태양은 문제되지 않는다. 따라서 점유자에게 소유의 의사가 없더라도 문제되지 않고, 상대방이 점유를 취득한 원인은 상관없다. 사안에서 "병"은 낙찰기일부터 약 5개월 이전까지 점유는 하고 있지 않고 물건만 보관하고 있는 상태이기에 점유자가 아니라고 할 수 있지만, 점유란 사실적 지배 상태를 말하고 "병"은 점유 설정의사를 가지고 건물 1층을 임차하고 있었으므로 점유자에 해당한다고 할 수 있다. 그러나 만약 창고 열쇠를 집주인이 가지고 있었다면 사실적 지배는 "을"이 하고 있어 "병"은 직접점유자가 아니라고 할 수 있을 것이다.

3) 『점유할 권리의 부존재(임차인 "병"의 대항력 유무)』

민법 제213조 단서에 따라 점유자가 그 물건을 점유할 권리를 가지는 경우에 소유자의 반환청구를 거절할 수 있다. 사안에서 "갑"의 경락대금 완납으로 소유자가 되었지만, "병"이 대항력을 갖춘 임차인에 해당하는가에 따라 존재의 유무가 결정된다. 사안에서 "병"은 주민등록전입이나 사업자등록신청을 하지 않았다. 상가건물임대차보호법 제8조에서는 "임차권은 임차건물에 대하여 민사집행법에 의한 경매가 행하여진 경우에는 그 임차건물의 경락에 의하여 소멸한다. 다만, 보증금이 전액 변제되지 아니한 대항력이 있는 임차권은 그러하지 아니하다"라고 규정하고 있다. 사안에서 "병"은 보증금 없이 월세 계약을 하였고, 주민등록전입이나 사업자등록신청도 하지 않았기 때문에(상가임대차보호법 3조) 대항력을 갖추지 못한 임차인으로서 점유할 권리가 있다고 할 수 없다. 또한 경매에 의한 원시취득으로 임차권이 소멸하므로, 임차인은 임대인에 대하여 즉시 반환하여야 한다(상가임대차보호법 8조).

(2) "갑"의 "병"에 대한 부당이득반환청구권 행사 여부(민법 741조)

민법 제741조에서는 "법률상 원인없이 타인의 재산 또는 노무로 인하여 이익을 얻고 이로 인하여 타인에게 손해를 가한 자는 그 이익을 반환하여야 한다"라고 규정하는 바 성립요건은 다음과 같다.

1)『법률상 원인의 흠결』

부당이득이 성립하기 위해서는 우선 법률상 원인이 없어야 한다. 여기서 법률상 원인이란 수익자에 의한 일정한 이익의 취득을 법률상 정당화하는 사유 내지 그 이득을 보유할 권원을 말한다. 사안에서 "갑"의 경락대금 완납으로 소유권을 취득하였고, 임차인 "병"은 대항력을 갖춘 임차인이 아니므로, 법률상 원인이 없다고 할 수 있다.

2)『이득』

부당이득이 성립하기 위해서는 반환의무자가 타인의 재화 또는 노무로 부터 이득을 취하여야 한다. 여기서 타인의 재산이라 함은 현실적으로 이미 타인의 재산으로 귀속되어 있는 것만이 아니라 당연히 그 타인에게 귀속되어야 할 재산도 포함된다. 학설은 기본적으로 차액설의 입장에서 수익자의 전체 재산에 일어난 가치의 변동을 이득으로 파악한다. 사안에서 "병"은 "갑"의 소유물을 점유하여 그 이익으로 법정과실(차임)을 취득하였으므로 이득을 취하였다고 할 수 있다.

3)『손해』

부당이득이 성립하기 위해서는 나아가 반환의무자의 이득에 의하여 상대방이 손실을 입었어야 한다. 반환의무자가 이득을 얻었더라도 그로 인하여 상대방에게 손실이 발생하지 않았다면 부당이득이 성립하지 않는다. 판례는 "타인 소유의 토지 위에 권한 없이 건물을 소유하고 있는 자는 그 자체로써 특별한 사정이 없는 한 법률상 원인 없이 타인의 재산으로 인하여 토지의 차임에 상당하는 이익을 얻고 이로 인하여 타인에게 동액 상당의 손해를 주고 있다고 보아야 한다"라고 판시하고 있어, 이 판시를 토대로 보면 사안에서 대항력을 갖추지 못한 "병"은 이득을 얻고 "갑"에게 손해를 가하고 있다고 할 수 있다.

4)『이득과 손실 사이의 인과관계』

부당이득이 성립하기 위하여 마지막으로 반환의무자의 이득이 상대방의 손실에 의하여 생길 것, 즉 이득과 손실 사이에 인과관계가 있어야 한다. 사안에서 "병"의 점유로 인하여 "갑"은 차임 상당액의 손실이 있었고, "병"은 차임상당액의 이익을 얻었기 때문에 인과관계가 있다고 할 수 있다.

(3) "갑"의 "병"의 불법행위로 인한 손해배상청구권 행사 여부(750조)

민법 제750조에서는 "고의 또는 과실로 인한 위법행위로 타인에게 손해를 가한 자는 그 손해를 배상할 책임이 있다"라고 규정하고 있는 바 성립요건은 다음과 같다.

1) 『고의 또는 과실』

불법행위가 성립하기 위하여는 가해자의 고의 또는 과실이 있어야 한다. 고의란 자기 행위로 인하여 타인에게 손해가 발생할 것임을 알고도 그것을 의욕하는 심리상태를 말하고, 과실이란 사회생활상 요구되는 주의를 기울였다면 일정한 결과의 발생을 알 수 있었거나 그러한 결과를 회피할 수 있었을 것인데 그 주의를 다하지 아니함으로써 그러한 결과를 발생하게 하는 심리상태를 말한다. 사안에서 "병"은 창고를 비워주지 않는다면 "갑"에게 손해가 발생할 것임을 알고도 그것을 불응하였으므로 의욕하고 있다고, 즉 고의가 있다고 할 수 있다.

2) 『위법성』

인간의 공동생활 자체가 일정한 범위에서 타인에 대한 가해 가능성을 내포하고 있다. 그래서 법은 불법행위의 요건으로 행위의 위법성을 요구하고 있다. 위법성은 어떤 행위가 법체계 전체의 입장에서 허용되지 않아 그에 대하여 부정적인 판단을 받음을 의미한다. 그리고 어떤 행위가 위법한지 여부는 당해 행위에 의하여 침해된 법익의 성질과 그 침해행위의 모습 사이의 상관적 관계에 의하여 개별적으로 결정된다. 가령 물권이나 인격권과 같은 절대권을 침해하는 행위는 일응 위법한 것으로 평가되지만, 채권과 같은 상대권을 침해하는 경우에는 제3자가 채권의 실현을 방해할 적극적인 의도로서 침해행위를 한 경우에만 위법하게 된다. 사안에서 "을"은 경락으로 인하여 자신의 건물 소유권이 "갑"에게 넘어간다는 사실을 알고 있었다. 그리고 "갑"은 임차인 소재를 파악한 후 물건의 인도를 요구하였음에도 불구하고 "병"이 보증금이나 대항력(주민등록전입신고, 사업자등록신청) 그 어느 하나라도 갖추지 않았음에도 차일피일 날짜만 미루면서 이에 불응을 하고 있다. 그래서 절대권인 소유권에 대한 침해로써 위법성이 있다고 할 수 있다.

3) 『손해의 발생』

침해행위에 의하여 손해가 발생하여야 한다. 즉, 불법행위로 인한 손해배상 청구권은 현실적으로 손해가 발생한 때 성립하는 것이고, 이때 현실적으로 손해가 발생하였는지 여부는 사회통념에 비추어 객관적이고 합리적으로 판단하여야 한다. 사안에서 "갑"은 차임상당액의 손해가 발생했다고 할 수 있다.

4) 『가해행위와 손해의 인과관계』

가해행위로 인하여 손해가 발생하여야 한다. 즉 가해행위와 손해 사이에 인과관계가 있어야 한다. 그런데 책임성립요건으로서 인과관계는 "그 행위가 없었다면 그 손해는 발생하지 않았을 것"이라는 자연적, 사실적인 원인과 결과의 관계가 있으면 되고, 귀책범위의 문제인 상당인과관계를 문제 삼을 필요는 없다. 사안에서 "갑"은 "병"의 퇴거 불응에 대한 손해가 발생하였으로 인과관계가 있다고 할 수 있다.

* 소결어: "갑"은 "을"과 "병"에 대하여 민법 제213조에 의하여 소유물반환청구, 민법 제741조에 의하여 차임상당액의 부당이득청구, 민법 제750조에 의하여 불법행위에 따른 손해배상 청구를 할 수 있다. 따라서 "갑"은 소유물반환청구를 행사할 수 있으며, 경합하여 병존하고 있는 부당이득반환청구권과 불법행위로 인한 손해배상의 청구권을 선택하여 행사할 수도 있다.

3. "갑"과 "정"의 관계

(1) "갑"의 "을"과 "정"의 공동불법행위에 대한 손해배상청구권의 행사 여부
(민법 760조)

"정"은 판례에 의하여 아버지 "을"과 동거하는 가족으로 점유자가 아닌 점유보조자(이행보조자)에 해당하므로, 점유보조자(이행보조자)의 행위는 본인에게 귀속하므로 "정"의 행위는 민사상의 책임이 없다. 따라서 사안에서 "을"과의 공동불법행위책임은 없다.

(2) "정"의 강요죄에 의한 형사상의 책임문제

형법 제324조에는 "폭행 또는 협박으로 사람의 권리행사를 방해하거나 의무 없는 일을 하게 한 자는 5년 이하의 징역에 처한다"라고 규정하고 있다. 또한 제 324조의5에 의하여 미수범도 처벌하고 있다. 사안에서 "정"은 "갑"에게 고액의 이사비용과 소유자 "을"과의 만남을 반대하는 협박을 하여 "갑"의 소유권행사를 방해하였고, "갑"이 고액의 이사 비용을 낼 의무도 없었음에도 불과하고 고액의 이사비용을 요구하였으므로 강요죄가 성립한다고 할 수 있다. 다만, 사안에서 보 면 아직 결과의 발생, 즉 소유권방해로 실제로 "갑"이 소유권을 박탈당하지 않았 고, 이사 비용을 줬다는 것도 알 수 없기 때문에 강요죄의 미수범으로 처벌할 수 있다고 할 수 있다.

* 소결어: "정"은 "갑"에 대하여 형사상의 책임으로 형법 제324조의5에 의거 강요죄의 미수범으로 처벌된다.

4. 결론

"갑"은 "을"과 "병"에 대하여 민법 제213조에 의거한 소유물반환청구권을 행사할 수 있고, 민법 제741조에 의거한 부당이득청구나 민법 제750조에 의거한 불법행위에 대한 손해배상청구 중 선택하여 청구권을 행사할 수 있다. 본 사안 에서 손해배상은 궁극적으로 임료지료로 보상받고 정신상의 손해배상은 특별손 해인 경우만 인정받을 수 있다. 따라서 소장작성은 나중에 그러한 방향으로 작 성해야 한다. 그리고 "갑"의 "을"과 "병"에 대한 소유물반환청구는 실질적으로 인도명령결정신청에 의하게 된다. 또한 "정"은 강요죄의 미수범으로 처벌될 수 있다.

제2항 소장작성

소장을 작성할 때는 첫 장에 아래와 같이 소장, 취지, 당사자, 소가와 인지, 송달료, 관할법원을 기재한다. 송달료는 일반적으로 관할법원의 계좌로 신한은행에 입금하고 그 영수증을 첨부하여 소장과 같이 법원에 제출하거나 전자소송으로 신청하여 제출하면 된다.

1. 표지

소 장

손해배상 등 청구의 소

원고: 갑 ○○○
○○시 ○○구 ○○동 ○○○
피고: 을 ○○○
○○시 ○○구 ○○동 ○○○

소가	1,400,000원	
첨부인지액	7,000원	
송달료	60,400원	
비고		인

○○지방법원 ○○지원 귀중

2. 청구취지 및 원인

소 장

원고: 갑 ○○○(전화번호: ○○○-○○○)
　　○○시 ○○구 ○○동 ○○○
피고: 을 ○○○(전화번호: ○○○-○○○)
　　○○시 ○○구 ○○동 ○○○

손해배상 등 청구의 소
(청구금액: 1,400,000원)

청구취지

1. 원고에게 피고 을은 1,400,000원을 지급하고 위 금원에 대하여 20 . 0. 0.부터 소장송달일까지는 연 5% 이 사건, 소장송달 다음날부터 완제일까지는 연 12%의 각 비율로 계산한 금원을 지급하라.
2. 소송비용은 피고의 부담으로 한다.
3. 제1항은 가집행할 수 있다
라는 판결을 구합니다.

청구원인

1. 원고, 피고 상호간의 관계

가. 원고 갑은 ○○지원에서 진행하고 있는 부동산경매에 참가하여 20 . 7. 14. 피고 을소유 경기도 파주시 ○○동 소재 근린상가 건물을 286,700,000원에 경락받아 20 . 8. 26. 경락대금을 완납하고 소유권 이전등기를 하였습니다.

나. 피고 을은 임대차관계 조사서에 의하면 위 기재 근린상가의 전 소유자와 보증금없이 월 40만원에 1층 전부를 20 .부터 상가로 사용하고 있으며 사업자등록이나 주민등록전입 등은 전혀 하지 않고 있는 자입니다.

※ 청구취지와 원인의 구체적인 작성방법은 제4절 제1항에서 설명하고 있다.

2. 손해배상의 발생 내역

　가. 사실관계 및 손해배상 책임
　(1) 원고는 이 사건 부동산을 명도받은 즉시 임차를 하여 은행대출금과 사채를 상환하려 하였으나 이 사건 부동산을 점유할 권원이 없는 피고가 불법점유를 계속하므로 목적물을 이용하지 못하고 있습니다.
　－ 피고 ○○○은 사업자등록이나 주민등록전입 등을 전혀 하지 않아 대항력이 인정되지 않는 임차인입니다. 그럼에도 불구하고 목적물의 명도를 거부하고 있습니다.
　－ 이에 따라 피고 ○○○에게 자진 명도하여 줄 것과 원고가 임차인의 명도거부로 막대한 피해를 당하고 있다는 점을 내용증명으로 통고하였습니다. 그럼에도 불구하고 임차인 ○○○은 마음대로 하라는 식으로 대응하고 있습니다.
　(2) 피고는 이 사건 부동산을 점유할 권원이 없음에도 불구하고 원고의 명도 요구에 계속적으로 불응하여 임료상당의 금원에 대한 이득을 취하고 있습니다.

　나. 손해배상의 발생내역
　피고 을이 전소유자에게 지급하고 있는 월 임차료는 임대인과 잘 아는 사이라 일반시세에 비하여 상당히 저렴하게 있습니다. 전소유자(○○○)가 20 . 7. 14. 오후에 자택에서 구두로 한 내용입니다. 그리고 주변의 공인중개사 중개업소에서도 피고(임차인)가 점유하는 1차(근린상가)는 보증금 1000만원에 월 70~100만원 정도는 된다고 합니다(○○ 공인중개사 사무실, 전화번호 ○○○－○○○－○○○○).
　따라서 피고 을에 대하여 월 임차료를 700,000원으로 산정하여
　700,000원×2개월(20 . 8. 26.~20 . 10. 25.까지)=1,400,000원

※ 손해배상사건은 손해배상의 발생내역을 청구원인에서 구체적으로 적시하는 것이 좋다. 특히 손해배상의 금액은 구체적이며 타당성 있는 계산을 하여 기재해야 한다.

3. 결어

 수 차에 걸쳐 위 피고에 대하여 건물명도를 요구하였으나 지금까지 명도를 하지 않아 목적물을 이용하지 못할 뿐 아니라 원고는 금융기관으로부터 융자를 받아 금전 등에 대하여 막대한 이자를 부담하고 있습니다. 그래서 원고는 피고에 대하여 청구취지 기재의 임대료에 대한 청구를 하기에 이르게 되었으며 이자(지연손해금)에 대하여는 20 . 0. 0.부터는 민법상의 이자 5%, 소장송달 다음날로부터 완제일까지는 소송촉진특례법상 연 12%의 비율로 위 금원의 지급을 구하고자 본건 청구에 이른 것입니다.

입증방법

1. 소갑 제1호증 부동산등기부 등본	1통
2. 소갑 제2호증 건축물 대장	1통
3. 소갑 제3호증 인도명령결정문	1통
4. 소갑 제9호증 부동산의 표시	1통
5. 소갑 제10호증 경락허가결정	1통
6. 소갑 제6호증 임대차관계조사	1통
7. 소갑 제7호증 내용증명(최고)	1통

첨부서류

1. 위 각 입증방법	각 1통
2. 소장부본	3통
3. 송달료 납부서	1통

20 . 0. 0.

원고(갑) ○ ○ ○ (인)

○ ○ ○지방법원 ○ ○지원 귀중

※ 소액심판 사건에 있어서는 가능한 입증서류를 소제기할 때 제출하여 1회 변론기일에 판결을 받을 수 있도록 하는 것이 좋다.

3. 관할 · 인지 · 송달료 계산방법[1]

(1) 관할

1) 소는 피고의 보통재판적이 있는 곳의 법원의 관할에 속하고, 사람의 보통 재판적은 그의 주소에 따라 정하여지나, 대한민국에 주소가 없거나 주소를 알 수 없는 경우에는 거소에 따라 정하고, 거소가 일정하지 아니하거나 거소도 알 수 없으면 마지막 주소에 따라 정하여 진다.

2) 재산권에 관한 소를 제기하는 경우에는 거소지 또는 의무이행지의 법원 에 제기할 수 있다.

(2) 인지 · 송달료

소장에는 소송목적의 값에 따라 민사소송등인지법 제2조 제1항 각호에 따른 금액 상당의 인지를 붙여야 한다. 다만, 대법원 규칙이 정하는 바에 의하여, 인 지의 첨부에 갈음하여 당해 인지액 상당의 금원을 현금으로 납부하게 할 수 있 는 바, 현행 규정으로는 인지첨부액이 일정액을 초과하는 경우에는 현금으로 납 부하여야 하고, 초과하지 않은 경우에도 현금을 납부할 수 있다. 현금수납기관은 송달료 수납은행에 납부해야 하며 대부분 법원구내에 있다.

1) 인지계산방법

① 소가 1,000만원 미만 소가 × 0.005 = 인지액

② 소가 1,000만원 이상 1억원 미만 (소가 × 0.0045) + 5,000원 = 인지액

③ 소가 1억원 이상 10억원 미만 (청구금액) × 0.004 + 55,000원 = 인지액

④ 소가 10억원 이상 소가 (청구금액) × 0.0035 + 550,000원 = 인지액

항소장에는 위 규정액의 1.5배, 상고장에는 2배의 인지를 붙여야 한다.

---

1) 본서에서 첨부인지액과 송달료는 이전에 산출한 금액이나 이에 대한 계산공식 등은 시간이 흘 러도 그대로 적용되며, 첨부인지액이나 송달료는 물가상승 등으로 앞으로도 계속적으로 변경될 것이다. 따라서 이에 따른 계산방법과 절차를 본서에서 숙지한 내용으로 적용하면 향후 계속 변경되는 첨부인지액이나 송달료의 금액도 산정할 수 있을 것이다. 또한, 전자소송으로 민사소 송을 제기하는 경우에는 전자소송시스템상에 계산하는 공식이 있어 자동적으로 첨부인지액과 송달료가 산출된다. 그러므로 전자소송으로 소송을 제기하는 경우에는 자동적으로 산출된 금액 을 기재하여 신청하면 된다(https://ecfs.scourt.go.kr/ecf/index.jsp).

2) **송달료계산방법**(송달료 1회분=5,100원: 2020년 7월 1일 이후 5,100원)

① 소액사건(소가 3천만원 이하 사건)

당사자수×10회분×5,100원 (예: 2인×10회분×5,100원=102,000원)

② 단독 및 합의사건(소가 3천만원 초과 사건)

당사자수×15회분×5,100원 (예: 2인×15회분×5,100원=153,000원)

③ 민사항소사건, 당사자수×5,100원×12회분=송달료

④ 부동산등 경매사건(타경), (신청서상의 이해관계인수+3)×5,100원×10회분=송달료

4. 형사고소

고 소 장

고소인: (갑) 서울시 강남구
피 고소인: (정) 경기도 파주시 ○○동
죄명: 공갈·협박죄, 강요의 죄

○○경찰서장 귀중

고 소 장

고소인: (갑)
　서울 강남구 ○○동

피 고소인: (정)
　경기도 파주시 ○○동

고소취지

1. 고소인 (갑)은 경기도 파주시 ○○소재 건물 근린상가를 20 . 5. 5. 경매로 낙찰 받았으나 피고소인(정)은 고액의 이사비용을 요구하고 협박만을 일삼는 자입니다.

고소이유

1. 고소인 (갑)은 경기도 파주시 ○○소재에 있는 근린상가를 2억 8천만원에 20 . 0. 0. 경매로 낙찰받았습니다. 그런데 피고소인 (정)은 이건 근린상가의 소유주였던 (을)의 장남으로 고액의 이사비용만을 요구하며 소유주 (을)과의 만남을 반대하며 협박만을 일삼는 자입니다.

2. 고소인 (갑)은 피고소인 (정)을 설득하면서 가옥명도를 간절히 요구하고 있으나, 위 건물을 명도치 않고 있으며, 피고소인(정)은 고액의 이사비용만을 요구하며 협박만을 하니 생명과 신체에 위협을 느끼고 불안에 떨고 있습니다.

3. 고소인 (갑)이 위 건물을 낙찰 받은지도 ○○개월이 경과되어 그동안 정신적으로나 육체적으로 많은 고통을 받고 있으며 특히 경제문제로 상당히 어려운 지경에 이르렀사오니, 피고소인(정)을 철저히 조사하시어 사법당국에서 엄벌에 처하여 주시기를 바랍니다.

첨 부 서 류
1. 등기부 등본　　1부
2. 주민등록 등본　1부
3. 호적등본　　　　1부

20 . 0. 0.
고소인: (갑) ○○○

○○경찰서장 귀중

※ 고의적으로 채무면탈을 하거나 명도를 거부하는 등 악의성이 높은 경우에는 민사 이외의 형사소송을 병행하는 것도 한 방법이 된다.

제 3 항   소송심리 과정

1. 변론준비기일

○ ○ ○ **지방법원** ○ ○ **지원** ○ ○ ○ **법원**
변론기일 통시서

사건   20 가소 69000
원고
피고
위 사건의 변론기일이 다음과 같이 지정되었으니 출석하시기 바랍니다.
　일시: 20 . 0. 0. 10:00
　장소: 법정 제 1호

20 . 0. 0.
법원 주사보

◇ 유 의 사 항 ◇
1. 출석할 때에는 신분증을 가져오시고, 이 사건에 관하여 제출하는 서면에는 사건번호(○○○가소 ○○○)를 기재하시기 바랍니다.
2. 민사상소 사건, 합의부에서 심리하는 사건, 단독판사가 심리하는 사건 중 소송목적의 값이 2억원을 초과하는 사건은 변호사(지배인 등 법률상 소송대리인 포함)가 아니면 소송대리가 허용되지 않습니다.
3. 소송대리인이 선임되어 있더라도 되도록 당사자 본인(당사자가 회사 등 법인 또는 단체인 경우에는 대표자 또는 실무책임자, 당사자가 여러 명인 경우에는 의사결정을 할 수 있는 주된 당사자)도 함께 출석하시기 바랍니다.
4. 대법원 홈페이지(www.scourt.go.kr)를 이용하시면 재판기일 등 각종 정보를 편리하게 열람할 수 있습니다. [www.scourt.go.kr → 사법정보광장 → 나의 사건검색]
5. 사건진행에 관하여 안내를 받고자 하는 경우에는 자동응답전화(ARS)를 이용할 수 있습니다. 자동응답전화 번호는 지역번호 없이 1588-9100입니다. 자동응답전화를 하신 후 곧바로 사건진행안내를 받으려면 '1'+'9'+[214801 2004 003 30193]+'*'을 누르시면 됩니다.

※ 문의사항 연락처: ○○○지방법원 ○○지원 ○○○법원 민사1단독(소액) 법원주사보

이 사건의 사건번호는 ○○○지방법원 ○○지원 ○○○법원
○○○가소 ○○○○○ 손해배상
예정 기일:
담당배판부: 민사1단독(소액)   법원주사보 ○○○
직통 전화: ○○○-○○○-○○○   팩   스: ○○○-○○○-○○○
e-mail:

※ 소액사건인 경우는 특별한 사정이 없으면 첫 변론기일에 선고한다. 따라서 양당사
자는 첫 변론기일에는 가능한 한 출석해야 한다. 특히 피고가 출석하지 않은 경우
에는 그 소의 내용을 인정한 것으로 보아 일방적으로 패소를 당하게 된다.

2. 소송대리

소송대리허가신청 및 소송위임장

사 건 번 호   가   (차)   단독

원 고(채권자)

피 고(채무자)

위 사건에 관하여 아래와 같이 소송대리허가신청 및 위임을 합니다.

---

1. 소송대리허가신청

인 지		
○○○원		
첨부		

재	허	부
판		
장		

소송대리할 사람의 성명

  주소

소송대리허가를 신청하는 이유 (간단하게)

첨부서류

2. 소송위임할 사항

가. 일체의 소송행위, 반소의 제기 및 응소

나. 재판상 및 재판외의 화해

다. 소의 취하

라. 청구의 포기 및 인락

마. 복대리인의 선임

바. 목적물의 수령

사. 공탁물의 납부, 공탁물 및 이자의 반환청구와 수령

아. 담보권행사, 최고신청, 담보취소신청, 동 신청에 대한 동의 담보취소 결정 정본의 수령, 동 취소결정에 대한 상고권의 포기

자. 기타 (특정사항 기재요)

---

20 . 0. 0.

위 신청인 및 위임인 성명: 고(   )   (인)

서울지방법원 ○○지원   귀중

○○○ 법 원

※ 변론기일에 출석할 수 없는 경우에는 위의 양식에 따라 내용을 작성하여 변론기일 7일 이전에 소액사건 재판부에 송부하면 대리인에 의하여 소송을 진행할 수 있다. 대리인이 변론기일에 참석할 때는 위임장, 인감증명서, 신분증을 지참해야 하며 본인과 충분히 변론내용을 미리 협의한 후 참석하는 것이 좋다.

3. 판결문

의정부지방법원 고양지원 ○○시법원

판결

사　　건　　○○○○가소 ○○○○ 손해배상
원　　고　　○○○
　　　　　　○○ ○○○ ○○○ ○○○-○○○
피　　고　　김○○○
　　　　　　○○ ○○○ ○○○ ○○○-○○○
변론종결　　20 . 12. 9.
판결선고　　20 . 12. 9.

주문

1. 피고는 원고에게 1,400,000원과 이에 대하여 20 . 0. 0.부터 20 . 0. 0.까지는 연 5%, 20 . 0. 0.부터 갚는 날짜까지는 연 12%의 각 비율로 계산한 돈을 지급하라.
2. 소송비용은 피고의 부담으로 한다.
3. 제1항은 가집행할 수 있다.

청구취지

주문과 같다.

　　　　　　판사　　○○○_____

정본입니다.

20 . 0. 0.

○○○지방법원 ○○지원 ○○○법원

법원주사보 ○ ○ ○

-상소안내문-

판결에 불복이 있을때에는 이 판결 결정본을 송달 받은 날로부터 2주일 이내에 항소장을 ○○○지방법원 ○○지원 ○○○법원에 제출하여야 합니다.

민소 151 ②　　　　　　　　　　　　　　　　　　　　　　　　　　　2-139

※ 위의 판결문이 집행권원에 해당한다. 나중에 소송비용을 청구하고자 할 때에는 별도로 소를 제기하여 판결을 받아야 한다. 위의 집행권원은 "가집행" 할 수 있 다는 판결을 주문받았기 때문에 설사 피고가 항소를 하더라도 본 집행권원을 가지 고 강제집행이 가능하다. 그리고 소액에 해당하기 때문에 일반적으로 채무자가 소유하는 동산이나 채권, 자동차에 대하여 강제집행을 할 수 있을 것이다.

제1항   전자소송으로 민사소송신청

1. 목적

전자소송이란 민사소송 등에서의 전자문서 이용 등에 관한 법률(약칭: 민소전자문서법)에 따른 소송절차별 전자문서의 이용에 관한 사항 및 전산정보처리시스템의 운영에 관하여 필요한 사항을 규정함으로써, 편리하고 투명한 소송절차 이용과 재판사무의 효율적 운영 및 법정 중심의 충실한 심리를 도모함을 목적으로 2010년에 신설되었다.

전자소송제도를 이용하면 직접법원에 가지 않아도 인터넷상으로 민사소송과 민사집행신청 등 각종 소송을 제기할 수 있다.

【전자소송 로그인 화면】

2. 전자소송 회원가입

(1) 전자문서를 제출할 수 있는 자

당사자, 소송대리인 등은 민사소송 등에서 법원에 제출할 서류를 전산정보처리시스템을 이용하여 전자문서로 제출할 수 있는데(민소전자문서법 5조), 구체적으로 다음과 같은 자가 제출할 수 있다.

법정대리인, 특별대리인, 사건본인, 증인 전문심리위원, 법원으로부터 조사 또는 문서의 송부를 촉탁받은 자, 감정인, 법원으로부터 감정을 촉탁받은 기관, 법원으로부터 문서제출명령을 받은 자, 조정위원 그리고 법원으로부터 상담을 촉탁받은 기관 등이다(민소전자문서규칙 3조).

(2) 회원가입(사용자 등록)

【회원가입메뉴】

※ 전자소송으로 민사소송을 제기하기 위해서는 우선 회원으로 가입하여야 한다. 회원가입은 개인, 법인, 대리인 그리고 법무사 등으로 구분할 수 있다.

전자소송시스템을 이용하려는 개인회원, 법인회원, 변호사회원 그리고 법무사 회원자 등은 전자소송시스템에 접속하여 전자소송홈페이지에서 요구하는 정보를 해당란에 입력한 후 전자서명을 위한 인증서를 사용하여 사용자등록을 신청하여야 한다. 등록한 사용자 정보는 인증서의 내용과 일치하여야 한다(민소전자문서규칙 4조).

전자소송시스템에서 로그인하는 방법은 공인인증서로 로그인하는 방법과 아이디와 비밀번호로 로그인하는 방법이 있는데, 전자소송으로 서류의 제출, 송달확인 그리고 열람서비스를 이용하기 위해서는 반드시 공인인증서로 로그인하여야 한다. 아이디와 비밀번호로 로그인하면 나의정보 관리와 전자납부 등의 업무처리 정도만 가능하다.

그러므로 전자소송으로 소장과 준비서면 등을 제출하고자 하는 경우에는 공인인증서로 로그인해야 한다.

3. 소장 제출

(1) 전자 서명 등

전자소송으로 민사소송을 제기하기 위해서는 공인인증서로 로그인을 하여야 한다. 그리고 전자소송의 메뉴에서 서류제출 → 민사서류 → 민사본안 → 자주 찾는 민사본안서류의 절차에 따라 소송을 제기하면 된다.

【민사서류 · 전자소송 동의】

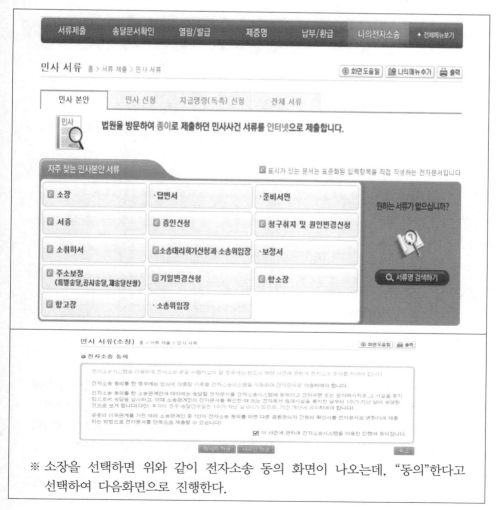

※ 소장을 선택하면 위와 같이 전자소송 동의 화면이 나오는데, "동의"한다고 선택하여 다음화면으로 진행한다.

【민사서류 소장 등 입력】

〈민사서류 소장작성〉

※ 소장을 선택하면 위의 화면이 나오는데 여기서 사건명에 해당하는 강제집행에
관한 소송, 가등기말소, 손해배상 청구 등을 선택한다. 그리고 소가를 기재하고
관할법원을 선택한다. 당사자란을 선택하면 당사자에 대한 기본정보 입력란이
나오는데 "내정보 가져오기"를 선택하면 회원가입 때 기재하였던 내용이 자동
적으로 기재된다. 그리고 피고의 인적사항을 기재하면 된다.

【청구취지 · 청구원인 입력】

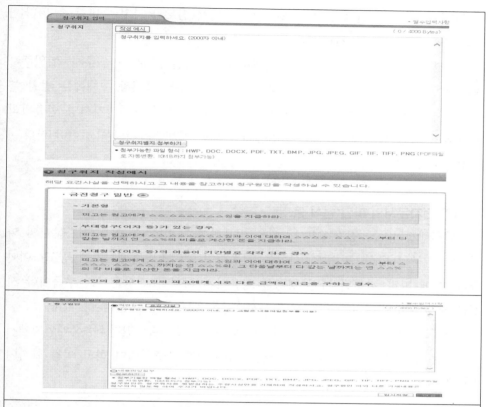

※ 청구취지 입력에서는 빈칸에 작성예시를 참고하여 직접 입력해도 된다. 그러나 청구취지는 판결의 주문에 해당하는 내용으로 소의 결론에 해당하기 때문에 미리 소장을 작성하여 청구취지의 파일만을 첨부하는 방법이 효율적일 수 있다. 그리고 청구원인도 청구취지와 마찬가지로 빈칸에 직접 입력하거나 미리 작성한 청구원인 파일을 첨부하면 PDF 파일로 자동전환되어 입력된다.

여기까지 입력이 완료되면 임시저장을 누르고 다음 화면인 입증 · 첨부서류를 작성하고 다음 화면인 작성문서확인을 작성하면 1단계 문서작성은 끝난다. 그리고 이어서 2단계 전자서명, 3단계 소송비용납부, 4단계 문서제출 순으로 해당화면의 내용을 작성하면 소장작성과 법원제출은 완료되어 민사소송이 진행된다.

법원에 전자문서를 제출하는 자는 공인전자서명을 하여야 하며, 전자문서를 제출하는 경우에는 인감의 날인 또는 인감증명서 첨부를 하지 아니할 수 있다(민소전자문서규칙 7조 1항, 5항).

그리고 법관·사법보좌관 또는 법원서기관·법원사무관·법원주사·법원주사보(이하 "법원사무관 등"이라 한다)가 재판서나 조서 등을 작성하는 때에는 법원 행정전자서명 인증업무에 관한 규칙에 따라 설치된 '법원 행정전자서명 인증관리센터'에서 발급받은 행정전자서명 인증서에 의한 사법전자서명을 하여야 한다(민소전자문서규칙 7조 2항).

(2) 전자문서의 파일 형식 등

법원행정처장은 전자소송시스템을 이용하여 제출할 수 있는 전자문서의 파일 형식, 구성 방식 그 밖의 사항을 지정하여 전자소송홈페이지에 공고하여야 한다. 이에 따라 지정된 파일 형식을 사용하지 아니한 전자문서는 부득이한 사정을 소명하지 아니하는 한 전자소송시스템을 이용하여 제출할 수 없다.

그리고 주장, 증거, 그 밖의 사항을 담은 전자문서는 전자소송홈페이지에서 요구하는 방식에 따라 각 별도의 파일로 구분하여 제출하여야 하고 이를 합하여 하나의 파일로 제출하여서는 안 된다(민소전자문서규칙 8조).

(3) 전자문서의 작성·제출

등록사용자는 전자소송홈페이지에서 요구하는 사항을 빈칸 채우기 방식으로 입력한 후, 나머지 사항을 해당란에 직접 입력하거나 전자문서를 등재하는 방식으로 소송서류를 작성·제출할 수 있다(민소전자문서규칙 11조). 이미지 파일 형태의 증거서면을 제출하는 경우와 HWP나 DOC 등으로 작성한 문서는 전자소송에서 파일첨부 시 자동적으로 PDF 파일로 전환되어 제출된다.

다시 말해서 전자소송의 홈페이지에서 요구하는 사항을 빈칸 채우기 방식으로 입력하거나 아니면 미리 작성한 소장이나 답변서 등의 파일을 전자소송으로 첨부하여 입력할 수 있다.

이때 등록사용자가 전자문서가 아닌 한글 등으로 작성한 파일을 서류를 법원에 제출하고자 할 때에는 그 서류를 전자문서로 변환하여 제출하여야 한다. 그러나 전자소송에서 한글 등의 파일을 첨부하면 PDF 등의 전자문서로 자동적으로 변화되어 제출된다(민소전자문서규칙 12조). 이외에도 등록사용자는 주장이나 공격·방어방법에 관한 음성·영상 등 멀티미디어 방식의 자료를 전자소송시스템을 이용하여 제출할 수 있다.

다만 전자문서로 제출하는 것이 현저히 곤란하거나 적합하지 아니한 경우에 해당하는 서적을 제출하는 경우(이 경우 서적의 내용 가운데 중요한 부분을 전자문서로 변환하여 그 서적과 함께 제출하여야 한다), 기술적으로 서류를 전자문서로 변환하기 어려운 경우, 서류에 당사자가 가지는 영업비밀(「부정경쟁방지 및 영업비밀보호에 관한 법률」 제2조 제2호에 규정된 영업비밀을 말한다)에 관한 정보가 담겨 있는 경우, 사생활 보호 또는 그 밖의 사유로 필요하다고 인정하여 재판장 등이 허가한 경우에는 전자문서가 아닌 형태로 직접법원에 제출할 수 있다(민소전자문서규칙 15조).

이렇게 제출하면 다음으로 사용자의 공인인증서를 통하여 전자서명을 함으로써 서명날인을 하게 된다.

그리고 인지액과 송달료 등은 전자소송상에서 자동적으로 계산된 금액을 신용카드나 계좌이체, 가상계좌납부 등 다양한 결제수단을 통하여 납부할 수 있다. 결제를 하면 사용자에게 사건번호 등 접수결과를 문자나 이메일 등으로 통지한다.

4. 청구취지 및 청구원인 변경신청

자주 찾는 민사본안 서류   ⓔ 표시가 있는 문서는 표준화된 입력항

ⓔ 소장	·답변서	·준비서면
ⓔ 서증	ⓔ 증인신청	ⓔ 청구취지 및 원인변경신청
ⓔ 소취하서	ⓔ 소송대리허가신청과 소송위임장	·보정서
ⓔ 주소보정 (특별송달,공시송달,재송달신청)	ⓔ 기일변경신청	ⓔ 항소장
ⓔ 항고장	·소송위임장	

(1) 의의

청구취지란 원고가 당해 소송에 있어서 구하고자 하는 판결의 주문에 해당하는 내용으로 소의 결론 부분이다. 따라서 청구취지를 작성할 때에는 명확하게 작성하여 한다. 일반적으로 청구취지를 작성할 때에는 본안, 소송비용, 가집행선고에 관한 3가지를 기재한다.

그리고 청구원인이란 청구취지을 특정함에 필요한 사실관계와 이에 대한 법조문이나 판례 등을 주장한다. 청구의 취지만으로 그 청구가 불법행위, 채무불이행 등의 어떠한 실체법상의 청구권에 기하여 청구하는 것인지 불명함으로 이에 대한 사실관계와 증거서류를 그리고 이러한 사실관계(Problem)를 해결할 수 있는 관련된 법을 주장하면 된다.

(2) 방법

전자소송홈페이지에서 공인인증서로 로그인하여 민사서류 → 자주찾는 민사본안서류에서 청구취지 및 청구원인변경신청를 선택하여 작성하면 된다.

청구취지와 청구원인변경신청서는 소장작성절차와 거의 동일하며 문서작성 및 첨부 → 전자서명 → 소송비용납부 → 문서제출을 하면 된다. 문서작성 및 첨부는 소송서류입력 → 입증서류 → 첨부서류 → 문서확인을 하면 된다.

(3) 소송서류 입력

이전 사건 등록화면에서 선택한 사건번호를 입력한다. 그리고 청구취지 및 청구원인 변경신청을 빈칸에 직접하거나 미리 작성한 한글파일 등이 있으면 파일로 첨부한다.

기존청구취지 조회버튼을 누르면 새로 변경할 청구취지를 조회할 수 있으며, 빈칸에 직접 입력하거나 아니면 미리 작성한 파일을 첨부하면 PDF 파일로 자동전환된다. 만약 청구취지가 확장된 경우에는 기존 소가와 변경된 소가를 입력해야 한다.

그리고 기존청구원인조회 버튼을 누르면 변경할 기존의 청구원인을 조회할 수 있다. 작성예시를 누르면 작성예시가 팝업으로 조회되는데, 그 빈칸에 직접 작성하거나 아니면 미리 작성한 청구원인 파일을 첨부하면 된다. 임시저장버튼을 누르면 현재 페이지에서 임시저장이 되며, 그 이후의 입증서류 등은 나중에 입력할 수도 있다.

5. 변론과 증거조사

(1) 변론

소장, 답변서, 준비서면 그 밖에 이에 준하는 서류가 전자문서로 등재되어 있는 경우 그에 따른 변론은 당사자가 말로 중요한 사실상 또는 법률상 사항에 대하여 진술하거나 법원이 당사자에게 말로 해당사항을 확인하는 방식으로 한다. 그리고 이에 따른 변론은 컴퓨터 등 정보처리능력을 갖춘 장치에 의하여 전자문서를 현출한 화면에서 필요한 사항을 지적하면서 할 수 있다. 그리고 변론준비기일에서 당사자가 변론의 준비에 필요한 주장과 증거를 정리하는 경우, 변론기일에서 변론준비기일의 결과를 진술하는 경우 또는 항소심에서 제1심 법원 변론결과를 진술하는 경우에 위와 같은 사항은 준용하여 할 수 있다(민소전자문서규칙 30조).

(2) 증거조사

문자 등 정보에 해당하는 전자문서에 대한 증거조사는 직권 또는 당사자의 신청에 따라 검증 또는 감정의 방법으로 할 수 있으며, 전자문서로 변환하여 제출된 증거에 대하여 원본의 존재나 내용에 대하여 이의가 있는 때에는 원본을 열람하는 방법에 의한다.

그리고 음성·영상 등 정보에 해당하는 전자문서에 대한 증거조사에 대하여 필요한 경우 직권 또는 당사자의 신청에 따라 다른 방법으로 검증하거나 감정의 방법으로 할 수 있으며, 전자문서에 대한 증거조사를 신청한 당사자는 법원이 명하거나 상대방이 요구한 경우에는 녹취서, 그 밖에 그 내용을 설명하는 문서를 전자문서로 제출하여야 한다(민소전자문서규칙 33조).

(3) 문서송부 촉탁 등의 특칙

전자기록사건에서 법원으로부터 조사 또는 문서의 송부를 촉탁받은 자, 감정인, 법원으로부터 감정을 촉탁받은 기관, 법원으로부터 문서제출명령을 받은 자, 조정위원, 상담위원, 법원으로부터 상담을 촉탁받은 기관 등이 그 촉탁사항이나 송부대상인 문서를 전자데이터 또는 전자문서로 가지고 있는 경우에는 전자소송시스템을 이용하여 이를 전송하여야 한다. 그리고 법원은 각종 촉탁 등을 전자적 송달 또는 통지의 방법으로 할 수 있다(민소전자문서규칙 37조).

(4) 답변서 제출

송달부분을 송달받은 피고가 전자소송을 사용하기 위해서는 우선 사용자 등록을 하여 회원으로 가입을 하여야 한다. 그리고 나서 본인이 작성한 답변서 파일을 첨부하여 제출하면 된다.

한글로 작성한 파일을 전자소송으로 첨부하여 제출하면 PDF 파일로 자동전환된다. 그렇게 제출한 답변서는 공인인증서를 통해 전자서명을 함으로써 서명날인에 갈음하게 된다.

마지막으로 제출이 종료되면 사용자에게 접수결과를 문자나 이메일 등으로 통지를 한다.

6. 전자기록 송달·통지·열람

(1) 송달받을 자

전자적 송달 또는 통지를 받을 자는 민사소송 등의 개별 사건에 관하여 전자소송 동의를 한 등록사용자, 민사소송 등의 당사자와 소송대리인 그리고 송달영수인으로 신고한 등록사용자이다.

(2) 송달·통지의 방법

전자문서 등재사실의 통지는 등록사용자가 전자소송시스템에 입력한 전자우편주소로 전자우편을 보내고, 휴대전화번호로 문자메시지를 보내는 방법으로 한

다. 다만, 문자메시지는 등록사용자의 요청에 따라 보내지 아니할 수 있다. 통지
는 전자우편이 전자우편주소로 전송된 때 또는 문자메시지가 휴대전화번호로 전
송된 때 효력이 생긴다(민소전자문서규칙 26조 1항).

전자소송시스템을 이용하여 송달한 전자문서 정본에 의하여 출력한 서면은
정본의 효력이 있다. 이 경우 전자소송시스템 장애 등 등록사용자가 책임질 수
없는 사유로 등재된 전자문서 정본의 출력이 정상적으로 끝나지 아니하였으면, 등
록사용자는 그 사유를 소명하여 재발급을 신청할 수 있다(민소전자문서규칙 26조 5항).

재판부에서 주소보정명령 등의 송달할 문서를 전자소송으로 처리를 하면 사
용자에게 문자나 이메일로 송달내용을 통지한다. 그리고 사용자가 전자소송홈페
이지에서 송달문서를 열람하면 송달이 완료된 것으로 처리한다.

(3) 열람

전자소송을 이용하는 경우 법원 방문 없이 전자소송의 홈페이지에서 각종
전자소송 문서를 열람과 출력을 할 수 있다. 등록사용자로서 전자소송 동의를
한 당사자, 소송대리인 등이 전자기록을 열람, 출력 또는 복제하는 경우에는, 전
자소송시스템에 접속한 후 전자소송홈페이지에서 그 내용을 확인하고 이를 서면
으로 출력하거나 해당 사항을 자신의 자기디스크 등에 내려받는 방식으로 한다.

그리고 민사소송 등의 전자기록을 열람하고자 하는 자가 법원에 출석하여
당해 사건의 전자기록 열람을 신청한 때에는, 법원사무관 등은 법원에 비치된
컴퓨터 단말기를 이용하여 해당 내용을 열람하게 할 수 있다. 이때 당사자나 이
해관계를 소명한 제3자의 신청에 따라 해당 사항을 복제하게 하거나 출력한 서
면을 교부할 수도 있다(민소전자문서규칙 38조).

7. 전자소송 송달료 및 인지액 등의 납부

<h3 align="center">〈송달료 및 소송등 인지 납부영수증〉</h3>
<h2 align="center">납 부 확 인 서</h2>

결제 확인정보

법 원	서울중앙지방법원	사건번호	20 카명1024
원고		피고	오
사 용 자		— *******	
결제구분		휴대폰소액결제	
결제금액(수수료포함)	52,323원	승인번호	
거래번호	ECF202006180002	결제승인일자	20 . 6. 18.

소송등인지 납부정보

금 액	900원	
납부사유	접수시	
	성 명	
	주민(사업자) 등록번호	— *******
	주 소	
납부당사자	성 명	
환급계좌	환급은행	신한은행
	계좌번호	11002
	예금주	

송달료 납부정보

금 액	48,000원	
납부당사자	성 명	
	주 소	
환급계좌	환급은행	신한은행
	계좌번호	110028
	예금주	

20 . 6. 18.

※ 송달료와 인지액 등의 납부는 전자소송을 이용하여 소가 등에 따라 자동으로 산출된 송달료와 소송 등 인지액을 카드나 계좌이체 등으로 납부하고 그 영수증을 전자소송에서 첨부하면 된다.

등록사용자는 인지액, 송달료(문자메시지 전송으로 인한 비용을 포함한다), 그 밖에 소송행위에 필요한 비용과 전자소송시스템의 이용수수료(이하 "이용수수료"라 한다)를 신용카드에 의한 결제 방식 또는 계좌이체에 의한 결제 방식 등에 따라 전자적으로 납부할 수 있다. 법원행정처장은 이용수수료를 당사자가 납부할 인지액, 송달료 그 밖에 소송행위에 필요한 이용수수료는 그 전액을 소송비용으로 본다(민소전자문서규칙 41조).

구체적인 인지액이나 송달료의 금액 산정은 전자소송에서 소가 등을 입력하면 자동적으로 산출된다. 그 산출된 금액은 신용카드나 계좌이체 등의 방법으로 납부하면 된다.

전자소송시스템의 인지액 계산프로그램은 10%의 인지액이 감경된 금액이 반영되어 있다. 납부하여야 할 인지액을 초과한 경우에는 전자소송상에 등록한 사용자의 계좌로 반환청구를 할 수 있다.

제 2 항 전자소송으로 민사집행신청

1. 의의

민사집행신청도 법원에 직접가지 않고 전자소송으로 할 수 있다. 부동산 등 집행, 채권압류, 채권배당, 재산명시/감치, 재산조회/채무불이행자명부, 보전처분 등 일반적으로 민사집행은 전자소송으로도 모두 할 수 있다.[1]

---

1) 전자소송으로 민사집행신청하는 방법은 앞에서 살펴본 전자소송으로 민사소송신청하는 방법과 일반적으로 유사함으로 이에 대한 내용을 참고하여 진행하면 된다.

2. 부동산강제경매신청서

전자소송으로 부동산경매신청을 하기 위해서는 다음과 같은 절차에 따라 하면 된다. 대법원 전자소송의 메뉴에서 서류제출 → 민사집행서류 → 자주찾는 부동산등 집행서류 → 부동산강제경매신청서의 버튼을 누르면 '전자소송 동의' 화면이 나온다.

【사건기본정보 · 등록세 등】

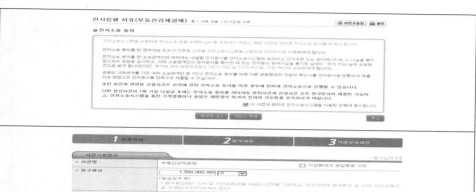

※ 위 화면에서 동의를 클릭하면 사건기본정보 화면이 나온다. 그리고 등록세와 인지액 등은 소가에 따라 자동적으로 금액이 산출되어 나오는데, 그 금액을 신용카드나 계좌이체로 납부하면 된다.
그리고 청구금액 작성예시를 누르면 아래와 같은 화면이 나온다.

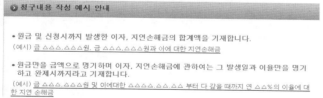

【청구취지 · 청구원인 입력】

※ 결론적으로 전자소송으로 부동산경매신청을 하기 위해서는 우선 1단계로 문서작
성인데, 1. 신청정보의 화면에서 사건정보를 입력하고 신청취지와 신청이유란의
빈칸은 직접 입력하거나 미리 작성한 파일을 첨부하여 저장하면 된다. 그리고
맨 마지막 화면의 저장버튼을 누르고 다음 화면으로 넘어간다. 그리고 2. 첨부
서류 → 3. 작성문서확인을 한다.

　그 다음 2단계로 전자서명 → 3단계 소송비용납부 → 4단계 문서제출을 하면
전자소송은 완료된다. 나머지 절차는 민사소송 절차와 동일하다.

3. 채권압류 및 추심명령신청서

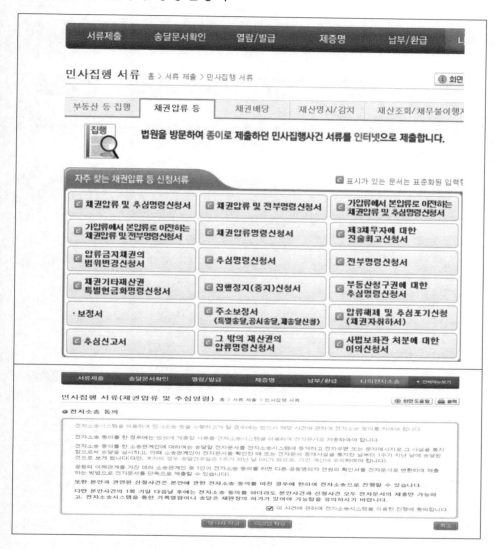

전자소송으로 채권압류 및 추심명령신청서를 작성하기 위해서는 우선 대법원 전자소송홈페이지에 공인인증서로 로그인을 한 이후 서류제출 → 민사집행서류 → 채권압류 등 → 자주 찾는 채권압류 등 신청서류 → 채권압류 및 추심명령신청서를 선택하면 '전자 동의' 화면이 나오는데, 동의를 선택하면 다음 화면으로 진행한다.

【채권압류 및 추심명령서 작성 등】

1 단계 / 문서작성		1단계 문서작성 / 2단계 전자서명 / 3단계 소송비용납부 / 4단계 문서제출
1 신청정보	**2** 첨부서류	**3** 작성문서확인

사건기본정보		* 필수입력사항
* 사건명	채권압류 및 추심명령	
* 청구금액	100,000,000 원 ▼ (일억 원) * 청구금액은 청구내용의 합계금액입니다.	
* 청구내용	금　원 (○○금) 금　원 (위 금　원에 대한 20. . .부터 20. . .까지의 연　% 비율에 의한 이자금) 금　원 (집행비용) 합계 금　원	(0 / 2000 Bytes)
* 집행권원 등 표시	작성 예시	(0 / 2000 Bytes)

* 제출법원	서울중앙지방법원 ▼ 관할법원 찾기
집행권원	□ 집행권원 없음

저장

당사자목록	채권자 0명 / 채무자 0 명		당사자입력
당사자 구분	당사자명 (회원아이디)	대표자	알림서비스 삭제
	조회결과가 존재하지 않습니다.		

집행권원목록			집행권원입력
발급법원	집행권원 발급번호	집행권원 서류명	파일명　서류명 변경 삭제

※ 전자소송으로 채권압류 및 추심명령이나 채권압류 및 전부명령을 신청하기 위해서
는 앞서 살펴본 민사집행신청 작성하기와 유사한데 총 4단계를 작성해야 한다.
1단계는 문서작성, 2단계는 전자서명, 3단계는 소송비용납부, 4단계는 문서제출이
다. 이 중 1단계에서는 1. 신청정보, 2. 첨부서류, 3 작성문서 확인인데, 각 단계에
서 해당하는 칸에 내용을 직접입력하거나 미리 작성한 파일을 첨부하면 된다.

【신청취지 · 이유】

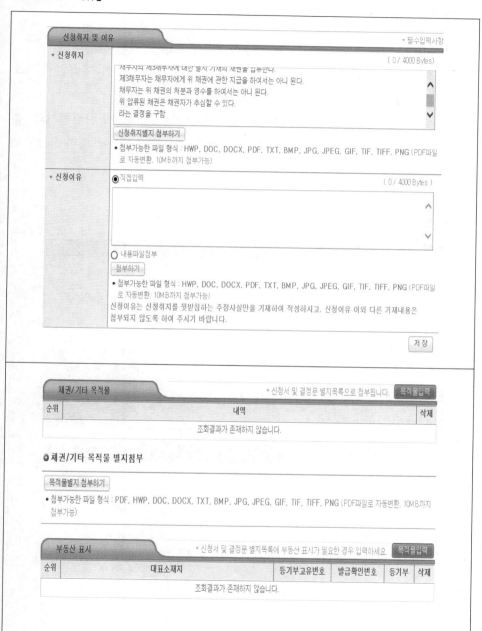

4. 재산명시 · 재산조회

(1) 의의

전자소송으로 재산명시 · 재산조회신청을 하기 위해서는 우선 대법원 전자소송홈페이지에서 공인인증서로 로그인을 한다.

그리고 서류제출 → 민사집행서류 → 재산명시/감치 → 재산명시신청서의 순서대로 선택을 한다. 그 다음 재산명시신청을 선택하면 전자소송에 대한 '동의 화면'이 나오는데 동의를 선택하면 된다.

【재산명시신청 · 전자소송 동의】

(2) 1단계/문서 작성 등

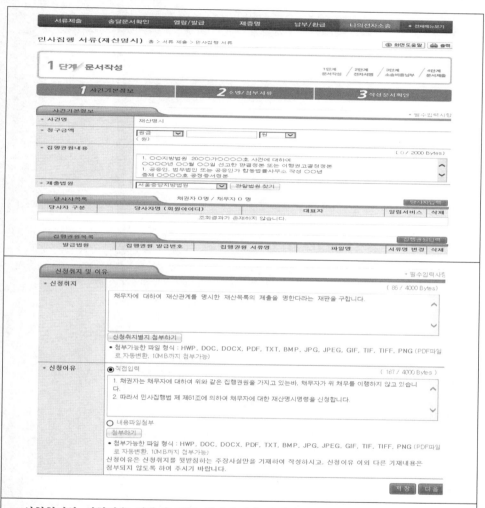

※ 신청취지와 신청이유 빈칸에 직접 입력하거나 아니면 미리 작성한 재산명시신청 파일을 첨부하면 자동적으로 PDF 파일로 전환되어 입력된다.

저장을 하고 다음 단계로 넘어갈 때는 임시저장을 선택하는 것이 좋다. 간혹 작성하였던 화면이 없어지는 경우가 있는데, 이러면 다시 작성해야 하는 불편함이 있게 된다.

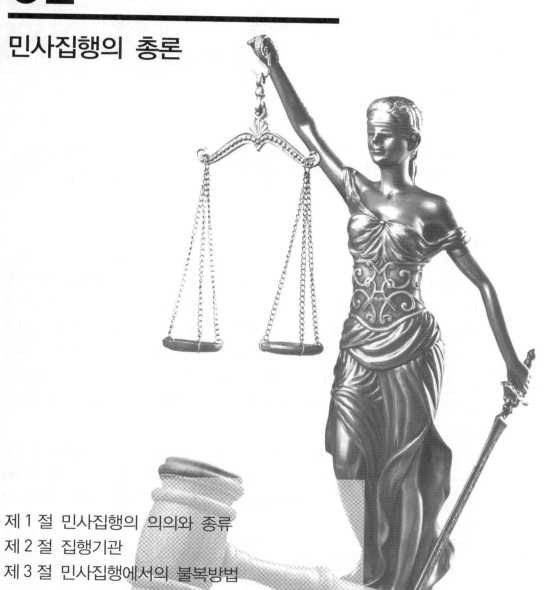

chapter

02

민사집행의 총론

제 1 절 민사집행의 의의와 종류
제 2 절 집행기관
제 3 절 민사집행에서의 불복방법

민사집행의 의의와 종류

 제1항 민사집행의 의의와 연혁

1. 의의

민사집행법 제1조는 민사집행을 "강제집행, 담보권 실행을 위한 경매, 민법 및 상법 그 밖의 법률에 의한 경매(이하 "민사집행"이라 한다) 및 보전처분의 절차를 규정함을 목적으로 한다"고 규정하고 있는데, 이는 광의의 민사집행이라고 할 수 있다. 여기서 보전처분을 제외한 절차를 협의의 민사집행이라고 부르며, 협의의 민사집행은 집행권원이 필요한 강제경매와 그것이 필요 없는 임의경매로 구분할 수 있다. 그리고 임의경매는 다시 담보권 실행을 위한 경매(실질적 경매)와 민법 및 상법 기타의 법률에 의한 경매(형식적 경매)로 분류된다.[1]

이외에도 민사집행법은 집행권원이 필요한 강제집행 중 특히 부동산에 대한 강제집행을 강제경매와 강제관리로 분류하였으며, 임의경매는 부동산을 목적으로 하는 담보권 실행을 위한 경매절차에 제79조[2] 내지 제162조[3]의 강제경매의

---

1) 법원행정처, 법원실무제요 민사집행(I), 2014, 7면.
2) 민사집행법 제79조(집행법원) ① 부동산에 대한 강제집행은 그 부동산이 있는 곳의 지방법원이 관할한다. ② 부동산이 여러 지방법원의 관할구역에 있는 때에는 각 지방법원에 관할권이 있다. 이 경우 법원이 필요하다고 인정한 때에는 사건을 다른 관할 지방법원으로 이송할 수 있다.
3) 민사집행법 제162조(공동경매) 여러 압류채권자를 위하여 동시에 실시하는 부동산의 경매절차에는 제80조(강제경매신청서: 강제경매신청서에는 다음 각호의 사항을 적어야 한다. 1. 채권자ㆍ채

규정을 일반적으로 준용하도록 하고 있다.[4]

그리고 강제집행이란 채권자의 신청에 의하여 국가기관이 채권자를 위하여 집행권원에 표시된 사법상의 이행청구권을 국가의 공권력에 기하여 강제적으로 실현하는 법적 절차를 의미한다.[5] 여기서 강제집행의 경우에는 집행권원을 요건으로 하는 점에서 집행권원을 필요로 하지 않는 임의경매(담보권 실행)와 구별된다. 그리고 사법상의 이행청구권인 집행권원의 실현을 목적으로 하는 점에서 행정상의 강제집행과는 구별된다.

2. 연혁 및 편제

(1) 연혁

1960년 4월 4일 민사소송법이 제정되면서 제7편에 강제집행에 관한 규정을 두고 있었는데, 1990년 1월 13일 법률 제4201호로 민사소송법을 개정하면서 종래 임의경매에 관한 절차를 규율하던 경매법을 폐지하고 민사소송법의 강제집행편에 담보권의 실행을 위한 경매에 관한 새로운 장을 만들어 강제집행(집행력 있는 판결이나 공정증서정본에 의한 경매)과 담보권(근저당권 등에 기한 경매)의 실행 등을 위한 경매를 통일적으로 규율하였다.[6]

이후 2002년 7월 1일 민사집행법 제정으로 저당권 실행을 위한 경매절차에도 강제경매에 관한 규정 전부를 준용하고 그 담보권의 실행을 위한 부동산에 대한 경매도 원칙적으로 압류에서 배당에 이르기까지 강제경매와 동일한 절차에 의하여 실시하도록 하고 있다. 그리고 담보권의 실행 등을 위한 경매절차에는 그 성질에 반하지 아니한 강제집행편의 제1장 총칙 규정을 준용하도록 하고 있다.[7]

무자와 법원의 표시 2. 부동산의 표시 3. 경매의 이유가 된 일정한 채권과 집행할 수 있는 일정한 집행권원) 내지 제161조의 규정을 준용한다.

[4] 민사집행법은 부동산을 목적으로 하는 담보권 실행을 위한 경매절차에는 강제경매의 규정에 관한 준용하도록 하도록 하고 있으며(민사집행법 268조), 부동산에 관한 강제집행에 관한 규정이 일반적으로 주된 규정으로 이루어져 있다.

[5] 법원행정처, 전게서, 8면.

[6] 전장헌, 민법과 민사집행법의 관계, 법률정보센터, 2020, 8면.

[7] 상게서, 8면.

(2) 편제

민사집행법의 편제는 제1편 총칙, 제2편 강제집행, 제3편 담보권 실행 등을 위한 경매, 제4편 보전처분으로 되어 있다. 제3편에서는 담보권실행을 위한 경매, 유치권, 민법·상법 그 밖의 법률의 규정에 의한 경매를 규정하고 있다.

특히 3편에 규정한 경매 등 절차에는 제1편의 총칙(42조 내지 44조 및 46조 내지 53조)의 규정을 준용하고 부동산을 목적으로 하는 저당권·질권 등의 담보권 실행을 위한 경매절차에는 대체적으로 강제경매에 관한 규정(79조 내지 162조)을 준용하되(민사집행법 268조), 유치권8)에 의한 경매와 민법·상법 그 밖의 법률이 규정하는 바에 따른 경매(일명 '형식적 경매' or '유치권 등에 의한 경매'라 한다)는 담보권 실행을 위한 경매의 예에 따라 실시하는 것으로 편제되어 있다.

3. 판결과 민사집행의 관계

법은 일반적인 비사회규범과 다르게 강제적인 성질을 가지고 실체법에서 규정하고 있는 내용을 위반한 경우 실체법을 실현하기 위하여 절차법인 민사소송법에 의하여 판결 등으로 실현된다. 그러나 이러한 판결을 받았더라도 채무자가 재산이 없으면 민사관계에서는 일반적으로 채권자를 보호할 수 있는 방안이 없기 때문에 민사소송을 제기하기 이전에 채무자의 재산을 보전하기 위한 가압류와 가처분을 하게 된다. 그러나 이러한 보전처분을 하여 집행권원을 가지고 강제집행을 하여도 집행권원은 일반채권이기 때문에 배당순위가 마지막에 해당하여 어렵게 실체법을 적용하고 민사소송을 제기하여 확정판결을 받아도 채권자가 보호를 받지 못하고 판결문이 무용지물이 되는 경우가 있다. 그래서 채권자는 확실한 채권확보를 위하여 채무자가 소유하고 있는 목적물에 대하여 담보권을 설정하고 나중에 채무자 채무불이행을 하는 경우에는 별도의 판결절차 없이 담

---

8) 민사집행법 제274조(유치권 등에 의한 경매) ① 유치권에 의한 경매와 민법·상법, 그 밖의 법률이 규정하는 바에 따른 경매(이하 "유치권등에 의한 경매"라 한다)는 담보권 실행을 위한 경매의 예에 따라 실시한다. ② 유치권 등에 의한 경매절차는 목적물에 대하여 강제경매 또는 담보권 실행을 위한 경매절차가 개시된 경우에는 이를 정지하고, 채권자 또는 담보권자를 위하여 그 절차를 계속하여 진행한다. ③ 제2항의 경우에 강제경매 또는 담보권 실행을 위한 경매가 취소되면 유치권 등에 의한 경매절차를 계속하여 진행하여야 한다.

보된 목적물에 대하여 국가의 집행기관에 민사집행을 신청하여 안전적인 재산권을 보호받고자 한다.

그러나 일반적으로는 담보권을 확보하는 경우보다는 사회관계 속에서 발생하는 다양한 금전적인 손해를 실체법에 의한 집행권원에 의하여 구제를 받게 된다. 그리고 법으로는 채권자가 권리를 보호받을 수 있도록 규정하고 있지만, 당사자 사이에 협의가 되지 않거나 법의 해석상의 분쟁으로 결국 실체법의 내용을 실현하는 민사소송 등의 절차법을 통하여 실체법의 권리를 실현받는 형태로 판결문 등을 받게 된다. 이러한 판결문인 집행권원을 가지고 채무자에게 이행을 청구하여도 채무자가 이행을 하지 않으며 마지막으로 민사집행을 통하여 채권자는 권리를 보호받게 된다. 그래서 아무리 실체법을 잘 안다고 하여도 그리고 절차법을 통하여 판결을 받았다고 하여도 그 판결문(집행권원)을 가지고 채권자가 채권의 만족을 얻을 수 없으면 판결문은 그냥 '휴짓조각'에 불과하게 된다. 그래서 민사집행은 상당히 중요하며 실체법과 절차법 등 많은 법들이 포함되어 이루어지고 있는 실체법과 절차법을 융합한 종합 학문에 해당한다.

판결절차와 민사집행의 일반적인 차이점을 살펴보면 우선 판결절차는 법률관계 존부의 확정, 공평과 신중한 심리, 대등한 지위, 구술주의, 상급법원에 상소 그리고 실체적 및 절차적 사유를 목적으로 한다. 이에 반해 민사집행은 대체적으로 법의 사실적 실현, 확실한 실현, 신속한 실현, 채권자의 이익보호, 형식주의 등으로 이루어져 있어 판결절차와는 구별된다. 그러나 판결절차와 민사집행이 항상 구별되거나 판결절차가 먼저 있을 것을 요하는 것은 아니다. 가집행선고 있는 판결은 민사집행과 판결절차가 병행해서 이루어지고 있으며, 지급명령, 공정증서, 제소전 화해조서, 조정조서 등은 판결절차 없이 집행권원이 된다.

궁극적으로 실체법과 절차법에 따른 집행권원 그리고 이어지는 민사집행은 바늘과 실의 관계와 같이 아주 밀접한 관계로 이루어져 있다. 그래서 서로 유기적으로 잘 융합되어 형성되고 실현될 때 채권자, 채무자, 매수인 등이 모두 공평하게 보호받을 수 있게 된다.

제 2 항 민사집행의 특징과 종류

1. 특징

채권자가 집행권원에 의하여 강제집행을 하여도 채무자가 자력이 없거나 부동산 등의 자산이 있더라도 선순위 담보권 등이 있는 경우 집행권원은 배당순위가 제일 마지막 순위에 해당하기 때문에 배당을 받을 수 없고 집행권원은 결국 부실채권으로 전락하게 되는 특징이 있다. 그래서 채권자는 채권확보를 위하여 채무자가 보유하고 있는 목적물에 저당권, 근저당권, 전세권 등의 담보권을 설정하여 권리를 보호받고자 한다.

그러나 이러한 담보권을 확보할 수 없는 상황에서 채권자가 집행권원에 기하여 강제집행을 하는 경우도 많다.

(1) 협의의 강제집행

협의의 강제집행이란 채권자의 신청에 의하여 채무자의 의사에 구애받지 않고 강제력을 행사하여 의무내용을 실현하거나 채무자에게 심리적 압박을 가하여 채무자가 부득이 협력하게 하여 의무내용을 실현하게 하는 것이다. 협의의 강제집행은 집행권원을 요하는 점에서 임의경매와 다르고 사법상의 청구권의 실현을 목적으로 하는 점에서 공법상의 청구권 실현을 목적으로 하는 행정상의 강제집행과는 구별되는 특징이 있다. 그리고 협의의 강제집행은 집행의 요건, 방법, 효력 등은 법규에 의하여 획일적으로 정하여지며 임의로 변경하는 것은 명문의 규정이 없는 한 허용되지 않는다. 다만 당사자의 대립은 판결절차에서와 달리 채권자의 우위적, 능동적 지위가 인정된다. 그리고 강제집행은 이행판결에 한하여 인정되고 확인판결이나 형성판결은 그 확정에 의하여 기판력이나 형성력이 발생하므로 강제집행이 필요하지 않는 특징이 있다.[9]

그런데 국가의 강제력을 사용하지 않고 재판에 의하여 그 내용에 적합한 상

---

9) 법원공무원교육원, 민사집행실무, 법원공무원교육원, 2020, 7면.

태를 실현할 수 있는 등기절차를 명하는 확정판결, 강제집행의 정지나 취소를 하는 것은 광의의 강제집행이라고 한다. 그리고 벌금, 과료 등 재산형이나 과태료의 집행에 민사집행법이 준용되나 이는 편의상 강제집행제도를 이용하는 데 불과한 형식적 강제집행이라 하여 본래의 강제집행인 협의의 강제집행과는 구분된다.10)

그리고 공유물분할의 소는 형성의 소에 해당한다. 법원은 "공유물분할을 청구하는 자가 구하는 방법에 구애받지 아니하고 자유로운 재량에 따라 합리적인 방법으로 공유물을 분할할 수 있는 것이므로, 분할청구자가 바라는 방법에 따른 현물분할을 하는 것이 부적당하거나 이 방법에 따르면 그 가액이 현저히 감손될 염려가 있다고 하여 이를 이유로 막바로 대금분할을 명할 것은 아니고, 다른 방법에 의한 합리적인 현물분할이 가능하면 법원은 그 방법에 따른 현물분할을 명하는 것도 가능하다"고 판시하고 있다.11) 이러한 공유물분할청구의 소는 민사소송의 형식으로 처리되나 그 실질은 비송사건이라고 본다. 그리고 경매명령에 의한 공유물분할청구소송의 승소확정판결은 기판력과 집행력이 있는 것이므로 그 확정판결의 원본이 멸실되어 강제집행에 필요한 집행문을 받을 수 없는 등 특별한 사정이 없는 한 그와 동일한 소를 제기할 소의 이익은 없다. 그리고 공유물분할을 명하는 확정판결에 기한 경매신청권은 원고와 피고가 모두 행사할 수 있다.12)

(2) 협의의 강제집행 불허용

일반적인 협의의 강제집행과 다르게 채권자가 확정판결을 받았더라도 강제집행이 허용되지 않는 경우가 있다. 채무자가 상속포기를 하였으나 채권자가 제기한 소송에서 사실심 변론종결 시까지 이를 주장하지 않은 경우이다. 그리고 채권자의 승소판결 확정 후 청구이의의 소를 제기할 수 있는지 여부와 관련하여 판례는 "확정판결의 내용이 실체적 권리관계에 배치되는 경우, 그 판결에 의하여 집행할 수 있는 것으로 확정된 권리의 성질과 내용, 판결의 성립 경위, 판결 성립 후 집행에 이르기까지의 사정, 그 집행이 당사자에게 미치는 영향 등 여러 사정을 종합하여 볼 때, 그 확정판결에 기한 집행이 현저히 부당하고 상대방에

---

10) 법원공무원교육원, 전게서, 7면.

11) 대판 1991. 11. 12. 91다27228.

12) 대결 1979. 3. 8. 79마5.

게 그 집행을 수인하도록 하는 것이 정의에 반함이 명백하여 사회생활상 용인할 수 없다고 인정되는 경우에 그 집행은 권리남용으로서 허용되지 않고, 그러한 경우 집행채무자는 청구이의의 소에 의하여 그 집행의 배제를 구할 수 있다"고 판시하고 있다.13)

그리고 확정판결에 의한 권리라 하더라도 신의에 좇아 성실히 행사되어야 하고 그 판결에 기한 집행이 권리남용이 되는 경우에는 허용되지 않으므로 집행채무자는 청구이의의 소에 의하여 그 집행의 배제를 구할 수 있다.14) 즉 확정판결의 내용이 실체적 권리관계에 배치되는 경우 그 판결에 의하여 집행할 수 있는 것으로 확정된 권리의 성질과 그 내용, 판결의 성립 경위 및 판결 성립 후 집행에 이르기까지의 사정, 그 집행이 당사자에게 미치는 영향 등 제반 사정을 종합하여 볼 때, 그 확정판결에 기한 집행이 현저히 부당하고 상대방으로 하여금 그 집행을 수인하도록 하는 것이 정의에 반함이 명백하여 사회생활상 용인할 수 없다고 인정되는 경우에는 그 집행은 권리남용으로서 허용되지 않는 것이다. 예컨대 소송당사자가 허위의 주장으로 법원을 기망하고, 상대방의 권리를 해할 의사로 상대방의 소송관여를 방해하는 등 부정한 방법으로 실체의 권리관계와 다른 내용의 확정판결을 취득하여 그 판결에 기하여 강제집행을 하는 것은 정의에 반하고, 사회생활상 도저히 용인될 수 없는 것이어서 권리남용에 해당하여 불법행위를 구성하기 때문에 강제집행이 허용되지 않는다.

2. 종류

민사집행법은 민사집행을 "강제집행, 담보권 실행을 위한 경매, 민법·상법, 그 밖의 법률의 규정에 의한 경매 및 보전처분"의 종류로 구분하고 있는데(민사집행법 1조), 이는 광의의 민사집행을 의미한다. 여기서 보전처분을 제외한 종류 절차를 협의의 민사집행이라고 한다. 다시 말해서 광의의 민사집행은 협의의 민사집행과 보전처분을 의미한다. 그리고 협의의 민사집행은 보전처분을 제외한

---

13) 대판 2001. 11. 13. 99다32899.
14) 대판 2009. 5. 28. 2008다79876.

강제집행과 임의경매를 말한다.

- 강제집행: 강제경매, 강제관리
- 임의경매: 실질적경매(담보권 실행), 형식적경매(민법·상법 기타 법률의 규정)
- 보전처분: 가압류, 가처분

강제경매는 채권자가 채권의 만족을 얻기 위하여 우선 실체법에서 규정하고 있는 내용을 근거로 절차법을 통하여 종국판결 등을 받는다. 그리고 이러한 집행권원에 의하여 마지막으로 민사집행을 통하여 채권의 만족을 얻게 된다. 이에 반해 임의경매는 당사자 사이에 담보권설정계약을 체결하고 채무자가 채무불이행을 하는 경우 담보권자는 법원으로부터 판결절차 없이 담보된 목적물에 대하여 집행법원에 임의경매신청을 금전채권의 만족을 얻는다.

위와 같이 강제경매의 일종인 강제집행은 담보권 실행에 의한 민사집행과 다르게 집행권원에 표시된 사법상의 이행청구권을 국가권력에 의하여 강제적으로 실현하는 법적절차를 필요로 한다. 그리고 여기서 강제집행은 이행판결에 한하고 형성판결이나 확인판결은 그 확정으로 이미 기판력이나 형성력이 발생하므로 다시 강제집행을 할 이유가 없다.

(1) 집행대상 기준

1) 물적집행 · 인적집행

물적집행은 채무자의 재산만을 대상으로 집행하는 것을 말하고, 인적집행은 채무자의 신체나 노동력도 집행의 대상으로 집행하는 것을 말한다. 인적집행은 원칙적으로 인격을 존중하는 현대법에서는 허용되지 않지만 예외적으로 채무자가 정당한 사유 없이 재산명시기일 불출석, 재산목록 제출 거부, 선서 거부 중 어느 하나에 해당하는 행위를 한 경우에는 법원은 결정으로 20일 이내의 감치(監置)에 처하도록 하여 인적집행을 허용하고 있다(민사집행법 68조).

2) 개별집행 · 일반집행

개별집행은 채무자의 개개의 재산에 대하여 개별적으로 집행하는 것으로 일반적인 민사집행의 방법이다. 이에 반해 일반집행은 채무자의 모든 재산을 포괄적으로 집행의 대상으로 삼는 것인데 근대법에서는 예외적으로 파산절차에서만 허용하고 있다.

3) 부동산집행 · 동산집행

부동산 집행은 크게 건물과 토지로 구분할 수 있다. 그리고 동산집행은 민법의 경우와 다르게 유체동산, 채권 기타 재산권이 포함되며 등기나 등록이 가능한 선박, 자동차, 항공기 등도 해당한다.

(2) 집행방법 기준

강제집행의 방법으로는 직접강제, 대체집행 그리고 간접강제 집행으로 구분할 수 있다.

【민사집행의 종류에 따른 판결주문과 집행방법】

> Ⅰ. 주문(금전채권, 직접강제)
> 피고는 원고에게 100,000,000원 및 이에 대하여 20. 2. 2.부터 20. 12. 12.까지는 연 5%, 그 다음날부터 다 갚는 날까지는 연 12%의 각 비율로 계산한 돈을 지급하라.
>
> Ⅱ. 주문(비금전채권, 물건의 인도청구권)
> 피고는 원고에게 별지2 목록 기재 물건을 인도하라.
>
> Ⅲ. 주문(대체작위채무, 대체집행)
> 피고는 원고에게, 서울시 강남구 청담동 111번지 대 600㎡ 지상 경량철골구조 경량철골트러스지붕 1층 주택 200㎡을 철거하고, 위 토지를 인도하라.
>
> Ⅳ. 주문(부작위채무와 간접강제)
> 1. 피고는 원고의 의사에 반하여 원고에게 접근하거나 원고의 주거지 및 직장을 방문하여서는 아니 된다.
> 2. 피고는 원고에게 전화를 걸거나, 문자메시지, 전자우편, 기타 전자적 방식에 의하여 부호, 문언, 음향 또는 영상을 송신하는 방법 등으로 원고의 평온한 생활을 방해하여서는 아니 된다.
> 3. 피고가 제1, 2항 기재 명령을 위반하는 경우, 그 위반행위 1회당 300,000원씩을 원고에게 지급하라.
>
> Ⅴ. 주문(의사의 진술을 명하는 판결)
> 피고는 원고에게 별지 기재 아파트에 관하여 20. 2. 2. 매매계약을 원인으로 한 소유권이전등기절차를 이행하라.
>
> Ⅵ. 주문(의사의 진술을 명하는 판결)
> 피고는 원고에게 별지 기재 예금에 관한 원고의 중소기업은행에 대한 예금반환청구에 대하여 승낙의 의사표시를 하라.

1) 직접강제

직접강제는 채무자의 협력 없이 집행기관이 직접 집행권원의 내용을 실현하는 집행방법으로서 금전채권 등 물적청구권의 내용에 효과적이다. 직접강제는 채무자의 신체나 의사를 억압하지 않고 채무자의 재산에 대하여 직접 강제적으로 채무의 내용을 실현하기 때문에 직접강제로 실현할 수 있는 경우에 이외의 집행방법은 허용되지 않는다.

직접강제는 채무자가 임의로 채무를 이행하지 아니한 때에 채권자는 그 강제이행을 법원에 청구할 수 있으나 채무의 성질이 강제이행을 하지 못할 때에는 그러하지 아니하다.

2) 대체집행

대체집행은 건물철거 집행처럼 물적 이행이 아닌 채무자의 이행을 요구하는 대체적 작위채무로서 채무자가 아닌 채권자 또는 제3자로 하여금 채무자를 대신하여 실현하고 그에 대한 비용을 추심하는 집행방법이다.

대체집행의 경우 채권자는 법원에 채무자의 일신에 전속하지 아니한 작위를 목적으로 한 때에는 채무자의 비용으로 제3자에게 이를 하게 하도록 청구할 수 있다. 그리고 채권자는 이런 행위에 필요한 비용을 미리 지급할 것을 채무자에게 명하는 결정도 신청할 수 있다. 다만, 뒷날 그 초과비용을 청구할 권리는 영향을 받지 아니한다(민사집행법 260조 2항).

집행기관은 집행을 개시함에 있어 집행대상이 채무자에게 속하는지를 스스로 조사·판단하여야 하고, 이는 건물철거의 대체집행에서 수권결정에 기초하여 작위의 실시를 위임받은 집행관이 실제 철거를 실시하는 경우에도 마찬가지이다. 그런데 미등기건물에는 소유권을 표상하는 외관적 징표로서 등기부가 존재하지 아니하므로, 집행관이 미등기건물에 대한 철거를 실시함에 있어서는 건축허가서나 공사도급계약서 등을 조사하여 철거대상 미등기건물이 채무자에게 속하는지를 판단하여야 할 것이고, 대체집행의 기초가 된 집행권원에는 철거의무의 근거로서 철거대상 미등기건물에 대한 소유권 등이 채무자에게 있다고 판단한 이유가 기재되어 있기 마련이므로, 집행관으로서는 집행권원의 내용도 확인하여야 할 것이다.

한편 미등기건물의 건축허가상 건축주 명의가 변경되었다고 하더라도, 변경 시점에 이미 건물이 사회통념상 독립한 건물이라고 볼 수 있는 형태와 구조를 갖추고 있었다면 원래의 건축주가 건물의 소유권을 원시취득하고, 변경된 건축주 명의인은 소유자가 아니므로, 집행관이 변경된 현재의 건축주 명의인이 채무자와 다르다는 이유만으로 철거대상 미등기건물이 채무자에게 속하는 것이 아니라고 판단하여 철거를 실시하지 않았다면, 이는 집행관이 지킬 집행절차를 위반하여 집행을 위임받기를 거부하거나 집행행위를 지체한 경우에 해당하여 채권자는 집행에 관한 이의신청으로 구제받을 수 있다.[15]

3) 간접강제

간접강제는 채무자에게 심리적 압박을 함으로써 채무자 스스로 채무를 이행하게 하는 집행방법이다. 예컨대 채무자에게 상당한 기일을 정하고 그 기간 내에 이행하지 않으면 그 지연기간에 대한 일정한 배상을 명하는 지연이자, 벌금, 배상금 지급, 구금 등의 방법으로 압류하여 집행하는 방법이다.[16] 직접강제나 대체집행이 허용되지 않는 비대체적 작위의무인 배우의 공연의무나 어음발행의무의 경우에 적합하다.

채무의 성질이 간접강제를 할 수 있는 경우에 제1심 법원은 채권자의 신청에 따라 간접강제를 명하는 결정을 한다. 그 결정에는 채무의 이행의무 및 상당한 이행기간을 밝히고, 채무자가 그 기간 이내에 이행을 하지 아니하는 때에는 늦어진 기간에 따라 일정한 배상을 하도록 명하거나 즉시 손해배상을 하도록 명할 수 있다(민사집행법 261조 1항).

간접강제는 직접강제 등 다른 강제집행이 불가능할 때 허용되는 집행방법으로서, 채무자에게 배상금에 의한 제재를 예고하여 심리적 압박을 가함으로써 채무자로 하여금 그 채무를 이행하도록 강제하는 방법이다. 그리고 간접강제의 배상금은 채무자에 대한 심리적 강제수단이기 때문에 채무불이행에 의하여 채권자

---

15) 대결 2014. 6. 3. 2013그336.
16) 행정소송법 제34조(거부처분취소판결의 간접강제)는 "행정청이 제30조 제2항의 규정에 의한 처분을 하지 아니하는 때에는 제1심수소법원은 당사자의 신청에 의하여 결정으로써 상당한 기간을 정하고 행정청이 그 기간내에 이행하지 아니하는 때에는 그 지연기간에 따라 일정한 배상을 할 것을 명하거나 즉시 손해배상을 할 것을 명할 수 있다"고 규정하고 있는데, 채무자에게 심리적으로 압박을 하여 간접강제를 한 처분이라고 볼 수 있다.

가 받을 손해의 유무 및 손해액과는 직접적인 관련성은 없다.[17]

4) 민사상 강제집행과의 구별

행정상 강제집행은 행정법상 의무불이행이 있는 경우 법원 등의 개입 없이 행정주체가 독자적인 강제수단에 의해 스스로 집행하는 자력집행인 반면, 민사상 강제집행은 사법상 의무 또는 소송법상 의무의 강제가 국가의 집행기관에 의해 민사상 강제집행이 이루어진다는 점에서 구별된다. 이러한 행정상 강제집행의 방법으로는 대집행, 행정상 강제징수, 강제금(징행벌), 직접강제 등이 있다.

그리고 행정상 직접강제란 의무자의 의무불이행이 있는 경우 행정기관이 의무자의 신체나 재산에 직접 실력을 가하여 의무이행의 상태를 실현하는 것을 말한다. 예컨대 무허가로 식당을 영업하는 경우 영업장 또는 사업자의 폐쇄(식품위생법 75조 등)나 외국인의 강제퇴거(출입국관리법 46조[18]) 등이 해당한다. 직접강제는 행정상 강제집행 수단 중에 국민의 권익을 크게 제약하는 최후의 수단인 점에서 개별법에 규정이 있는 경우에만 인정한다.[19]

(3) 집행효력 기준

1) 본집행 · 가집행

본집행은 채권자에게 종국적인 만족을 주는 집행방법이다. 이에 반해 가집행은 재판이 확정되기까지 채권자에게 잠재적 만족을 주는 집행방법이다.

가집행선고 있는 판결에 기한 강제집행은 확정판결에 기한 경우와 같이 본집행이므로 상소심의 판결에 의하여 가집행선고의 효력이 소멸되거나 집행채권의 존재가 부정된다 하더라도 그에 앞서 이미 완료된 집행절차나 이에 기한 경락인의 소유권취득의 효력에는 아무런 영향을 미치지 아니한다. 다만 강제경매가 반사회적 법률행위의 수단으로 이용된 경우에는 그러한 강제경매의 결과를 용인할 수 없다.[20]

---

17) 서울고법 2012. 5. 18. 2011나67097.
18) 출입국관리법 제46조 제1항은 "지방출입국·외국인관서의 장은 외국인이 입국할 때에는 유효한 여권과 법무부장관이 발급한 사증(查證)을 가지고 있지 아니한 경우 등은 외국인을 대한민국 밖으로 강제퇴거시킬 수 있다"고 규정하고 있다.
19) 전장헌, 법학원론, 박영사, 2021, 86면.
20) 대판 1993. 4. 23. 93다3165.

2) 만족집행 · 보전집행

만족집행은 본집행과 가집행을 의미한다. 이에 반해 보전집행은 청구권의 실현을 직접목적으로 하지 않고 장래에 만족집행을 위하여 현상을 보전하는 것으로 목적으로 하는 집행방법이다.

보전집행은 가처분과 가압류로 구분할 수 있다. 그리고 이러한 보전처분은 장래의 집행을 보전하기 위한 가처분과 가압류가 있다. 그리고 가처분은 임시의 지위를 정하기 위한 가처분으로 구분할 수 있다. 예컨대 이사직무 집행정지가처분, 주주총회 개최금지가처분, 근로자의 지위보전가처분, 공사중지가처분, 영화 <soul> 상영금지가처분 등이 임시의 지위를 정하기 위한 가처분에 해당한다.

그리고 가처분과 관련된 강제집행절차의 경우에도 가처분 절차 자체가 장래 소송절차에서 확정될 채권에 관한 판결의 집행을 보전하기 위한 절차라는 점에서는 본래의 채권과 관련성이 있다.[21]

(4) 실현될 권리기준

강제집행으로 실현될 집행대상을 기준으로 한 분류방식으로 크게 금전집행과 비금전집행으로 구분할 수 있다.

1) 금전집행

금전집행의 재산 종류에 따라 부동산, 선박, 항공기 자동차, 동산, 금전채권 등의 강제집행 방법이다.

2) 비금전집행

비금전집행은 금전이 아니 물건의 인도(명도)를 구하는 청구권의 집행, 작위(대체적·비대체적), 부작위·의사표시 등을 명하는 청구권의 집행을 말한다.

대체 작위채권의 집행으로는 채무자의 일신에 전속하지 아니한 작위를 목적으로 한 때에는 채무자의 비용으로 제삼자에게 이를 하게 할 것을 법원에 청구할 수 있다(민법 389조 2항 단서). 그리고 채무가 부작위를 목적으로 한 경우에 채무자가 이에 위반한 때에는 채무자의 비용으로써 그 위반한 것을 제각하고 장래에 대한 적당한 처분을 법원에 청구할 수 있다.

---

21) 서울고법 2012. 5. 18. 2011나67097.

제 2 절
집행기관

제1항 의의

집행기관은 강제집행의 실시를 직무로 하는 국가기관으로 강제집행절차를 신속하게 처리하여야 한다. 그래서 공정·신중하게 권리관계를 판정하는 기관이나 가족관계등록부를 정정하는 기관 등은 판결내용의 실현을 위하여 국민에게 직접강제를 가하는 행위를 하지 않으므로 이러한 공무원은 집행기관에 해당하지 않는다.[1]

민사집행절차는 간이·신속함을 요하므로 오랜 시일을 걸쳐서 실체법의 내용을 확정하고 수소법원으로 하여금 그 절차를 확정하는 것은 부적당한다. 그래서 집행기관의 종류에는 원칙적으로 집행관 그리고 집행법원으로 하고 예외적으로 수소법원을 집행기관으로 하고 있다.[2]

---

1) 법원행정처, 법원실무제요 민사집행(I), 2014, 19면.
2) 상계서, 19면.

제 2 항 집행관

1. 의의

집행관은 법령에서 정하는 바에 따라 재판의 집행, 서류의 송달, 그 밖의 사무에 종사하는 독립된 국가의 사법기관으로 법원이나 법관의 보조기관이 아니다(법원조직법 55조 2항).

집행관은 "지방법원 및 동 지원에 집행관을 두며 법령의 정하는 바에 의하여 소속지방법원장(형사지방법원장을 제외한다)이 임면한다"고 규정하고 있다(법원조직법 55조 1항). 그리고 집행관은 법률이 정하는바에 의하여 재판의 집행, 서류의 송달 기타 법령에 의한 사무에 종사한다"고 규정하고 있기 때문에 위 규정을 종합하면 집행관은 재판의 집행, 서류의 송달 기타 법령에 의한 사무에 종사하는 실질적 의미에 있어서의 국가공무원에 속한다.3)

2. 집행관의 직무

민사집행은 이 법에 특별한 규정이 없으면 집행관이 실시하며(민사집행법 2조), 그 직무는 사실행위를 수반하는 집행처분에 한하고 그 직무관할에 위반한 행위는 무효로 한다.4)

집행관의 직무범위는 유체동산에 대한 압류집행 및 가압류집행, 동산 인도청구의 집행, 부동산 및 선반 인도청구의 집행, 채권압류에서 채권증서의 취득, 부동산의 강제경매, 강제관리, 경매개시결정을 한 뒤에 부동산의 현상, 점유관계, 차임(借賃) 또는 보증금의 액수, 그 밖의 현황에 관하여 조사, 관리인은 관리와 수익을 하기 위하여 부동산을 점유할 수 있다. 그리고 이 경우 저항을 받으면 집행관에게 원조를 요구할 수 있으며, 채무자·소유자 또는 점유자가 인도명령에

---

3) 대판 1966. 7. 26. 66다854.
4) 법원행정처, 전게서, 25면.

따르지 아니한 때에는 매수인 또는 채권자는 집행관에게 그 집행을 위임하여 하는 집행 등을 직무로 한다.

3. 집행실시에 관한 일반적인 절차

(1) 집행관의 강제적 사용

집행관은 집행을 하기 위하여 필요한 경우에는 채무자의 주거·창고 그 밖의 장소를 수색하고, 잠근 문과 기구를 여는 등 적절한 조치를 할 수 있다. 이 경우에 저항을 받으면 집행관은 경찰 또는 국군의 원조를 요청할 수 있다. 그리고 국군의 원조는 법원에 신청하여야 한다(민사집행법 5조).

(2) 참여자

집행관은 집행하는 데 저항을 받거나 채무자의 주거에서 집행을 실시하려는데 채무자나 사리를 분별할 지능이 있는 그 친족·고용인을 만나지 못한 때에는 성년 두 사람이나 특별시·광역시의 구 또는 동 직원, 시·읍·면 직원(도농복합형태의 시의 경우 동지역에서는 시 직원, 읍·면지역에서는 읍·면 직원) 또는 경찰공무원중 한 사람을 증인으로 참여하게 하여야 한다(민사집행법 6조).

(3) 집행관에 대한 원조요구

집행관 외의 사람으로서 법원의 명령에 의하여 민사집행에 관한 직무를 행하는 사람은 그 신분 또는 자격을 증명하는 문서를 지니고 있다가 관계인이 신청할 때에는 이를 내보여야 한다.

위의 사람이 그 직무를 집행하는 데 저항을 받으면 집행관에게 원조를 요구할 수 있다. 이때 원조요구를 받은 집행관은 채무자의 주거·창고 그 밖의 장소를 수색하고, 잠근 문과 기구를 여는 등 적절한 조치를 할 수 있다(민사집행법 7조).

(4) 공휴일 · 야간의 집행

공휴일과 야간에는 법원의 허가가 있어야 집행행위를 할 수 있다. 허가명령
은 민사집행을 실시할 때에 내보여야 한다(민사집행법 8조).

(5) 기록열람 · 등본부여 · 집행조서

집행관은 이해관계 있는 사람이 신청하면 집행기록을 볼 수 있도록 허가하
고, 기록에 있는 서류의 등본을 교부하여야 한다. 집행관은 집행조서(執行調書)를
작성하여야 하며, 조서(調書)에는 ① 집행한 날짜와 장소, ② 집행의 목적물과 그
중요한 사정의 개요, ③ 집행참여자의 표시, ④ 집행참여자의 서명날인, ⑤ 집행
참여자에게 조서를 읽어 주거나 보여 주고, 그가 이를 승인하고 서명날인한 사
실, ⑥ 집행관의 기명날인 또는 서명 등의 사항을 밝혀야 한다(민사집행법 10조).

4. 집행실시에 대한 불복방법

집행법원의 집행절차에 관한 재판으로서 즉시항고를 할 수 없는 것과 집행
관의 집행처분, 그 밖에 집행관이 지킬 집행절차에 대하여서는 법원에 이의를
신청할 수 있다. 그리고 법원은 이의신청에 대한 재판에 앞서, 채무자에게 담보
를 제공하게 하거나 제공하게 하지 아니하고 집행을 일시정지하도록 명하거나,
채권자에게 담보를 제공하게 하고 그 집행을 계속하도록 명하는 등 잠정처분(暫
定處分)을 할 수 있다.

만약 집행관이 집행을 위임받기를 거부하거나 집행행위를 지체하는 경우 또
는 집행관이 계산한 수수료에 대하여 다툼이 있는 경우에는 법원에 이의를 신청
할 수 있다(민사집행법 16조).

집행절차를 취소하는 결정, 집행절차를 취소한 집행관의 처분에 대한 이의
신청을 기각 · 각하하는 결정 또는 집행관에게 집행절차의 취소를 명하는 결정에
대하여는 즉시항고를 할 수 있다. 즉시항고에 대한 결정은 확정되어야 효력을
가진다(민사집행법 17조).

제 3 항 집행법원

1. 의의

집행법원은 집행행위에 관한 법원의 처분이나 그 행위에 관한 법원의 협력 사항을 관할하는 법원을 의미한다(민사집행법 3조 1항). 법률에 특별히 지정되어 있지 아니하면 집행절차를 실시할 곳이나 실시한 곳을 관할하는 법원이 집행법원이 되며 신속한 판결과 비교적 소송사무보다는 덜 복잡하므로 단독판사가 담당한다(민사집행법 3조, 48조). 그리고 법원조직법 제54조에 의하여 일부를 사법보좌관이 담당한다.

2. 관할

(1) 토지관할

집행법원은 법률에 특별히 지정되어 있지 아니하면 집행절차를 실시할 곳이나 실시한 곳을 관할하는 지방법원이 전속관할이 된다(민사집행법 3조 1항).

(2) 직무관할

집행법원이 직접 집행행위를 담당하여 실시하는 것으로 부동산, 선박, 등록된 자동차·건설기계·소형선박 및 항공기에 대한 금전집행(민사집행법 78조 이하), 채권과 그 밖의 재산권에 대한 금전집행(민사집행법 223조 이하), 동산집행에서의 배당절차 배당절차(민사집행법 252조 이하), 채권 그 밖의 재산권·부동산·선박·자동차·건설기계 항공기에 대한 가압류·가처분의 집행(민사집행법 290조, 293조, 296조 2항, 301조)이 있다. 그리고 집행관의 집행행위에 협력·시정·간섭하는 행위로 국국의 원조요청(민사집행법 5조 3항), 공휴일 야간집행 집행의 허가(민사집행법 8조 1항), 집행에 관한 이의신청에 대한 재판(민사집행법 16조), 급박한 경우의 집행정지·속행 등에 관한 잠정처분(민사집행법 46조, 48조) 등이 있다.

(3) 사법보좌관의 업무

민사집행절차에서 사법보좌관이 처리할 수 있는 업무로는 민사집행법(동법이 준용되는 경우를 포함한다)에 따른 집행문부여명령절차, 채무불이행자명부 등재절차, 재산조회절차, 부동산에 대한 강제경매절차, 자동차·건설기계에 대한 강제경매절차, 동산에 대한 강제경매절차, 금전채권 외의 채권에 기초한 강제집행절차, 담보권 실행 등을 위한 경매절차, 제소명령절차, 가압류·가처분의 집행취소신청절차에서의 법원의 사무 등이 해당한다(법원조직법 54조 1항 2호, 사법보좌관규칙 2조 1항).

다만 이해관계인은 매각대금이 모두 지급될 때까지 법원에 경매개시결정에 대한 이의신청을 할 수 있다. 그리고 이에 대한 재판 사무와 추심명령은 채무자의 신청에 따라 압류채권자를 심문하여 압류액수를 그 채권자의 요구액수로 제한한다. 그리고 채무자에게 그 초과된 액수의 처분과 영수를 허가할 수 있는데, 이에 대한 채권추심액의 제한허가는 제외한다(사법보좌관규칙 2조 1항 7호, 9호).

3. 집행법원의 재판

집행법원의 재판은 신속한 처리가 요청되므로 결정의 형식으로 하며, 집행처분을 하는 데 필요한 때에는 이해관계인, 그 밖의 참고인을 심문할 수 있다(민사집행규칙 2조). 집행법원의 결정은 상당한 방법으로 고지함으로써 효력이 발생한다. 그러나 채권압류신청, 가압류신청, 압류신청명령, 추심명령, 전부명령, 관리명령 등은 제3채무자와 채무자에게 송달하여야 하고 부동산강제경매개시결정, 강제관리개시결정은 채무자에게 송달하여야 한다.

그리고 채무자가 외국에 있거나 있는 곳이 분명하지 아니한 때에는 집행행위에 속한 송달이나 통지를 하지 아니하여도 된다. 집행절차에서 외국으로 송달이나 통지를 하는 경우에는 송달이나 통지와 함께 대한민국 안에 송달이나 통지를 받을 장소와 영수인을 정하여 상당한 기간 이내에 신고하도록 명할 수 있다. 그런데 위의 기간 이내에 신고가 없는 경우에는 그 이후의 송달이나 통지를 하지 아니할 수 있다(민사집행법 12조, 13조).

4. 불복

민사집행절차에 관한 집행법원의 재판에 대한 불복방법으로는 즉시항고(민사집행법 15조)와 집행에 관한 이의신청(민사집행법 16조)을 할 수 있다.

 제 4 항 수소법원

판결절차와 집행절차를 분리하고 있는 현행법 체결하에서 수소법원은 예외적인 경우에 한하여 인정된다. 수소법원의 재판도 결정의 형식으로 하는데, 대체집행(민사집행법 260조)과 간접강제(민사집행법 261조)는 수소법원이 관할한다.

민사집행에서의 불복방법

제1항 집행절차에서의 불복방법

민사집행법이 정하고 있는 민사집행법상의 불복방법은 확정판결에 대한 실체적권리관계에 대한 청구이의 소, 집행개시 전 집행문부여 전에 집행문부여에 대한 이의신청이 있다. 그리고 제3자 이의의 소, 배당이의 소, 즉시항고, 집행에 대한 이의신청이 있다.

이외에도 사법보좌관의 처분에 대한 불복방법으로 집행법원의 집행절차에 관한 재판으로서 즉시항고를 할 수 없는 것에 대하여는 집행에 대한 이의신청(민사집행법 16조 1항)으로 이의신청을 할 수 있다. 그리고 사법보좌관의 처분 중 단독판사 또는 합의부(이하 "단독판사 등"이라 한다)가 처리하는 경우 항고·즉시항고 또는 특별항고의 대상이 되는 처분에 대하여는 집행에 관한 이의신청을 할 수 있다(사법보좌관규칙 4조 1항).

이에 대한 판례는 사법보좌관의 처분 중 단독판사 등이 처리하는 경우 항고·즉시항고 또는 특별항고의 대상이 되는 처분에 대하여는 사법보좌관규칙 제4조 제2항 내지 제10항에서 규정하는 절차에 따라 이의신청을 할 수 있다(사법보좌관규칙 4조 1항). 그리고 사법보좌관규칙 제4조 제1항의 규정에 따라 이의신청을 하는 때에는 민사소송 등 인지법 또는 해당 법률에서 정하는 인지, 보증제공서류 등을 붙일 필요가 없으며(사법보좌관규칙 4조 4항), 사법보좌관규칙 제4조 제5항의 규

정에 따라 이의신청사건을 송부받은 단독판사 등은 사법보좌관의 처분 중 판사
가 처리하는 경우 항고 또는 즉시항고의 대상이 되는 처분에 대한 이의신청이
이유 없다고 인정되는 때에는 사법보좌관의 처분을 인가하고 이의신청사건을 항
고법원에 송부하며, 이 경우 이의신청은 해당 법률에 의한 항고 또는 즉시항고
로 본다(사법보좌관규칙 4조 6항 5호). 그리고 사법보좌관규칙 제4조 제6항 제5호의
경우 이의신청에 민사소송 등 인지법 또는 해당 법률에서 정하는 인지, 보증제
공서류 등이 붙어 있지 아니하거나 이의신청이 해당 법률에 규정된 항고 또는
즉시항고의 요건을 갖추지 아니한 때에는 상당한 기간을 정하여 이의신청인에게
보정을 명하고 이의신청인이 보정하지 아니한 때에는 해당 법률에 규정된 절차
에 따라 이의신청을 각하하여야 하며(사법보좌관규칙 4조 6항 6호), 민사집행법 제
15조 제2항에 의한 항고장 제출기간과 달리 민사집행법 제15조 제3항에 의한 항
고이유서 제출기간을 불변기간으로 명시하는 법률 규정은 없으므로, 민사집행법
제15조 제3항에 의한 항고이유서 제출기간은 불변기간이라 할 수 없다.[1]

　따라서 사법보좌관의 매각허가결정에 대한 이의신청사건을 송부받은 단독판
사 등이 그 이의신청이 이유 없다는 이유로 사법보좌관의 처분을 인가하고 이와
병행하여 상당한 기간을 정하여 이의신청인에게 민사집행법 제15조 제3항에 정
해진 항고이유서 제출을 명한 경우에는 보정명령에서 정해진 상당한 기간 내에
항고이유서의 제출이 있다면 이의신청서를 제출한 날부터 10일 이내에 항고이유
서를 제1심 법원에 제출하지 아니하였다는 이유로 항고를 각하할 수는 없다.[2]

　즉, 민사집행법 제15조 제2항에 의한 항고장 제출기간과 달리 민사집행법
제15조 제3항에 의한 항고이유서 제출기간은 불변기간으로 명시하는 법률 규정
은 없으므로, 보정명령에서 정해진 상당한 기간 내에 항고이유서의 제출이 있다
면 이의신청서를 제출한 날부터 10일 이내에 항고이유서를 제1심 법원에 제출하
지 아니하였다는 이유로 항고를 각하할 수는 없다고 보고 있다.

---

1) 대판 1970. 1. 27. 67다774, 대결 1981. 1. 28. 81사2 등.
2) 대결 2009. 4. 10. 2009마519.

제 2 항 즉시항고

　집행절차에 관한 집행법원의 재판에 대하여는 특별한 규정이 있어야만 즉시항고(卽時抗告)를 할 수 있으며, 항고인은 재판을 고지받은 날부터 1주의 불변기간 이내에 항고장을 원심법원에 제출하여야 한다. 항고장에 항고이유를 적지 아니한 때에는 항고인은 항고장을 제출한 날부터 10일 이내에 항고이유서를 원심법원에 제출하여야 한다.

　즉시항고는 집행정지의 효력을 가지지 아니한다. 다만, 항고법원(재판기록이 원심법원에 남아 있는 때에는 원심법원)은 즉시항고에 대한 결정이 있을 때까지 담보를 제공하게 하거나 담보를 제공하게 하지 아니하고 원심재판의 집행을 정지하거나 집행절차의 전부 또는 일부를 정지하도록 명할 수 있고, 담보를 제공하게 하고 그 집행을 계속하도록 명할 수 있다.

　항고법원은 항고장 또는 항고이유서에 적힌 이유에 대하여서만 조사한다. 다만, 원심재판에 영향을 미칠 수 있는 법령위반 또는 사실오인이 있는지에 대하여 직권으로 조사할 수 있다. 그리고 즉시항고에 대하여는 이 법에 특별한 규정이 있는 경우를 제외하고는 민사소송법 제3편 제3장 중 즉시항고에 관한 규정을 준용한다(민사집행법 15조).

　사법보좌관이 한 처분에 대한 이의신청에 대하여 판례는 "사법보좌관의 처분에 대하여 이의신청하는 취지의 즉시항고장이 제출되자, 사법보좌관이 구 사법보좌관규칙에서 정하는 절차를 거치치 않고 곧바로 항고법원에 사건 기록을 송부한 사안에서, 항고법원이 사건기록을 다시 제1심 법원에 이송하여 적법한 절차를 거치도록 하였어야 한다"고 판시하여 절차를 거치치 않고 곧바로 항고법원에 사건 기록을 송부한 사안에서 적법한 절차를 거치도록 하였다.[3]

　그리고 부동산 임의경매절차에서 집행법원이 매각대상 부동산 지상에 건립된 미등기 상태의 소유자 미상의 건물에 대한 감정평가액을 포함하여 최저매각가격을 결정하였으나 집행법원의 사법보좌관이 위 건물을 제외한 부동산에 대하

---

[3] 대결 2008. 9. 25. 2008마922.

여만 매각허가결정을 한 사안에서, "사법보좌관이 부동산 임의경매절차에서 최저매각가격을 결정하고 매각허가결정을 하는 업무에 대하여 민사집행법상 제도적 시정장치가 충분히 마련되어 있고, 달리 위 경매절차에서 사법보좌관이 위법 또는 부당한 목적을 가지고 최저매각가격을 결정하거나 매각허가결정을 하는 등 그에게 부여된 권한의 취지에 명백히 어긋나게 이를 행사하였다고 볼 만한 사정이 없으므로 사법보좌관이 집행법원으로부터 위임받아 행한 위와 같은 행위를 국가배상법 제2조 제1항에서 말하는 위법한 행위에 해당한다고 볼 수 없고, 매각물건명세서에 위 건물을 매각대상에서 제외한다는 취지를 명시적으로 기재하지 아니하였으나 매수신청인으로서는 현황조사보고서의 열람 등 다른 수단에 의하여 그 불충분한 사항을 최종적으로 확인할 수 있었고, 다소 불완전한 형태로 매각물건명세서가 작성되었다는 사정만으로는 집행법원이나 경매담당공무원이 그 직무상의 의무를 위반하여 매각대상 부동산의 현황과 권리관계에 관한 사항을 제출된 자료와 다르게 작성한 것이라거나 불분명한 사항에 관하여 잘못된 정보를 제공한 행위와 같다고 평가할 수는 없으므로, 국가배상책임을 인정할 수 없다"고 판시하였다.[4]

즉 집행법원이 미등기 상태의 소유자 미상의 건물에 대한 감정평가액을 포함하여 최저매각가격을 결정하였으나 집행법원의 사법보좌관이 위 건물을 제외한 부동산에 대하여만 매각허가결정을 하고 불완전한 형태로 매각물건명세서가 작성되었다는 사정만으로는 집행법원이나 경매담당공무원이 그 직무상의 의무를 위반하여 잘못된 정보를 제공하였다고 볼 수 없으므로 국가배상책임을 인정할 수 없다고 보고 있다.

---

[4] 수원지법 2010. 11. 9. 2010나21044.

제3항 집행에 관한 이의

집행에 관한 이의신청은 집행법원의 집행절차에 관한 재판으로서 즉시항고를 할 수 없는 것과 집행관의 집행처분, 그 밖에 집행관이 지킬 집행절차에 대하여 법원에 이의를 신청할 수 있다(민사집행법 16조 1항).

집행기관은 집행을 개시함에 있어 집행대상이 채무자에게 속하는지를 스스로 조사·판단하여야 하고, 이는 건물철거의 대체집행에서 수권결정에 기초하여 작위의 실시를 위임받은 집행관이 실제 철거를 실시하는 경우에도 마찬가지이다.

그런데 미등기건물에는 소유권을 표상하는 외관적 징표로서 등기부가 존재하지 아니하므로, 집행관이 미등기건물에 대한 철거를 실시함에 있어서는 건축허가서나 공사도급계약서 등을 조사하여 철거대상 미등기건물이 채무자에게 속하는지를 판단하여야 할 것이다. 그리고 대체집행의 기초가 된 집행권원에는 철거의무의 근거로서 철거대상 미등기건물에 대한 소유권 등이 채무자에게 있다고 판단한 이유가 기재되어 있기 마련이므로, 집행관으로서는 집행권원의 내용도 확인하여야 할 것이다.

그러므로 미등기건물의 건축허가상 건축주 명의가 변경되었다고 하더라도, 변경시점에 이미 건물이 사회통념상 독립한 건물이라고 볼 수 있는 형태와 구조를 갖추고 있었다면 원래의 건축주가 건물의 소유권을 원시취득하고, 변경된 건축주 명의인은 소유자가 아니므로, 집행관이 변경된 현재의 건축주 명의인이 채무자와 다르다는 이유만으로 철거대상 미등기건물이 채무자에게 속하는 것이 아니라고 판단하여 철거를 실시하지 않았다면, 이는 집행관이 지킬 집행절차를 위반하여 집행을 위임받기를 거부하거나 집행행위를 지체한 경우에 해당하여 채권자는 집행에 관한 이의신청으로 구제받을 수 있다.[5]

---

5) 대결 2014. 6. 3. 2013그336.

chapter

03

강제집행

제 1 절
강제집행의 총설

 제1항 강제집행의 요건

1. 집행당사자

집행당사자는 집행문의 부여에 의하여 확정된다. 집행문의 부여 없이도 집행력이 있는 집행권원의 경우에는 그 집행권원에 표시된 당사자가 집행당사자가 된다. 집행당사자 적격을 가진 자라도 집행문이 부여되어 있지 않으면 집행당사자가 될 수 없고, 집행당사자 적격을 가지지 않은 자라도 집행문이 부여되면 그 집행문이 취소될 때까지는 집행당사자가 된다.

구체적인 집행당사자의 적격과 변동 등의 내용은 본서 제2권을 참고하기 바란다.

[집행권원: 종국판결]

대전지방법원

판   결

사   건   20 가단120486 부당이득금
원   고   김 ○○

피   고   1. 오○○
                 최후주소 서울 종로구
             2. 서○○

변 론 종 결   20 . 4. 29.
판 결 선 고   20 . 5. 13.

주   문

1. 원고의 피고
2. 피고 오○○은 원고에게 13,232,070원과 이에 대하여 20 . 2. 21.부터 다 갚
는 날까지 연 12%의 비율로 계산한 돈을 지급하라.
3. 소송비용
위 피고가 각 부담한다.

20 . 0. 0.
판사 0 0 0

---

2. 집행권원

(1) 의의

집행권원이란 사법상(실체법)에 이행청구권의 존재와 범위를 표시하고 그 청
구권에 법률상 집행력을 인정한 공문서를 의미한다.

집행권원의 종류에는 종국판결, 가집행 선고 있는 판결, 외국판결, 화해권고

결정, 강제조정, 화해조서, 공정증서, 지급명령, 이행권고결정, 공정증서, 배상명령, 가압류, 가처분 등이 있다.

(2) 종류

【집행권원: 조정조서】

대전지방법원

조 정 조 서

사　　건　　20　가단　　소유권이전등기 등
원　　고　　이○○
　　　　　　천안시 서북구
피　　고　　조○○
　　　　　　천안시 동남구 신부8길

조정장 판사　김○○　　　　　　　　　기　　　일: 20　. 0. 0.　14:00
조 정 위 원　전○○　　　　　　　　　장　　　소: 4층 조정실
　　　　　　　　　　　　　　　　　　　공개 여부: 공　　개

원고 이○○　　　　　　　　　　　　　　　　　　　　　　　　　출석
피고 조○○　　　　　　　　　　　　　　　　　　　　　　　　　출석

다음과 같이 조정성립

조 정 조 항

1. 피고는 20　. 5. 7.까지 원고에게 손해배상으로 1,　　　원을 지급하고, 이를 지체하면 미지급 금액에 대하여 20　. 5. 8.부터 다 갚은 날까지 연 15%의 비율로 계산한 지연손해금을 가산하여 지급한다.
2. 원고와 피고 사이에 20　. 10. 29.자 매매계약과 관련하여 소유권이전등기, 매매대금의 지급은 이미 종결되었으므로, 상호 이의를 제기하지 아니한다.
3. 소송비용과 조정비용은 각자 부담한다.

청 구 의 표 시

청구취지 및 청구원인: 별지 각 해당란 기재와 같다.

(3) 기판력과 집행권원

1) 의의

기판력이란 확정된 종국판결에 대해서는 당사자와 법원을 구속하며 당사자는 그에 반하여 뒤풀이하여 다투는 소송을 허용하지 아니하며, 어느 법원도 다시 재심사하여 그와 저촉되는 판단을 하지 못하게 함으로써 확정판결의 판단에 구속력을 인정하는 것을 말한다.[1]

2) 기판력의 시점범위

기판력의 시점범위는 당사자가 사실심의 변론종결 당시까지 소송자료를 제출할 수 있고 종국판결은 그때까지 제출한 기초로 한 산물이기 때문에 그 시점에 있어서의 권리관계의 존부를 확정 지은 것이 기판력이다. 즉, 기판력의 시점은 사실심의 변론종결 시가 된다. 다만 무변론판결의 경우에는 선고 시가 된다.[2]

3) 기판력과 집행권원

집행권원 중 지급명령, 이행권고결정, 공정증서, 사망한 당사자를 한 종국판결, 배상명령은 기판력이 없다. 기판력이 없는 집행권원의 경우에는 기판력의 시점인 사실심의 변론종결 전후 관계없이 청구이의의 소에 있어서 이의사유가 된다(민사집행법 59조 3항).[3]

그러나 기판력이 있는 집행권원의 경우에 있어서 청구이의는 그 이유가 변론이 종결된 이후에 생긴 사유를 가지고 하여야 한다. 다만 변론 없이 판결한 경우에는 판결 선고 뒤에 생긴 사유를 가지고도 할 수 있다(민사집행법 44조 2항).

(4) 집행권원과 청구이의의 소 관련 판결

임차인은 토지인도 및 건물철거청구 소송에서 패소하여 그 패소판결이 확정되었다고 하더라도, 그 확정판결에 의하여 건물철거가 집행되지 아니한 청구이의 소를 제기할 수 있다. 판례는 "건물의 소유를 목적으로 하는 토지 임대차에

---

1) 이시윤, 신민사소송법, 박영사, 2016, 627면.

2) 상게서, 640면.

3) 제44조(청구에 관한 이의의 소) ① 채무자가 판결에 따라 확정된 청구에 관하여 이의하려면 제1심 판결법원에 청구에 관한 이의의 소를 제기하여야 한다. ② 제1항의 이의는 그 이유가 변론이 종결된 뒤(변론 없이 한 판결의 경우에는 판결이 선고된 뒤)에 생긴 것이어야 한다. ③ 이의 이유가 여러 가지인 때에는 동시에 주장하여야 한다

있어서, 임대차가 종료함에 따라 토지의 임차인이 임대인에 대하여 건물매수청구권을 행사할 수 있음에도 불구하고 이를 행사하지 아니한 채, 토지의 임대인이 임차인에 대하여 제기한 토지인도 및 건물철거청구 소송에서 패소하여 그 패소판결이 확정되었다고 하더라도, 그 확정판결에 의하여 건물철거가 집행되지 아니한 이상 토지의 임차인으로서는 건물매수청구권을 행사하여 별소로써 임대인에 대하여 건물매매대금의 지급을 구할 수 있다"고 보고 있다.[4]

청구이의의 소는 채무명의의 집행력자체의 배제를 구하는 것이므로 이미 집행된 개개의 집행행위의 불허를 구하는 것은 부적법하다.[5] 그리고 경매목적이 된 부동산의 소유자가 경매절차가 진행 중인 사실을 알면서도 그 경매의 기초가 된 근저당권 내지 채무명의인 공정증서가 무효임을 주장하여 경매절차를 저지하기 위한 조치를 취하지 않았을 뿐만 아니라 배당기일에 자신의 배당금을 이의 없이 수령하고 경락인으로부터 이사비용을 받고 부동산을 임의로 명도해 주기까지 하였다면 그 후 경락인에 대하여 위 근저당권이나 공정증서가 효력이 없음을 이유로 경매절차가 무효라고 주장하여 그 경매목적물에 관한 소유권이전등기의 말소를 청구하는 것은 금반언의 원칙 및 신의칙에 위반되는 것이어서 허용될 수 없다.[6]

(5) 집행권원과 경매

청구이의 판결이 확정되어 집행할 판결 또는 그 가집행을 취소하는 취지나, 강제집행을 허가하지 아니하거나 그 정지를 명하는 취지 또는 집행처분의 취소를 명한 취지를 적은 집행력 있는 재판의 정본을 제출한 경우 집행법원은 강제집행을 정지하거나 제한하여야 한다(민사집행법 49조 1호).[7] 그리고 집행처분의 취

---

4) 대판 1995. 12. 26. 95다42195.
5) 대판 1971. 12. 28. 71다1008.
6) 대판 1992. 7. 28. 92다7726; 1993. 12. 24. 93다42603.
7) 민사집행법 제49조(집행의 필수적 정지·제한) 강제집행은 다음 각호 가운데 어느 하나에 해당하는 서류를 제출한 경우에 정지하거나 제한하여야 한다.
　1. 집행할 판결 또는 그 가집행을 취소하는 취지나, 강제집행을 허가하지 아니하거나 그 정지를 명하는 취지 또는 집행처분의 취소를 명한 취지를 적은 집행력 있는 재판의 정본
　2. 강제집행의 일시정지를 명한 취지를 적은 재판의 정본
　3. 집행을 면하기 위하여 담보를 제공한 증명서류

소(49조 1호·3호·5호 및 6호)의 서류를 매수인이 매각대금을 납부하기 이전까지 제출한 경우에는 이미 실시한 집행처분을 취소하여야 하며, 같은 조 제2호 및 제4호의 경우에는 이미 실시한 집행처분을 일시적으로 유지하게 하여야 한다(민사집행법 50조).[8] 집행절차를 취소하는 결정, 집행절차를 취소한 집행관의 처분에 대한 이의신청을 기각·각하하는 결정 또는 집행관에게 집행절차의 취소를 명하는 결정에 대하여는 즉시항고를 할 수 없고(민사집행법 50조 1항, 2항), 집행에 관한 이의 소를 제기하여야 한다.[9]

그리고 집행권원인 공정증서가 무권대리인의 촉탁에 기하여 작성된 것으로서 무효인 때에는 채무자는 청구이의의 소로써 강제집행 불허의 재판을 구할 수 있음은 물론이지만, 그 공정증서에 기한 강제집행이 일단 전체적으로 종료되어 채권자가 만족을 얻은 후에는 더 이상 청구이의의 소로써 그 강제집행의 불허를 구할 이익은 없다.[10] 따라서 무권대리인의 촉탁에 의하여 작성된 공정증서에 의하여 경매가 진행된 경우 채무자는 매수인이 대금을 납부하기 이전까지 청구이의 소를 제기하여 집행을 정지하고 집행할 판결을 취소하는 취지를 적은 집행력

---

4. 집행할 판결이 있은 뒤에 채권자가 변제를 받았거나, 의무이행을 미루도록 승낙한 취지를 적은 증서
5. 집행할 판결, 그 밖의 재판이 소의 취하 등의 사유로 효력을 잃었다는 것을 증명하는 조서등본 또는 법원사무관등이 작성한 증서
6. 강제집행을 하지 아니한다거나 강제집행의 신청이나 위임을 취하한다는 취지를 적은 화해조서(和解調書)의 정본 또는 공정증서(公正證書)의 정본

8) 민사집행법 제50조(집행처분의 취소·일시유지) ① 제49조 제1호·제3호·제5호 및 제6호의 경우에는 이미 실시한 집행처분을 취소하여야 하며, 같은 조 제2호 및 제4호의 경우에는 이미 실시한 집행처분을 일시적으로 유지하게 하여야 한다. ② 제1항에 따라 집행처분을 취소하는 경우에는 제17조의 규정을 적용하지 아니한다.

9) 대결 2011. 11. 10. 2011마1482.

10) 대판 1997. 4. 25. 96다52489, 대결 1989. 12. 12. 87다카3125; 공정증서가 무권대리인의 촉탁에 기하여 작성된 것으로서 무효인 때에는 채무자는 청구이의의 소에 의하여 강제집행불허의 재판을 구할 수 있는 것이지만, 위 공정증서에 기한 강제집행이 일단 전체적으로 종료된 후에는 그 강제집행이 압류가 경합된 상태에서 발하여진 것이라든가 혹은 피전부채권이 존재하지 아니하는 등 다른 사유로 무효로 된 경우 이외에는 채권자가 다시 강제집행에 착수할 수는 없는 것으로서 채권자가 위 공정증서가 당초부터 무효였기때문에 이에 기한 강제집행이 무효가 되어 집행이 끝나지 않았다는 이유를 내세워 다시 강제집행에 착수할 수는 없는 노릇이므로(이 경우 채무자는 위 공정증서의 집행력이 소멸되었음을 이유로 집행문부여에 대한 이의신청으로 강제집행불허의 재판을 구할 수 있고 이 절차에서 채권자가 위 공정증서가 당초부터 무효였기 때문에 강제집행도 무효이므로 위 공정증서의 집행력이 소멸되지 않았다고 하는 주장은 허용될 수 없기 때문이다), 앞서 본 무효의 공정증서에 기한 강제집행이 전체로서 종료된 후에는 채무자가 청구이의의 소로써 그 강제집행의 불허를 구할 소의 이익이 없다.

있는 재판의 정본을 집행법원에 제출하여야 취소할 수 있다.[11]

가집행의 선고가 있는 판결에 기하여 부동산경매신청을 한 경우 판례는 "집행선고 있는 판결에 기한 강제집행은 확정판결에 기한 경우와 같이 본집행이므로 상소심의 판결에 의하여 가집행선고의 효력이 소멸되거나 집행채권의 존재가 부정된다 하더라도 그에 앞서 이미 완료된 집행절차나 이에 기한 경락인의 소유권취득의 효력에는 아무런 영향을 미치지 아니한다"고 판시하고 있다.[12]

따라서 매수인이 매각대금을 납부한 이후에는 설사 상소심의 판결에 의하여 가집행선고의 효력이 소멸되거나 집행채권의 존재가 부정된다 하더라도 매수인의 소유권은 유효하다.

집행권원과 청구이의 소, 집행정지·취소, 매수인 등에 대한 내용은 본서 제2권을 참고하기 바란다.

---

11) 민사집행법 제49조 제1호, 제5호, 제50조.
12) 대판 1993. 4. 23. 93다3165.

3. 집행문

집 행 문

사   건 : 대전지방법원   20   가단12   [전자]부당이득금

 이 정본은 피고1 오○○에 대한 강제집행을 실시하기 위하여 원고 ○○○에게 내어
준다.

20   . 6. 19.

대전지방법원

법원주사   배○○

◇ 유 의 사 항 ◇

1. 이 집행문은 판결(결정)정본과 분리하여서는 사용할 수 없습니다.
2. 집행문을 분실하여 다시 집행문을 신청한 때에는 재판장(사법보좌관)의 명령이
   있어야만 이를 내어줍니다(민사집행법 제35조 제1항, 법원조직법 제54조 제2항).
   이 경우 분실사유의 소명이 필요하고 비용이 소요되니 유의하시기 바랍니다.
3. 집행문을 사용한 후 다시 집행문을 신청한 때에는 재판장(사법보좌관)의 명령이
   있어야만 이를 내어줍니다(민사집행법 제35조 제1항, 법원조직법 제54조 제2항).
   이 경우 집행권원에 대한 사용증명원이 필요하고 비용이 소요되니 유의하시기
   바랍니다.
4. 집행권원에 채권자·채무자의 주민등록번호(주민등록번호가 없는 사람의 경우에
   는 여권번호 또는 등록번호, 법인 또는 법인 아닌 사단이나 재단의 경우에는
   사업자등록번호·납세번호 또는 고유번호를 말함. 이하 '주민등록번호등'이라 함)
   가 적혀 있지 않은 경우에는 채권자·채무자의 주민등록번호등을 기재합니다.

(1) 의의

집행문이란 집행권원에 집행력이 현재 누가 집행당사자인가를 집행권원의 끝에 덧붙여 적는 공증문서이다. 집행문에는 "이 정본은 피고 아무개 또는 원고 아무개에 대한 강제집행을 실시하기 위하여 원고 아무개 또는 피고 아무개에게 준다"라고 적고 법원사무관 등이 기명날인하여야 한다(민사집행법 28조 1항). 이와 같은 집행문이 있는 집행권원을 '집행력 있는 정본' 혹은 집행 정본이라고도 한다.

(2) 집행문의 필요성

1) 원칙

강제집행을 하기 위해서는 원칙적으로 집행권원에 집행문을 부여받은 집행력 있는 정본이 필요하다.

2) 예외

집행권원에 집행문을 부여받아야 강제집행을 할 수 있는 것이 원칙이나 예외적으로 간이·신속한 집행을 위하여 필요로 하지 않는 경우도 있다.

확정된 지급명령, 확정된 이행권고결정, 가압류·가처분명령, 부동산이전등기 이행판결과 같이 이행을 명하는 판결, 법문상 집행력 있는 정본으로 인정되는 증서, 부동산관리명령 등이 해당한다.

(3) 집행문부여기관

집행문은 신청에 따라 제1심 법원의 법원사무관 등이 내어 주며, 소송기록이 상급심에 있는 때에는 그 법원의 법원사무관 등이 내어 준다. 집행문을 내어 달라는 신청은 말로 할 수 있다(민사집행법 28조).

법원 또는 법원의 조정위원회 이외의 각종 조정위원회, 심의위원회, 중재위원회 또는 중재부 기타의 분쟁조정기관(이하 "조정위원회"라 한다)이 작성한 화해조서, 조정조서, 중재조서, 조정서 기타 명칭의 여하를 불문하고 재판상의 화해와 동일한 효력이 있는 문서(이하 "조서"라 한다)에 대한 집행문의 부여신청의 방식과 부여의 절차는 다른 법령에 특별한 규정이 있는 경우를 제외하고는 조서에 대한 집행문부여신청사건은 그 조서를 작성한 조정위원회의 소재지를 관할하는 지방

법원(그 소재지가 지방법원지원의 관할구역에 속하는 경우에는 그 지방법원의 본원을 말한
다. 이하 같다)의 관할로 한다(각종분쟁조정위원회 등의 조정조서 등에 대한 집행문 부여
에 관한 규칙: 이하 '조정조서집행문규칙'이라 칭함: 2조, 3조).

(4) 집행문부여 요건

1) 확정된 종국판결과 가집행의 선고가 있는 종국판결

집행권원에 집행문을 부여받기 위해서는 확정된 종국판결이거나 가집행의
선고가 있는 때에만 내어 준다(민사집행법 30조). 가집행선고 있는 판결의 경우에
는 아직 미확정된 종국판결이지만 가집행의 선고가 있으므로 집행력이 인정되어
집행문을 부여받을 수 있다.

2) 조건 성취 집행문

판결을 집행하는 데에 조건이 붙어 있어 그 조건이 성취되었음을 채권자가
증명하여야 하는 때에는 이를 증명하는 서류를 제출하여야만 집행문을 내어 준
다. 다만, 판결의 집행이 담보의 제공을 조건으로 하는 때에는 그러하지 아니하
다(민사집행법 30조 2항).

조건에 대한 성취 입증책임은 채권자가 입증하여야 하며, 이후 재판장의 명
령을 받아 집행문을 내어 주게 된다. 집행권원에 조건이 성취되었음을 증명하여
야 하는 내용은 "피고는 원고로부터 이사비용으로 금 300만원을 받고 그로부터
1개월 후에 원고에게 건물을 인도한다", "피고는 원고로부터 금 1억원을 지급받
음과 동시에 별지목록 1의 부동산소유권 이전등기절차를 이행하라"라고 한 경우
에 채권자가 이에 대한 증명책임을 한 경우에 집행문을 내어 준다.

그러나 조건에 해당하지 아니하여 이행의 증명을 요하지 않는 경우도 있다.
예컨대 "피고는 원고에게 20년 2월2일까지 금 1억원을 지급하라", "임료를 3개
월 이상 계속하여 연체한 경우 임대차계약은 당연히 해지되고 채무자는 건물을
철거하고 토지를 인도하라"라고 한 경우이다.

판례는 "토지 2/5 지분 소유권자인 甲이 나머지 3/5 지분 소유권자인 乙을
상대로 제기한 공유물분할청구소송에서 '乙은 甲에게서 매매대금을 지급받음과
동시에 甲에게 3/5 지분에 관하여 소유권이전등기절차를 이행한다'는 내용의 조

정에 갈음하는 결정을 확정하였다. 그런데 甲이 乙에게 반대의무를 이행하지 않았고 재판장의 명령이 없었음에도 위 결정 정본에 집행문이 부여되어 甲 명의로 乙 지분에 관한 이전등기가 경료되고, 이후 이를 기초로 丙 등 명의로 소유권일부이전등기 등이 경료된 사안에서, 丙 등은 乙에게 乙 지분에 관하여 마쳐진 등기의 말소등기절차를 이행할 의무가 있다"고 판시하고 있다.[13]

즉 집행권원상의 의사표시를 하여야 하는 채무가 반대급부의 이행 등 조건이 붙은 경우에는 채권자가 그 조건 등의 성취를 증명하여 재판장의 명령에 의하여 집행문을 받아야만 의사표시 의제의 효과가 발생한다. 따라서 반대급부의 이행 등 조건이 성취되지 않았는데도 등기신청의 의사표시를 명하는 판결 등의 집행권원에 집행문이 잘못 부여된 경우에는 그 집행문부여는 무효라 할 것이다. 그러나 이러한 집행문부여로써 강제집행이 종료되고 더 이상의 집행 문제는 남지 않는다는 점을 고려하면 집행문부여에 대한 이의신청이나 집행문부여에 대한 이의의 소를 제기할 이익이 없는 것으로 보고 있다. 따라서 이러한 경우에 채무자는 집행문부여에 의하여 의제되는 등기신청에 관한 의사표시가 무효라는 것을 주장하거나 그에 기초하여 이루어진 등기의 말소 또는 회복을 구하는 소를 제기하여야 하는 것으로 보고 있다.[14]

3) 당사자에게 승계가 있는 경우

집행문은 판결에 표시된 채권자의 승계인을 위하여 내어 주거나 판결에 표시된 채무자의 승계인에 대한 집행을 위하여 내어 줄 수 있다. 다만, 그 승계가 법원에 명백한 사실이거나, 증명서로 승계를 증명한 때에 한한다. 위의 경우의 승계가 법원에 명백한 사실인 때에는 이를 집행문에 적어야 한다(민사집행법 31조).

그리고 재판을 집행하는 데에 조건을 붙인 경우와 승계집행문의 경우에는 집행문은 재판장(합의부의 재판장 또는 단독판사를 말한다. 이하 같다)의 명령이 있어야 내어 준다. 이때 재판장은 그 명령에 앞서 서면이나 말로 채무자를 심문(審問)할 수 있으며 명령은 집행문에 적어야 한다(민사집행법 32조).

그리고 채권자가 여러 통의 집행문을 신청하거나 전에 내어 준 집행문을 돌

---

13) 대판 2012. 3. 15. 2011다73021.
14) 대판 2012. 3. 15. 2011다73021.

려주지 아니하고 다시 집행문을 신청한 때에는 재판장의 명령이 있어야만 이를 내어 준다. 이때 재판장은 그 명령에 앞서 서면이나 말로 채무자를 심문할 수 있으며, 채무자를 심문하지 아니하고 여러 통의 집행문을 내어 주거나 다시 집행문을 내어 준 때에는 채무자에게 그 사유를 통지하여야 한다. 여러 통의 집행문을 내어 주거나 다시 집행문을 내어 주는 때에는 그 사유를 원본과 집행문에 적어야 한다(민사집행법 35조).

4) 법원 또는 법원의 조정위원회 이외의 각종 조정위원 등 분쟁조정기관이 작성한 화해조서, 조정조서 등

법원 또는 법원의 조정위원회 이외의 각종 조정위원 등 분쟁조정기관이 작성한 화해조서, 조정조서 등에 대하여 채권자가 집행문을 부여받아 상대방에 대한 강제집행을 실시하기 위해서는 우선 관할지방법원에 조서의 정본(채권자가 조정위원회로부터 재판상의 화해와 동일한 효력이 있는 것으로서 송달 또는 교부받은 문서를 말한다. 이하 같다)을 제출하여 집행문부여의 신청을 할 수 있다(조정조서집행문규칙 4조).

법원사무관 등이 집행문부여신청서를 접수한 때에는 집행문부여신청의 대상이 된 조서를 작성한 조정위원회에 그 조서의 등본의 송부를 촉탁하여야 한다. 그리고 송부촉탁을 받은 조정위원회는 지체 없이 조서의 등본을 관할지방법원의 법원사무관등에게 송부하여야 한다.

법원사무관 등은 신청인이 제출한 조서의 정본과 조정위원회로부터 송부받은 조서의 등본을 대조하여 일치함을 확인한 후 집행문을 부여하여야 한다. 법원사무관등이 집행문을 부여한 경우에는 그 사실을 조서의 등본에 부기하고 조정위원회에 통지하여야 한다.

그리고 조정위원회가 법원으로부터 집행문부여통지 받은 때에는 지체없이 조서의 원본에 신청인 또는 피신청인을 위하여 집행문이 부여되었다는 취지와 그 부여일자 및 법원의 명칭을 부기하여야 한다.

【조서등본송부촉탁】

<table>
<tr><td colspan="8" align="center">○○지방법원</td></tr>
<tr><td colspan="3">우 – /(법원 주소)</td><td colspan="5">/전화 – /전송 – /담당 ○○○</td></tr>
<tr><td colspan="8"></td></tr>
<tr>
<td rowspan="2">사건
시행일자 20 . 0. 0.
(경유)</td>
<td rowspan="2">선결</td>
<td></td>
<td></td>
<td>지시</td>
<td></td>
<td></td>
</tr>
<tr>
<td>일자
시간</td>
<td>0. 0.
00:00</td>
<td rowspan="4">결재
공람</td>
<td></td>
<td></td>
</tr>
<tr>
<td rowspan="2">수신</td>
<td rowspan="2">접수</td>
<td></td>
<td></td>
<td></td>
<td></td>
</tr>
<tr>
<td>번호</td>
<td></td>
<td></td>
<td></td>
</tr>
<tr>
<td rowspan="2">참조</td>
<td>처리과</td>
<td></td>
<td></td>
<td></td>
</tr>
<tr>
<td>담당자</td>
<td></td>
<td></td>
<td></td>
</tr>
<tr>
<td>제목</td>
<td colspan="6">조서(조정서)등본 송부촉탁</td>
</tr>
</table>

    아래 사건에 관하여 집행문부여에 필요하오니 조서(조정서) 등본 1통을 20 . 0. 0.까지 송부하여 주시기 바랍니다.

– 아래 –

    사건
    신청인
    피신청인   끝.

법원사무관 ○ ○ ○   직인

    ※ 주: "사건"란에는 집행문부여신청의 대상이 된 조정조서 등에 기재된 사건번호를 기재한다.

        (예: 년   제   호)

    ※ 각종분쟁조정위원회등의조정서등에대한집행문부여에관한규칙 제6조

【집행문부여 통지】

		○○지방법원					
우 - /(법원 주소)		/전화 - /전송 - /담당 ○○○					

사건	선결			지시			
시행일자 20 . 0. 0.							
(경유)	접수	일자 시간	0. 0. 00:00	결재 공람			
수신							
		번호					
	처리과						
참조	담당자						
제목	집행문부여 통지						

아래 사건에 관하여 ○○○의 신청에 20 . 0. 0. 집행력 있는 정본 ○통을 부여하였음을 통지합니다.

– 아래 –

사건
신청인
피신청인   끝.

법원사무관○○○   직인

※ 주: "사건"란에는 집행문부여신청의 대상이 된 조정조서 등에 기재된 사건번호를 기재한다.

(예: 년 제   호)

※ 각종분쟁조정위원회등의조정서등에대한집행문부여에관한규칙 제7조

(5) 집행문부여 절차

집행문은 신청에 따라 제1심 법원의 법원사무관 등이 내어 주며, 소송기록이 상급심에 있는 때에는 그 법원의 법원사무관 등이 내어 준다. 집행문을 내어 달라는 신청은 말로 할 수 있다(민사집행법 28조).

조건이나 승계가 있는 경우 조건성취증명서, 승계사실증명서를 제출하여야 하며 집행문은 재판장(합의부의 재판장 또는 단독판사를 말한다. 이하 같다) 또는 사법보좌관명의 명령이 있어야 한다.

(6) 집행문부여의 방식

집행문은 판결정본의 끝에 덧붙여 적는다. 집행문에는 "이 정본은 피고 아무개 또는 원고 아무개에 대한 강제집행을 실시하기 위하여 원고 아무개 또는 피고 아무개에게 준다"라고 적고 법원사무관 등이 기명날인하여야 한다(민사집행법 29조).

실무상 일반적인 집행문 기재례를 보면 다음과 같다.

【일반적 문안】

> 이 정본은 피고 ○○○에 대한 강제집행을 실시하기 위하여 원고 ○○○에게 내어 준다.
>
> 　　　　　　　　　　　20 . 0. 0.
> 　　　　　　　　　　　○○ 법원
> 　　　　　　　　　　　　　　　　법원사무관 ○○○ (직인)

【승계가 있는 경우】

> 이 정본은 재판장의 명령에 의하여 피고 ○○○에 대한 강제집행을 실시하기 위하여 원고 ○○○의 승계인 ○○○(○○○○○○-○○○○○○○)에게 내어 준다.
>
> 　　　　　　　　　　　20 . 0. 0.
> 　　　　　　　　　　　○○ 법원
> 　　　　　　　　　　　　　　　　법원사무관 ○○○ (직인)

(7) 구제수단

집행문부여에 대한 구제수단으로 채권자는 집행문부여를 거부한 처분에 대한 이의신청(민사집행법 34조 1항), 집행문부여의 소(민사집행법 33조)로 집행문을 내어달라는 소를 제1심 법원에 제기할 수 있다(민사집행법 33조). 채무자가 이의할 수 있는 방법은 집행문부여에 대한 이의신청(민사집행법 34조 1항), 집행문부여에 대한 이의 소(민사집행법 45조)로 구제받을 수 있다.

제 2 항 강제집행의 개시요건

1. 의의

강제집행의 개시요건이란 집행법원이 강제집행을 개시하는 데 있어서 신청의 적법여부와 집행신청에 필요한 각종 구비여부 등의 요건을 말한다. 집행기관이 이를 조사하여 이상이 없으면 강제집행을 개시하게 된다. 이는 적극적 요건과 소극적 요건으로 구분한다.

2. 적극적 요건

(1) 집행당사자의 표시

강제집행은 이를 신청한 사람과 집행을 받을 사람의 성명이 판결이나 이에 덧붙여 적은 집행문에 표시되어 있어야 한다.

(2) 집행권원 및 집행문 등의 송달

판결을 채무자에게 이미 송달하였거나 동시에 송달한 때에만 개시할 수 있다(민사집행법 39조 1항 단서). 다만 판결, 지급명령, 조정조서 등을 미리 송달한 경우에는 다시 송달할 필요는 없다.

그리고 집행문에 대한 송달에 대해서 판결의 집행이 그 취지에 따라 채권자가 증명할 사실에 매인 때 또는 판결에 표시된 채권자의 승계인을 위하여 하는 것이거나 판결에 표시된 채무자의 승계인에 대하여 하는 것일 때에는 집행할 판결 외에 이에 덧붙여 적은 집행문을 강제집행을 개시하기 전에 채무자의 승계인에게 송달하여야 한다. 이외 증명서에 의하여 집행문을 내어 준 때에는 그 증명서의 등본을 강제집행을 개시하기 전에 채무자에게 송달하거나 강제집행과 동시에 송달하여야 한다(민사집행법 39조 2항, 3항).

(3) 이행기의 도래

집행을 받을 사람이 일정한 시일에 이르러야 그 채무를 이행하게 되어 있는 때에는 그 시일이 지난 뒤에 강제집행을 개시할 수 있다(민사집행법 40조 1항). 그런데 약속어음이 수취인 겸 소지인의 발행인에 대한 장래 발생할 구상금채권을 담보하기 위하여 발행된 것이라면, 소지인은 발행인에 대하여 구상금채권이 발생하지 않은 기간 중에는 약속어음상의 청구권을 행사할 수 없고 구상금채권이 현실로 발생한 때에 비로소 이를 행사할 수 있다.[15] 그러므로 약속어음이 일람출급식이고 소지인이 위 약속어음에 관하여 강제집행을 수락하는 취지가 기재된 공정증서를 작성받았다 하더라도, 배당요구의 종기까지 아직 구상금채권이 발생하지 않았다면, 달리 특약이 없는 한 소지인은 위 약속어음공정증서에 기하여 강제집행을 개시할 수도 없고 따라서 배당요구할 수도 없다.[16]

그리고 담보권자가 피담보채권의 조건이 성취되기 전에 담보권을 실행하여 경매절차가 개시되었더라도 그 경매신청이나 경매개시결정이 무효로 되는 것은 아니고, 이러한 경우 채무자나 소유자는 경매개시결정에 대한 이의신청 등으로 경매절차의 진행을 저지할 수 있을 뿐이다. 따라서 이러한 조치를 취하지 아니한 채 경매절차가 진행되어 매각허가결정에 따라 매각대금이 납입되었다면, 이로써 매수인은 유효하게 매각부동산의 소유권을 취득하고 신청채권자의 담보권은 소멸하므로,[17] 장래에 발생할 조건부 채권을 피담보채권으로 하여 임의경매

---

15) 대판 2004. 12. 10. 2003다33769.
16) 대판 2016. 1. 14. 2015다233951.
17) 대판 2002. 1. 25. 2000다26388.

를 신청한 담보권자도 배당을 받을 수 있다.[18]

(4) 담보제공증명서의 제출과 그 등본의 송달

집행을 받을 사람이 일정한 시일에 이르러야 그 채무를 이행하게 되어 있는 때에는 그 시일이 지난 뒤에 강제집행을 개시할 수 있다. 만약 집행이 채권자의 담보제공에 매인 때에는 채권자는 담보를 제공한 증명서류를 제출하여야 한다. 이 경우의 집행은 그 증명서류의 등본을 채무자에게 이미 송달하였거나 동시에 송달하는 때에만 개시할 수 있다.

(5) 반대의무의 이행

반대의무의 이행과 동시에 집행할 수 있다는 것을 내용으로 하는 집행권원의 집행은 채권자가 반대의무의 이행 또는 이행의 제공을 하였다는 것을 증명하여야만 개시할 수 있다. 그리고 다른 의무의 집행이 불가능한 때에 그에 갈음하여 집행할 수 있다는 것을 내용으로 하는 집행권원의 집행은 채권자가 그 집행이 불가능하다는 것을 증명하여야만 개시할 수 있다(민사집행법 41조 1항).

전세권자의 전세목적물 인도의무 및 전세권설정 등기말소 등기의무와 전세권설정자의 전세금반환의무는 서로 동시이행의 관계에 있으므로 전세권자인 채권자가 전세목적물에 대한 경매를 청구하려면 우선 전세권설정자에 대하여 전세목적물의 인도의무 및 전세권설정 등기말소의무의 이행제공을 완료하여 전세권설정자를 이행지체에 빠뜨려야 한다.[19]

그러나 임차인(제3조 제2항 및 제3항의 법인을 포함한다. 이하 같다)이 임차주택에 대하여 보증금반환청구소송의 확정판결이나 그 밖에 이에 준하는 집행권원(執行權原)에 따라서 경매를 신청하는 경우에는 집행개시(執行開始)요건에 관한 민사집행법 제41조에도 불구하고 반대의무(反對義務)의 이행이나 이행의 제공을 집행개시의 요건으로 하지 아니한다.

---

18) 대판 2015. 12. 24. 2015다200531.
19) 대결 1977. 4. 13. 77마90.

(6) 집행의 불능

다른 의무의 집행이 불가능한 때에 그에 갈음하여 집행할 수 있다는 것을 내용으로 하는 집행권원의 집행은 채권자가 그 집행이 불가능하다는 것을 증명하여야만 개시할 수 있다(민사집행법 41조 2항). 예컨대 "피고는 원고에게 별지목록 부동산을 인도하고, 위 부동산 인도의 강제집행이 불능인 때에는 금 000원을 지급하라"라고 판결주문에 나와 있을 때 원고는 본래의 청구인 부동산 인도청구가 집행불능인 사실을 증명한 때에 금전지급청구의 강제집행이 가능하다.

판례는 "회사의 대표이사가 그 회사 소유의 자동차에 대한 집달리의 강제집행을 방해하여 압류 불능케 하고 이로 말미암아 채권자에게 손해를 입게 하였다면 그 행위는 회사의 재산관리에 관한 직무집행범위 내에 속하는 행위라고 인정할 수 있으므로 회사가 그 손해를 배상할 책임이 있는 것이다"고 판시하고 있다.[20]

3. 소극적 요건

집행개시의 적극적 요건이 구비되어 있다고 하더라도 집행법원은 일정한 사유가 있으면 강제집행의 속행 또는 개시를 할 수 없는데, 이를 소극적 요건이라 한다. 집행법원이 이러한 강제집행의 속행 또는 개시할 수 없는 소극적 요건을 집행법원이 집행개시 전에 발견하였으면 각하를 하고, 집행개시 이후에 발견하면 집행절차를 취소하여야 한다.

이는 직권조사 사항으로서 집행법원은 강제집행의 개시나 속행에 있어서 집행장애사유에 대하여 직권으로 그 존부를 조사하여야 한다. 집행개시 전부터 그 사유가 있는 경우에는 집행의 신청을 각하 또는 기각하여야 하며, 만일 집행장애사유가 존재함에도 간과하고 강제집행을 개시한 다음 이를 발견한 때에는 이미 한 집행절차를 직권으로 취소하여야 한다.[21]

이러한 소극적 요건에 해당하는 집행 장해 사유로는 채무자의 파산, 채무자에 대한 회생절차, 개인회생절차, 집행정지 또는 취소의 서면 제출, 집행채권의 압류 그리고 신탁법상의 신탁재산 등이 있다.

---

20) 대판 1959. 8. 27. 4291민상395.
21) 대결 2000. 10. 2. 2000마5221.

(1) 채무자의 파산, 채무자에 대한 회생절차, 개인회생절차22)

1) 채무자의 파산

파산채권에 기하여 파산재단에 속하는 재산에 대하여 행하여진 강제집행·가압류 또는 가처분은 파산재단에 대하여는 그 효력을 잃는다. 다만, 파산관재인은 파산재단을 위하여 강제집행절차를 속행할 수 있다. 위와 같은 경우 파산관재인이 강제집행의 절차를 속행하는 때의 비용은 재단채권으로 하고, 강제집행에 대한 제3자의 이의의 소에서는 파산관재인을 피고로 한다(채무자회생법 348조 1항)

다만 파산재단에 속하는 재산상에 존재하는 유치권·질권·저당권·동산·채권 등의 담보에 관한 법률에 따른 담보권 또는 전세권을 가진 자는 그 목적인 재산에 관하여 별제권을 가진다. 별제권은 파산절차에 의하지 아니하고 행사한다(채무자회생법 411조, 412조).

강제경매개시 후 파산 등의 등기가 된 경우에는 당사자가 파산선고나 (개인)회생절차개시결정 등의 신고를 하지 않아도 더 이상 경매절차를 진행하지 않는다.

2) 채무자에 대한 회생절차

회생절차개시결정이 있는 때에는 파산 또는 회생절차개시의 신청, 회생채권 또는 회생담보권에 기한 강제집행 등, 국세징수의 예에 의하여 징수할 수 있는 청구권으로서 그 징수우선순위가 일반 회생채권보다 우선하지 아니한 것에 기한 체납처분의 행위를 할 수 없다. 그리고 파산절차, 채무자의 재산에 대하여 이미 행한 회생채권 또는 회생담보권에 기한 강제집행 등, 국세징수의 예에 의하여 징수할 수 있는 청구권으로서 그 징수우선순위가 일반 회생채권보다 우선하지 아니한 것에 기한 체납처분의 절차는 중지된다(채무자회생법 58조 1항, 2항).

3) 개인회생절차

개인회생절차개시의 결정이 있는 때에는 변제계획의 인가결정일 또는 개인회생절차 폐지결정의 확정일 중 먼저 도래하는 날까지 개인회생재단에 속하는 재산에 대한 담보권의 설정 또는 담보권의 실행 등을 위한 경매는 중지 또는 금지된다(채무자회생법 600조 2항).

---

22) 채무자의 파산 등에 대한 구체적인 내용은 후술하는 내용 참고.

(2) 집행정지 또는 취소의 서면 제출

이에 관하여는 본서 제2권을 참고하기 바란다.

(3) 집행채권의 압류 등

집행채권자의 채권자가 채무명의에 표시된 집행채권을 압류 또는 가압류, 처분금지가처분을 한 경우에는 압류 등의 효력으로 집행채권자의 추심, 양도 등의 처분행위와 채무자의 변제가 금지되고 이에 위반되는 행위는 집행채권자의 채권자에게 대항할 수 없게 되므로 집행기관은 압류 등이 해제되지 않는 한 집행할 수 없는 것이니 이는 집행장애사유에 해당한다고 할 것이다.[23]

(4) 신탁법상의 신탁재산

신탁법상의 신탁재산에 대한 "신탁"이란 신탁을 설정하는 자(이하 "위탁자"라 한다)와 신탁을 인수하는 자(이하 "수탁자"라 한다) 간의 신임관계에 기하여 위탁자가 수탁자에게 특정의 재산(영업이나 저작재산권의 일부를 포함한다)을 이전하거나 담보권의 설정 또는 그 밖의 처분을 하고 수탁자로 하여금 일정한 자(이하 "수익자"라 한다)의 이익 또는 특정의 목적을 위하여 그 재산의 관리, 처분, 운용, 개발, 그 밖에 신탁 목적의 달성을 위하여 필요한 행위를 하게 하는 법률관계를 말한다(신탁법 2조).

신탁재산에 대하여는 강제집행, 담보권 실행 등을 위한 경매, 보전처분(이하 "강제집행 등"이라 한다) 또는 국세 등 체납처분을 할 수 없다. 다만, 신탁 전의 원인으로 발생한 권리 또는 신탁사무의 처리상 발생한 권리에 기한 경우에는 그러하지 아니하다. 그리고 위탁자, 수익자나 수탁자는 위의 사항을 위반한 강제집행 등에 대하여 이의를 제기할 수 있다.

이 경우 제3자 이의의 소(민사집행법 48조)를 준용하여 위탁자, 수익자나 수탁자는 신탁재산에 대한 강제집행 등의 금지를 위반한 국세 등 체납처분에 대하여 이의를 제기할 수 있는데, 이의 없이 강제집행이 종료된 경우에는 당연무효가 되지 않는다(신탁법 22조).

---

23) 대결 2000. 10. 2. 2000마5221.

신탁법 제1조 제2항의 취지에 의하면 신탁법에 의한 신탁재산은 대내외적으로 소유권이 수탁자에게 완전히 귀속되고 위탁자와의 내부관계에서 그 소유권이 위탁자에게 유보되어 있는 것이 아닌 점, 신탁법 제21조 제1항은 신탁의 목적을 원활하게 달성하기 위하여 신탁재산의 독립성을 보장하는 데 그 입법취지가 있는 점 등을 종합적으로 고려하면, 신탁법 제21조 제1항 단서에서 예외적으로 신탁재산에 대하여 강제집행 또는 경매를 할 수 있다고 규정한 '신탁사무의 처리상 발생한 권리'에는 수탁자를 채무자로 하는 것만이 포함되며, 위탁자를 채무자로 하는 것은 여기에 포함되지 아니한다고 할 것이다.24)

---

24) 대판 2012. 7. 12. 2010다6759.

민사집행의 보조절차

 채권자가 집행권원에 기하여 채무자의 목적물에 대하여 강제집행을 하고자 할 때 채무자의 목적물이 무엇이 있는지 발견하기가 쉽지 않을 것이다. 이때에는 법원에 재산명시신청이나 재산조회신청을 하여 채무자 자신이 자발적으로 신고한 재산이나 일정한 기관에서 조회한 재산으로부터 강제집행을 용이하게 할 수 있다. 그래도 제대로 이행을 하지 않는 경우에는 채무불이행자 명부에 등재하여 각종 재산상의 거래에서 채무자에게 불이익을 당하게 할 수 있는데, 이를 '집행보조절차'라고 한다.

제1항 재산명시절차

1. 의의

재산명시명령은 법원이 채무자에 대하여 명시기일에 출석하여 재산관계를 명시한 재산목록을 제출하고 그 진실성을 선서하게 함으로써 채무자의 재산상태를 채무자 자신이 공개하는 절차이다.

2. 요건

금전집행권원을 내용으로 하는 집행권원에 따라 서면으로 신청하며 채권자가 채무자의 재산을 쉽게 찾을 수 없어야 한다. 따라서 강제집행의 경우에 적용하는 것이지 담보권의 실행에는 적용하지 않는다. 그리고 가집행선고가 있는 판결이나 가집행있는 배상명령도 제외된다.

신청서에는 ① 채권자·채무자와 그 대리인의 표시, ② 집행권원의 표시로서 채무자가 이행하지 아니하는 금전채무액, ③ 신청취지와 신청사유를 기재한다. 관할은 보통재판적이 있는 곳으로 자연인은 주소, 법인은 주된 사무소에 신청한다. 집행채무자는 소송능력과 선서능력이 있어야 한다. 따라서 소송무능력자는 법정대리인이 대신 하여야 하는데, 16세 이상인 자인 경우에는 본인이 선서하여야 한다.

【재산명시명령신청서】

<h1 style="text-align:center;">재산명시명령신청</h1>

채권자 : ○○은행
　　서울 강남구 ○○동 ○○○○
　　대표이사 ○○○
채무자 : ○○○
　　서울 서초구 ○○동 ○○○○

1. 집행권원의 표시
위 당사자 간 귀원 20 가단 ○○○호 대금청구 사건의 확정판결
2. 불이행금전채무액
금 50,000,000원(집행권원상의 채무금전액)

<h2 style="text-align:center;">신 청 취 지</h2>

채무자는 재산상태를 명시한 재산목록을 제출하라는 명령을 구합니다.

<h2 style="text-align:center;">신 청 이 유</h2>

　1. 채권자는 채무자에 대하여 위와 같은 집행권원을 가지고 있는 바, 채무자가 위 채무를 이행하지 아니하고 있습니다.

　2. 채권자는 강제집행을 하기 위하여 채무자의 재산을 백방으로 탐색하였으나, 채무자는 소유했던 부동산을 타인 앞으로 명의변경을 하고 동산 등 기타 재산을 숨기는 등 교묘한 방법으로 재산을 감추고 있어 강제집행을 할 수 없는 실정입니다.

　3. 그러므로 채무자로 하여금 재산상태를 명시한 재산목록을 제출하도록 명령하여 주시기 바랍니다.

<h2 style="text-align:center;">첨 부 서 류</h2>

　1. 집행력 있는 판결 정본 1통
　1. 송달증명서 1통

20 . 0. 0.

위 채권자 ○○은행
대표이사 ○○○
서울중앙지방법원 귀중

3. 재산명시명령에 대한 이의신청

이의신청은 명시명령을 한 법원에 한다. 채무자는 재산명시명령을 송달받은 날로부터 1주 이내에 이의신청을 할 수 있으며, 이의신청은 집행이의신청에 관한 규정을 준용한다. 재산명시신청의 요건을 갖추지 않았다는 것을 이유로 이의할 수 있다.

재산명시결정이 채무자에게 송달되면 시효중단의 효력이 있다.

4. 명시기일의 지정

명시명령에 대한 이의를 하지 아니하거나 채무자의 재산을 쉽게 찾을 수 있는 경우에는 기각한다. 법원은 재산명시를 위한 기일을 정하여 채무자에게 출석할 것을 요구하여야 하고 채권자에게도 통지한다. 채무자의 출석요구서 송달은 채무자 본인에게 하여야 하며, 채무자는 명시기일날 법원에 출석하여야 하나 채권자는 출석의무가 없다.

(1) 채무자는 명시기일에 다음의 재산목록을 법원에 제출하여야 한다

1) 강제집행의 대상이 되는 재산

2) 재산명시명령이 송달되기 전 1년 이내(명시명령이 채무자에게 송달된 날부터 소급하여 1년 이내 이하 같음)에 채무자가 한 부동산의 유상 양도

3) 재산명시명령이 송달되기 전 1년 이내에 채무자가 배우자, 직계혈족 및 4촌 이내의 방계혈족과 그 배우자, 배우자의 직계혈족과 형제자매에게 한 부동산 외의 재산의 유상양도

4) 재산명시명령이 송달되기 전 2년 이내에 채무자가 한 재산상 무상처분(다만 의례적인 선물은 제외)

5) 재산목록에 적을 사항과 범위는 아래와 같이 민사집행규칙 제28조 제2항에 정해져 있다.

【재산명시결정문】

서 울 중 앙 지 방 법 원
결   정

사   건   20   카명102445 재산명시
채 권 자

채 무 자   오○○
          서울 종로구
집 행 권 원   대전지방법원 천안지원 20   가단120486 부당이득금사건의 집행력 있는 확정판결정

주   문
채무자는 재산상태를 명시한 재산목록을 재산명시기일에 제출하라.

이   유
채권자의 위 집행권원에 기한 이 사건 신청은 이유 있으므로 민사집행법 제62조 제1항에 의하여 주문과 같이 결정한다.

20   . 7. 3.

판   사   송○○

주의: 1. 재산명시절차 안내 및 재산목록의 작성요령과 채무자가 작성하여 제출할 재산목록 양식은 추후 재산 명시기일출석요구서와 함께 보내 드릴 것이니 참고하시기 바랍니다.
      2. 재산명시명령을 송달받은 채무자는 명시기일에 출석하여 채무자가 작성, 제출하는 재산목록이 진실함을 선서하여야 하며, 정당한 사유 없이 명시기일에 출석하지 아니하거나 재산목록의 제출 또는 선서를 거부한 때에는 20일 이내의 감치에 처할 수 있고, 거짓의 재산목록을 제출한 때에는

재산목록에 적어야 할 재산(민사집행규칙 28조 2항)

1. 부동산에 관한 소유권·지상권·전세권·임차권·인도청구권과 그에 관한 권리이전청구권

2. 등기 또는 등록의 대상이 되는 자동차·건설기계·선박·항공기의 소유권, 인도청구권과 그에 관한 권리이전청구권

3. 광업권·어업권, 그 밖에 부동산에 관한 규정이 준용되는 권리와 그에 관한 권리이전청구권

4. 특허권·상표권·저작권·의장권·실용신안권, 그 밖에 이에 준하는 권리와 그에 관한 권리이전청구권

5. 50만원 이상의 금전과 합계액 50만원 이상의 어음수표

6. 합계액 50만원 이상의 예금과 보험금 50만원 이상의 보험계약

7. 합계액 50만원 이상의 주권·국채·공채·회사채, 그 밖의 유가증권

8. 50만원 이상의 금전채권과 가액 50만원 이상의 대체물인도채권(같은 채무자에 대한 채권액의 합계가 50만원 이상인 채권을 포함), 저당권 등의 담보물권으로 담보되는 채권은 그 취지와 담보물권의 내용

9. 정기적으로 받을 보수·부양료, 그 밖의 수입

10. 소득법세상의 소득으로서 제9호에서 정한 소득을 제외한 각종 소득 가운데 소득별 연간 합계액 50만원 이상인 것

11. 합계액 50만원 이상의 금·은·백금 제품

12. 품목당 30만원 이상의 시계·보석류·골동품·예술품과 악기

13. 품목당 30만원 이상의 의류·가구·가전제품 등을 포함한 가사비품

14. 합계액 50만원 이상의 사무가구

15. 품목당 30만원 이상의 가축과 농기계를 포함한 각종 기계

16. 합계액 50만원 이상의 농·축·어업생산품(1월 안에 수확할 수 있는 과실을 포함), 공업생산품과 재고상품

17. 제11호 내지 제16호 규정된 유체동산에 관한 인도청구권·권리이전청구권, 그 밖의 청구권

18. 제11호 내지 제16호에 규정되지 아니한 유체동산으로 품목당 30만원 이상인 것과 그에 관한 인도청구권·권리이전청구권, 그 밖에 청구권

19. 가액 30만원 이상의 회원권, 그 밖에 이에 준하는 권리와 그에 관한 이전청구권

20. 그 밖에 강제집행의 대상이 되는 것으로써 법원이 범위를 정하여 적을 것을 명한 재산

(2) 채무자의 재산목록 기재시 기준(민사집행규칙 29조 3항, 4항)

1) 권리의 이전이나 그 행사에 등기·등록 또는 명의개서가 필요한 재산으로서 제3자에게 명의 신탁되어 있는 신탁재산으로 등기 등이 되어 있는 것도 적어야 하며, 이 경우에는 명의자와 그 주소를 표시하여야 한다.

【재산명시명령에 대한 이의신청서】

재산명시명령에 대한 이의신청

사건 20 카기 ○○○재산명시

채권자: 주식회사 ○○은행
 서울 강남구 ○○동 ○○○○
 대표이사 ○○○
채무자: ○○○
 서울 서초구 서초동 ○○○○

위 당사자 간 재산명시명령신청사건에 따른 재산명시명령에 관하여 채무자는 전부 불복하므로 이의를 신청합니다.

20 . 0. 0.

채무자 ○○○
서울중앙지방법원 귀중

2) 위 재산목록에 적어야 할 재산 제8호 및 제11호 내지 제19호에 규정된 재산의 가액은 재산목록을 작성할 당시의 시장가격에 따르며, 만약 시장가격을 알기 어려운 경우에는 그 취득가액에 따른다.

3) 어음·수표·주권·국채·공채·회사채 등 유가증권의 가액은 액면금액으로 하며, 만약 시장가격이 있는 증권의 가액은 재산목록을 작성할 당시의 거래가격에 따른다.

4) 위 재산목록에 적어야 할 재산 제1호 내지 제4호에 규정된 것 가운데 미등기 또는 미등록인 재산에 대하여는 도면·사진 등을 붙이거나 그 밖에 적당한 방법으로 특정하여야 한다.

5) 법원은 필요한 때에는 채무자에게 재산목록에 적은 사항에 관한 참고자료의 제출을 명할 수 있다.

5. 주소보정명령

재산명시신청을 하였으나 폐문부재로 송달이 되지 않은 경우 법원으로부터 주소보정명령을 발하게 된다.

주소보정명령을 받은 채권자는 위 주소보정명령을 동사무소에 제출하고 채무자의 주민등록초본을 발급받을 수 있다.

채권자는 채무자의 주민등록초본과 재송달신청서를 작성하여 법원에 제출하여야 한다. 송달신청을 할 때는 가능한 야간 및 휴일 송달 등 집행관에 의한 특별송달로 신청하는 것이 송달진행에 유리하다.

재산명시신청이 채무자에게 송달되거나 송달될 수 없는 정당한 사유가 있고 재산명시신청으로 채무자의 재산을 파악할 수 없는 경우에 집행보조절차로 재산조회신청을 할 수 있다.

서 울 중 앙 지 방 법 원

주소보정명령사건 20 카기 ○○○재산명시

사   건   20 카명1024   재산명시
채 권 자   김○○
채 무 자   오○○

[채권자1   (귀하)]

　신청서에 기재된 당사자의 주소지로 송달한 결과 다음과 같은 사유로 송달되지 않았으므로, 채권자는 이 명령이 송달된 날로부터 7일 이내에 주소를 보정하시기 바랍니다.

　만일 위 기일내에 주소보정을 하지 아니하면 각하될 수 있으니 유의하시기 바랍니다.

　※ 채무자의 주소 확인을 위하여 주민등록표 초본(최근 1개월 내 발급, 주민등록번호가 모두 표시된 것)을 첨부하여 주시기 바랍니다.

채무자1   오○○
　　　　　주민등록번호 : 62
　　　　　주   소 : 서울
　　　　　[송달불능사유]   폐문부재

20 . 9. 3.

판   사

주소 변동 유무	변 동 있 음	□주소변동 없음	종전에 적어낸 주소에 그대로 거주하고 있음
		□주소 (주민등록상 주소가 변동)	
		□송달장소 (주민등록상 주소는 변동 없음)	
송달 신청	송 달 료 필 요	□재송달신청	종전에 적어낸 주소로 다시 송달
		□특별송달신청 (특별송달료는 지역에 따라 차이가 있을 수 있음)	□주간송달 □야간송달 □휴일송달
			□종전에 적어낸 주소로 송달 □새로운 주소로 송달 □송달장소로 송달
20 . 0. 0. 채권자			

[주소보정요령]

1. 채무자의 주소가 변동되지 않은 경우에는 주소변동 없음란의 □에 "√" 표시를 하고, 송달이 가능한 새로운 주소가 확인되는 경우에는 주소변동 있음란의 □에 "√" 표시와 함께 새로운 주소를 적은 후 이 서면을 주민등록표 초본 등 소명자료와 함께 법원에 제출하시기 바랍니다.

2. 법인 대표자의 주소로 송달장소를 보정할 경우에는 주소변동 있음란의 □에 "√" 표시와 함께 새로운 송달장소를 적은 후 이 서면을 대표자의 주민등록표 초본 등의 소명자료와 함께 법원에 제출하시기 바랍니다.

3. 채무자가 종전에 적어 낸 주소에 그대로 거주하고 있으면 재송달신청란의 □에 "√" 표시를 하여 이 서면을 주민등록표 초본 등 소명자료와 함께 법원에 제출하시기 바랍니다.

4. 수취인부재, 폐문부재 등으로 송달되지 않는 경우에 특별송달(집행관송달 또는 법원경위송달)을 희망하는 때에는 특별송달신청란의 □에 "√" 표시를 하고, 주간송달·야간송달·휴일송달 중 희망하는 란의 □에도 "√" 표시를 한 후, 이 서면을 주민등록 초본 등의 소명자료와 함께 법원에 제출하시기 바랍니다(특별송달에 필요한 송달료 추가납부와 관련된 문의는 재판부 또는 접수계로 하시기 바랍니다).

5. 목적의 수행을 위해서는 읍·면사무소 또는 동주민센터 등에 이 서면 또는 주소보정권고 등 상대방의 주소를 알기 위해 법원에서 발행한 문서를 제출하여 상대방의 주민등록표 초본 등의 교부를 신청할 수 있습니다(주민등록법 제29조 제2항 제2호, 동법 시행령 제47조 제5항 참조).

6. 재산명시신청 : 각하결정

서 울 중 앙 지 방 법 원

결   정

사   건   20   카명 00   재산명시
채 권 자   김○○

채 무 자   오○○
　　　　　　서울 종로구

주   문

이 사건에 관하여 재산명시명령을 취소하고, 신청인의 신청을 각하한다.

이   유

이 사건에 관하여 이 법원은 채권자가 보정한 채무자의 주소지로 송달하였으나 보정된 주소지로도 여전히 송달되지 아니하고, 기록상 민사소송법 제194조 제1항의 방법에 의하지 아니하고는 달리 송달할 방법이 없어 보이므로, 주문과 같이 결정한다.

20 . 0. 0.
판사 김○○

　　채권자가 재산명시명령신청을 하였으나 채무자에게 송달이 되지 않고 이후에 주소보정에 의하여도 송달이 불능된 경우 마지막으로 집행관 특별송달을 하게 된다.

　　그렇게 송달을 하여도 채무자에게 송달이 불능된 경우 법원은 재산명시명령을 취소하고 신청인의 신청을 각하한다.

　　이렇게 재산명시명령을 취소하고 신청인의 신청을 각하하는 결정을 한 경우 이후 채권자는 채무자를 상대로 재산조회신청을 할 수 있다.

　　재산조회신청은 채무자에게 어떠한 재산이 있는지 법원의 직권으로 강제적으로 조사할 수 있는 제도이다.

　　채권자가 재산조회신청을 하기 위해서는 재산명시명령을 신청할 때 첨부하였던 서류와 주민등록 초본(3개월 이내) 그리고 각하결정문을 첨부하여 신청하면 된다. 다만 채무자가 각하결정에 대하여 이의신청을 할 수 있기 때문에 각하결정이 송달된 후 7일 이후에 신청하여야 한다

7. 명시의무자에 대한 제재

(1) 감치결정

　　채무자가 명시기일에 정당한 사유없이 출석하지 아니하거나, 재산목록의 제출을 거부 또는 선서를 거부한 경우에는 법원은 결정으로 20일 이내의 감치에 처한다(민사집행법 68조 1항 1호). 채무자가 감치의 집행 중에 재산명시명령을 이행하겠다고 신청한 때에는 법원은 바로 명시기일을 열어야 하고 채무자가 그 기일에 출석하여 재산목록을 내고 선서하거나 신청채권자에 대한 채무를 변제하고 이를 증명한 때에는 감치결정을 취소하고 석방하도록 명한다.

　　채무자가 제출하여야 할 재산목록에는 채무자의 이름·주소와 주민등록번호 등을 적고 유상양도 또는 무상처분을 받은 사람의 이름·주소·주민등록번호 등과 그 거래내역을 적어야 한다.

(2) 형사처벌

채무자가 재산목록을 제출하였으나 그 내용이 허위인 경우에는 3년 이하의 징역 또는 500만원 이하의 벌금에 처한다. 그러나 재산명시신청에 성실이 응하지 아니하였다는 이유로 바로 형사처벌을 한다는 것은 무리가 있다는 지적에 따라 감치결정을 할 수 있도록 규정을 두고 있다.

8. 재산목록의 열람·복사

채무자가 명시기일에 제출한 재산목록은 명시신청을 하지 아니한 채권자도 열람 및 복사할 것을 신청할 수 있다(민사집행법 67조). 다만 그 밖의 채권자는 집행력 있는 정본과 강제집행의 개시에 필요한 문서를 붙여 열람·복사를 청구할 수 있다.

제 2 항   재산조회절차

1. 의의

재산조회는 민사집행법에서 새로 도입한 제도로서 재산명시절차를 진행하였으나 집행채권의 만족을 얻을 수 없는 경우 채권자의 신청에 따라 법원이 개인의 재산을 신용에 관한 전산망을 관리하는 공공기관·금융기관·단체 등에 채무자 명의의 재산에 관한 조회를 하고 그 결과를 채무자 제출의 재산목록에 준하여 관리하는 제도이다. 재산명시제도가 채무자의 자발적의 협조에 의한 것이라면 재산조회제도는 법원이 적극적으로 채무자의 재산을 조회하는 제도이다.

2. 요건

채권자가 재산조회신청을 하기 위해서는 다음과 같은 요건 중 어느 하나에 해당하는 경우에 재산명시를 신청한 채권자의 신청에 따라 개인의 재산 및 신용에 관한 전산망을 관리하는 공공기관·금융기관·단체 등에 채무자명의의 재산에 관하여 조회할 수 있다(민사집행법 74조 1항).

(1) 채무자에 대한 재산조회를 하기 위하여는 채무자에게 재산명시명령이 공시송달이나 우편송달(발송송달) 외의 방법으로 송달되어 재산명시절차가 종료될 것이 요구되었으므로 채무자가 도주하거나 그 밖의 사유로 채무자의 주소를 알 수 없는 경우에는 채권자가 재산조회 제도를 이용할 수 없었다. 따라서 새로운 개정 민사집행법은 채무자의 주소를 알 수 없는 경우에도 채권자는 다음 요건을 갖춘 경우에는 재산조회신청을 할 수 있게 되었다.[1]

우선 재산명시절차에서 채권자가 제62조 제6항의 규정[2]에 의한 주소보정명령을 받고도 민사소송법 제194조 제1항의 규정[3]에 의한 사유로 인하여 채권자가 이를 이행할 수 없었던 것으로 인정되는 경우이다(민사집행법 74조 1항 1호). 즉, 재산명시절차에서 채권자가 주소보정명령을 받고도 당사자의 주소 또는 근무장소를 알 수 없는 경우 또는 외국에서 하여야 할 송달에 관하여 따를 수 없거나 이에 따라 효력이 없을 것으로 인정되는 경우에 법원사무관 등은 직권으로 또는 당사자의 신청에 따라 공시송달을 할 수 있다. 따라서 채권자는 보정명령에 의하여도 채무자의 주소를 알수 없는 경우 위와 같은 내용에 따라 재산조회신청을 할 수 있게 되었다.

---

[1] 법원공무원교육원, 민사집행실무, 법원공무원교육원, 2020, 144면.

[2] 재산명시신청의 결정이 채무자에게 송달되지 아니한 때에는 법원은 채권자에게 상당한 기간을 정하여 그 기간 이내에 채무자의 주소를 보정하도록 명하여야 한다(민사집행법 62조 6항).

[3] 민사소송법 제194조(공시송달의 요건) ① 당사자의 주소등 또는 근무장소를 알 수 없는 경우 또는 외국에서 하여야 할 송달에 관하여 제191조의 규정에 따를 수 없거나 이에 따라도 효력이 없을 것으로 인정되는 경우에는 법원사무관등은 직권으로 또는 당사자의 신청에 따라 공시송달을 할 수 있다. ② 제1항의 신청에는 그 사유를 소명하여야 한다. ③ 재판장은 제1항의 경우에 소송의 지연을 피하기 위하여 필요하다고 인정하는 때에는 공시송달을 명할 수 있다. ④ 재판장은 직권으로 또는 신청에 따라 법원사무관등의 공시송달처분을 취소할 수 있다

(2) 재산명시절차에서 채무자가 제출한 재산목록의 재산만으로는 집행채권의 만족을 얻기에 부족한 경우(민사집행법 74조 1항 2호)

(3) 재산명시절차에서 채무자가 채무자가 정당한 사유없이 명시기일에 출석하지 아니하거나 재산명시기일에 출석하였더라도 재산목록의 제출을 거부 또는 선서를 거부 경우(민사집행법 68조 1항)

(4) 재산명시절차에서 채무자가 거짓의 재산목록을 제출한 경우(민사집행법 68조 9항).

신청 사유를 소멸함에 있어서 제68조 제1항 각호의 사유는 재산명시기록이 있을 때는 따로 소멸할 필요가 없다. 제47조 제1항 제2호의 사유는 채무자가 제출한 재산목록에 기재된 내용에 대한 개략적인 평가액, 채무자가 다른 채권자에게 부담하고 있는 채무액에 대한 소명자료를 제출하여야 한다.

3. 신청방식

재산조회 신청의 관할법원은 재산명시신청을 실시한 법원이고(민사집행법 74조 1항) 이는 전속관할이다. 재산조회신청을 하고자 할 때는 서면으로 하여야 하며 신청의 사유를 소명하여야 한다. 신청서는 ① 채권자, 채무자, 집행권원의 표시, 채무자가 이행하지 않은 금전채무액, 신청취지와 신청이유, ② 조회할 공공기관, 금융기관 또는 단체, ③ 조회할 재산의 종류, ④ 과거재산의 조회를 신청할 때에는 그 취지와 조회기간이다. 재산조회를 신청할 때에는 채무자의 주민등록초본(1개월 이내에 전 주소 기재), 채무자의 주소, 주민등록번호, 그 밖에 채무자의 인적사항에 관한 자료를 내야 하며 재산조회비용도 납부하여야 한다.

【재산조회명령신청서】

재산조회명령신청

채권자: ○○은행
서울 강남구 ○○동 ○○○○
대표이사 ○○○
채무자: ○○○
서울 서초구 서초동 ○○○○

1. 집행권원의 표시
   위 당사자 간 귀원 20 가단 000호 대여금청구 사건의 확정판결
2. 불이행금전채무액
   금 50,000,000원(집행권원상의 채무금전액)

신 청 취 지

별지 목록기재 공공기관 및 금융기관에 대하여 채무자의 재산조회를 실시한다
라는 명령을 구합니다.

신 청 이 유

1. 채권자는 채무자에 대하여 위와 같은 집행권원을 가지고 있는 바, 채무자가 위 채무를 이행하지 아니하고 있습니다.
2. 채권자는 강제집행을 하기 위하여 채무자의 재산을 백방으로 탐색하였으나, 채무자는 소유했던 부동산을 타인 앞으로 명의변경을 하고 동산 등 기타 재산을 숨기는 등 교묘한 방법으로 재산을 감추고 있어 강제집행을 할 수 없는 실정입니다.
3. 그리하여 채권자는 귀원의 재산명시명령신청을 하여 귀원 20 카기 000호로 재산명시절차를 진행하였으나, 채무자는 기일에 출석하지 아니하여(또는 채무자가 제출한 재산목록은 재산적 가치가 없어 이를 강제집행하여도 채권자의 채권을 만족할 수 없으므로) 별지 공공기관 및 금융기관에 대하여 채무자의 재산조회를 하여 주실 것을 신청합니다.

첨 부 서 류

1. 집행문, 집행권원: 각 1통
1. 송달증명서
1. 확정증명원
1. 재산조회신청서
1. 주민등록초본(과거주소포함)
1. 재산명시신청: 각하결정문
1. 별지목록

20 . 0. 0.
위 채권자 ○○은행
대표이사 ○○○
서울중앙지방법원 귀중

【재산조회신청서】

재 산 조 회 신 청 서

채 권 자	
채 무 자	오○○ 서울 종로구
조회대상기관 조회대상재산	별지와 같음
재산명시사건	20 카명10 재산명시
집행권원	대전지방법원 선고 20 가단120 부당이득금 사건의 집행력 있는 판결정본
불이행채권액	일금 1 원
신청취지	위 기관의 장에게 채무자 명의의 위 재산에 대하여 조회를 실시한다.
신청이유	1. 채권자는 채무자에 대하여 위와 같은 집행권원을 가지고 있는 바, 채무자가 위 채무를 이행하지 아니하고 있습니다. 2. 채권자는 강제집행을 하기 위하여 채무자의 재산을 백방으로 탐색하였으나, 부동산 등 기타 재산을 숨기는 등 교묘한 방법으 로 재산을 감추고 있어 강제집행을 할 수 없는 실정입니다. 3. 그리하여 채권자는 귀원에 재산명시명령신청을 하였으나 폐 문부재로 송달되지 못해 20 . 0. 0.자로 각하종결되어 채권자로 서는 채무자의 재산을 도저히 알 수 없으므로 별지목록 공공기 관 및 금융기관에 대하여 채무자의 재산조회를 하여 주실 것을 신청합니다.
비용환급용 예금계좌	신한은행 1002
첨부서류	1. 재산조회신청 2. 확정증명원 3. 송달증명원(1) 4. 별지목록 5. 오인규초본－1 6. 오인규초본－2 7. 각하결정(주소불명) 8. 집행문 9. 판결문_1

채권자의 재산조회신청이 그 요건을 갖추고 사실이 소명되어 이유 있다고 인정된 경우에는 법원은 조회 시에 채무자의 인적사상을 적은 문서에 의하여 조회할 기관장·단체장에게 그 기관·단체가 전산망으로 관리하는 채무자 명의의 재산에 관하여 실시한다. 금융기관에 대한 조회 시에는 해당하는 금융기관에 일괄조회하는 것에 한하며 모든 금융기관에 예치된 예금채권을 조회할 수 없다. 그러나 채권자는 조회할 금융기관을 여러 곳 선택하여 신청할 수는 있다.

4. 재산조회서의 기재사항

① 채무자의 이름과 주소, 주민등록번호 등 채무자의 인적사항
② 조회할 재산의 종류
③ 조회에 대한 회답기한
④ 조회에 대한 취지와 조회기간

5. 조회 대상기관 및 재산

재산조회를 할 수 있는 기관은 개인의 재산과 신용에 관한 전산망을 관리하는 공공기관, 금융기관, 단체 중에서 민사집행규칙 별표에 기재된 기관이고 전자소송에서 각 기관별 조회 대상 금액이 산정되어 있다. 원하는 해당기관을 체크하면 전체 금액이 산정되며, 이에 대한 금액을 전자소송에서 부여받은 가상계좌로 납부하면 재산조회가 진행된다.

【별지목록】

순번	재산종류	기관분류	조회대상 재산 / 조회대상기관의 구분	개수	기관별/재산별 조회비용	예납액
1	토지·건물의 소유권	법원행정처	☐현재조회 ☑현재조회와 소급조회 ※ 소급조회는 재산명시신청일이 송달되기 전 2년 안에 채무자가 보유한 재산을 조회합니다. 과거주소 1. 서울 종로구 2. 서울 종로구 3. 서울 종로구 ※부동산조회는 채무자의 주소가 반드시 필요하고, 현재주소 이외에 채무자의 과거주소를 기재하면 보다 정확한 조회를 할 수 있습니다.	0 1	20,000원 40,000원	0원 40000원
2	건물의 소유권	국토교통부	☑국토교통부 ※ 이동식 건물 등을 세밀하여 건축물대장상의 소유권을 조회합니다.	1	무료	0원
3	특허권·디자인권·실용신안권·상표권	특허청	☐특허청	0	20,000원	0원
4	자동차·건설기계의 소유권	한국교통안전공단	☑한국교통안전공단 조회신청을 하면 한국 모든 시도의 자동차·건설기계소유권에 대하여 조회됩니다. ※ 특별시, 광역시, 도 및 특별자치시·도의 (구)교통안전공단에 대하여 하던 자동차·건설기계의 소유권 조회는 한국교통안전공단으로 통합되었습니다.	1	5,000원	5000원
5	「금융실명거래 및 비밀보장에 관한 법률」 제2조제2호에 따른 금융자산 (다음부터 "금융자산"이라 한다) 중 계좌별로 시가 합계액이 50만원 이상인 것	「은행법」에 따른 은행, 「한국산업은행법」에 따른 한국 산업은행 및 「중소기업은행법」에 따른 중소기업은행	☑국민은행 ☑광주은행 ☑국민은행 ☑기업은행 ☑신협 ☑수협중앙회 ☑대구은행 ☑코리츠비시UFJ은행 ☐메트로은행 ☑부산은행 ☑W뱅크은행 ☑하나은행 ☑스탠다드차타드은행(구.SC제일은행) ☐신용은행 ☑우리금융저축은행(우.우리은행) ☑제주은행 ☑제이피모간 제이스은행 ☐제주은행 ☑레디어코리글로코퍼레이트인베스트먼트블크시블지점 (우.뱅크오브) ☑국민은행 ☑미래은행 ☐파키스탄국립은행 ☑나쁜은행(한국외환은행합병) ☑농업은행	11	기관별 5,000원	55000원
			☐부스러스본은행 ☐타라은행 ☐로버은행 ☐아시스미드로은행 ☐미영금 크리에이터은행 ☐소시에떼제네탈은행 ☐엠지 파리바은행 ☐티더르스코리은행 ☑유바즈은행 ☐스티스은행 ☐크레디스위스은행(구.크레디트스위스퍼스트보스톤은	0	기관별 5,000원	

【재산조회정보기관: 납부금액】

납 부 확 인 서

● 결제 확인정보

법 원	서울중앙지법	사건번호	2020카조10'
원고		피고	오
사 용 자			
결제구분	가상계좌		
납부은행	신한은행	가상계좌번호	5621
납부금액	14' '원	가상계좌발급일자	2020.
납부상태	납부	납부일자	2020.'

● 법원보관금 납부정보

금 액		14')원
보관금종류		재산조회예납금
납부인	성 명	
	주민(사업자) 등록번호	
	주 소	
	전화번호	010-'
환급계좌	환급은행	신한은행
	계좌번호	110

※ 재산조회정보기관(납부금액 방법): 재산조회 정보 기관의 목록을 전자소송에서 작성하여 제출한 이후 조회할 대상 기관수에 따라 산정된 금액을 전자소송에서 납부한다. 납부방법은 전자소송에서 소송비용납부→서류제출: 민사집행서류→사건번호: 재산조회신청사건→납부→가상계좌납부→입금→완료 순으로 진행된다.

6. 조회의 결과

서울중앙지방법원
재산조회서

사 건 : 20 카조10   재산조회   재판부 : 제51단독

신청인 :

채무자 : 오

　　　　서울 종로구

위 사건에 관하여 별지와 같이 채무자의 소유의 재산에 대하여 조회하오니 회보하여 주시기
바랍니다.

20 . 10. 28.

사 법 보 좌 관 　　성

재산조회 내역

[1]	
채무자 성명	오
채무자 주소	1. 서울특별시 종로구 2. 서울특별시 종로구 3. 서울특별시 종로구
조 회 기 관	■ 법원행정처
조회할 재산	토지.건물의 소유권
기 준 일	20 . 10. 28.
[2]	
채무자 성명	오
채무자 주소	서울 종로구
조 회 기 관	■ 국토교통부
조회할 재산	건물의 소유권(소유자 현황)
기 준 일	20 . 10. 28.
[3]	
채무자 성명	오
채무자 주소	서울 종로구
조 회 기 관	■ 뉴욕멜론은행

보정서	선택
보정서_첨부	선택
조회명령	선택
회보서_뉴욕멜론은행_	선택

소유자성명	식별번호	대지위치	도로명주소	건축물명칭	동명칭	소유권변동
오	20 카조10	서울특별시 종로구 지	서울특별시 종로구 :1			등기명의인표 변경

※ 상기 자료이외에 조회대상자의 소유현황 없음
※ 건축물대장상 조회 결과로 등기부등본과 상이할 수 있음
접수번호 202010300

※ 위와 같이 법원에서 은행이나 국토교통부 등 해당하는 기관에 재산조회명령을 하면
일반적으로 한 달 이내에 재산조회한 내역을 법원에 제출한다. 그리고 채권자는 각
기관에서 법원에 제출한 재산조회 내역을 열람하거나 복사를 하여 강제집행을 한다.

법원은 신청이 정당하면 별도로 결정서를 작성할 필요 없이 재산조회를 실시한다. 이에 대하여 채무자는 이의신청을 할 수 있다.

공공기관·금융기관·단체 등은 정당한 사유없이 재산조회 등에 대하여 거부하지 못한다. 만약 조회받은 기관·단체의 장이 정당한 사유없이 거짓 자료를 제출하거나 자료제출을 거부한 때에는 법원은 결정으로 500만원 이하의 과태료에 처할 수 있다. 재산조회의 결과는 강제집행의 목적 이외에는 사용할 수 없으며, 이에 위반하여 사용한 경우에는 2년 이하의 징역이나 500만원 이하의 벌금에 처할 수 있도록 규정하고 있다(민사집행법 76조).

7. 조회결과의 관리

법원은 조회한 결과를 채무자의 재산목록에 준하여 관리하여야 한다. 재산조회의 결과 열람이나 복사는 채무자에 대하여 강제집행을 개시할 수 있는 채권자 뿐만 아니라 채무자에게 강제집행을 실시할 수 있는 채권자도 재산목록을 보거나 복사할 것을 신청할 수 있다(민사집행법 67조).

재산조회결과의 열람·출력의 신청은 ① 채권자와 그 대리인의 이름·주소·주민등록번호 등, ② 채무자의 주소 또는 주민등록번호 등, ③ 재산조회 신청사건의 표시(재산조회를 신청한 채권자가 재산조회결과의 열람·출력을 신청한 경우에 한한다) 등의 사항을 적은 서면에 의하여야 한다. 그리고 채무자에 대하여 강제집행을 개시할 수 있는 채권자로서 재산조회신청을 하지 아니한 채권자가 재산조회결과의 열람·출력을 신청하는 때에는 집행권원의 사본을 제출하여야 하고 전담관리자는 채권자와 그 대리인의 신분 및 대리권이 있음을 확인하여야 한다(재산조회규칙 13조).

제 3 항   채무불이행명부

1. 의의

채무불이행자 명부는 일정한 금전채무를 일정기간 내에 이행하지 아니하거나 재산명시절차에서 감시·처벌대상이 되는 행위를 한 채무자에게 한다. 법원은 재판에 따라 채무자에 관한 일정한 사항을 채무불이행자명부에 등재하여 일반인의 열람에 제공한다.

2. 신청요건

(1) 금전의 지급을 명한 집행권원이 확정된 후 또는 집행권원을 작성한 후 채무를 이행하지 않은 때 할 수 있다. 여기서 가집행선고가 있는 판결은 제외한다.

(2) 쉽게 강제집행을 할 수 있다고 인정할 만한 명백한 사유가 없어야 한다.

(3) 채권자의 서명에 의한 신청이 있어야 한다.

(4) 채무자의 보통재판적이 있는 곳의 지방법원에 한다.

(5) 정당한 사유없이 재산명시기일에 출석하지 아니한 때, 재산명시명령에 의한 재산목록의 제출을 거부한 때, 재산명시기일에 선서를 거부한 때, 재산명시기일에 허위의 재산목록을 제출한 때 할 수 있다.

3. 신청방식

채무불이행명부신청은 재산명시신청에 관한 규정을 준용하여 채권자와 채무자, 대리인의 표시, 집행권원의 표시, 채무자가 이행하지 아니하는 금전채무액, 신청취지와 신청사유, 채무자의 주소를 소멸하는 자료 등을 서면으로 작성하여 신청한다.

【채무불이행자명부등재신청서】

채무불이행자명부등재신청

채권자: 주식회사 ○○은행
　　　　　서울 강남구 ○○동 ○○○○
채무자: ○○○
　　　　　서울 서초구 서초동 ○○○○

1. 집행권원의 표시
위 당사자 간 귀원 20 가단 ○○○호 대여금청구 사건의 확정판결
2. 불이행금전채무액
금 50,000,000원(집행권원상의 채무금전액)

신 청 취 지

채무자를 채무불이행자명부에 등재한다.
라는 재판을 구합니다.

신 청 이 유

1. 채권자는 채무자에 대하여 위와 같은 집행권원을 가지고 있습니다.
2. 위 판결은 20 . 0. 0. 확정되었는 바, 그 후 6개월이 지나도록 채무자는 위 채무를 이행하지 아니하고 있습니다.
3. 그러므로 신청취지 기재와 같은 재판을 구하고자 이 사건 신청을 합니다.

첨 부 서 류

1. 확정판결 정본: 1통
1. 채무이행최고서: 1통
1. 주민등록표: 1통

20 . 0. 0.

위 채권자 ○○은행
대표이사 ○○○

서울중앙지방법원 귀중

4. 등재신청에 대한 재판 및 명부의 비치

(1) 재판

채무불이행 명부등재신청이 정당한 이유가 있는 때에는 법원은 채무자를 채무불이행 명부에 올리는 결정을 한다. 등재신청에 정당한 이유가 없거나 쉽게 강제집행할 수 있다고 인정할 만한 명백한 사유가 있는 때에는 법원은 결정으로 신청을 기각한다.

(2) 명부의 비치

채무불이행명부는 등재결정을 한 법원에 원본을 비치한다. 법원은 채무불이행명부의 부본을 채무자의 주소지 시·구·읍·면의 장에게 보내야 한다(민사집행법 72조 2항).

법원은 채무불이행명부의 부본을 일정한 금융기관의 장이나 금융기관 관련 단체의 장에게 보내어 채무자에 대한 신용정보로 활용하게 할 수 있다(민사집행법 72조 3항). 채무불이행명부나 그 부본은 누구든지 보거나 복사할 것을 신청할 수 있다(민사집행법 72조 4항). 그러나 인쇄물 등으로 공표되어서는 안 된다(민사집행법 72조 5항).

5. 명부등재의 말소

명부등재는 다음과 같은 사유가 있을 때 신청이나 직권으로 말소한다.

(1) 변제, 그 밖의 사유로 채무가 소멸되었다는 것이 증명된 때 당사자의 신청으로 말소신청한다.

(2) 채무불이행명부에 오른 다음 해부터 10년이 지난 때에 법원은 직권으로 말소하는 결정을 한다.

【채무불이행자 명부등재결정】

서 울 중 앙 지 방 법 원
결정

사건 20 카명 ○○○ 채무불이행자명부등재

채권자: 주식회사 ○○은행
　　　서울 강남구 ○○동 ○○○
　　　대표이사 ○○○
채무자: ○○○
　　　서울 서초구 서초동 ○○○

주문
채무자를 채무불이행자명부에 등재한다.

이유
채무자는 이 법원 20 ． 0. 0. 선고 20 가단000호 대여금청구사건의 판결이 확정된 후 6개월 이내에 금 50,000,000원의 채무금을 이행하지 아니하였으므로 민사집행법 제71조 제1항에 따라 주문과 같이 결정한다.

20 ． 0. 0.

사법보좌관 ○○○ (인)

chapter

04

파산절차 및 회생절차

제 1 절
파산절차에서 강제집행의 제한

　　채무자 회생 및 파산에 관한 법률(약칭: 채무자회생법)은 재정적 어려움으로 인하여 파탄에 직면해 있는 채무자에 대하여 채권자·주주·지분권자 등 이해관계인의 법률관계를 조정하여 채무자 또는 그 사업의 효율적인 회생을 도모하거나, 회생이 어려운 채무자의 재산을 공정하게 환가·배당하는 것을 목적으로 한다(채무자회생법 1조). 다시 말해서 회생절차개시결정이 있는 때에는 채무자 업무의 수행과 재산의 관리 및 처분을 하는 권한은 관리인에게 전속하며 회생채권 또는 회생담보권에 기한 강제집행 등을 할 수 없다(채무자회생법 56조, 58조 2항).

제1항 파산선고

파산선고로 인하여 파산재단에 속하는 재산에 대하여 행하여진 강제집행·가압류 또는 가처분은 파산재단[1]에 대하여 그 효력을 잃는다. 그러므로 파산채권에 기하여 파산재단에 속하는 재산에 대한 강제집행이나 보전처분은 할 수 없게 된다.

판례는 "파산절차는 모든 채권자들을 위한 포괄적인 강제집행절차이고 파산선고에 의하여 채무자는 파산재단을 구성하는 재산에 관한 관리처분권을 상실하고 그 관리처분권이 파산관재인[2]에게 전속하는바, 이러한 취지에서 채무자회생법 제348조 제1항은 "파산채권에 기하여 파산재단에 속하는 재산에 대하여 행하여진 강제집행·가압류 또는 가처분은 파산재단에 대하여는 그 효력을 잃는다. 다만, 파산관재인은 파산재단을 위하여 강제집행절차를 속행할 수 있다"라고 규정하고 있으므로, 파산채권에 기하여 파산재단에 속하는 재산에 대한 별도의 강제집행은 원칙적으로 허용되지 않는다고 할 것이다"고 판시하고 있다.

즉 파산채권에 기하여 파산재단에 속하는 재산에 대하여 행하여진 강제집행·가압류 또는 가처분은 파산재단에 대하여는 그 효력을 잃게 되며, 이에 반하는 강제집행이나 보전처분은 무효가 된다.

---

1) 채무자가 파산선고 당시에 가진 모든 재산은 파산재단에 속한다(채무자회생법 382조).
2) 파산관재인은 관리위원회의 의견을 들어 법원이 선임하며 법인도 파산관재인이 될 수 있다. 파산관재인은 1인을 원칙으로 하지만 법원이 필요하다고 인정하는 때에는 여럿의 파산관재인을 선임할 수 있다. 그리고 파산관재인은 법원의 감독을 받으며 파산재단에 관한 소송에서는 파산관재인이 당사자가 된다.

제 2 항 면제재산(파산재단에 속하지 아니하는 면제재산)

면제재산에 속하는 재산은 강제집행뿐만 아니라 파산재단에도 속하지 않는다. 법원은 개인인 채무자의 신청에 의하여 다음 각호의 어느 하나에 해당하는 재산을 파산재단에서 면제할 수 있다(채무자회생법 383조).[3]

1. 최저생계비

채무자 또는 그 피부양자의 주거용으로 사용되고 있는 건물에 관한 임차보증금반환청구권으로서 주택임대차보호법 제8조(보증금중 일정액의 보호)의 규정에 의하여 우선변제를 받을 수 있는 금액의 범위 안에서 대통령령이 정하는 금액을 초과하지 아니하는 부분, 채무자 및 그 피부양자의 생활에 필요한 6월간의 생계비에 사용할 특정한 재산을 말한다.

2. 면제재산 목록

법원은 개인인 채무자의 신청에 의하여 파산재단에서 면제할 재산의 신청은 파산신청일 이후 파산선고 후 14일 이내에 면제재산목록 및 소명에 필요한 자료를 첨부한 서면으로 하여야 한다. 그리고 법원은 신청일부터 14일 이내에 면제 여부 및 그 범위를 결정하여야 한다.

---

3) 대결 2013. 9. 16. 2013마1438; 채권압류 및 추심명령에 대한 즉시항고는 집행력 있는 정본의 유무와 그 송달 여부, 집행개시요건의 존부, 집행장애사유의 존부 등과 같이 채권압류 및 추심명령을 할 때 집행법원이 조사하여 준수할 사항에 관한 흠을 이유로 할 수 있을 뿐이고, 집행채권의 소멸 등과 같은 실체상의 사유는 이에 대한 적법한 항고이유가 되지 아니한다. 그런데 채무자회생법에 의한 면책결정이 확정되어 채무자의 채무를 변제할 책임이 면제되었다고 하더라도, 이는 면책된 채무에 관한 집행권원의 효력을 당연히 상실시키는 사유는 되지 아니하고 다만 청구이의의 소를 통하여 그 집행권원의 집행력을 배제시킬 수 있는 실체상의 사유에 불과하며, 한편 면책결정의 확정은 면책된 채무에 관한 집행력 있는 집행권원 정본에 기하여 그 확정 후 비로소 개시된 강제집행의 집행장애사유가 되지 아니한다. 따라서 채무자회생법에 의한 면책결정이 확정되어 채무자의 채무를 변제할 책임이 면제되었다는 것은 면책된 채무에 관한 집행력 있는 집행권원 정본에 기하여 그 확정 후 신청되어 발령된 채권압류 및 추심명령에 대한 적법한 항고이유가 되지 아니한다.

3. 강제집행의 중지

법원은 파산선고 전에 면제신청이 있는 경우에 채무자의 신청 또는 직권으로 파산선고가 있을 때까지 면제재산에 대하여 파산채권에 기한 강제집행, 가압류 또는 가처분의 중지 또는 금지를 명할 수 있다.

제 3 항 면책신청

파산채권표의 기재는 채무자에 대하여 확정판결과 동일한 효력이 있기 때문에 파산절차가 종결되거나 파산폐지의 결정이 확정된 이후에 채권자는 파산채자표의 기재에 의하여 강제집행을 할 수 있다(채무자회생법 535조 2항).

그러나 면책신청이 있고, 파산폐지결정의 확정 또는 파산종결결정이 있는 때에는 면책신청에 관한 재판이 확정될 때까지 채무자의 재산에 대하여 파산채권에 기한 강제집행·가압류 또는 가처분을 할 수 없고, 채무자의 재산에 대하여 파산선고 전에 이미 행하여지고 있던 강제집행·가압류 또는 가처분은 중지된다(채무자회생법 557조). 면책을 신청한 자에 대하여 파산선고가 있는 때에는 법원은 기일을 정하여 채무자를 심문할 수 있다.

다만 법원은 다음 각호의 어느 하나에 해당하는 때에는 면책신청을 기각할 수 있으며(채무자회생법 559조), 면책신청이 기각된 채무자는 동일한 파산에 관하여 다시 면책신청을 할 수 없다.

1. 채무자가 신청권자의 자격을 갖추지 아니한 때
2. 채무자에 대한 파산절차의 신청이 기각된 때
3. 채무자가 절차의 비용을 예납하지 아니한 때
4. 그 밖에 신청이 성실하지 아니한 때

제 2 절
강제집행의 실효

📌 제 1 항　부동산에 대한 강제집행

파산관재인이 파산선고 결정등본을 원인으로 강제집행의 취소신청을 하는 경우 집행법원으로서는 부동산에 대한 경매개시결정의 기입등기를 말소촉탁을 하여야 한다. 다만 부동산경매가 진행되어 매수인이 대금을 납부한 이후에 파산 선고가 이루어진 경우에는 매수인의 소유권취득은 법률의 규정에 의한 물권변동 이기 때문에 소유권은 유효하게 취득하게 된다.[1]

판례는 "파산절차는 파산선고를 받은 채무자에 대한 포괄적인 강제집행절차 로서 이와 별도의 강제집행절차는 원칙적으로 필요하지 않는다. 그리고 구 파산 법(2005. 3. 31. 법률 제7428호로 폐지되기 전의 것)도 이러한 취지에서 파산선고로 인 하여 파산자가 파산선고시에 가지고 있던 일체의 재산은 파산재단을 구성하며 (구 파산법 6조), 파산재단에 속하는 재산에 대한 파산자의 관리·처분권능이 박탈 되어 파산관재인에게 전속하고(구 파산법 7조), 파산채권자는 파산선고에 의하여 개별적 권리행사가 금지되어 파산절차에 참가하여서만 만족을 얻을 수 있다(구 파산법 14조, 15조). 그리고 이미 개시되어 있는 강제집행이나 보전처분은 실효된 다고(구 파산법 61조) 규정하고 있으므로, 결국 구 파산법에 강제집행을 허용하는 특별한 규정이 있거나 구 파산법의 해석상 강제집행을 허용하여야 할 특별한 사

---

1) 정영식, "개인파산절차와 강제집해절차", 민사집행법 연구, 제6권, 한국민사집행법학회, 2010, 22면.

정이 있다고 인정되지 아니하는 한 파산재단에 속하는 재산에 대한 개별적인 강제집행은 허용되지 않는다"고 판시하고 있다.[2]

즉 파산선고로 인하여 파산자가 파산선고 시에 가지고 있던 일체의 재산은 파산재단을 구성하며, 파산관재인에게 전속하고 부동산이나 이외의 채권 등의 강제집행도 취소된다.

제 2 항   보전처분

보전처분은 파산선고에 의하여 당연히 실효된다. 파산관재인이 파산선고 등을 원인으로 집행법원에 가압류·가처분의 집행취소를 하면 집행법원에서는 가압류·가처분등기의 말소촉탁을 하여야 한다.

다만 부동산 경매절차에서 가압류채권자를 위하여 배당금이 공탁된 후 채권자 승소의 본안판결이 확정된 이후 채무자에 대하여 파산이 선고되더라도 채권소멸의 효력은 유지된다. 이때 가압류채권자가 본안의 승소판결 확정 이후 공탁금을 수령하지 않고 있는 동안 채무자의 파산관재인이 채무자에 대하여 파산선고가 있었다는 이유로 공탁금을 출급한 경우, 부당이득에 해당한다.[3]

---

2) 대결 2008. 6. 27. 2006마260.
3) 대판 2018. 7. 26. 2017다234019.

제 3 절
개인회생제도와 파산제도

제1항 개인회생제도

1. 의의

개인회생제도란 과다한 채무로 인하여 지급불능 상태에 있거나 지급불능의 상태에 있는 채무자에게 최저생계비를 제외한 나머지 금액만을 급여에서 제외하고 나머지 금액을 납부하게 하는 제도를 의미한다. 다시 말해서 재정적으로 어려움에 처하여 파탄에 직면하고 있는 개인 채무자가 급여 등 일정한 수입을 얻고 있는 경우에 채권자 등 이해관계인의 법률관계를 조정하여 채무자 또는 그 사업의 효율적인 회생을 도모하거나, 회생이 어려운 채무자의 재산을 공정하게 환가·배당하는 것을 목적으로 하여 본 제도가 시행되고 있다(채무자회생법 1조).

본 제도는 채무자가 월 소득에서 생계비를 제외한 나머지 금액을 채권자에게 3년 내지 5년간 변제하면 나머지 채무를 면제받을 수 있는 제도이다.

2. 신청자격

개인회생신청은 채무의 종합이 최소 천만원 이상이며, 최저생계비 이상의 일정소득이 있어야 하는데 소득형태는 무관한다. 그리고 총 채무액이 무담보책임의 경우에는 5억원 이하, 담보채무의 경우에는 10억원 이하인 개인 채무자로서 장래 계속적 또는 반복하여 수입을 얻을 가능성이 있는 자가 3년 내지 5년간 일정한 금액을 변제하면 나머지 채무의 면제를 받을 수 있도록 하는 제도를 의미하며 채무종류와는 관계없다.[1]

3. 장점

(1) 채권자의 동의없이 원금을 탕감받을 수 있다.

(2) 사채 및 사금융을 포함하여 모든 채무를 조정대상으로 한다.

(3) 교수, 공무원, 임원 등의 자격이 유지된다.

(4) 가압류, 압류, 강제집행 등의 중지 및 금지를 할 수 있다.

(5) 채무자의 재산 보유가 가능하다.

(6) 일정금액의 임차보증금과 6개월 동안의 생계비 등 사용재산을 확보할 수 있다.

(7) 사정에 따라 변제변경이 용이하며 사정에 따라 특별면책도 가능하다.

---

[1] 그리고 사업의 계속에 현저한 지장을 초래하지 아니하고는 변제기에 있는 채무를 변제할 수 없는 경우, 채무자에게 파산의 원인인 사실이 생길 염려가 있는 경우, 채무자가 주식회사 또는 유한회사인 때에는 자본의 10분의 1이상에 해당하는 채권을 가진 채권자 그리고 채무자가 주식회사 또는 유한회사가 아닌 때에는 5천만원 이상의 금액에 해당하는 채권을 가진 채권자는 회생절차 개시를 신청할 수 있는 자격이 있다(채무자회생법 34조 1항, 2항). 판례는 "주식회사인 채무자에 대한 임금·퇴직금 등의 채권자는 채무자가 주식회사 또는 유한회사인 때 자본의 10분의 1이상에 해당하는 채권을 가진 경우 회생절차 개시를 신청할 수 있다"고 판시하고 있다.

제 2 항   개인파산제도

1. 의의

개인인 채무자가 개인 사업 또는 소비활동 등의 결과 자신의 재산으로 모든 채무를 변제할 수 없는 경우 그 채무의 정리를 위하여 스스로 파산신청을 하는 경우를 개인파산이라고 한다.

개인파산신청을 하여 파산선고 후 면책을 받으면 모든 채무를 면제받을 수 있으며, 이에 대한 기록도 남지 않아 새로운 출발을 할 수 있다.

2. 목적

개인파산제도의 주된 목적은 모든 채권자가 평등하게 채권을 변제받도록 보장함과 동시에 채무자가 파산절차 종료 후 면책절차를 통하여 남아 있는 채무에 대하여 변제의 책임을 면제받아 경제적으로 회생 및 갱생할 수 있는 기회를 부여하는 목적을 가지고 있다.

3. 신청자격

개인파산의 신청자격은 재산이 없고 현재 혹은 계속적으로 소득이 없거나 있어도 생계비 이하인 경우, 건강 또는 특별한 사유로 소득활동을 하지 못하는 경우 신청할 수 있으며 신용불량자가 아니어도 신청할 수 있다. 그리고 개인파산신청의 경우 채무금액에 대한 제한은 없다. 따라서 은행, 보험, 카드, 보증, 개인 간의 채무, 물품 대금 등 채무종류와 관계없이 신청할 수 있다.

제 3 항   개인회생과 파산제도의 차이점

개인회생은 장래에 계속적으로 수입을 얻을 가능성이 있는 개인 채무자가 일정금액을 변제하면 나머지 채무를 면제받을 수 있다는 장점이 있다. 이에 반하여 개인파산제도는 개인 채무자가 자신의 재산으로 모든 채무를 변제할 수 없는 지급불능의 상태에 있는 경우 개인의 채무를 정리할 수 있는 장점이 있다.

파산선고를 받으며 상당한 사회적·법적 불이익을 받는 단점이 있다. 그러나 파산절차 종료 후 면책절차를 통하여 경제적으로 재기·갱생할 수 있는 기회도 있다. 개인회생절차에서는 위와 같은 파산선고로 인한 불이익은 없으나 개인회생절차개시결정 이후의 장래의 소득까지도 채무변제에 사용하여야 하는 점에서 차이가 있다.

예컨대 채무자 소유의 부동산에 대하여 임의경매개시결정이 나온 상태에서 채무자에 대하여 개인회생이나 파산이 진행 중인 경우 채권자는 채무자가 개인회생을 진행 중이라면 별제권에 포함되어 매각대금으로부터 배당을 받고 그래도 남은 금액은 채무자의 개인회생채권으로 변제를 받게 된다. 그러므로 채무자는 회생채권자 목록에 근저당권이 포함되어 있다면 회생의 매달 변제금을 제외하고 변제를 해야 담보권 실행을 당하지 않게 된다. 별제권은 파산재단에 속하는 재산상에 존재하는 유치권, 질권, 저당권, 동산·채권 등의 담보에 관한 법률에 따른 담보권 또는 전세권을 가진 자는 그 목적인 재산에 관하여 별제권을 가지며(채무자회생법 411조), 별제권은 파산절차에 의하지 않고 행사할 수 있다(채무자회생법 412조).

그러므로 별제권의 경우에는 파산절차의 영향을 받지 않고 언제든지 담보권을 실행하여 변제를 받을 수 있다. 그러나 회생절차의 경우는 중지명령이나 개시결정이 나면 담보권 실행은 중지가 된다. 그렇기 때문에 파산절차보다는 회생절차에서 별제권이 중요하다고 볼 수 있다.

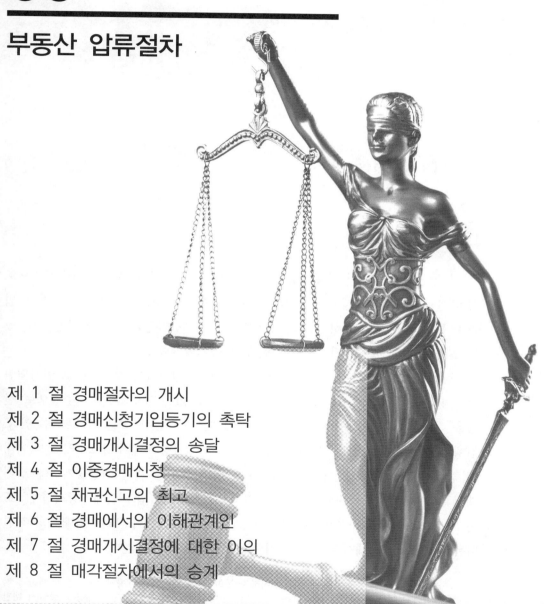

chapter

05

부동산 압류절차

제1절
경매절차의 개시

🌑 제1항   서설

1. 의의

　　부동산경매에 대한 강제집행은 그 부동산이 있는 곳의 지방법원에 서면으로 신청한다(민사집행법 4조, 79조). 그리고 강제경매신청서에는 채권자·채무자와 법원의 표시, 부동산의 표시 그리고 경매의 이유가 된 일정한 채권과 집행할 수 있는 일정한 집행권원을 기재하여야 한다(민사집행법 80조).

　　집행법원은 신청서와 첨부서류를 형식적으로 심사하여 적법하다고 인정되면 강제경매개시결정을 하며, 그 하자가 보정될 수 없는 것인 때에는 결정으로 신청을 각하한다.[1] 신청자는 각하를 한 것에 대하여 즉시항고를 제기할 수 있다. 집행법원은 경매신청에 하자가 없다고 인정되면 신청서 접수일로부터 2일 이내에 강제경매개시결정을 한다(송민91-5). 그리고 법원은 관할 관할등기소에 경매개시결정에 대한 촉탁명령을 하며 등기소장은 등기부 '갑구'란에 "강제경매" 또는 "임의경매"라고 등기를 하는데, 이를 "압류" 라고 한다. 또는 경매가 시작된다는 의미로 "경매개시결정기입등기"를 하였다고 하기도 한다.

---

1) 각하란 민사소송법상 절차적 요건을 구비하지 못한 경우 실체적인 내용에 대한 본안 재판을 하지 아니하고 법원이 재판을 배척하는 것을 의미한다. 민사소송법상 신청의 내용을 종국적 재판에서 이유없다고 하여 배척하는 것을 말한다.

강제경매에 있어서 채권의 일부청구를 한 경우에 그 경매절차개시를 한 후에는 청구금액의 확장은 허용되지 않고 그 후에 청구금액을 확장하여 잔액의 청구를 하였다 하여도 배당요구의 효력밖에는 없는 것이다. 다만 강제경매 개시결정에 의하여 압류의 효력이 발생한 후에 채무자가 경매부동산을 처분하여 그 등기를 경료하였고 그 후에 청구금액 확장신청이 있고 먼저한 강제경매 사건이 강제경매 절차에 의하지 않고 종료하였다면 청구금액 확장신청 이전에 소유권이전등기를 경료한 제3취득자는 그 소유권 취득을 확장신청인에게 대항할 수 있다.[2]

2. 경매신청의 요건

(1) 강제경매

집행당사자, 집행력 있는 집행권원, 집행권원에 대한 송달증명서, 반환의무의 이행 또는 이행의 제공(주택임차인이 판결에 의한 경매를 신청하는 경우는 주택임대차보호법 제3조의2 제1항에 의하여 임대인에게 명도를 하여 주지 않고도 할 수 있다) 등이 필요하다.

공유물지분을 강제경매하는 경우에는 채권자의 채권을 위하여 채무자의 지분에 대한 경매개시결정이 있음을 등기부에 기입하고 다른 공유자에게 그 경매개시결정이 있다는 것을 통지하여야 한다. 그리고 최저매각가격은 공유물 전부의 평가액을 기본으로 채무자의 지분에 관하여 정하여야 한다. 다만, 그와 같은 방법으로 정확한 가치를 평가하기 어렵거나 그 평가에 부당하게 많은 비용이 드는 등 특별한 사정이 있는 경우에는 그러하지 아니하다(민사집행법 139조).

(2) 임의경매

담보권의 존재를 증명하는 서류(담보권의 존재를 증명하는 등기부등본 1통), 피담보채권을 소명할 서류(피담보채권을 증명할 수 있는 서류 1통). 전세권자인 경우는 반대급부의 이행을 제공해야 한다. 전세권자의 전세목적물인도 및 전세권설정등기 말소의무와 전세권설정자의 전세금반환채무는 동시이행의 관계에 있기 때문에

---

2) 대결 1983. 10. 15. 83마393.

전세권자가 경매를 신청하는 경우는 목적물에 대한 인도의무 및 전세권설정등기의 말소의무에 대한 이행을 하여 전세권설정자를 이행지체에 빠뜨려야 한다.

【사례 부당이득사건의 집행력 있는 정본에 의한 부동산 강제경매】

부동산강제경매신청서

채권자   김○○

채무자겸
소유자   서○○

청구채권 및 집행권원의 표시
금 13   원 채권자의 채무자에 대한 대전지방법원   20 . 5. 13. 선고
2019가단   부당이득금 청구사건의 집행력 있는 판결정본

금   원 및 이에 대하여 20 . 2. 21.부터 다 갚는 날까지 연 12%의 비율로 계산한 돈을 지급하라.

매각할 부동산 표시
별지 부동산의 표시 기재와 같음

신 청 취 지
별지 목록 기재 부동산에 대하여 경매절차를 개시하고 채권자를 위하여 이를 압류한다라는 재판을 구합니다.

신 청 이 유
채무자는 채권자에게 위 집행권원에 따라 위 청구금액을 변제하여야 하는데, 이를 이행하지 아니하므로 채무자 소유의 위 부동산에 대하여 강제경매를 신청합니다.

첨 부 서 류

1. 집행력 있는 판결정본
2. 집행권원_판결정본
3. 집행권원_판결정본
4. 집행문
5. 송달증명원
6. 확정증명원
7. 채무자의 주민등록초본
8. 부동산등기사항증명서
9. 부동산등기사항증명서
10. 부동산의 표시목록
11. 등기촉탁수수료
12. 부동산강제경매신청서
13. 등록교육세

20 . 1. 29.

채권자 김○○

서울중앙지방법원 귀중

부동산의 표시

1. 서울시 종로구 ○○○
   대 120.㎡
2. 위 지상
   연화조 평 슬래브지붕 2층 근린생활시설
   1층 50.92 ㎡
   2층 50.92 ㎡ 끝.

※ 부동산강제경매신청을 하기 위해서는 앞에서 설명한 바와 같이 우선 집행력 있는 집행권원과 송달증명원, 채무자 소유의 부동산등기부 등을 첨부하여 부동산 소재지 관할법원에 신청한다. 신청할 때에는 대법원 전자소송을 이용하는 것이 편리하다. 아래에서는 전자소송을 통하여 강제경매를 신청하는 방법을 살펴보도록 한다.

※ 대법원 전자소송으로 부동산강제경매신청을 하기 위해서는 전자소송에 회원으로 가입하고 공인인증서로 접속한다. 그리고 메뉴 중에 민사집행서류를 클릭하면 위와 같은 내용이 나온다. 그리고 "부동산 강제경매 신청서"를 클릭하면 1단계 문서 작성으로 다음과 같은 화면이 보여진다.

민사집행 서류(부동산강제경매) 홈 > 서류 제출 > 민사집행 서류

1 단계 / 문서작성

1단계 문서작성　2단계 전자제출　3단계 소송 비용납부　4단계 문서제출

1 신청정보　　　**2** 첨부서류　　　**3** 작성문서확인

사건기본정보

사건명	부동산강제경매
청구원금	1,600,000,000 원 ☑

[필수입력]
* 청구원금에는 이자 및 지연손해금을 계산한 금액을 기재하고, 청구금액에 청구원금 및 이자, 지연손해금을 기재합니다.(작성예시 참조)

청구금액	작성 예시 (104 / 2000 Bytes)
	금 △△△,△△△원 및 이에대한 △△△△.△△.△△ 부터 다 갚을 때까지 연 △△%의 이율에 의한 지연 손해금

집행법원의 표시	(0 / 2000 Bytes)
	○○지방법원 20○○가단○○○○호 집행력있는 판결정본

제출법원	서울중앙지방법원 ☑ 관할법원 찾기
선택사건	법 원　서울중앙지방법원
	사건번호 2021　하경 ☑　　　확인
집행대상 목록건수	0 건

선택사건 항목은 제출법원에서 등록한 소유자의 목록들에 대한 경매사건이 진행되고 있는 경우에만 입력하여야 합니다.

청구금액을 최하로 입력하시는 경우 서울의국공원개싱 기초 공을 등록 참고하여 신청인 기준의 확화환산금액을 입력하여야 합니다.

저 :

등록면허세목록

시도코드	등록세납부번호	등록면허세	교육세	납부자명	삭
		조회결과가 존재하지 않습니다.			

등기촉탁수수료목록

납부구분	납부번호	납부금액	납부자명	납부일자	삭
		조회결과가 존재하지 않습니다.			

등록면허세목록　　　　　　　　　　　　　　　　　　　　**등록면허세입력**

시도코드	등록세납부번호	등록면허세	교육세	납부자명	삭제
		조회결과가 존재하지 않습니다.			

등기촉탁수수료목록　　　　　　　　　　　　　　　　　　**등기촉탁수수료입력**

납부구분	납부번호	납부금액	납부자명	납부일자	삭제

※ 여기서 등록면허세 납부방법은 부동산 소재지 관할 시, 구, 구청 세무과에서 발급이 가능한데, 위택스 홈페이지에서도 간단하게 발급받을 수 있다.

위택스 홈페이지 주소: https://www.wetax.go.kr/

※ 등록면허세를 납부하면 위와 같은 납부확인서를 발급받는다. 여기서 납세번호를 전자소송의 등록면허세 입력란에 기입하여야 한다.

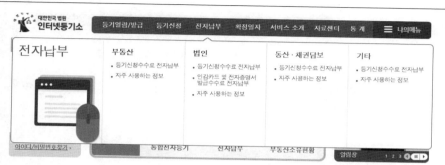

※ 등기신청 수수료를 납부하기 위해서는 인터넷 등기소 사이트에 접속한다 (http://www.iros.go.kr/PMainJ.jsp). 그리고 위의 사이트를 클릭하고 전자 납부→등기신청수수료 전자납부의 메뉴를 클릭하여 작성하면 등기신청수수료 전자납부 영수증을 발급받을 수 있다.

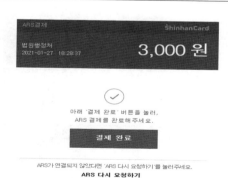

※ 등록면허세는 위택스 홈페이지(https://www.wetax.go.kr/)에서 납부하면 된다. 그리고 등기신청수수료 납부는 위의 인터넷 등기소에서 납부하면 된다.

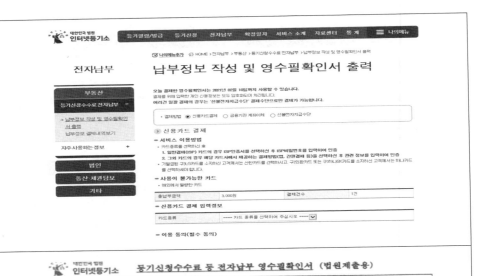

 절 취 선

※ 전자소송 등기신청수수료 납부메뉴에서 위의 납부번호를 기입하여야 다음 단계로 넘어간다.

● 결제 확인정보

법 원	서울중앙지방법원	사건번호	2021타경10C
원고		피고	오'
사 용 자			
결제구분	신용카드		
결제금액(수수료포함)	422.	승인번호	3704
거래번호	ECF2021012900	결제승인일자	2021.01.29

● 소송등인지 납부정보

금 액	4.50		
납부사유	접수시		
납 부 인	성 명		
	주민(사업자)등록번호		
	주 소		
납부당사자	성 명		
환급계좌	환급은행	신한은행	
	계좌번호	1100(	
	예금주		

● 송달료 납부정보

금 액	408.

대한민국 법원
전자소송

[검색] 로그아웃 | 사이트맵 | ENGLISH 화면크기 □□ 고객지원센터

서류제출 송달문서확인 열람/발급 제증명 납부/환급 나의전자소송 전체메뉴보기

납부/환급
- 소송비용납부
- 전자납부내역
- 가상계좌내역
- 인지액환급청구

소송비용 납부 홈 > 납부/환급 > 소송비용 납부

화면도움말 | 출력

▶ 전자납부
● 사건기본정보

법 원	서울중앙지방법원	사건번호	2021타경10
재 판 부	경매	사 건 명	부동산강제경매
채 권 자		채무자겸소유자	오'
채 무 자			

01. 납부방식

◉가상계좌 ○계좌이체 ○신용카드 ○휴대폰소액결제

☑ 법원보관금 납부

· 금액		8 원 (일) 보관금안내
보관금종류		경매예납금
납부인	· 성명	
	· 주민(사업자)등록번호	
	· 주소	
	· 전화번호	010 - -
· 환급계좌		신한은행 계좌번호 110 계좌확인 (예금주는 납부인과 동일하여야 함)

▶ 법원보관금은 가상계좌 납부방식을 선택한 경우에만 납부 할 수 있습니다.

03. 결제정보

납부방식	가상계좌
가상계좌 납부은행	신한은행
가상계좌 번호	납부버튼을 누르면 다음 화면에서 가상계좌 번호를 확인할 수 있습니다.

▶ 가상계좌 납부는 전자결제 수수료가 부과되지 않습니다.

(인지액) 0원 + (송달료) 0원 + (법원보관금) 8 원 = (총 납부금액) 8 원

[납부]

※ 부동산강제경매신청 등기신청수수료와 송달료 등을 전자소송으로 납부하면 위와 같
이 납부확인서를 발급받을 수 있다.

※ 이후 부동산경매사건번호를 부여받고 납부/환급 → 소송비용납부 → 법원보관금납부에
서 경매예납금을 납부하면, 집행법원은 부동산등기부에 강제경매를 등기촉탁하고 감
정평가서, 매각물건명세서 등을 작성하여 경매를 진행한다.

제2항 조사할 사항

1. 심리방식

경매신청서가 접수되면 다음과 같은 사항을 심리하여, 하자가 보정될 수 있는 것인 때에는 보정명령을 내리고, 그 하자가 보정될 수 없는 것인 때에는 각하를 한다.

① 신청서 방식의 흠결 여부
② 관할의 적법 여부(부동산소재지 관할법원)
③ 경매의 집행개시요건

2. 경매부동산에 대한 조치

(1) 상속등기하지 않은 부동산에 대한 조치

채권자(등기권리자)는 채무자가 피상속인 부동산을 상속등기를 하지 않은 경우에는 단독으로 대위에 따른 상속등기를 하고 상속인(채무자)을 상대로 강제집행을 할 수 있다(부동산등기법 23조, 28조).[3] 이때 대위의 원인이 되는 증명의 서류는 채무자로 기재되어 있는 담보권이나 집행권원이면 된다.

그리고 피상속인 소유의 부동산에 관하여 피상속인과의 사이에 매매 등의 원인행위가 있었으나 아직 등기신청을 하지 않고 있는 사이에 상속이 개시된 경우 그러한 경우에는 상속등기를 거칠 필요가 없이 바로 매수인 앞으로 등기명의를 이전하여 강제집행을 할 수 있다.

판례는 "피상속인 소유의 부동산에 관하여 피상속인과의 사이에 매매 등의 원인행위가 있었으나 아직 등기신청을 하지 않고 있는 사이에 상속이 개시된 경

---

3) 부동산등기법 제28조(채권자대위권에 의한 등기신청) ① 채권자는 「민법」 제404조에 따라 채무자를 대위(代位)하여 등기를 신청할 수 있다. ② 등기관이 제1항 또는 다른 법령에 따른 대위신청에 의하여 등기를 할 때에는 대위자의 성명 또는 명칭, 주소 또는 사무소 소재지 및 대위원인을 기록하여야 한다.

우, 상속인은 신분을 증명할 수 있는 서류를 첨부하여 피상속인으로부터 바로 원인행위자인 매수인 등 앞으로 소유권이전등기를 신청할 수 있고, 그러한 경우에는 상속등기를 거칠 필요가 없이 바로 매수인 앞으로 등기명의를 이전할 수있으며, 이러한 법리는 상속인과 등기권리자의 공동신청에 의한 경우 뿐만 아니라 피상속인과의 원인행위에 의한 권리의 이전·설정의 등기청구권을 보전하기 위한 처분금지가처분신청의 인용에 따른 법원의 직권에 의한 가처분기입등기의 촉탁에서도 그대로 적용되므로, 상속관계를 표시한 기입등기의 촉탁이 있을 경우 적법하게 상속등기를 거침이 없이 가처분기입등기를 할 수 있다"고 보고 있다.4)

(2) 미등기부동산에 대한 조치

미등기부동산에 대하여 경매신청권자가 다음과 같은 서류를 첨부하여 경매를 신청하면 집행법원은 경매신청서 부동산 표시란에 미등기라는 취지를 기재하고 관할등기소에 소유권보존등기를 촉탁하게 된다. 촉탁등기를 받은 등기관은 직권으로 소유권보존등기를 하고 그 등기부에 경매개시결정등기를 한 다음 집행법원에 등기부를 송부한다.

(1) 등기부의 기재와 일치해야 한다. 부동산 목록의 기재가 등기부와 일치하지 않는 경우에는 경매개시결정을 하기 전에 채권자에 보정명령을 내린다.

(2) 미등기부동산에 대해서는 채무자의 소유를 증명할 수 있는 서류를 제출하여야 한다. 예컨대 토지인 미등기부동산에 관하여는 토지대장, 소유권확인판결, 피상속인(재산을 물려줄 사람)이 토지대장 또는 임야대장에 소유자로서 등기되어 있는 경우, 수용으로 소유권을 취득한 자 등이다. 건물인 경우는 가옥대장, 건축물대장, 피상속인이 소유자로서 등기되어 있는 것을 증명하는 자, 판결 또는 시·구·읍·면장의 서면에 의하여 자기의 소유임을 증명하는 자, 수용으로 소유권을 증명하는 자 등이 해당한다.

---

4) 대판 1995. 2. 28. 94다23999.

(3) 독립성이 없는 구분건물

집합건물로 인정되기 위해서는 구분건물이 구조상·이용상 독립성이 있어야 한다. 구분건물이 독립성이 없는 경우에는 경매를 진행할 수 없다.

판례는 "1동의 건물의 일부분이 구분소유권의 객체가 될 수 있으려면 그 부분이 구조상으로나 이용상으로 다른 부분과 구분되는 독립성이 있어야 하고, 그 이용 상황 내지 이용 형태에 따라 구조상의 독립성 판단의 엄격성에 차이가 있을 수 있으나, 구조상의 독립성은 주로 소유권의 목적이 되는 객체에 대한 물적 지배의 범위를 명확히 할 필요성 때문에 요구된다고 할 것이므로 구조상의 구분에 의하여 구분소유권의 객체 범위를 확정할 수 없는 경우에는 구조상의 독립성이 있다고 할 수 없다"고 판시하고 있다.5) 이렇게 구분소유권의 객체로서 적합한 물리적 요건을 갖추지 못한 건물의 일부는 그에 관한 구분소유권이 성립될 수 없는 것이어서, 건축물관리대장상 독립한 별개의 구분건물로 등재되고 등기부상에도 구분소유권의 목적으로 등기되어 있어 이러한 등기에 기초하여 경매절차가 진행되어 이를 낙찰받았다고 하더라도, 그 등기는 그 자체로 무효이므로 낙찰자는 그 소유권을 취득할 수 없다.6)

따라서 구조상 및 이용상에 독립성이 구분건물에 대해서는 법원은 경매개시결정 등기 이후에는 경매를 취소하여야 하며, 설사 경매가 진행되어 낙찰이 되었더라도 매수인의 소유권도 인정될 수 없다.

---

5) 대판 1999. 11. 9. 99다46096.
6) 대판 1999. 11. 9. 99다46096.

【임의경매개시결정】

서울중앙지방법원
결 정

사건: 20 타경8482 부동산 임의경매
채권자: 주식회사 ○○은행(리스크관리부)
      서울 중구
      대표이사 이○○
채무자: ○○주식회사
      서울 송파구
      대표   박○○

주 문
채무자 소유의 별지 기재 부동산에 대한 경매절차를 개시하고, 채권자를 위하여 이를 압류한다.

청구금액
금 342,390,771원 및 위 금원 중 금 16,542,029원에 대하여는 20 . 3. 20.부터 금 18,671,884원에 대하여는 20 . 3. 1.부터 금 18,671,884원에 대하여는 1996. 3. 1.부터 금 47,404,970원에 대하여는 20 . 3. 24.부터 금 80,000,000원에 대하여는 20 . 1. 31.부터 금 13,500,000원에 대하여는 20 . 5. 25.부터 금 36,500,000원에 대하여는 20 . 3. 26.부터 금 36,000,000원에 대하여는 20 . 3. 28.부터 금 35,000,000원에 대하여는 20 . 4. 18.부터 금 29,200,000원에 대하여는 20 . 5. 22.부터 금 10,900,000원에 대하여는 20 . 5. 22.부터 각 완제일까지 연 1할 8푼의 비율에 의한 연체금

이 유
위 채권에 대한 저당권의 실행을 위하여 20 . 2. 19. 채권자가 한 신청은 이유 있으므로 주문과 같이 결정한다.

20 . 2. 24.

사법보좌관 한○○

【강제경매개시결정】

서 울 중 앙 지 방 법 원

결   정

```
사   건    20  타경10    부동산강제경매
채 권 자    김○○
채 무 자    오○○
            서울
            [등기부상 주소 : 서울특별시              ]
소 유 자    채무자와 같음
```

주   문
별지 기재 부동산에 대하여 경매절차를 개시하고 채권자를 위하여 이를 압류한다.

청 구 금 액
금 1   원 및 이에 대한 지연손해금

이   유
위 청구금액의 변제에 충당하기 위한 대전지방법원   20 가단12   부당이득금 사건의 집행력 있는 판결정본에 의한 채권자의 신청은 이유 있으므로 주문과 같이 결정한다.

20 . 2. 17.

사법보좌관   민○○

※ 각 법원 민원실에 설치된 사건검색 컴퓨터의 발급번호조회 메뉴를 이용하거나, 담당 재판부에 대한 문의를 통하여 이 문서 하단에 표시된 발급번호를 조회하시면, 문서의 위, 변조 여부를 확인하실 수 있습니다.

부동산의 표시

20   타경10

1. 서울특별시
   [도로명주소] 서울특별시
   위 지상
      연와조 평슬래브지붕 2층
      근린생활시설
      1층   ㎡
      2층   ㎡
2. 서울특별시
      대   ㎡

※ 경매신청은 특별한 사유가 없으면 경매신청일로부터 2일 이내에 경매개시결정을 한다.

※ 경매개시결정을 할 때에는 압류 대상 부동산인 별지목록의 부동산의 표시를 첨가하여 결정을 한다.

※ 부동산의 표시에는 압류 대상 부동산의 건물과 토지의 면적, 주소를 기재해야 한다.

경매신청기입등기의 촉탁

서울중앙지방법원
등기촉탁서(기입)

사법보좌관: 한○○(인)

사건 20 타경 8482　　　부동산임의경매　　강남등기소장 귀하
부동산의 표시　　　　　별지와 같음
등기권리자　　　　　　주식회사 ○○은행(리스크관리부): 서울 중구
대표이사　　　　　　　이○○
등기의무자　　　　　　박○○: 서울 강남구
등기원인과 그 년월일　20 . 2. 24. 부동산 임의경매개시결정
등기목적　　　　　　　부동산임의경매신청기입등기
과세표준　　　　　　　금 342,390,771원
등록세　　　　　　　　금　　684,780원
교육세　　　　　　　　금　　136,950원
첨부　　　　　　　　　결정정본 부

위 등기를 촉탁합니다. (등본작성: 20 . 2. 13)
20 . 2. 24.
사법보좌관 한○○(인)

제1항 의의

집행법원이 경매개시결정을 하였을 때에는 그 사유를 등기부에 기입할 것을 관할등기소에 촉탁한다. 위와 같이 경매개시결정등기를 하는 이유는 그 부동산에 대하여 압류가 되었다는 점을 공시하여 제3자를 보호하기 위함이다.[1]

 제2항 촉탁의 요령

집행법원은 경매개시결정이 나면 채무자와 등기소에 송달한다. 그러나 채무자에게 송달하기 전 관할등기소에 먼저 경매개시결정기입등기를 촉탁한다. 이는 경매개시결정기입등기가 완료되기 전에 채무자가 제3자에게 권리를 이전하여 채권자가 피해를 당하는 것을 미연에 방지하기 위해서이다.

제3항 경매개시결정의 효력(압류)

1. 발생시기

경매개시결정에 의한 압류의 효력은 그 결정이 채무자 또는 민사집행법 제94조의 규정에 따라 등기가 된 때에 효력이 생긴다(민사집행법 83조 4항). 양 시기 중 먼저 된 시기에 경매개시결정의 효력인 압류의 효력이 발생한다.

---

1) 예컨대 경매개시결정등기가 되어 있는데도 불구하고 이후에 주택을 임차한 사람은 주택임대차보호법에 따라, 상가건물을 임차한 사람은 상가건물임대차보호법에 따른 소액임차인 최우선변제 대상이 되지 않고, 이유없는 임차인으로 보아 간단한 인도명령결정으로 내보낼 수가 있다.

2. 압류의 방법

압류의 방법은 대상 재산의 종류에 따라 다르다. 부동산 압류는 강제경매나 임의경매로 등기 혹은 채무자에게 송달된 때 중 먼저 된 시기, 유체동산의 압류는 봉인 그리고 채권은 제3채무자에게 압류가 송달된 때 압류의 효력이 발생하는 방법을 택하고 있다.

3. 압류의 효력

압류는 목적재산의 처분을 금지하는 효력이 있다. 그러나 압류재산의 관리와 이용은 가능하다. 압류의 효력이 미치는 범위는 원칙적으로 저당권의 효력이 미치는 범위와 같다. 따라서 부합물, 종물 그리고 종된 권리에도 압류의 효력이 미친다. 그리고 압류 후에 채무자가 한 처분행위는 압류채권자에 대해서만 대항할 수 없어 무효이고 처분 후에 집행절차에 참가한 이중압류채권자나 배당요구채권자와의 관계에서는 완전히 유효하다고 보는 개별상대효설의 입장에 있는 것이 우리 판례의 입장이다. 따라서 압류 후에 유치권을 취득한 제3자와 대항요건을 갖춘 주택과 상가의 임차인은 경매절차의 매수인에게 대항할 수 없다.

4. 압류효력의 소멸

경매개시결정에 따른 압류의 효력은 매각대금의 교부 또는 배당, 경매신청의 취하, 집행의 취소 등으로 집행이 종료되면 당연히 소멸한다. 이외에도 목적물이 멸실되면 그에 대한 압류의 효력이 소멸하게 된다.

5. 진행내용

20 .02.17	개시결정	20 .02.17 도달
20 .02.17	등기소 중부등기소(서울)에게 기입등기(록)촉탁서 발송	
20 .02.18	등기소 중부등기소(서울) 등기필증 제출	
20 .02.22	감정평가명령	
20 .02.22	배당요구종기결정 (공고일: 20 .02.22. 종기일: 20 .05.03)	
20 .02.22	현황조사명령	
20 .02.22	채권자 ○○에게 개시결정정본 발송	20 .02.24 도달
20 .02.22	채무자 겸 소유자 ○○○에게 개시결정정본 발송	
20 .02.23	주무관서 국민건강보험공단 종로지사에게 최고서 발송	20 .02.23 송달간주
20 .02.23	주무관서 종로세무서에게 최고서 발송	20 .02.23 송달간주
20 .02.23	주무관서 서울시 종로구청장에게 최고서 발송	20 .02.23 송달간주
20 .02.23	근저당권자 ○○에게 최고서 발송	20 .02.23 송달간주
20 .02.23	근저당권자 ○○에게 최고서 발송	20 .02.23 송달간주
20 .02.23	근저당권자 ○○주식회사에게 최고서 발송	20 .02.23 송달간주
20 .02.23	가압류권자 ○○에게 최고서 발송	20 .02.23 송달간주
20 .02.23	집행관 서울중앙지법 집행관에게 조사명령 발송	20 .02.23 도달
20 .02.23	감정인 박영 에게 평가명령 발송	

집행법원에서 경매개시결정을 하면 위의 진행내용에서 알 수 있듯이 관할등기소에 강제경매기입등기 촉탁서를 발송한다. 등기소장은 강제경매 대상 부동산 등기부 갑구에 "강제경매"라고 기입등기를 하게 되는데, 이때 압류의 효력이 발생한다.

　　그리고 집행법원의 사법보좌관은 해당 부동산에 대하여 감정평가명령을 하고 채권자와 채무자에게는 경매개시결정에 대한 발송한다. 또한 세무서, 구청, 건강보험공단 등 주무관서에 최고서를 발송하여 채권신고를 하도록 한다.

　　그리고 집행관에게는 임대차현황조사명령, 감정인에게 감정평가명령을 발송한다. 집행관은 대상 부동산에 현지 방문하여 임차인에 대한 현황을 구두 확인하고 주택은 동사무소에서 주민등록등본을 발급받고, 상가인 경우에는 사업자등록을 발급받아 일명 임대차현황조사서를 법원에 제출한다. 감정평가사는 대상 부동산의 시세파악을 위하여 지역분석, 개별분석, 최근 거래가액 등을 분석하고, 사진과 평면도 등을 작성해서 법원에 감정평가서를 제출한다.

　　본 사례에서는 경매개시결정이 2월 17일에 이루어진 후 2개월에서 3개월 사이인 5월 3일에 배당요구종기일이 정하여진 것을 볼 수 있다. 일반적으로 배당요구종기일은 경매개시결정일로부터 2개월에서 3개월 사이에 이루어진다.

　　위와 같이 채권자와 채무자에게 경매개시결정에 대한 송달, 경매개시결정에 대한 강제경매 기입등기와 감정평가서와 임대차현황조사서, 주무관서에 최고서 발송 등의 진행절차가 완료되면 법원에서 매각물건명세서를 작성하여 본 부동산을 매각하기 위한 매각공고를 대법원 인터넷 경매정보에 공고하여 매각절차를 진행하게 된다.

제 3 절
경매개시결정의 송달

 제1항 채무자에 대한 송달

부동산의 압류는 채무자에게 경매개시결정문이 송달된 때 또는 경매개시결정기입등기가 된 때에 그 효력이 생기므로(민사집행법 83조 4항), 집행법원은 직권으로 그 결정정본을 채무자에게 송달하여야 한다. 집행법원이 경매개시결정을 하면서 그 개시결정문을 채무자에게 송달하지 아니하고 경매절차를 진행하였다면 그 경매는 경매개시결정의 효력이 발생하지 아니한 상태에서 이루어진 것이기 때문에 당연히 무효라고 보아야 한다.1) 따라서 경매개시결정문이 채무자에게 송달되기 전에 최고가 매수신고인이 결정된 것은 매각허가결정의 항고이유가 된다. 또한 경락대금을 납부한 것은 경매절차를 속행할 수 없는 상태에서의 대금납부로써 부적법하여 대금납부의 효력을 인정할 수도 없게 된다.2)

---

1) 대결 1995. 7. 11. 95마147.
2) 대판 1994. 1. 28. 93다9477.

우편송달통지서		발송일	20 . 2. 24.
		요금	○○○

개시결정 정본

1 송달서류   (우편번호 442 – ○○○)
         서울지방법원 경매25계
         법원사무관 강 ○ ○   발송
(138 – 240) 서울 송파구
         (채무자) ○○ 주식회사
송달받을 사람   대표이사 박 ○ ○   귀하

영수인서명날인	박 ○ ○	주민등록번호: 610121 – ○○○○○○

	영수인 서명불능으로 집배인 대필			
1.	송달받을 사람 본인에게 내주었음			
2.	송달받을 사람 부재중이므로 사리를 잘 아는 다른 사람에게 내주었음			
	사무원			
	고용인			
	동거자 (부인)			
3.	다음 사람이 정당한 사유없이 송달받기를 거부하므로 그 장소에 서류를 두었음			
	송달받을 사람			
	사무원			
	고용인			
	동거자			
송달연월일	20 년 2월 26일 12시 30분			
송달장소	서울시 송파구			

		배달못한 사유		
	배달횟수	1회	2회	3회
	1. 수취인부재	○	○	
위와 같이 송달하였습니다. 20 년 2월 26일 우체국 송파우체국 집배인 박 ○ ○(인)	2. 폐문부재			
	3. 수취인불명			
	4. 주소불명			
	5. 이사불명			
	6. 배달일자	3/15	3/19	
	확인	(인)	(인)	(인)

【주소보정서】

<table>
<tr><td colspan="5" align="center">주 소 보 정 서 (　　　)</td></tr>
<tr><td colspan="5">사　　건　　20 타경100　부동산강제경매　　　[담당재판부: 경매　계]</td></tr>
<tr><td colspan="5">채 권 자</td></tr>
<tr><td colspan="5">채 무 자</td></tr>
<tr><td colspan="5">위 사건에 관하여 아래와 같이 채무자겸소유자　　의 주소를 보정합니다.</td></tr>
<tr>
<td rowspan="2">주소
변동
유무</td>
<td colspan="2">☑ 주소변동없음</td>
<td colspan="2">종전에 적어낸 주소에 그대로 거주하고 있음</td>
</tr>
<tr>
<td colspan="2">☐ 주소변동있음</td>
<td colspan="2">새로운 주소:</td>
</tr>
<tr>
<td rowspan="4">송달
신청</td>
<td colspan="2">☐ 일반송달신청</td>
<td colspan="2">☐ 종전에 적어낸 주소로 송달
☐ 새로운 주소로 송달</td>
</tr>
<tr>
<td rowspan="2">☑ 특별송달신청</td>
<td></td>
<td colspan="2">☐ 주간송달　　☐ 야간송달　　☑ 휴일송달</td>
</tr>
<tr>
<td></td>
<td colspan="2">☑ 종전에 적어낸 주소로 송달
☐ 새로운 주소로 송달</td>
</tr>
<tr>
<td colspan="2">☐ 공시송달신청</td>
<td colspan="2">주소를 알 수 없으므로 공시송달을 신청함</td>
</tr>
</table>

첨 부 서 류

1. 제3차주소_보정서
2. 참여관용_제3자주소보정명령

※ 부동산경매개시결정에 대한 압류는 채무자에게 송달된 때 또는 경매개시결정기입
등기가 된 때에 그 효력이 생기므로(민사집행법 83조 4항), 집행법원은 직권으로
그 결정정본을 채무자에게 송달하여야 한다.
그러나 채무자에게 송달이 정상적으로 되지 않을 때는 이와 같이 특별송달신청을
하여야 한다.
특별송달신청방법은 "주소보정명령"을 첨부하여 동사무소에서 채무자의 주민등록초
본을 발급받아 위와 같이 특별송달신청을 하면 된다.
그러나 1회는 야간송달, 2회는 휴일송달을 한 이후에 그래도 송달이 되지 않으면
마지막으로 공시송달절차를 거쳐 송달처리를 한다.

【출입국관리사실조회서】

서 울 중 앙 지 방 법 원

사 실 조 회 서

주무관서 서울출입국관리사무소 세종로출장소장 귀하

사   건   20   타경   부동산강제경매
채 권 자
채 무 자
소 유 자   채무자와 같음

위 사건에 관하여 다음 사항을 조회하오니 조속히 회신하여 주시기 바랍니다.

다   음

이 사건 채무자 겸 소유자 오○○ 서울 종로구 ○○의 대한민국 입, 출국 사실에 대한 내역을 회신하여 주시기 바랍니다.

※ 사실조회를 회신할 때에는 반드시 사건번호를 기재하여 주시기 바랍니다.

20 . 8. 10.
사법보좌관   민○○

공시송달할 재판서의 정본에 수송달자의 주소가 외국으로 표시되어 있다면, 다른 특별한 사정이 없는 한 법원은 그 수송달자가 외국에 거주하고 있음을 전제로 공시송달을 명한 것이므로 이 경우 외국에서 할 송달에 대한 공시송달의 방법에 의하여야 한다.

외국에서 하여야 하는 송달은 재판장이 그 나라에 주재하는 대한민국의 대사·공사·영사 또는 그 나라의 관할 공공기관에 촉탁한다(민사소송법 191조).

외국에서 하여야 할 송달에 관하여 제191조의 규정에 따를 수 없거나 이에 따라도 효력이 없을 것으로 인정되는 경우에는 법원사무관 등은 직권으로 또는 당사자의 신청에 따라 공시송달을 할 수 있다(민사소송법 194조).

따라서 채무자의 주소가 외국에 있는 것으로 판단되는 경우 우선 출입국관리사무소에 채무자에 대한 입출국 사실에 대한 내역서를 받아 채무자에게 송달한다.

경매개시결정은 채권자에게 고지의 방법으로 그 정본을 송달한다. 그러나 구태여 송달에 의하지 아니하고도 적당한 방법으로 고지하여도 무방하다. 한편 채권자나 채무자 외의 이해관계인은 채무자와 달리 송달되지 않고 경매를 진행하여도 경락의 효력에는 영향을 미치지 않는다.

제 2 항 채권자에 대한 송달

【우편송달통지서】

우편송달통지서	발송일	20 . 2. 24.
	요금	2100

<table>
<tr><td colspan="3" align="center">개시결정 정본</td></tr>
<tr><td colspan="3">1 송달서류   (우편번호 442 - ○○○)
서울중앙지방법원 경매25계
법원사무관 강 ○ ○ 발송
(100-240) 서울 중구
    (채권자) 주식회사 ○○은행(리스크관리부)
송달받을 사람   대표이사 이 ○ ○   귀하</td></tr>
<tr><td colspan="2">영수인서명날인   이 ○ ○</td><td>주민등록번호: 710121 - ○○○○○○</td></tr>
<tr><td colspan="3">영수인 서명불능으로 집배인 대필</td></tr>
<tr><td>1.</td><td colspan="2">송달받을 사람 본인에게 내주었음</td></tr>
<tr><td>2.</td><td colspan="2">송달받을 사람 부재중이므로 사리를 잘 아는 다른 사람에게 내주었음</td></tr>
<tr><td></td><td colspan="2">사무원</td></tr>
<tr><td></td><td colspan="2">고용인</td></tr>
<tr><td></td><td colspan="2">동거자   (부인)</td></tr>
<tr><td>3.</td><td colspan="2">다음 사람이 정당한 사유없이 송달받기를 거부하므로 그 장소에 서류를 두었음</td></tr>
<tr><td></td><td colspan="2">송달받을 사람</td></tr>
<tr><td></td><td colspan="2">사무원</td></tr>
<tr><td></td><td colspan="2">고용인</td></tr>
<tr><td></td><td colspan="2">동거자</td></tr>
<tr><td>송달연월일</td><td colspan="2">20 년 2월 27일 12시 30분</td></tr>
<tr><td>송달장소</td><td colspan="2">서울시 중구 남대문로 2가 8의1</td></tr>
</table>

위와 같이 송달하였습니다. 20 년 2월 27일 우체국 송파우체국 집배인 김 ○ ○(인)	배달 못한 사유			
	배달횟수	1회	2회	3회
	1. 수취인부재			
	2. 폐문부재			
	3. 수취인불명			
	4. 주소불명			
	5. 이사불명			
	6. 배달일자	3/15	3/19	
	확인	(인)	(인)	(인)

제 3 항   송달의 특례를 받는 금융기관

경매실행 예정사실 통지 확인서

채권자: ○○은행㈜
채무자: 박○○
　　　　등기부상 주소(송달연월일):　20　.　0.　0.
　　　　주민등록상주소(송달연월일):　20　.　0.　0.
소유자: 박○○
　　　　등기부상 주소(송달연월일)
　　　　주민등록상 주소(송달연월일)

첨부

1. 내용증명 우편물 수령물 1통
2. 주민등록표 초본 1통(경매신청일 1개월 이내에 발급된 것)

20　.　2.　2.
채권자　㈜○○은행 대표 이 ○ ○ (인)

　　소정의 금융기관[3]이 임의경매를 신청하는 경우에는 경매신청 당시 당해 부동산등기부에 기재된 주소로 발송함으로써 송달의 효력이 발생한다. 주소가 법원에 신고가 되지 아니한 경우나 등기부상 주소와 주민등록상의 주소가 다르면 두 곳에 모두 송달한다. 이후의 기일통지는 그중 송달된 곳으로 한다. 이때 강제경매의 경우에는 적용하지 않는다. 금융기관이 위와 같은 송달의 특례를 인정받기 위해서는 경매신청을 하기 전에 채무자 및 소유자에게 경매를 실행하겠다는 사실을 통지하여야 하며, 경매를 신청할 때는 위의 통지확인서를 첨부하여야 한다.

---

3) 금융기관부실자산 등의 효율적 처리 및 한국자산관리공사의 설립에 관한 법률 제45조의2 제1항 및 각호의1에 해당하는 재정경제부장관의 인가를 받은 금융기관, 한국산업은행, 한국자산관리공사, 농업협동조합, 수산업협동조합 등이 있다.

제4항 외국송달의 특례

경매개시결정을 하면 채무자와 소유자에게 그 결정정본을 송달하여야 한다. 그리고 경매를 진행하면서 이해관계인이나 경락인 등에게도 각종의 기일통지나 최고 등을 하여야 하는데, 송달할 장소가 외국일 때에는 그 송달에 3개월 내지 6개월 정도의 시간이 소요되어 경매의 신속한 진행에 장애가 되고 있다. 그런데 일부 부도덕한 이해관계인은 대금지급의 기일을 늦추기 위하여 의도적으로 주소를 외국으로 신고하기도 한다. 그래서 2002년 7월 1일부터 시행되고 있는 민사집행법 제13조 제1항에서는 "집행절차에서 외국으로 송달하는 경우에는 송달과 함께 대한민국 내에 송달이나 통지를 받을 장소와 영수인을 정하여 상당한 기간 내에 신고하도록 명할 수 있고, 이때 상당한 기간 내에 신고가 없는 경우에는 그 이후의 송달이나 통지를 하지 아니할 수 있다"고 규정하고 있다. 외국송달의 특례를 규정한 것은 이러한 점을 개선하기 위하여 도입한 것이다.

제5항 각종 송달방법

1. 소장부본의 송달

(1) 송달의 원칙

송달은 민사소송법에 특별한 규정이 없으면 법원이 직권으로 하며 송달받을 사람에게 서류의 등본 또는 부본을 교부하는 것이 원칙이다(민사소송법 174조, 177조).

(2) 송달의 효과

소장부본이 송달됨에 의하여 소송계속의 효과가 발생한다.

소장이 피고에게 송달된 후에는 필요적 기재사항의 흠결, 인지의 부족 등이 나중에 판명되어도 재판장은 소장 각하명령을 할 수는 없고 법원이 소각하판결을 하여야 한다.

2. 경매개시결정의 송달

경매개시결정을 한 후 즉시 집행법원은 해당하는 등기소에 경매개시결정의 기입등기를 촉탁한다. 채무자와 동시에 통지를 하도록 하고 있지만, 실무적으로 먼저 등기소에 촉탁명령을 한 후 채무자에게 통지를 한다. 원칙적으로 채무자에게 경매개시결정의 통지가 송달이 되지 않으면 입찰을 진행할 수 없다. 설사 최고가 매수신고가 이루어졌다고 하여도 불허가의 결정을 하여야 한다.

3. 송달불능이 된 경우의 처리

(1) 주소불명 또는 수취인 불명

먼저 송달 시행 당시의 우편봉투에 기재된 주소 및 성명에 오기가 없었는지를 조사한 후 오기가 있었음이 확인되면 올바르게 기재하여 재송달을 실시한다.

(2) 폐문부재로 반송된 경우에는 일단 재송달을 실시하는 것이 원칙이나 재송달을 하여도 반송될 만한 사정이 엿보일 때에는 보정명령을 한다.

신청인은 보정명령서를 가지고 동사무소 주민등록등본 담당자에게 제출하면 피신청인(인도명령이나 명도소송의 대상자)의 주민등록등본상의 주소를 확인할 수 있다.

한편 등기우편에 의한 발송송달은 소장이 적법하게 송달된 후 당사자, 법정대리인 또는 소송대리인이 송달장소를 변경하고도 이를 신고하지 아니하여 달리 송달할 장소를 알 수 없을 때에 한다. 이때에는 종전의 송달장소에 등기우편으로 송달할 수 있다(민사소송법 185조 2항).

송달장소가 확실한데도 도망다니는 등 송달을 고의로 기피하는 경우라면 우편송달도 가능하다.4)

---

4) 대결(전) 1969. 2. 19. 68마1721, 대판 2001. 9. 7. 2001다30025.

(3) 주소오기가 없었거나 재송달에서도 같은 사유로 반송된 경우에는 재판장이 원고에게 피고에 대한 송달가능한 주소의 보정을 명하여야 한다. 아울러 그 송달불능사유를 알려주거나 보정명령서에 송달불능사유를 기재하여야 한다.

한편 주민등록법상 주민등록표의 열람 또는 등·초본 교부가 본인 또는 세대원에 한정되어 있으나 주소보정명령서를 제시하여 소송수행상 필요한 경우임이 입증되면 피고의 주민등록표등본의 신청이 가능하다(주민등록법 18조 2항 1호, 시행령 45조 4항 4호, 규칙 5조 1항 별표 4).

(4) 원고에게 주소보정명령을 발한 경우에 원고가 소정기간 내에 주소 보정을 하였을 경우에는 그 보정된 주소로 송달을 실시하여야 할 것이고, 그 기간이 넘도록 보정을 하지 않으면 재판장이 소장각하명령을 하여야 한다.

(5) 원고가 보정명령에서 정해진 기간 내에 주소보정을 하지 않았더라도 공시송달의 신청을 한 경우나 집행관송달의 신청을 한 경우에는 바로 소장각하명령을 하지 않고 그 신청에 따른 절차를 진행하여야 한다.

(6) 집행에 관하여 법원에 신청이나 신고를 한 사람 또는 법원으로부터 서류를 송달받을 사람이 송달받을 장소를 바꾼 때에는 그 취지를 적은 법원에 바로 신고하여야 한다(민사집행법 14조 1항). 만약 신고를 하지 아니한 사람에 대한 송달의 경우 달리 송달할 장소를 알 수 없는 때에는 법원에 신고된 장소 또는 종전에 송달을 받던 장소에 발송할 수 있다(민사집행법 14조 2항). 이에 따라 서류를 등기우편으로 발송한 경우에는 발송한 때에 송달된 것으로 본다(민사집행법 14조 3항, 시행규칙 9조).

4. 공시송달

(1) 의의

송달은 송달받을 사람에게 직접 전해주는 교부송달이 원칙이나 채무자의 소재파악이 어려워 송달 자체가 곤란한 경우에는 재판장은 직권으로 또는 당사자의 신청에 따라 공시송달을 명할 수 있다(민사소송법 194조 1항).

(2) 요건

1) 당사자의 주소 등 또는 근무장소를 알 수 없는 경우에 송달받을 사람의 행방을 알 수 없어야 하며 신청서에는 그 사유를 소명하여야 한다(민사소송법 194조 2항).

2) 재판장은 공시송달 신청사유에 대한 소명자료의 보충이 필요할 때에는 원고에게 서면으로 그 소명자료를 특정하여 제출을 명한다.

(3) 효력

1) 공시송달은 법원사무관 등이 송달서류를 보관하고 그 사유를 법원게시판 게시, 관보, 공보, 신문게재, 전자통신매체를 이용한다. 공시송달이 있게 되면 게시 후 2주 후에 효력이 발생한다.

2) 외국에서 할 송달에 있어서는 2개월로 한다.

제4절
이중경매신청

1. 선행 경매개시결정이 되어 있을 것

이미 강제경매 또는 임의경매신청으로 한 부동산에 대하여 다른 채권자의 경매신청이 있는 경우를 이중경매 또는 압류의 경합이라고 한다.

이 경우에 먼저 경매개시결정을 한 집행절차에 따라 절차가 속행되며, 두 개의 절차가 병행해 나가는 것은 아니다.

2. 부동산이 동일한 채무자의 소유일 것

동일한 소유자에 대한 이중경매신청이어야 한다. 따라서 압류의 효력 발생 후에 부동산의 소유자가 변경되고 그 새로운 소유자의 채권자가 경매신청을 한 경우에는 경매개시결정과 등기촉탁만 해 놓고 선행사건으로 진행한다. 만약 선행사건이 취소나 취하로 종결되면 그 때 후행사건으로 진행한다.

3. 선행사건의 매각대금 납부 시까지

이중경매신청은 선행사건의 매각대금 납부 시까지 가능하다. 왜냐하면 채무자가 선행사건의 채권자에게 채무를 변제하는 방법 등으로 경매를 취하·취소시킬 수 있기 때문이다.

제 2 항 효력

이중경매의 경우 먼저 선행사건의 절차에 따라 진행되는 한 이해관계인의 범위, 매각기일의 통지, 이의, 항고 등은 선행사건을 기준으로 정하여야 한다. 따라서 먼저 경매개시결정을 한 경매신청이 취하되거나 그 절차가 취소된 때에는 뒤의 경매개시결정에 따라 선행절차를 토대로 하여 계속 진행하여야 한다(민사집행법 87조 2항). 예컨대 선행절차에서 최고가매수인이 결정된 뒤에 선행절차가 취하나 취소되어 후행사건으로 진행하는 경우 처음부터 매각기일을 정하는 것이 아니고 선행사건의 최고가매수인의 지위는 그대로 유지한 채 나머지 대금납부 등을 진행한다.

먼저 경매개시결정을 한 경매절차가 정지된 때는 법원은 신청에 따라 결정으로 뒤의 경매개시결정(배당요구종기일까지 행하여진 신청에 의한 것에 한한다)에 기초하여 계속하여 진행한다. 다만 먼저 경매개시결정을 한 결정절차가 취소되는 경우 민사집행법 제105조 제1항 제3호에 따른 "등기된 부동산에 관한 권리 또는 가처분으로서 매각으로 효력을 잃지 아니하는 것"이 있으므로 인하여 매각물건명세서의 개재사항이 바뀔 때에는 그러하지 아니하다(민사집행법 87조 4항). 이때는 선행사건의 최고가매수신고인의 동의가 없는 한 진행하지 않는다(민사집행규칙 49조 1항). 예컨대 강제경매 → 가처분 → 강제경매의 순서로 진행하는 경우 선행 강제경매가 취하나 취소되어 후행의 강제경매로 진행하는 경우 가처분은 소멸되지 않기 때문에 후행사건으로 진행하기 위해서는 선행사건에 최고가매수인의 동의를 받아야 진행할 수 있다.

판례는 "가등기는 그보다 선순위인 저당권설정등기에 대항할 수 없는 것이므로 저당권이 소멸하는 한 그보다 후순위로 가등기된 권리도 소멸하므로 이 가등기 경락인이 인수하지 아니한 부동산상의 부담의 기입으로서 말소촉탁의 대상이 된다"고 판시하고 있다.[1] 그러나 저당권의 성질과 유사한 담보가등기는 저당권보다 선순위일지라도 소멸되지만 청구권보전에 의한 가등기는 매각으로 소멸

---

1) 대결 1988. 4. 28. 87마1169.

되지 않는다.2) 판례는 "소유권에 관한 가등기의 목적이 된 부동산을 낙찰받아 낙찰대금까지 납부하여 소유권을 취득한 낙찰인이 그 뒤 가등기에 기한 본등기가 경료됨으로써 일단 취득한 소유권을 상실하게 된 때에는 매각으로 인하여 소유권의 이전이 불가능하였던 것이 아니므로, 민사소송법 제613조에 따라 집행법원으로부터 그 경매절차의 취소결정을 받아 납부한 낙찰대금을 반환받을 수는 없다고 할 것이나, 이는 매매의 목적 부동산에 설정된 저당권 또는 전세권의 행사로 인하여 매수인이 취득한 소유권을 상실한 경우와 유사하므로, 민법 제578조, 제576조를 유추적용하여 담보책임을 추급할 수 있다고 할 것인바, 이러한 담보책임은 낙찰인이 경매절차 밖에서 별소에 의하여 채무자 또는 채권자를 상대로 추급하는 것이 원칙이라고 할 것이나, 아직 배당이 실시되기 전이라면, 이러한 때에도 낙찰인으로 하여금 배당이 실시되는 것을 기다렸다가 경매절차 밖에서 별소에 의하여 담보책임을 추급하게 하는 것은 가혹하므로, 이 경우 낙찰인은 민사소송법 제613조를 유추적용하여 집행법원에 대하여 경매에 의한 매매계약을 해제하고 납부한 낙찰대금의 반환을 청구하는 방법으로 담보책임을 추급할 수 있다"고 판시하여 선위의 가등기는 경락으로 소멸되지 않는다고 보고 있다. 이때 매수인이 매각대금을 납부한 이후에는 민법 제578조, 제576조를 준준용하여 구제받을 수 있는 것으로 보고 있다.3)

　　선행사건이 취한 취소되어 후행사건으로 진행하고자 할 때 후행 경매개시결정이 선행사건의 배당요구종기일 이후의 신청에 의한 것인 때에 집행법원은 새로이 배당요구를 할 종기를 정하여야 한다. 이 경우 이미 민사집행법 제84조 제2항 또는 제4항의 규정에 따라 배당요구 또는 채권신고를 한 사람에 대하여는 같은 항의 고지 또는 최고를 하지 아니한다.

---

2) 담보가등기인지 청구권보전에 의한 가등기인지 여부의 판단은 가등기권자 법원에 채권신고를 하지 않았으면 일단 순위보전의 청구권보전에 의한 가등기로 본다. 채권신고를 제출하면서 담보가등기로 신고한 경우에는 선순위가등기일지라도 소멸한다.
3) 대결 1997. 11. 11. 96그64.

서울중앙지방법원

최 고 서   사법보좌관: 한○○
                                     강남구청장, 삼성세무서장 귀하

사건: 20 타경8482 부동산 임의경매
소유자 성명: 박○○
     주소: 서울 강남구
주민등록번호: 500012-○○○○○○

  별지 기재 부동산에 대하여 경매개시결정을 하였으므로 이 부동산에 관한 조세 기타 공과의 미납금 유무와 만일 미납금이 있는 경우에는 그 금액과 법정기일을 20 . 3. 10.까지 통지하여 주시고 법정기일은 일자까지 정확히 기재하여 주시기 바랍니다.

                   20 . 2. 24.
               사법보좌관   한○○

제1항 최고제도

경매개시결정에 따른 압류의 효력이 생긴 때(그 경매개시결정 전에 다른 경매개시결정이 있는 경우를 제외한다)에는 집행법원은 절차에 필요한 기간을 감안하여 배당요구를 할 수 있는 종기를 첫 매각기일(첫 경매기일) 이전으로 정한다(민사집행법 84조 1항). 배당요구의 종기가 정하여 진 때에는 법원은 경매개시결정을 한 취지 및 배당요구의 종기를 공고하고, 최초 근저당보다 앞선 일자의 전세권자,[1] 집행력 있는 정본을 가진 채권자, 경매개시결정이 등기된 뒤에 가압류를 한 채권자, 민법, 상법, 그 밖의 법률에 의하여 우선변제청구권이 있는 채권자에 대하여 고지하여야 한다(민사집행법 88조 1항). 위와 같은 배당요구의 종기결정 및 배당요구 종기의 공고는 경매개시결정에 따른 압류의 효력이 생긴 때부터 1주일 내에 하여야 한다(민사집행법 84조 3항).[2]

---

[1] 저당권·압류채권·가압류채권에 대항할 수 있는 전세권자가 배당요구종기일까지 배당요구를 한 경우에는 경락으로 소멸하게 된다. 단 전세금의 전액을 법원에서 배당받지 못한 경우에는 나머지 금액을 받을 때까지 경락인에게 대항력을 행사할 수 있게 된다. 단 이미 배당받은 금액에 대해서는 부당이득으로 그에 대한 이득은 경락인에게 반환하여야 한다.

[2] 만약 채권자의 배당요구에 따라 매수인(경락인)이 인수하여야 할 부담이 바뀌는 경우에는 배당요구를 한 채권자는 배당요구의 종기가 지난 뒤에 이를 철회하지 못하도록 규정하여 매수인을 보호하고 있다(민사집행법 88조 2항). 예컨대 매수인에게 대항할 수 있는 전세권자는 배당요구를 한 이후에 다시 배당요구를 철회하지 못한다.

【교부청구서】

고객번호 : 20210303-0283816

우편번호 03188 서울특별시 종로구 청계천로 35, 15,16층(서린동, 관철동)
당)
징수1팀／　　　　　　　**부장/**　　　전화/02-2171-1150 팩스/02-3275-8285
팀장/　　　　　　　당담/

교부청구서

문서번호		징수부-901043	사건번호	2021타경10.
체납자	성명		주민(법인)번호	
	상호		사업자등록번호	
	주소 (소재지)	서울특별시 종로구		
교부청구금액		금 273,430원정		

교부청구에 관계된 보험료 체납액의 내용

보험구분	체납기간 연도/월분	납부기한	계	보험료	연체금	가산금/ 급여징수금	체납처분비
건강·요양	2016.08 ~ 2016.08	매월10일	273,430	261,780	11,650	0	
국민연금							
고용보험							
산재보험							
종계			273,430	261,780	11,650		

배당액 입금의뢰 계좌	개설은행	기업은행	예·적금명칭	
	계좌번호		사업자등록번호	101-
	예금명의인	종로지사	사용인감	

1. 국민건강보험법 제81조 제3항, 노인장기요양보험법 제11조, 국민연금법 제95조 제4항, 고용보험 및 산업재해보상
   보험의 보험료징수 등에 관한 법률 제28조 제1항, 국세징수법 제59조의 규정에 의하여 위 금액으로 교부를 청구합니다.
2. 연체금의 경우 건강보험, 국민연금, 고용 및 산재보험은 체납보험료의 최대 5%이오니 위 교부청구한 금액 이외에
   향후 배당기일까지 발생한 연체금은 배당 시 별도 반영해주시기 바랍니다.
3. 또한 국민건강보험법 제80조, 국민연금법 제97조, 고용산재보험료징수법 제25조의 규정에 의거, 연체금이 일할계산
   되어 적용되오니 연체금 배당 시 아래 일할계산 방식에 따라 반영해주시기 바랍니다.
   • 건강·연금보험은 2016년 6월분부터, 고용·산재보험은 2017년 12월분부터 연체금 일할계산 적용
     - (납부기한 경과 후 30일까지) 매 1일이 경과할 때마다 1천분의 1씩 가산
     - (납부기한 경과 후 31일부터) 매 1일이 경과할 때마다 3천분의 1씩 가산
   • 단, 건강·연금보험은 2020년 1월분부터, 고용·산재보험은 2021년 1월분부터 연체금 요율이 인하되어
     - (납부기한 경과 후 30일까지) 매 1일이 경과할 때마다 1천500분의 1씩 가산(최대 2%)
     - (납부기한 경과 후 31일부터) 매 1일이 경과할 때마다 6천분의 1씩 가산(최대 5%)
   • 연체금 일할계산 시행 전 보험료는 기존 방식과 동일하게 월할계산 적용(최초월 3%, 추가월 1%씩 최대 9% 가산)
   • 고용·산재보험의 경우 2014년 8월분까지는 보험료의 최대 43.2%(월1.2%×36개월) 가산
4. 민사집행규칙 제82조 제2항의 규정에 의하여 배당액을 입금할 예금계좌를 신고하오니 배당액이 발생하면 위의
   계좌로 송금하여 주시기 바랍니다.
5. 2011년 1월 1일 이후 국민연금법 제88조, 고용보험 및 산업재해보상보험의 보험료징수 등에 관한 법률 제4조에 의거
   국민건강보험공단이 징수업무를 위탁받아 수행 중이므로 배당처리 시 각 보험별로 구분하여 처리해 주시기 바랍니다.

108764　　　　　　2021년 03월 02일

국민건강보험공단 종로지사장

서울중앙지방법원 경매○계 2005

※ 국민건강보험법 제85조의 규정 및 국민연금법 제98조, 고용보험 및 산업재해보상보험의 보험료징수 등에 관한 법률
   제30조 규정에 의거 보험료 등의 납부기한 후 전세권, 질권 또는 저당권의 설정을 등기 또는 등록한 사실이 증명되는
   재산의 매각에 있어서는 보험료 등이 전세권, 질권, 또는 저당권에 담보된 채권에 우선함.

증번호 10091329883

20210303 - 239841　　　　　　1 / 2　　　　5,452부 / 5,486장 (B45000)

건강·요양 보험료 법정기한별 교부청구액표

사건번호 ：2021타경
체납자(소유자)：오

(단위 : 원)

순번	체납관리번호	구분	고지년월	보험료	연체금	소계	납부기한	납부기한별 누계
1	1009132...	체납보험료	2016.08	261,780	11,650	273,430	2016.09.10	273,430

【배당요구종기공고】

서 울 중 앙 지 방 법 원

배당요구종기공고보고서

사 건   20 타경   부동산강제경매
채 권 자
채 무 자
소 유 자   채무자와 같음

배당요구종기   20 . 5. 3.

위 사건에 대하여 20 . 2. 22.에 결정한 배당요구종기를 20 . 2. 22.에 법원경매
정보 홈페이지에 공고하였습니다.

20 . 2. 22.
법원사무관   최〇〇

【배당요구종기결정】

서 울 중 앙 지 방 법 원

배당요구종기결정

사 건   20 타경   부동산강제경매
채 권 자
채 무 자
소 유 자   채무자와 같음

이 사건의 별지 기재 부동산에 대한 배당요구종기를 20 . 5. 3.로 정한다.

20 . 2. 22.
사법보좌관   민〇〇

그리고 법원은 다음과 같은 권리자들에게 배당요구의 종기까지 법원에 신고하도록 최고하여야 한다. 공과를 주관하는 공무소에 대한 최고로서 법원은 조세 기타 공과를 주관하는 공무소에 대하여 경매할 부동산에 관한 채권의 유무와 한도를 배당요구의 종기까지 통지하도록 최고한다. 이는 우선채권인 조세채권의 유무, 최저매각가격으로 압류채권자와의 채권에 우선하는 부동산의 모든 부담과 절차비용을 변제하고도 남을 가망이 있는지 여부를 확인함과 동시에, 주관 공무소로 하여금 조세 등에 대한 교부청구의 기회를 주기 위한 것이다. 공과 주관 공무소는 부동산에 관한 경매개시결정 등기 이전에 체납처분에 의한 압류등기 또는 국세징수법 제24조 제2항에 의한 보전압류의 등기를 하지 않은 한 배당요구의 종기까지 배당요구로서 교부청구를 하여야만 배당을 받을 수 있다.3) 체납처분의 압류등기가 되어 있는 경우 조세채권자가 배당요구의 종기까지 세액을 계산할 수 있는 증빙서류를 제출하지 않았더라도 집행법원은 압류등기촉탁서에 의한 체납세액을 조사하여 배당하여야 한다.4) 그리고 이해관계인에 대한 채권신고의 최고로서 법원은 첫 경매개시결정등기 전에 등기 된 가압류채권자, 매수인에게 대항할 수 없는 전세권, 저당권 그 밖의 우선변제청구권으로서 첫 경매개시결정등기 전에 등기되었고 매각으로 소멸하는것을 가진 채권자 등에 대하여 자신의 채권의 유무, 이자, 비용 기타 부대채권에 관한 계산서를 배당요구종기까지 제출하도록 최고한다. 이 역시 우선채권의 유무, 잉여의 가망이 있는지 여부를 확인하고, 배당요구의 기회를 주는 의미가 있다. 만약 최고를 하여야 할 채권자가 최고에 대한 신고를 하지 아니한 때에는 그 채권자의 채권액은 등기부등본 및 집행기록에 있는 서류와 증빙에 따라 계산한다. 실무에서도 근저당권자가 채권신고를 하지 않은 경우 채권최고액을 배당하고 있다.

그런데 민사집행법 제84조 제5항 후단에서 "이 경우 다시 채권액을 추가하지 못한다"고 규정하고 있는 것과 관련하여 가압류권자나 근저당권자가 배당요구종기 전에 제출한 채권계산서에 기재한 청구금액을 배당요구종기 후에 확장하는 것이 허용되는가에 대하여 경매신청채권자가 아닌 근저당권자 또는 압류등기

---

3) 대판 2001. 5. 8. 2000다21154.
4) 대판 1997. 2. 14. 96다51585.

를 한 조세채권자는 배당요구종기일 전에 채권계산서·교부청구서를 제출하였더라
고 그후 배당표 작성 시까지 피담보채권액 또는 체납세액을 보정하는 채권계산서·교
부청구서를 다시 청구할 있고, 이 경우 법원은 배당표작성 시까지 제출한 채권계산
서·교부청구서와 증빙 등에 의하여 채권최고액 또는 압류등기상의 청구금액의 범
위 내에서 배당받을 금액을 산정하여야 하는 것으로 보고 있다.

예컨대 갑은 을 소유의 임야에 관하여 20 . 3. 1. 채권최고액 50,000,000원의
근저당권설정등기를 마쳤다. 그리고 병은 20 . 7. 1. 을 소유의 임야에 대하여 종
합소득세 1억원(그중 5천만원은 법정기일이 20 . 1. 2.이고, 나머지 5천만원은 법정기일이
20 . 4. 1.이다)의 체납을 이유로 압류등기를 마쳤다. 갑은 20 . 11. 1. 위 근저당권
에 기하여 임의경매를 신청하였고 법원은 병에게 채권의 유무와 한도를 배당요
구의 종기까지 신고하도록 최고하였다. 병은 배당요구종기일 이전에 9천만원(그
중 3천만원이 위 근저당권설정등기일보다 법정기일이 앞서는 것으로 신고하였다)의 교부청
구를 하였다가 배당요구종기일 이후에 이를 정정하여 1억 5천만원(그중 1억원이
위 근저당권설정등기일보다 법정기일이 앞서는 것으로 신고하였다)의 교부청구를 하였다.
이와 같이 병이 조세체납에 따른 채권액을 배당요구종기일 이후에 이를 정정하
여 신고한 경우 인정받을 수 있는가? 만약 배당기일날 배당요구종기일 이전의
신고한 3천만원으로 하여 배당이 실시된 경우 병은 어떻게 해야 하는가?

확정된 배당표에 의하여 배당을 실시하는 것은 실체법상의 권리를 확정하는
것이 아니므로 배당을 받아야 할 자가 배당을 받지 못하고 배당을 받지 못할 자
가 배당을 받은 경우에는 배당을 받지 못한 우선채권자는 배당을 받은 자에 대
하여 부당이득반환청구권이 있다고 할 것이나, 민사소송법 제728조에 의하여 준
용되는 제605조 제1항에서 규정하는 배당요구 채권자는 경락기일(배당요구종기일)
까지 배당요구를 한 경우에 한하여 비로소 배당을 받을 수 있고, 적법한 배당요
구를 하지 아니한 경우에는 실체법상 우선변제청구권이 있는 채권자라 하더라도
그 경락대금으로부터 배당을 받을 수는 없다.[5] 한편, 부동산에 관한 경매개시결
정기입등기 이전에 체납처분에 의한 압류등기가 마쳐진 경우 국가는 국세징수법
제56조에 의한 교부청구를 하지 않더라도 당연히 그 등기로써 민사소송법에 규

---

5) 대판 1998. 10. 13. 98다12379.

정된 배당요구와 같은 효력이 발생하고, 이때 국가가 낙찰기일까지 체납세액을 계산할 수 있는 증빙서류를 제출하지 아니한 때에는 경매법원으로서는 당해 압류등기촉탁서에 의한 체납세액을 조사하여 배당하게 될 것이다.6) 이와 같은 경우에 비록 낙찰기일7) 이전에 체납세액의 신고가 있었다고 하더라도 국가는 그 후 배당표가 작성될 때까지는 이를 보정하는 증빙서류 등을 다시 제출할 수 있다고 할 것이며, 경매법원으로서는 특별한 사정이 없는 한 위 낙찰기일 전의 신고금액을 초과하는 금액에 대하여도 위 압류등기상 청구금액의 범위 내에서는 배당표 작성 당시까지 제출한 서류와 증빙 등에 의하여 국가가 배당받을 체납세액을 산정하여야 한다고 할 것이다.8)

본 사례에서 "병"은 경매개시결정의 기입등기가 마쳐지기 전인 20 . 7. 1.에 "을" 소유의 임야에 압류를 하였고 체납세액 1억원 중 5천만원은 법정기일이 20 . 1. 2., 나머지 5천만원은 법정기일이 20 . 4. 1.인 것으로 하여 압류를 하였다. 그 후 배당요구종기일 이전에 9천만원의 교부청구를 하면서 그중 3천만원이 위 근저당권설정등기일보다 법정기일이 앞서는 것으로 신고하였다고 하더라도, 그 배당기일 전에 다시 이를 정정하여 1억 5천만원의 교부청구를 하면서 그중 1억원이 위 근저당권설정등기일보다 법정기일이 앞서는 것으로 신고한 이상, 경매법원은 최초 압류 당시의 청구금액 중 위 근저당권설정등기일보다 법정기일이 앞서는 것으로 하여 압류하였던 5천만원 범위 내의 체납세액에 관하여는 갑에 우선하여 배당하여야 한다.

따라서 경매법원이 배당요구종기일 이전 교부청구에만 기초하여 3천만원을 병에게 배당하고 차액 2,000만원(5,000만원 − 3,000만원)을 갑에게 배당한 것은 부당함으로 병은 배당이의의 소에 의하여 압류등기상의 청구금액 중 우선채권의 범위 내에서의 차액 2,000만원에 관하여 주장할 수 있다.

---

6) 대판 1997. 2. 14. 96다51585.
7) 민사집행법이 2007년 7월1일 제정되면서 배당요구를 할 수 있는 기일을 '첫매각기일이전의 배당요구종기일'로 동법 제84조 제1항에서 규정하고 있기 때문에 여기서 '낙찰기일'은 위의 규정에 따른 배당요구종기일로 보아야 할 것이다.
8) 대판 1999. 1. 26. 98다21946, 2000. 9. 8. 99다24911.

제 2 항　가등기권자에 대한 최고절차

서울중앙지방법원

최 고 서

가등기권리자: 김○○ 귀하

　　사건: 20 타경8482　부동산 임의경매
　　채권자 성명: 주식회사 ○○은행
　　채무자 성명: 박○○

　　채무자 소유의 별지 기재 부동산에 대하여 20 . 2. 24. 경매개시결정을 하였으므로 가등기권자는 가등기담보 등에 관한 법률 제16조에 따라 그 가등기가 담보가등기인 때에는 그 내용과 채권(이자 기타의 부수채권을 포함한다)의 존부, 원인 및 액수를, 담보가등기가 아닌 경우에는 그 내용을 이 통지를 받은 날로부터 1주일 내에 이 법원에 신고하여 주시기 바랍니다. 담보가등권리자는 위 기간 내에 채권신고를 한 경우에 한하여 경락대금에서 배당을 받을 수 있습니다.

20 . 2. 24.

사법보좌관 한○○

　　가등기가 되어 있는 부동산에 대하여 경매개시결정이 있는 경우에는 법원은 가등기권자에게 그 가등기가 담보가등기인지 아니면 소유권이전청구권 보전을 위한 가등기인지 첫 경매기일[9] 이전까지 신고하도록 하고 있다. 이와 같은 이유는 소유권이전청구권 보전을 위한 가등기가 최초근저당 또는 가압류 일자보다

---

[9] 구 민사소송법 제605조 제1항에서는 "민법·상법 기타 법률에 의하여 우선변제청구권이 있는 채권자, 집행력 있는 정본을 가진 채권자 및 경매신청의 등기 후에 가압류를 한 채권자는 경락 기일까지 배당요구를 할 수 있다"고 규정하고 있었으나, 2002년 7월 1일부터 시행되고 있는 민사집행법 제84조 제1항, 제88조 제1항에서는 "절차에 필요한 기간을 감안하여 배당요구를 할 수 있는 종기를 첫 매각기일(첫 경매기일) 이전으로 정한다"고 규정하고 있다. 따라서 2002년 7월 1일부터는 가등기권자가 채권신고를 하기 위해서는 낙찰허가일이 아닌 첫 매각기일 이전 (첫 경매기일)의 배당요구종기일까지 해야 한다.

앞선 일자로 되어 있을 경우에는 말소가 되지 않고 경락인에게 대항할 수 있으며, 그 가등기가 담보가등기인 경우는 비록 선순위가등기일지라도 저당권으로 보아 배당을 하여 주고 말소시키게 된다. 왜냐하면 담보가등기는 경락인에게 대항할 수 없는 성질의 가등기로 보기 때문이다. 그러나 이러한 이유에도 불구하고 가등기는 등기부상만으로 보면 소유권이전청구권 보전에 의한 가등기인지 아니면 담보가등기인지를 구별할 수 없다. 따라서 법원은 선순위 가등기권자에게 그 가등기가 담보가등기인 때에는 그 내용 및 채권의 존부, 원인 및 수액을 신고하게 하고, 담보가등기가 아닌 경우에는 그 내용을 법원에 배당요구종기일까지 신고할 것을 통지하도록 하고 있다.

제 3 항 공유자에 대한 통지

부동산이 공유지분으로 되어 있는 경우 법원은 각 지분권자에게 경매개시결정(압류)이 되었다는 사실을 즉시 통지하여 주어야 한다. 통지가 되지 않은 상태에서 낙찰이 되고 허가가 이루어졌다면 다른 공유자는 이를 이유로 경락허가에 대한 이의(경락허가일 전에 한다) 또는 경락허가결정에 대한 항고를 제기할 수 있다.

다만 아파트나 다세대 등과 같이 대지가 공유로 되어 있는 경우는 누가 공유자로 되더라도 이해관계가 없기 때문에 이때에는 통지를 하지 않아도 된다.

제 4 항 임차인에 대한 통지

집행법원은 집행관의 현황조사보고서에 기재되어 있는 임차인에게 첫 경매기일 이전[10]까지 배당요구를 할 것을 최고한다. 그러나 주택임차인이 그 권리신

---

10) 강제경매절차 또는 담보권 실행을 위한 경매절차를 개시하는 결정을 한 부동산에 대하여 다른 강제경매의 신청이 있는 때에는 법원은 다시 경매개시결정을 하고, 먼저 경매개시결정을 한 집

고를 하기 전에 임차목적물에 대한 경매절차의 진행사실에 관한 통지를 받지 못한 상태에서 경매를 진행하여 낙찰허가결정이 이루어졌다고 하여도 임차인은 낙찰허가결정에 대한 불복을 할 수 없다.11) 주택에 살고 있는 임차인이 첫 매각기일 이전까지 배당요구 신청을 하지 않은 경우는 설사 배당을 받아 갈 수 있는 순위에 해당된다고 하더라도 배당금이 나오지 않는다.12) 임차인이 배당금을 받기 위해서는 다음과 같은 서류를 준비하여 첫 매각기일(첫 경매기일) 이전까지 집행법원의 담당경매계13)에 제출하여야 한다.

그리고 주의하여야 할 점은 임차인의 권리신고 및 배당요구신청서의 종료일이 낙찰허가일 이전까지가 아니고 첫 경매기일 이전의 배당요구종기일까지 제출해야 한다는 점이다(민사집행법 84조 1항).14)

행절차에 따라 경매한다(민사집행법 87조 1항). 이때 먼저 경매개시결정을 한 경매신청이 취하되거나 그 절차가 취소된 때에는 뒤의 경매개시결정에 따라 절차를 계속 진행하고, 뒤의 경매개시결정이 배당요구의 종기 이후의 신청에 의한 것인 때에는 집행법원은 새로이 배당요구를 할 수 있는 종기를 정하여야 한다. 그러나 이미 배당요구 또는 채권신고를 한 사람에 대하여는 같은 내용의 고지 또는 최고를 하지 아니한다. 즉 위의 임차인의 예에서 뒤의 경매개시결정이 배당요구의 종기 이후의 신청에 의한 것인 때에는 다시 배당요구신청의 통지를 하지 않고 추가로 배당요구를 할 필요가 없다는 것이다(민사집행법 87조 2항, 3항).

11) 주택임대차보호법상의 대항요건을 갖춘 임차인이라 하더라도 낙찰허가결정이 있을 때까지 경매법원에 스스로 그 권리를 증명하여 신고하여야만 경매절차에 있어서 이해관계인으로 되는 것이고, 대법원예규에 의한 경매절차 진행사실의 주택임차인에 대한 통지는 법률상 규정된 의무가 아니라 당사자의 편의를 위하여 주택임차인에게 임차목적물에 대하여 경매절차가 진행 중인 사실과 소액임차권자나 확정일자부 임차권자라도 배당요구를 하여야 우선변제를 받을 수 있다는 내용을 안내하여 주는 것일 뿐이므로, 임차인이 그 권리신고를 하기전에 임차목적물에 대한 경매절차의 진행사실에 관한 통지를 받지 못하였다고 하더라도 이는 낙찰허가결정에 대한 불복사유가 될 수 없다(대판 2000. 1. 31. 99마7663).

12) 다만 소액임차인 최우선변제에 해당하는 임차인은 설사 낙찰기일까지 배당요구서를 제출하지 않았다 하더라도 권리를 포기한 것으로 볼 수 없기 때문에, 배당이 이루어져 다른 채권자에게 소액임차인의 보증금이 배당되었다면 임차인은 그 채권자를 상대로 부당이득반환청구를 할 수 있다고 본다(대판 1992. 7. 14. 92다12827).

13) 임차인에게 권리신고 및 배당요구서를 신청하라고 통지할 때 통지서에는 담당 경매계(예: 경매1계, 경매5계)와 준비서류 등의 내용이 기재되어 있다.

14) "집행법원은 배당요구할 수 있는 종기를 첫 매각기일 이전으로 정하되, 절차에 필요한 기간을 감안하여야 한다"라고 규정하고 있어(민사집행법 84조 1항), 실무적으로는 첫 매각기일 이전에 배당요구종기일을 정하여 통지하고 있다.

【권리신고 및 배당요구 통지서】

○○○**지방법원** ○○○**지원**
통지서(주택임차인용)

임차인 김현주, 천정진 귀하
사 건 20 타경○○○15) 부동산임의경매
채권자 정○○
채무자 박○○
소유자 김○○
부동산의 표시 별지와 같음
1. 별지 기재 부동산에 관하여 매각절차가 진행 중임을 알려드립니다.
2. 귀하가 소액임차인 또는 확정일자를 갖춘 임차인인 때에는 다음 사항을 유의하
시기 바랍니다.
　　가. 귀하의 임차보증금이 수도권정비계획법에 의한 수도권 중 과밀억제구역(수
도권정비계획법시행령 제9조 별표 1 참조)에서는 0,000만원, 광역시(군지역과 인천광
역시지역을 제외한다)에서는 3,500만원, 그 밖의 지역에서는 0,000만원 이하이고, 주
택임대차보호법 제8조 제1항 소정의 소액임차인으로서의 요건을 갖추고 있는 경우에
는 이 법원에 배당요구종기인 20 . 6. 9.까지 이 법원에 배당요구를 하여야만 매각
대금으로부터 보증금 중 일정액을 우선변제받을 수 있습니다.
　　나. 귀하가 주택임대차보호법 제3조 제1항의 소정의 대항요건과 임대차계약서상
의 확정일자를 갖춘 임차인인 경우에는 이 법원에 배당요구종기인 20 . 6. 9.까지
배당요구를 하여야만 매각대금으로부터 후순위권리자 기타 채권자에 우선하여 보증금
을 변재받을 수 있습니다.
　　다. 배당요구는 임대차계약서(확정일자를 갖춘 임차인의 경우에는 임대차계약서
가 공정증서로 자성되거나 임대차계약서에 확정일자가 찍혀 있어야 한다) 사본, 주민
등록등본(임차인 본인의 전입일자 및 임차인의 동거가족이 표시된 것이어야 한다) 및
연체된 차임 등이 있을 때에는 이를 공제한 잔여 보증금에 대한 계산서를 첨부하여
위 경매 사건의 배당요구를 하더라도 임차권등기를 경료함이 없이 배당요구종기 이전
에 임차주택에서 다른 곳으로 이사가거나 주민등록을 전출하여 대항요건을 상실한 경
우에는 우선변제를 받을 수 없습니다. 다만, 배당요구의 종기가 연기된 경우에는 연기
된 배당요구의 종기까지 대항요건을 계속 구비하여야 합니다.
3. 귀하가 소액임차인 또는 확정일자를 갖춘 임차인에 해당되지 않는 때에는 일반
채권자와 마찬가지로 첫 경매개시결정등기 후의 가압류채권자 또는 집행력 있는 정본
을 가진 채권자로서 가압류 등기된 등기부등본 또는 집행력 있는 정본을 첨부하여 배
당요구종기까지 배당요구를 하거나 첫 경매개시결정등기 전에 가압류집행을 한 경우
에 한하여 배당을 받을 수 있습니다.
20 . 0. 0.
법원사무관 ○○○
주택임대차보호법 제3조의2, 제8조

---

15) 본 사건의 일부 내용은 원래 제2장 이하에서 설명하고 있는 20 타경8482호 사건이나, 현행법의
요건을 갖추고, 독자들의 이해를 위하여 사건번호와 신청일자 등을 편의상 20 타경0000호 또는
20 . 0. 0. 등으로 기재하여 현행법에서도 적용될 수 있도록 하였다.

① 권리신고 및 배당요구서 1통(법원에 있음)

② 임대차계약서 1통

③ 주민등록등본(소재지주소 기재된 것) 1통

주민등록등본은 임차인이 살고 있는 집의 주소와 번지수가 기재된 등본을 제출해야 하고, 권리신고 겸 배당요구신청서를 계약서와 함께 입찰기일 이전까지 담당경매계에 제출해야 배당금을 받을 수 있다.

【관리신고 겸 배당요구서】

권리신고 겸 배당요구서

사건번호: 20 타경8482 부동산 강제(임의)경매
채권자: 주식회사 ○○은행(리스크 관리부)
채무자: ○○주식회사
소유자: 박○○
　본인은 이 사건 경매절차에서 임차보증금을 변제받기 위하여 아래와 같이 권리신고 겸 배당요구를 하오니 경락대금에서 우선변제하여 주시기 바랍니다.

아래

1. 계 약 일: 20 . 10. 4.
2. 계약당사자: 임대인(소유자): 박○○
　　　　　　　임차인: 천○○
3. 임대차기간: 20 . 10. 29.부터 20 . 10. 28.(2년간)
4. 임대보증금: 전세 1,200만원
　　　　　　보증금　　　원에 월세　　　원
5. 임차부분: 전부(방 1칸), 일부(층 방 칸)
　　　　　(뒷면에 임차부분을 특정한 내부 구조도를 그려주시기 바람)
6. 입주일(주택인도일): 20 . 11. 29.
7. 주민등록전입신고일: 20 . 11. 26.
8. 확정일자 유무: 유(. . .).(무)
9. 전세권등기 유무: 유(. . .).(무)
　　[첨부서류]
1. 임대차계약서 사본 1통
2. 주민등록등본 　　1통

　　　　　　　　20 . 4. 21.
　　　　　권리신고 겸 배당요구자 천○○ (인)
서울중앙지방법원 민사집행과 귀중 33계

※ 임차인이 전세금 반환청구에 의한 집행권원으로 임차목적물을 강제경매신청한 경우나 임차권등기를 한 경우에는 권리신고 및 배당요구신청서를 제출하지 않아도 배당을 받을 수 있다.

【부동산 임대차 계약서】

부동산 임대차 계약서

임대인과 임차인은 아래 표시 부동산에 관하여 다음 계약내용과 같이 합의하여 임대차 계약을 체결한다.

1. 부동산의 표시

소재지	서울시 강남구			
토지	지목		면적	㎡(평)
건물	구조·용도	아파트	면적	44평중 방1칸㎡(평)
임대할 부분	방 1칸			

2. 계약내용

제1조 위 부동산의 임대차에 있어 임차인은 임대차 보증금 및 차임을 아래와 같이 지불하기로 한다.

보증금	금 일천이백만	원정(₩ 12,000,000)
계약금	금 이백만	원정은 계약시에 지불하고 영수함
중도금	금	원정은 20 . 0. 0.에 지불한다
잔금	금 일천만	원정은 20 . 10. 29.에 지불한다
차임	금	원정은 매월 일에 지급하기로 한다

제 2 조 임대인은 위 부동산을 20 . 10. 29.까지 임차인에게 인도하며, 임대차(전세)존속기간은 인도일로부터 24개월로 한다.

제 3 조 임차인은 임대인의 동의 없이는 위 부동산의 용도나 구조 등을 변경하거나 전대, 임차권 양도 또는 담보제공을 하지 못하며, 임대차 목적 이외의 용도에 사용할 수 없다.

제 4 조 임차인이 차임을 2기에 달하도록 지불하지 않은 경우 임대인은 임대차계약을 해지할 수 있다.

제 5 조 임대차계약이 종료한 경우 임차인은 위 부동산을 원상으로 회복하여 임대인에게 돌려주며, 임대인은 보증금을 반환한다.

제 6 조 임차인이 임대인에게 중도금(중도금이 없을 때에는 잔금)을 지불할 때까지는 임대인은 계약금의 배액을 상환하고, 임차인은 계약금을 포기하고 이 계약을 해제할 수 있다.

제 7 조 중개수수료는 본 계약체결과 동시에 당사자 쌍방이 각각 지불한다. 중개업자의 고의나 과실없이 본 계약이 무효·취소 또는 해약되어도 중개수수료는 지급한다.

특약사항:

이 계약을 증명하기 위하여 계약당사자가 이의없음을 확인하고 각자 서명, 날인한다.

20 . 10. 4.

임대인	주소	서울시 강남구					
	주민등록번호	501107212-0000000	성명	박○○	전화	777-7777	
임차인	주소	서울시 송파구					
	주민등록번호	590517-0000000	성명	천○○	전화	888-8989	
중개업자	사무소 소재지	서울시 강남구 대치동 257번지					
	사무소 명칭	김○○ 공인중개사 사무소					
	대표	김○○ (인)					
	등록번호	10732-○○-○○○○○					

※ 중개업자는 이 계약서와 별도로 부동산 중개업법 제17조 및 제19조 규정에 의거 중개대상물 확인·설명서와 업무보증관계증서(공제증서) 사본을 첨부하여 거래당사자 쌍방에게 교부합니다.
※ 임대인, 임차인 및 중개업자는 매장마다 간인하여야 합니다.

제 6 절
경매에서의 이해관계인

제1항 서설

　　부동산 경매는 채무자 소유의 부동산을 환가하는 절차이므로 그 부동산에 대한 강제경매절차와 관련하여 여러 관계를 가진 이해관계인이 많이 있을 수 있다. 그리고 이러한 이해관계인은 그 부동산이 경매되는 것과 관련하여 자기의 이해에 중대한 영향을 받게 된다. 따라서 민사소송법은 이해관계를 가진 자 중에서 특히 보호할 필요가 있는 자를 이해관계인으로 규정하여(민사집행법 90조), 경매절차의 진행내용(법원서류열람)과 경매절차에 참여할 수 있도록(즉시항고) 그 권리를 인정하고 있다.

이해관계인 표시

20 타경8482 부동산 임의경매
번호　구 분　　이 름　　　송달장소
　1.　채권자　　주식회사 ○○은행　서울 중구
　2.　소유자　　박○○　　서울 강남구
　3.　채무자　　○○주식회사　　　서울 송파구
　4.　근저당권 주식회사 ○○은행　서울 중구
　5.　임차인　　김○○　　등기부상 주소(송달연월일)
　6.　임차인　　천○○　　서울 강남구

제 2 항　이해관계인

　　이해관계인은 자기의 권리를 보호받기 위하여 집행법원에 다음과 같은 권리를 행사할 수 있다.

　　① 집행에 관한 이의신청권(민사집행법 16조)

　　② 배당요구신청이 있으면 법원으로부터 그 통지를 받을 권리(민사집행법 89조)

　　③ 매각조건의 변경에 합의할 수 있는 권리(민사집행법 110조)

　　④ 경락기일에 경락의 허부에 관하여 진술할 수 있는 권리(민사집행법 110조)

　　⑤ 경락허부의 결정에 관하여 즉시항고할 수 있는 권리(민사집행법 129조)

　　⑥ 배당기일에 출석하여 배당표에 관하여 의견을 진술할 수 있는 권리(민사집행법 15조 이하)

　　⑦ 집행방법에 관한 이의신청을 할 수 있는 권리(민사집행법 16조)

　　⑧ 채무자 및 소유자 외의 이해관계인은 채권신고의 최고를 받을 권리

　　⑨ 동 조항에 열거하지 않은 가처분권자나 가압류권자는 이해관계인이 아니다.

　　집행법원은 이해관계인에게 경매개시결정정본까지 송달하여야 하는 것은 아니다.[1] 경매절차에 관하여 사실상의 이해관계를 가진 자라 하더라도 권리행사는 자기의 권리에 관한 절차상의 위배에 관하여서만 행사할 수 있다. 이는 다른 이해관계인에 대한 관계에 대해서는 절차위배에 관한 사항이 있어도 주장할 이익과 권리가 인정되지 않는다(민사집행법 122조).

---

1) 대결 1986. 3. 28. 86마70.

제 3 항   이해관계인에 해당하는 자[2]

1. 압류채권자와 집행력 있는 정본에 의한 배당요구채권자(민사집행법 90조 1호)

압류채권자라 함은 경매를 신청한 채권자를 말한다.

(1) 강제경매를 신청하여 경매개시결정이 된 후에 제2의 강제경매신청을 한 채권자도 압류채권자로서 이해관계인이다.

(2) 그러나 가압류채권자, 가처분권자, 집행력 있는 정본없이 배당요구를 한 채권자는 경매절차상에 있어서 사실상 이해관계가 있다고 하더라도 이해관계인 이라고 할 수 없다.

(3) 경매개시결정 이전의 가압류권자는 배당요구를 하지 않더라도 당연히 배당요구를 한 것과 동일하게 취득함으로써 그러한 가압류권자가 채권계산서를 제출하지 않았다고 하여도 배당에서 제외하지는 않는다. 다만 본조에서 규정하 고 있는 이해관계인에는 해당하지 않는다.

2. 채무자 및 소유자(민사집행법 90조 2호)

(1) 여기서 채무자라 함은 집행대상자인 채무자를 말한다. 따라서 임의경매 신청권자의 채무자가 아닌 다른 채무자는 이해관계인이 아니다. 또한 저당권설 정등기에 채무자로 표시되지 아니한 다른 공동채무자도 이해관계인이 아니다.

(2) 소유자라 함은 경매개시결정기입등기 당시의 목적부동산 소유자를 말한다.[3]

(3) 경매개시결정 기입등기 후에 소유권을 취득한 자는 여기서 말하는 소유 자에는 해당하지 않으나 그 권리를 증명하면 이해관계인이 된다.

---

2) 구 민사소송법 제607조 경매절차의 이해관계인은 민사집행법 제90조 제1호 내지 제4호 경매 절차의 이해관계인과 내용이 동일하기 때문에 종전의 내용에 따라도 된다.

3) 대판 1999. 4. 9. 98다53240.

3. 등기부에 기입된 부동산 위의 권리자(민사집행법 90조 3호)

(1) 부동산 위의 권리자라 함은 경매신청 기입등기 이전에 이미 등기가 되어 있는 자를 말한다.

(2) 용익권자(전세권자, 지상권자, 지역권자, 임대차등기를 한 임차권자)[4]

(3) 담보권자(질권자, 저당권자)

(4) 가압류등기 후 본 압류에 의한 등기 전에 소유권의 이전등기를 받은 자

(5) 공유지분에 대한 경매에 있어서 다른 공유자는 이해관계인이다. 예컨대 부동산의 공유지분에 대하여 경매함에 있어 다른 공유자에게는 경매기일을 통지하여야 하므로 경매부동산의 다른 공유자들이 그 경매기일을 받지 못한 경우는 이해관계인으로서 항고를 할 수 있다. 그러나 누가 공유자로 되더라도 이해관계가 없는 아파트나 다세대주택의 대지지분에 대한 공유관계에 대해서는 이해관계인으로 보지 않기 때문에 통지를 하지 않아도 된다.

(6) 처분금지가처분권자, 예고등기권리자, 가압류권자, 재경매를 실시하는 경우 전 경매에서의 경락인[5] 등은 이해관계인에 해당하지 않는다.

4. 부동산 위의 권리자로서 그 권리를 증명한 자(민사집행법 90조 4호)

(1) 부동산 위의 권리자라 함은 경매신청 기입등기 이전에 목적부동산에 대하여 등기 없이도 제3자에게 대항할 수 있는 물권 또는 채권을 가진 자를 말한다. 이에 해당하는 자로서는 유치권자, 점유권자, 특수지역권자, 건물등기 있는 토지임차인(민법 622조), 인도 및 주민등록을 마친 주택임차인(주택임대차보호법 3조) 등이 해당한다.

(2) 경매신청등기 후에 목적부동산의 소유권을 취득한 자나 용익권, 담보권의 설정등기를 한 자도 권리신고를 한 경우에는 이에 해당한다.

---

4) 임차권의 등기를 하지 아니한 토지의 임차인은 본 경매에서 이해관계인이라 할 수 없으므로 낙찰허가결정에 대한 항고를 할 수 없다(대결 1996. 6. 7. 96마538).

5) 대결 1959. 8. 21. 4291민재항272; 따라서 재경매에 있어서 전 경락인이 아닌 현재의 경락인은 이해관계인으로 보아야 한다.

(3) 부동산 위에 위와 같은 권리를 가지고 있다는 것만으로는 이해관계인에 해당하지 아니하고 집행법원에 그 권리를 증명한 경우에 이해관계인이 된다. 따라서 경매개시결정 기입등기 후에 그 부동산에 대하여 저당권을 취득한 자가 있는 경우에는 경매법원으로서는 그러한 사실을 알 수 없기 때문에 그 자는 민사집행법 제90조 제4호 소정의 이해관계인, 즉 "등기부에 기입된 부동산 위의 권리자"가 아니다. 다만 그 자가 경매개시결정 이후 저당권등기를 한 등기부등본을 첨부하여 매각허부결정일(낙찰허부결정일) 권리신고를 하게 되면 이해관계인으로 인정받을 수 있을 것이다. 한편 그와 같은 사실을 증명하는 등기부등본과 권리신고를 배당요구종기일까지 제출하면 우선변제권을 인정받을 수 있다.6)

(4) 전세금반환청구권 또는 임차인의 보증금반환청구권을 압류 및 전부명령을 한 자가 권리신고를 한 경우는 민사집행법 제90조 제4호에 해당하는 이해관계인이다.

(5) 등기없는 진정한 소유자로서 원인무효의 등기가 되어 있기 때문에 등기명의를 가지지 못하는 자나 중복등기가 된 부동산에 있어 다른 등기부상에 소유자로 등기되어 있는 자는 이해관계인이 아니다.

(6) 경락인은 이해관계인으로 볼 수 없다는 것이 법원의 공통적 의견이었는데 현재는 이해관계인으로 인정하고 있다. 이해관계인으로 인정받을 수 있느냐 없느냐에 따라 경락인의 위치는 상당히 달라진다. 예컨대 경락인은 입찰당일 짧은 시간 동안 서류를 열람하고 입찰에 참여하기 때문에 혹시나 하는 불안한 마음을 가지고 입찰을 하게 된다. 따라서 그때 제대로 확인하지 않은 점은 없는지, 여러 명의 임차인이 있었는데 모두 권리신고 및 배당요구신청서는 다 제출하였는지 등, 이러한 궁금증 때문에 낙찰이 된 후에도 불안한 마음이 가시지 않는다. 그렇기 때문에 대다수의 경락인은 잔금을 지급하기 전 제반서류를 다시 한번 보고 싶은 심정을 가진다. 그러나 경락인을 이해관계인으로 볼 수 없다고 본 예전의 법원입장하에서는 이러한 궁금증이 있다고 할지라도 제반서류를 열람할 수가 없었다. 특히 입찰 당일에는 감정평가서와 임대차현황관계만 열람할 수 있는 현

---

6) 일부 몰지식한 사람이 이를 악용하여 경매개시 결정등기가 이루어진 후 배당요구종기일 이전에 저당권등기를 하고 등기부등본과 권리신고를 제출하여 정상적인 채권자의 권리실현을 방해하는 경우도 있다.

입찰제도하에서는 더욱 주민등록등본이나 계약서, 집행권원 등 제반서류를 열람하고 싶을 것이다. 그래서 지금은 낙찰자라는 것을 입증할 수 있는 보증금영수증과 신분증 그리고 열람신청서를 담당경매계에 제출하면 낙찰받은 부동산에 대한 모든 서류를 다시 열람할 수도 있고, 필요한 서류는 복사도 가능하다.[7) 이때 확인해야 할 서류는 경락인이 직접 발급받을 수 없었던 임차인의 주민등록등본, 계약서, 권리신고 및 배당요구신청서, 송달증명서, 등기부등본, 채권계산신고서 등이 될 것이다. 특히 필요한 내용은 복사를 하여 다시 한번 잔금을 지급하기 전에 현장확인, 기존서류 등을 대조하여 확인하는 것이 필요하다. 그렇게 앞에 설명한 필요한 모든 내용을 면밀히 살펴봄으로써 손해가 발생할 수 있는 일들을 미리 차단할 수 있을 것이다. 특히 임차인이 많은 경우에는 명도관계가 복잡해질 수 있기 때문에 임차인과 임대인의 전화번호도 함께 적어 놓는 것이 필요하다.

---

7) 전장헌, 민법과 민사집행법의 관계, 법률정보센터, 2005, 485면.

제 7 절
경매개시결정에 대한 이의

 제1항 서설

임의경매개시결정에 대한 이의신청

사건번호 20 타경8482
신청인(채무자): ○○ 주식회사
      서울시 송파구
피신청인(채권자): ○○은행 주식회사
      서울 중구

신 청 취 지
위 사건에 관하여 20 . 2. 24. 귀원이 행한 임의경매개시결정은 이를 취소한다. 피신청인의
본건 임의경매신청은 이를 기각한다.
라는 재판을 구함.

신 청 이 유
신청인(채무자 겸 소유자)은 피신청인(경매신청권자)으로부터 20 . 12. 14. 총액 486,269,618
원을 차용한 것은 사실이나 그 후 신청인은 매월 말 소정의 이자를 지급하였고 원금변제기일에
원금 486,269,618원 및 동일까지의 이자 80,677,268원을 변제하였다. 따라서 본건 당사자 간의
채권채무는 전부 소멸하였으므로 저당권 또한 소멸하였다 할 것이므로 저당권 실행으로써의 본건
경매신청은 이유 없는 것이므로 청구취지와 같이 이의 신청합니다.

첨 부 서 류
1. 영수증　10통

20 . 4. 3.
위 신청인(채무자) ○○주식회사 (인)
연락처(☎)

지방법원　　　　귀중

민사집행법 제86조는 "경매개시결정에 대한 이의로서 이해관계인은 경락대금을 완납할 때까지 경매법원에 경매개시결정에 대한 이의신청을 할 수 있다"라고 규정을 하고 있다. 이의의 재판은 실무상 변론을 열어 하는 경우는 거의 없다. 경매개시결정에 대한 이의는 민사집행법 제16조 제2항의 집행에 관한 이의신청의 성질을 가진다.[1]

 제2항 이의사유

1. 강제경매의 경우 경매개시결정의 이의사유

강제경매개시결정에 대한 이의신청은 민사집행법 제16조 제2항의 집행에 관한 이의의 성질을 가지고 있으므로 경매신청 요건의 흠결, 경매개시요건의 흠결 등 경매개시결정에 관한 절차상의 하자를 이유로 하는 경우에만 할 수 있으며, 실체상의 이유를 가지고는 이의를 할 수 없다.[2] 따라서 경매신청방식의 적부 여부, 신청인의 적격 여부, 대리권의 존부, 목적부동산 표시의 불일치, 집행력 있는 정본의 불일치, 집행채권의 기한 미도래 등은 이의사유로 삼을 수 있으나, 실체상의 하자인 집행채권의 소멸 등은 이의사유가 되지 않는다. 채무자가 실체적인 하자를 이유로 다루고자 할 때에는 청구이의의 소를 제기하여야 한다. 청구이의의 소를 제기한 후 재판부로부터 잠정처분으로 집행정지결정을 받아 집행법원에 제출하여 집행을 정지시킬 수 있다(민사집행법 49조 내지 51조). 또한 경매개시결정에 대한 이의신청사유는 원칙적으로 경매개시결정 이전의 것이어야 하므로 경매개시결정이후에 생긴 절차상의 하자인 '최저입찰가격의결정'이나 '입찰기일의공고'는 이의사유로 할 수 없다.[3] 그러나 강제경매의 기초가 되는 집행권원이 청구

---

1) 대판 1968. 6. 25. 68마588, 1978. 9. 30. 77마263.

2) 대판 1991. 2. 6. 90그66, 대결 1994. 8. 27. 94마147.

3) 강제경매개시결정에 대한 이의신청은 경매개시결정에 관한 형식적인 절차상의 하자에 대한 불복방법이기 때문에 강제경매의 기초가 된 채무명의의 실체적 권리관계에 관한 사유를 경매

이의의 소[4] 등의 절차에서 실효되었을 때에는 비록 경매개시결정 이후에 실효되었더라도 경매개시결정에 대한 이의사유가 된다. 강제경매의 경우에는 집행채권의 존재가 부정된다고 할지라도 이미 완료된 집행절차나 이에 기한 경락인의 소유권취득은 유효한 것으로 보고 있다. 판례는 "가집행선고부판결에 기한 강제집행은 확정판결에 기한 경우와 같이 본집행이므로 상소심의 판결에 의하여 가집행선고의 효력이 소멸되거나 집행채권의 존재가 부정된다고 할지라도 그에 앞서 이미 완료된 집행절차나 이에 기한 경락인의 소유권취득의 효력에는 아무런 영향을 미치지 아니한다"[5]고 판시하여 강제경매의 경우에는 공신력을 인정하고 있다. 다만 이중매매의 매수인이 매도인과 직접 매매계약을 체결하는 대신에 매도인이 채무를 부담하고 있는 것처럼 거짓으로 꾸며 가장채권에 기한 채무명의를 만들고 그에 따른 강제경매절차에서 매수인이 경락취득하는 방법을 취하는 경우와 같이 강제경매가 반사회적 법률행위의 수단으로 이용된 경우에는 그러한 강제경매의 결과는 용인할 수 없는 것이어서 경락인의 소유권취득의 효력은 부정된다.

개시결정에 대한 이의의 원인으로 할 수 없다(대판 1991. 2. 6. 90그66).

4) 청구이의의 소의 제기는 강제집행의 속행에 영향을 미치지 않으며, 그 인용판결이 선고되더라도 그 판결이 확정될 때까지는 집행력 배제의 효력이 생기지 않으므로 확정이 될 때까지 집행기관에 대하여 집행의 정지·취소를 구할 수 있을 뿐이다(민사집행법 49조). 이에 따라 청구이의의 소에 대한 판결 전에 채무자의 신청에 의하여 본안판결이 있을 때까지 집행의 정지 또는 실시한 집행처분의 취소 등의 결정을 할 수 있는 제도가 민사집행법 제46조의 "이의의 소와 잠정처분"이다(대판 1986. 5. 30. 86그76). 본 규정의 제46조 제1항의 내용을 보면 "청구에 관한 이의의 소와 집행문 부여에 대한 이의의 소는 강제집행을 계속하여 진행하는 데에는 영향을 미치지 아니한다"라고 규정하면서 제2항에서는 단 "이의를 주장한 사유가 법률상 정당한 이유가 있다고 인정되고, 사실에 대한 소명이 있을 때에는 수소법원은 당사자의 신청에 따라 판결이 있을 때까지 담보를 제공하게 하거나 담보를 제공하지 아니하고 강제집행을 정지하도록 명할 수 있으며 담보를 제공하게 하고 그 집행을 계속하도록 명하거나 실시한 집행처분을 취소하도록 명할 수 있다"고 규정을 두고 있다. 이때 급박한 경우에는 재판장은 변론없이 재판을 할 수 있도록 하여 예외적으로 "청구에 관한 이의의 소"와 "집행문 부여에 대한 이의의 소"에 의해서도 경매를 정지하거나 계속 또는 취소를 할 수 있도록 하고 있다.

5) 대판 1991. 2. 8. 90다16177.

2. 임의경매의 경우 경매개시결정의 이의사유

담보권의 실행(예: 저당권이나 전세권 등) 등을 위한 경매로 임의경매개시결정
이 이루어진 경우에는 강제경매개시결정에 대한 이의와는 달리 절차상의 하자
뿐만 아니라 실체상의 하자도 이의사유로 삼을 수 있다. 즉 임의경매는 경매개
시결정에 대한 이의사유로서 담보권의 부존재나 소멸을 이유로 개시결정에 대한
이의신청을 할 수가 있다(민사집행법 265조).6)7) 여기서 실체상의 이의사유에는 경
매의 기본이 되는 저당권의 부존재, 피담보채권의 불성립, 무효, 변제공탁 등에
의한 소멸 등이 있다. 위의 실체상의 이의사유 중 저당권이 당초부터 부존재 또
는 원인무효인 경우 또는 개시결정 이전에 피담보채권이 소멸됨에 따라 저당권
이 소멸된 경우에는 경락인은 적법하게 경락부동산의 소유권을 취득할 수 없으므
로 구 소유주는 개시결정에 대한 이의로써 다투지 아니하더라도 경매절차 종료 후
에 경락인을 상대로 소유권에 관한 별소를 제기하여 그 권리를 구제받을 수 있다.
다시 말해서 피담보채권의 소멸로 저당권이 소멸하였는데도 이를 간과하고 경매개
시결정이 되고 그 경매절차가 진행되어 매각허가결정이 확정되었다면, 이는 소멸
한 저당권을 바탕으로 하여 이루어진 무효의 절차와 결정으로서 비록 매수인이 매
각대금을 완납하였다고 하더라도 그 부동산의 소유권을 취득할 수 없다.8)

그러나 그 이외에 압류 후의 변제나 변제기 미도래 또는 변제기 유예 등의
사유는 반드시 경락인의 대금납부 전까지 경매개시결정에 대한 이의로써 그 권
리를 구제받아야 하며, 경락인의 대금납부 후에는 위와 같은 실체상의 사유로

---

6) 부동산임의경매절차에 있어서 경락허가결정이 확정된 이후라도 경락대금 완납 시까지는 채무
자는 저당채무를 변제할 수 있고, 채권자는 채무자에 대하여 채무의 면제 또는 변제기한의 유
예 등을 할 수 있으며, 위와 같은 실체법상의 이유는 경매개시결정에 대한 이의사유로 될 수
있을 뿐만 아니라 그 경우 저당채무가 소멸되었을 때에는 법원은 그 경매개시결정을 취소할
수도 있는 것이므로, 경매절차진행 중에 경매채권자와 채무자 사이에 대환의 약정이 있어서
기존채무가 소멸하였다면 그 경우 또한 경매개시결정에 대한 이의사유나 경매개시결정의 취
소사유가 될 수 있다(대판 1987. 8. 18. 87다카671).
  그러나 임의경매절차에 있어 채무자가 청구채권의 극히 일부만을 변제하지 못하였음을 이유로 경매
개시결정에 대한 이의나 경락허가결정에 대한 항고사유로 삼을 수 없다(대판 1964. 4. 17. 63마224).
7) 임의경매에 있어서는 이른바 집행권원에 의한 강제경매의 경우와는 달리 경매의 기본이 되는
저당권이 유효하게 성립된 여부는 경매개시결정에 대한 이의는 물론이요 경락허가결정에 대
한 항고사유도 될 수 있다(대결 1980. 9. 14. 80마166).
8) 대판 1999. 2. 9. 98다51855, 2012. 1. 12. 2011다68012.

별소로써 경락인의 소유권 취득을 다툴 수는 없다.9) 판례는 "채무자와 수익자 사이의 저당권설정행위가 사해행위로 인정되어 저당권설정계약이 취소되는 경우에도 당해 부동산이 이미 입찰절차에 의하여 낙찰되어 대금이 완납되었을 때에는 낙찰인의 소유권취득에는 영향을 미칠 수 없으므로, 채권자취소권의 행사에 따르는 원상회복의 방법으로 입찰인의 소유권이전등기를 말소할 수는 없고, 수익자가 받은 배당금을 반환하여야 한다"고 판시하여 사해행위로 인한 낙찰자의 소유권이전등기는 영향이 없는 것으로 보고 있다.10)

담보권의 소멸을 원인으로 경매개시 결정에 대한 이의를 하여 경매를 취소하기 위해서는 피담보채권을 경락잔금 납부 이전까지 변제해야 하는데, 그 채권의 범위는 채무자와 물상보증인 등에 따라 다르다. 물상보증인과 제3취득자는 채권최고액과 집행비용을 변제하면 되지만 채무자는 채무액이 근저당권의 채권최고액을 초과하는 경우 그 채무의 일부인 채권최고액과 지연손해금 및 집행비용만을 변제하였다면, 채권전액의 변제가 있을 때까지 근저당권의 효력은 잔존채무에 미치는 것이므로 채무일부의 변제로써 근저당권의 말소를 청구하여 경매를 취소할 수 없다.11)

제 3 항 이의절차

이의신청서를 경매법원에 제출해야 한다. 경락허부에 관한 항고로 제반서류가 항고심에 있는 경우에도 이의신청은 경매개시결정을 한 집행법원에 제기해야 한다. 이의신청은 서면이나 구술로 할 수 있으나 인지를 첨부하여야 한다.

---

9) 대판 1965. 12. 7. 65다1960, 1970. 8. 31. 70다1352, 대결 1992. 11. 11. 92마719.
10) 대판 2001. 2. 27. 2000다44348.
11) 대판 1981. 11. 10. 80다2712.

제 4 항 심리 및 재판

　　이의에 대한 재판은 결정으로 한다. 부동산 위의 권리자(민사집행법 90조 4호)는 그 권리를 증명하고 개시결정에 대한 이의를 제기할 수 있다. 이의신청이 이유 있으면 경매개시결정을 취소하거나 각하 또는 기각한다. 이의신청이 부적법하거나 이유없는 경우에는 신청 각하 또는 기각의 결정을 경락허가결정 선고 시까지 보류하여 두었다가 경락허가 결정 시 함께하고 있는데, 이는 경매절차의 지연을 피하기 위함이다.

　　이의신청을 이유 있다고 하여 경매개시결정을 취소한 결정이 확정되면 경매신청기입등기를 직권으로 말소등기촉탁하면 된다. 촉탁서에는 위 취소결정정본을 첨부하여야 한다.

제 5 항 임의경매개시결정에 대한 이의와 집행정지

1. 담보권의 피담보채무를 변제한 자의 경매개시결정이의

　　이해관계인은 매각대금이 모두 지급될 때까지 법원에 경매개시결정에 대한 이의신청을 할 수 있다(민사집행법 86조 1항). 그러나 개시결정에 대한 이의신청은 집행정지의 효력이 없기 때문에 경매법원은 이의신청에 대한 재판 전에 채무자에게 담보를 제공하게 하거나 제공하게 하지 아니하고 집행을 일시 정지하도록 명하거나,12) 채권자에게 담보를 제공하게 하고 그 집행을 계속하도록 명하는 등의 잠정처분을 할 수가 있다(민사집행법 16조 2항). 임의경매개시결정에 대한 이의신청이 제기되었다 하더라도 그 경매절차의 진행이 정지되지 않고 그대로 진행

---

12) 경매개시결정에 대한 이의신청은 집행정지의 효력이 없다. 다만 경매법원은 그 이의에 대한 재판 전에 채무자에게 담보를 제공하게 하거나 제공을 하지 아니하고 강제집행의 일시정지를 명할 수 있다(민사집행법 16조 2항).

된 결과 경락인이 대금납부기일에 대금을 납부하면 그 이후에 있어서는 이해관
계인은 경매개시결정의 이의사유의 존부에도 불구하고 개시결정을 취소할 수 없
게 되며 그 이의신청은 부적법하게 된다.13) 따라서 임의경매개시 결정에 관한
권리의 존부를 다투면서 집행정지를 구하는 방법은 경매개시결정에 대한 이의신
청과 집행이의신청에 부수하는 집행정지결정(민사집행법 86조 2항, 16조)에 의한 경
매절차의 일시정지를 명하는 재판의 등본을 제출하거나(민사집행법 266조 1항 5호),
저당권설정등기 말소나 채무부존재확인을 원인으로 청구이의의 소에 준하는 채
무에 관한 이의의 소를 제기하고 민사집행법 제46조 제2항에 준용하는 경매정지
명령을 받아 그 경매절차를 정지시킬 수 있다.14) 그러나 별개의 소로써 경매의
불허를 구하는 청구나 일반 가처분(민사집행법 300조)에 의하여는 허용되지 않는
다.15)

2. 담보권의 실행 등을 위한 경매절차의 정지·취소사유

경매절차의 개시결정에 대한 이의신청사유로 임의경매개시결정에 대한 이의
는 강제경매개시결정에 대한 이의와는 달리 담보권이 없다는 것 또는 소멸되었
다는 것을 이유로 주장할 수 있다(민사집행법 265조). 이때에는 경매개시결정에 대
한 이의를 할 수 있고, 변제자는 단순히 최고가 매수인의 동의를 받아 변제증서
를 집행법원에 제출하여 정지를 구하거나(민사집행법 93조 2항 및 3항, 266조 4호),
민사집행법 제266조 제1호에 따라 담보권의 등기가 말소된 등기부의 등본을 경
매법원에 제출하여 경매를 취소시킬 수가 있다.16)

그리고 민사집행법 제266조 제1항은 다음 각호 가운데 어느 하나에 해당하
는 문서가 경매법원에 제출되면 경매절차를 정지하도록 규정하면서, 민사집행법
제266조 제2항에서는 이어 "제1항 제1호 내지 제3호의 경우와 제4호의 서류가

---

13) 대판 1979. 9. 1. 79마246.
14) 대결 1993. 10. 8. 93그40.
15) 대판 1987. 3. 10. 86다152.
16) 일반적으로는 경매개시결정에 대한 이의를 하기보다는 민사집행법 제266조 제1항 제1호, 제2
    항에 따라 경매신청채권자의 근저당권을 말소한 서류를 법원에 제출하여 경매를 취소한다.

화해조서의 정본 또는 공정증서의 정본인 경우 경매법원은 이미 실시한 경매절차를 취소하여야 하며, 제5호의 경우 그 재판에 따라 경매절차를 취소하지 아니한 때에만 이미 실시한 경매절차를 일시적으로 유지하게 하여야 한다"고 규정하고 있다.

    (1) 담보권의 등기가 말소된 등기부의 등본

    (2) 담보권 등기를 말소하도록 명한 확정판결의 정본

    (3) 담보권이 없거나 소멸되었다는 취지의 확정판결의 정본

    (4) 채권자가 담보권을 실행하지 아니하기로 하거나 경매신청을 취하하겠다는 취지 또는 피담보채권을 변제받았거나 그 변제를 미루도록 승낙한다는 취지를 적은 서류. 경매개시결정에 대한 이의신청에 부수하는 집행정지결정(민사집행법 86조 2항)과 집행이의신청(민사집행법 16조 2항)은 동법 제266조 제1항 제5호의 정지사유에 해당한다.

    한편 임의경매의 경우 낙찰이 되었더라도 경매신청권자의 채권액을 낙찰대금완납일 전까지 변제를 하고 말소된 등기부등본을 첨부하여 경매법원에 경매개시결정에 대한 이의신청을 하면 경락인의 동의를 받지 않아도 경매를 취소시킬 수 있다(민사집행법 266조 1항 1호). 그러나 민사집행법 제266조 제1항 제4호의 서류를 제출한 경우에는 최고가매수신고인 또는 차순위매수신고인의 동의를 받아야 경매를 취하할 수 있다. 따라서 경락인은 가능한 한 채무액이 많이 설정되어 있는 부동산을 낙찰받는 것이 유리하다.

제 6 항   즉시항고

    경매개시결정에 대한 이의신청이 각하되거나 취소된 경우에 즉시항고를 할 수 있다(민사집행법 86조 3항). 항고는 이의신청에 대한 재판의 고지일로부터 일주일 이내에 제기하여야 한다. 항고는 집행법원에 대하여 항고장을 제출함으로써 제기한다. 집행법원은 항고가 이유 있다고 인정하는 때에는 그 재판을 경정하여

야 하고 항고가 이유 없다고 인정하는 때에는 의견서를 첨부하여 항고기록을 항
고법원에 송부하여야 한다. 이의신청이 이유 있다고 인정되어 이의신청사건이
항고법원에 송부되면 이의신청은 즉시항고로 보기 때문에 즉시항고인은 즉시항
고에 해당하는 인지와 보증금 공탁, 항고이유서를 집행법원에 제출해야 한다. 제
대로 제출하지 아니하면 보정을 명하고, 보정을 하지 아니하면 집행법원에서 이
의신청을 각하하고(사법보좌관규칙 4조 6항 6호) 매각허가결정을 확정한다. 즉시항
고는 경매절차를 정지하는 효력을 가지지 아니한다. 다만 즉시항고가 확정되지
아니하면 잔금납부기한일 결정할 수 없기 때문에 실질적으로는 경매절차가 정지
되는 현상이 나타나게 된다.

담보권 실행에 관한 경매 정지·취소 처분은 즉시항고를 할 수 없기 때문에
(민사집행법 266조 3항) 집행이의신청에 의하여야 한다.

매각절차에서의 승계

 ## 제1항 매각절차에서 채무자의 승계

민사집행법 제39조(집행개시의 요건)

① 강제집행은 이를 신청한 사람과 집행을 받을 사람의 성명이 판결이나 이에 덧붙여 적은 집행문에 표시되어 있고 판결을 이미 송달하였거나 동시에 송달한 때에만 개시할 수 있다.

② 판결의 집행이 그 취지에 따라 채권자가 증명할 사실에 매인 때 또는 판결에 표시된 채권자의 승계인을 위하여 하는 것이거나 판결에 표시된 채무자의 승계인에 대하여 하는 것일 때에는 집행할 판결 외에, 이에 덧붙여 적은 집행문을 강제집행을 개시하기 전에 채무자의 승계인에게 송달하여야 한다.

③ 증명서에 의하여 집행문을 내어 준 때에는 그 증명서의 등본을 강제집행을 개시하기 전에 채무자에게 송달하거나 강제집행과 동시에 송달하여야 한다.

---

1. 경매개시결정 전에 이미 채무자가 사망한 경우

(1) 강제경매

상속인에 대하여 강제집행의 요건을 구비한 후에 강제집행을 하여야 한다. 따라서 채권자는 승계집행문을 부여받아 집행문 및 증명서 등본의 송달증명원을 첨부하여 경매신청한다(민사집행법 39조 2항).

(2) 임의경매

근저당권설정등기 후 경매신청 전에 채무자·소유자가 사망한 경우에는 소유자인 상속인을 대위하여 상속등기를 하고, 그 상속인을 소유자로 표시하여 경매신청을 하여야 한다. 이를 간과하고 경매개시결정을 한 때에는 그 소유자의 표시는 경정하면 족하고 개시결정을 취소하고 신청을 각하할 필요는 없다.[1]

부동산에 대한 근저당권의 실행을 위한 경매는 그 근저당권 설정등기에 표시된 채무자 및 저당 부동산의 소유자와의 관계에서 그 절차가 진행되는 것이므로, 그 절차의 개시 전 또는 진행 중에 채무자나 소유자가 사망하였다고 하더라도 그 재산상속인들이 경매법원에 대하여 그 사망 사실을 밝히고 자신을 이해관계인으로 취급하여 줄 것을 신청하지 아니한 이상 그 절차를 속행하여 저당 부동산의 낙찰을 허가하였다고 하더라도 그 허가결정에 위법이 있다고 할 수 없다.[2]

채권자는 상속인 불분명의 부동산에 대하여는 민법 제1053조에 의하여 상속재산관리인의 선임을 신청하여 그 선임된 자를 특별대리인으로 표시하여 경매신청을 하여야 한다(송민 63-20). 이 경우 상속재산관리인의 선임에 시일을 요하여 손해를 입을 염려가 있는 때에는 채권자는 집행법원에 민사집행법 제52조 제2항에 따라 특별대리인의 선임을 신청할 수 있다.

2. 강제집행집행 개시 후에 채무자가 사망하거나 특별승계가 이루어진 경우

> **민사집행법 제52조(집행을 개시한 뒤 채무자가 죽은 경우)**
> ① 강제집행을 개시한 뒤에 채무자가 죽은 때에는 상속재산에 대하여 강제집행을 계속하여 진행한다.
> ② 채무자에게 알려야 할 집행행위를 실시할 경우에 상속인이 없거나 상속인이 있는 곳이 분명하지 아니하면 집행법원은 채권자의 신청에 따라 상속재산 또는 상속인을 위하여 특별대리인을 선임하여야 한다.

---

1) 법원행정처, 법원실무제요 민사집행(Ⅱ), 2003, 105면.
2) 대결 1998. 12. 23. 98마2509, 2510.

(1) 강제경매

강제집행을 개시한 뒤에 채무자가 사망한 때에는 상속재산에 대하여 강제집행을 계속하여 진행하므로(민사집행법 52조 1항). 이 경우 상속인에 대한 승계집행문을 요하지 아니한다. 채무자에게 알려야 할 집행행위를 실시할 경우에 상속인이 없거나 상속인이 있는 곳이 분명하지 아니하면 집행법원은 채권자의 신청에 따라 상속재산 또는 상속인을 위하여 특별대리인을 선임하여야 한다(민사집행법 52조 2항), 강제집행개시 후 집행목적물의 소유권이 특정승계된 경우에도 종전의 채무자는 그대로 강제집행의 당사자인 채무자이므로 그를 상대로 강제집행을 속행할 수 있고, 종전의 채무자가 그 집행권원에 기한 강제집행의 불허를 구하기 위해서는 청구이의의 소를 제기하여야 한다. 다만 채권자가 새로운 채무자에 대한 승계집행문을 부여받은 경우에는 그를 채무자로 하는 강제집행을 할 수 있다.

(2) 임의경매

강제집행을 개시한 뒤에 채무자 또는 소유자가 사망하여도 매각절차는 중단되지 않고 속행된다. 상속인들은 수계신청하여 절차에 참여할 수 있다.

제 2 항   매각절차에서 채권자의 승계

1. 강제경매절차

(1) 강제집행개시 후의 승계

강제집행을 개시한 후 신청채권자의 지위가 일반승계 또는 특정승계가 된 경우 새로운 채권자가 승계집행문을 부여받은 후가 아니면 그를 위하여 강제집행을 속행할 수 없다.

승계집행문이 붙은 집행권원의 정본에 기초하여 강제집행을 개시하는 때에는 집행문 및 승계에 관한 증명서의 등본을 미리 채무자에게 송달하여야 한다(민사집행법 39조 2항, 3항). 이는 채무자에 대하여 집행문부여에 대한 이의신청(민사집행법 34조) 또는 집행문부여에 대한 이의의 소(민사집행법 45조)에 의하여 신청채권자의 승계를 다툴 수 있는 기회를 주기 위한 것이다.

(2) 강제집행개시 이전의 승계

강제집행개시 전에 신청채권자의 지위가 일반승계 또는 특정승계가 된 경우 승계집행문을 부여받아 경매신청을 하여야 한다(민사집행법 39조 2항).

2. 임의경매절차

(1) 집행개시 후의 승계

임의경매 개시 후에 채권자가 사망한 경우 그 사망 후에 채권자 명의로 이루어진 절차는 그의 상속인들에 의하여 이루어진 것으로 간주되므로, 그 후에 이루어진 매각절차는 동인의 상속인들을 위하여 진행된 유효한 것이다.3) 집행개시 후 신청채권자의 저당권에 관하여 특정승계(피담보채권과 함께 저당권이 양도되거나 전부명령에 의하여 전부된 경우, 민법 제481조에 의하여 대위변제자가 저당권을 취득한 경우 등)가 있는 경우에도 매각절차는 중단되지 않고 그대로 속행된다.4)

(2) 집행개시 이전의 승계

집행개시 전에 승계가 이루어진 경우에는 승계인만이 경매신청을 할 수 있다(민사집행법 264조 2항). 따라서 채권자의 경매신청을 부적법하므로, 그의 신청에 기하여 이루어진 경매개시결정을 취소하고 경매신청을 각하하여야 한다. 담보권을 승계한 경우에는 승계를 증명하는 서류를 내야 한다(민사집행법 264조 2항). 부동산소유자에게 경매개시결정을 송달할 때에는 담보권의 승계를 증명하는 서류의 등본을 붙여야 한다(민사집행법 264조 3항). 다만 특정승계의 경우에는 예외가 있다. 저당권채권의 양도와 같은 법률행위로 인한 특정승계의 경우에는 저당권

---

3) 대결 1972. 11. 7. 72마1266.
4) 대결 2001. 12. 28. 2001마2094.

이전의 부기등기를 양수인을 앞으로 한 등기부등본을 첨부하여 경매신청을 하면
되고 별도의 승계의 원인을 증명하는 서류를 붙일 필요는 없다. 법률의 규정에
의하여 당연히 저당권이 이전되는 변제자의 대위로 인한 이전(민법 480조, 481조)
이나 공동저당에 있어서 차순위자의 대위로 인한 이전(민법 368조 2항)의 경우에
는 담보권의 이전의 부기등기 없이도 경매를 신청할 수 있으므로,5) 대위변제사
실을 증명하는 공정증서 또는 차순위저당권자로 기입된 등기부등본과 배당표등
본 등을 첨부하여 경매신청을 할 수 있다.6)

【매각절차에서 채권자 및 채무자의 승계 요약】

매각절차에서 채무자의 승계			매각절차에서 채권자의 승계	
강제경매	집행개시 전	승계집행문 필요	집행개시 전	승계집행문 필요
	집행개시 후	승계집행문 불요	집행개시 후	승계집행문 필요 (집행문 이의 or 소)
임의경매	집행개시 전	• 대위상속등기 • 취소 or 각하(x)	집행개시 전	• 승계인만이 신청 • 부기등기, 변제자 대위, 공동저당
	집행개시 후	progress	집행개시 후	progress

5) 전장헌, 민법연습, 범론사, 2007, 126면.
6) 법원행정처, 전게서, 111면.

제 3 항 매각절차에서 건축주명의변경

1. 문제의 제기

건축법 시행규칙 제11조 제1항(건축관계자 변경신고) 본문의 권리관계의 변경 사실을 증명할 수 있는 토지와 그 토지에 건축 중인 건축물에 대하여 경매절차 상 확정된 매각허가 결정서 및 매각대금 완납서류 등이 그 토지에 건축 중인 건 축물에 대한 건축주 명의변경으로 인정이 가능할 수 있는지 문제가 된다.

2. 관련 규정

(1) 건축법

건축법 제11조 제1항은 "건축물을 건축하거나 대수선하려는 자는 특별자치시 장·특별자치도지사 또는 시장·군수·구청장의 허가를 받아야 한다. 다만, 21층 이상의 건축물 등 대통령령으로 정하는 용도 및 규모의 건축물을 특별시나 광역시 에 건축하려면 특별시장이나 광역시장의 허가를 받아야 한다"고 규정하고 있다.

그리고 건축법 제14조(착공신고등) 제1항은 건축법 제21조 제1항에 따른 건축 공사의 착공신고를 하려는 자는 별지 제13호서식의 착공신고서(전자문서로 된 신고 서를 포함한다)에 다음 각호의 서류 및 도서를 첨부하여 허가권자에게 제출해야 한다.

① 건축법 제15조에 따른 건축관계자 상호간의 계약서 사본(해당사항이 있는 경우로 한정한다)

② 별표 4의2의 설계도서. 다만, 건축법 제11조 또는 제14조에 따라 건축허 가 또는 신고를 할 때 제출한 경우에는 제출하지 않으며, 변경사항이 있 는 경우에는 변경사항을 반영한 설계도서를 제출한다

③ 건축법 제25조 제11항에 따른 감리 계약서(해당 사항이 있는 경우로 한정한다)

④ 건축사법 시행령 제21조 제2항에 따라 제출받은 보험증서 또는 공제증서 의 사본

(2) 건축법 시행규칙

건축법 시행규칙 제11조(건축 관계자 변경신고) 제1항은 건축법 제11조 및 제14조에 따라 건축 또는 대수선에 관한 허가를 받거나 신고를 한 자가 다음 각 호의 어느 하나에 해당하게 된 경우에는 그 양수인·상속인 또는 합병 후 존속하거나 합병에 의하여 설립되는 법인은 그 사실이 발생한 날부터 7일 이내에 별지 제4호서식의 건축관계자변경신고서에 변경 전 건축주의 명의변경동의서 또는 권리관계의 변경사실을 증명할 수 있는 서류를 첨부하여 허가권자에게 제출(전자문서로 제출하는 것을 포함한다)하여야 한다. 1. 허가를 받거나 신고를 한 건축주가 허가 또는 신고 대상 건축물을 양도한 경우, 2. 허가를 받거나 신고를 한 건축주가 사망한 경우, 3. 허가를 받거나 신고를 한 법인이 다른 법인과 합병을 한 경우, 건축주는 설계자, 공사시공자 또는 공사감리자를 변경한 때에는 그 변경한 날부터 7일 이내에 별지 제4호서식의 건축관계자변경신고서를 허가권자에게 제출(전자문서에 의한 제출을 포함한다)하여야 한다. 허가권자는 제1항 및 제2항의 규정에 의한 건축관계자변경신고서를 받은 때에는 그 기재내용을 확인한 후 별지 제5호서식의 건축관계자변경신고필증을 신고인에게 교부하여야 한다.

(3) 국토교통부 운용지침

토지와 그 토지에 건축 중인 건축물에 대한 경매절차상 확정된 매각허가 결정서 및 매각대금 완납서류를 첨부하여 건축주 명의변경 신청시 건축법 시행규칙 제11조 제1항에 따른 권리관계 변경사실을 증명할 수 있는 서류로 인정하여 건축주 명의변경을 인정하여야 한다.

3. 학설의 경향

(1) 긍정설

건축허가를 득하고 착공신고 수리 후 건축물에 대하여 경매절차를 통해 토지를 낙찰받은 경우 그 토지에 대한 건축 중인 건축물로 보아 건축법 시행규칙 제11조 제1항 본문의 권리관계의 변경사실을 증명할 수 있는 서류로 인정하여야 한다는 주장이다.

(2) 부정설

건축허가를 득하고 착공신고 수리를 하였다고 하더라도 건욱물에 대한 실공사는 진행하지 않은 상태의 토지를 경매 낙찰을 받은 경우 그 토지에 건축 중인 건축물로 볼 수 없으므로 건축법 시행규칙 제11조 제1항 본문의 권리관계의 변경사실을 증명할 수 있는 서류에 해당하지 않으므로 건축관계자(건축주) 변경을 수리할 수 없다는 주장이다.

4. 판례의 태도

1) 농지전용허가가 의제되는 건축허가를 받은 토지와 그 지상에 건축 중인 건축물의 소유권을 경매절차에서 양수한 자가 건축관계자 변경신고를 하는 경우 행정청은 '농지보전부담금의 권리승계를 증명할 수 있는 서류'가 제출되지 않았다는 이유로 그 신고를 반려할 수 없다.[7]

2) 건축허가는 대물적 성질을 갖는 것이어서 행정청으로서는 그 허가를 할 때에 건축주가 누구인가 등 인적 요소에 관하여는 형식적 심사만 하는 점, 건축허가는 허가대상 건축물에 대한 권리변동에 수반하여 자유로이 양도할 수 있는 것이고, 그에 따라 건축허가의 효과는 허가대상 건축물에 대한 권리변동에 수반하여 이전되며 별도의 승인처분에 의하여 이전되는 것이 아닌 점, 민사집행법에 따른 경매절차에서 매수인은 매각대금을 다 낸 때에 매각의 목적인 권리를 취득하는 점 등의 사정을 종합하면, 토지와 그 토지에 건축 중인 건축물에 대한 경매절차상의 확정된 매각허가결정서 및 그에 따른 매각대금 완납서류 등은 건축 관계자 변경신고에 관한 구 건축법 시행규칙(2007. 12. 13. 건설교통부령 제594호로 개정되기 전의 것) 제11조 제1항 제1호에 규정한 '권리관계의 변경사실을 증명할 수 있는 서류'에 해당한다고 봄이 상당하다.[8]

---

7) 대판 2022. 6. 30. 2021두57124.
8) 대판 2010. 5. 13. 2010두2296.

5. 소결

부동산경매는 일반매매와 같이 일종의 Contract 관계이다. 다만 부동산집행법원을 통하여 매각을 받을 뿐이다. 그러므로 건축허가를 득하고 착공신고 수리후 건축물에 대한 실공사는 진행하지 않은 상태로 토지에 대한 토목공사만 진행하였거나 토목공사도 진행하지 아니한 경우라도 부동산경매절차를 통해 토지를 낙찰받은 경우 그 토지에 대한 건축 중인 건축물로 보아야 한다고 본다. 이런 경우에는 허가를 받거나 신고를 한 건축주가 허가 또는 신고 대상 건축물을 양도한 경우와 같이 건축법 시행규칙 제11조 제1항 본문의 권리관계의 변경사실을 증명할 수 있는 서류로 인정하여 건축관계자(건축주) 변경을 할 수 있을 것이다.

유체동산에 대한
강제집행

제 1 절
총설

집행법상 동산은 유체동산(가재도구, 생활용품, 골동품 등)뿐만 아니라 채권 기타 재산권을 포함하는 것으로 민법상의 동산[1]과는 개념을 달리한다. 유체동산에 대한 강제집행은 동산에 대한 강제집행의 일종으로 분류한다.

---

1) 민법 제99조 제1항은 "토지 및 그 정착물은 부동산이다"라고 규정하고 있고, 동법 제99조 제2항에서 "부동산 이외의 물건은 모두 동산이다"라고 하여 토지에 정착되지 않은 물건도 동산이며(예: 가식의 수목), 전기 기타 관리할 수 있는 자연력도 동산으로 보고 있다. 그리고 민법에서는 선박·자동차·항공기·중기 등도 동산으로 보나 특별법(상법·자동차저당법·항공기저당법·중기저당법 등)에 의해 부동산과 마찬가지로 다루고 있다.

제 2 절
압류의 대상이 되는 유체동산

압류의 목적이 되는 유체동산은 민법상의 동산뿐 아니라 유가증권 등 민사집행법 제189조 제2항[1]의 규정에 의한 물건도 포함하기 때문에 실체법상 유체동산의 개념과 반드시 일치하는 것은 아니다. 민법상 동산은 원칙적으로 유체동산집행의 대상이 되나 다른 법령에 특별한 규정이 있는 경우, 예컨대 자동차관리법에 의하여 등록된 자동차, 중기관리법에 의하여 등록된 중기, 선박법 및 선박등기법의 규정에 의하여 등기할 수 있는 선박, 항공법에 의하여 등록된 항공기는 각각 자동차집행(민사집행법 187조), 중기집행(민사집행법 187조), 항고기집행(민사집행법 187조)의 대상이 되므로 유체동산의 집행에서 제외된다. 따라서 등록되지 아니한 자동차·중기·항공기·선박 등은 유체동산으로서 압류할 수 있다.

입목은 일반적으로 토지의 정착물로서 부동산에 해당되지만 입목에 관한 법률에 의하여 소유권보존등기를 한 경우에는 그 입목은 독립된 부동산으로 취급되고, 특히 공장저당법에 의한 공장재단 또는 광업재단저당법에 의한 광업재단을 구성하는 기계, 기구, 차량, 선박, 전주, 전선, 기타의 부속물 등은 부동산으로 취급된다(공장저당법 14조 및 15조, 광업재단저당법 4조 및 5조).

---

1) 민사집행법 제189조(채무자가 점유하고 있는 물건의 압류) ② 다음 각호 가운데 어느 하나에 해당하는 물건은 이 법에서 유체동산으로 본다.
  1. 등기할 수 없는 토지의 정착물로서 독립하여 거래의 객체가 될 수 있는 것
  2. 토지에서 분리하기 전의 과실로서 1월 내에 수확할 수 있는 것
  3. 유가증권으로서 배서가 금지되지 아니한 것

1. 부부의 공유에 속하는 유체동산

채무자와 그 배우자의 공유에 속하는 유체동산에 대해서는 압류를 할 수 있으나 별개의 독립된 물건에 대해서는 압류를 할 수가 없다.

2. 채무자가 압류된 물건을 처분하거나 은닉한 경우

(1) 집행관이 채무자의 동산을 압류한 경우에는 압류조서에 상세히 기록한다. 채무자는 집행관이 압류한 물건을 임의적으로 은닉하거나 처분하면 형법 제140조 제1항의 공무비밀표시무효죄에 해당하여 형사처벌을 받게 된다.

(2) 그리고 채무자가 유체동산에 대한 압류가 이루어진 상태에서 이사를 가거나 물건을 다른 곳으로 이전하려면 반드시 집행관에게 이 사실을 알려 승인을 받아야 한다.

(3) 집행관이 유체동산을 압류한 후 채무자에게 압류물을 보관하게 한 경우에는 목적물의 가치감소와 훼손을 하지 않은 범위 내에서 점유 중인 물건을 사용할 수 있게 할 수 있다.

3. 압류가 금지되는 물건(민사집행법 195조)

집행관이 채무자의 생활가재 등에 대한 동산을 압류할 때에 압류가 정책적으로 금지되는 물건을 압류 또는 가압류를 한 때에는 당연히 무효가 된다. 따라서 다음과 같은 물건에 대하여는 압류가 금지된다.

① 채무자 및 그와 같이 사는 친족(사실상 관계에 따른 친족을 포함한다. 이하 이 조에서 "채무자 등"이라 한다)의 생활에 필요한 의복·침구·가구·부엌가구, 그 밖의 생활필수품

② 채무자 등의 생활에 필요한 2월간의 식료품·연료 및 조명재료

③ 채무자 등의 생활에 필요한 1월간의 생계비로서 대법원규칙이 정하는 액수의 금전

④ 주로 자기 노동력으로 농업을 하는 사람에게 없어서는 아니될 농기구·비료·가축·사료·종자, 그 밖에 이에 준하는 물건

⑤ 주로 자기의 노동력으로 어업을 하는 사람에게 없어서는 아니될 고기잡이 도구·어망·미끼·새끼고기, 그 밖에 이에 준하는 물건

⑥ 전문직 종사자·기술자·노무자, 그 밖에 주로 자기의 정신적 또는 육체적 노동으로 직업 또는 영업으로 종사하는 사람에게 없어서는 아니될 제복·도구, 그 밖에 이에 준하는 물건

⑦ 채무자 또는 그 친족이 받은 훈장·포장·기장, 그 밖에 이에 준하는 명예증표

⑧ 위패·영정·묘비, 그 밖에 상례·제사 또는 예배에 필요한 물건

⑨ 족보·집안의 역사적인 기록·사진첩 그 밖에 선조 숭배에 필요한 물건

⑩ 채무자의 생활 또는 직업에 없어서는 아니될 일기장·상업장부, 그 밖에 이에 준하는 물건

⑪ 공표되지 아니한 저작 또는 발명에 관한 물건

⑫ 채무자 등이 학교·교회·사찰, 그 밖의 교육기관 또는 종교단체에서 사용하는 교과서·교리서·학습용구, 그 밖에 이에 준하는 물건

⑬ 채무자 등의 일상생활에 필요한 안경·보청기·의치·의수족·지팡이·장애보조용 바퀴의자, 그 밖에 이에 준하는 신체보조기구

⑭ 채무자 등의 일상생활에 필요한 자동차로서 자동차관리법이 정하는 바에 따른 장애인용 경형자동차

⑮ 재해의 방지 또는 보안을 위하여 법령의 규정에 따라 설비하여야 하는 소방설비·경보기구·피난시설, 그 밖에 이에 준하는 물건

압류절차

1. 강제집행의 신청

유체동산에 대하여 채권자가 강제집행을 하기 위해서는 집행문을 부여받은 집행권원 1통, 송달증명서 1통, 강제집행신청서 1통, 신분증을 준비하여 집행할 유체동산 소재지를 관할하는 법원의 집행관 사무실에 제출한다.

2. 집행관의 압류물의 선택

이와 같은 서류와 집행비용 그리고 집행할 목적물의 소재지 약도 1통을 구비하여 유체동산 소재지를 관할하는 법원의 집행관 사무실에 제출하면 집행관은 집행하기 좋은 시간과 집행할 목적물 인근에서 만날 것을 협의한다. 그렇게 하여 약속한 그 시간에 집행관과 만나 채무자 "을"의 집에 있는 유체동산에 대하여 압류를 한다.

3. 압류의 방법

집행관이 채무자의 점유에 속하는 유체동산 중 어느 것을 압류할 것인가는 거의 자유재량에 맡겨져 있다. 그러나 집행관이 압류할 물건을 선택함에 있어서는 채권자의 이익을 해하지 않는 범위 내에서 채무자의 이익을 함께 고려하여야 한다. 따라서 집행관은 환가성이 높은 물건부터 압류를 하여야 한다(민사집행법 200조).

4. 압류물의 보전, 점검, 회수 등

압류된 물건은 원칙적으로 집행관이 보관을 하여야 하나 채권자의 승낙이 있거나 운반이 곤란할 때에는 집행관은 압류물을 채무자에게 보관하게 할 수 있다. 이때는 봉인 기타의 방법으로 압류물임을 명확히 하여야 한다. 실무상으로는 채무자가 물건을 보관하는 일반적인 방법으로 하고 있다.

채무자에게 보관시키는 경우에는 압류표시의 방법으로 봉인표와 압류물임을 명백히 한 공시서를 압류물 자체 또는 쉽게 눈에 띌 장소에 집행관의 관인을 찍어서 개시한다. 녹색의 봉인표는 가압류때에 하고 본압류 때에는 적색의 봉인표를 사용한다.

【압류표목】

압 류 표 목

20 년 본 1352호
○ ○ 지방법원 집행관 임○○ (인)

20 . 11. 25.

위 표목을 파기하거나 무효케 하는 자는 형벌을 받을 것이다.

【공시서】

공 시 서

○ ○본 제1352호
채권자: 최○○
채무자: 나○○
아래 물건을 위 당사자 간의 유체동산 강제집행사건에 관하여 금일 본 집행관이 압류한 것이니 누구든지 그 물건을 처분하거나 이 공시서 또는 봉인표, 표목 등을 손상, 은닉 기타의 방법으로 효용을 해하여서는 아니 된다. 이를 위반한 자는 형벌(형법 제140조 제1항, 제323조)을 받게 된다.

20 . 11. 25.

○ ○ 지방법원 집행관 임○○ (인)

압류물건 별지와 같음.

---

5. 압류조서의 작성

집행관이 유체동산을 압류한 때에는 압류조서를 작성한다. 압류조서에는 조서를 작성한 장소, 연월일, 집행의 목적물과 그 중요한 사정의 개요, 집행참여자의 표시, 기명날인, 조서를 집행참여자에게 읽어 주거나 열람하게 하고 그 승인과 서명날인한 사실 및 집행관의 서명날인을 기재하여야 한다. 채무자가 자기의 소유가 아니라는 진술을 한 압류물에 대하여는 그 취지도 함께 기재하여야 한다.

【동산압류조서】

```
            동 산 압 류 조 서

  ○ ○ 본 ( 부)
  채권자: 홍○○
  채무자: 김○○
  직무수행

                청구금액
            금
                집행비용
            금
  합계금
    위 당사자 간 법원 20  . 0. 0. 집행력 있는 정본에 의한 채권자의 위임에 의하여
  위 직무수행장소에서 채무자 김○○을 만나 임의로 변제할 것을 고지하였으나 동인은
  이에 불응하므로 위 청구금액과 강제집행비용의 변제를 충당하기 위하여 증인을 참여
  시키고 별지 목록의 물건을 압류하였다.
    압류물건은 집행관이 이를 점유하고 표시를 하여 그 압류물임을 명백히 하고 채권
  자의 승낙을 얻어서 채무자에게 보관시켰다.
    보관인에게 이 압류물의 점유는 집행관에게 옮겼으므로 누구든지 이를 처분하지 못
  하며, 이를 처분 또는 은닉하거나 압류표시를 훼손하는 경우에는 처벌을 받을 것임을
  고지하였다.
    압류물은 20  . 0. 0. 00:00에 위 직무수행 장소에서 경매를 한다.
    이 절차는 20  . 0. 0. 00:00에 시작하여 동일 00:00에 종료하였다.
    이 조서는 현장에서 작성하여 집행참여자에게 읽어 주거나 열람케 한 후 즉시 승인
  하고 다음에 기명 날인하였다.


                    20  . 11. 25.
                 집행관        (인)
                 채권자        (인)
                 채무자        (인)
                 참여자        (인)
```

제 4 절
환가절차

1. 압류물의 평가

압류 유체동산은 집행관이 경매의 방법으로 매각한다. 집행관은 압류시 초과압류를 하지 않기 위하여 스스로 압류물을 평가하나 압류물이 고가물인 경우에는 감정인에게 평가를 하게 한 후 환가를 한다.

2. 경매기일의 지정

경매기일의 지정시기에 관하여는 압류일로부터 1주일 이상 1개월 이상으로 정하여야 한다. 그런데 압류물을 보관하는 데 지나치게 많은 비용이 들어가거나, 시일이 지나면 그 물건의 가치가 크게 하락할 염려가 있는 때에는 그러하지 아니하다.

3. 경매할 장소

유체동산을 경매할 때에는 공영의 경매장소를 두고 있지 않으므로 실제로는 압류를 행한 채무자의 주소지나 영업소에서 한다. 그러나 채무자가 일반인의 출입을 거절하면 경매가 불가능하게 되고, 일반인이 용이하게 경매장소에 참석하기 어려워져 경매의 공개성에 배치될 우려도 있다.

4. 경매의 공고

집행관이 경매를 실시함에 있어서는 3일 전에 이를 공고하여야 한다. 공고에는 경매일시와 장소 그리고 경매할 물건을 표시하여야 한다. 공고는 법원의 게시판에 공고할 사항이 기재된 서면을 게시함으로써 하고, 필요하다고 인정할 때에는 공고의 요지를 신문에 게재할 수 있다.

5. 경매의 통지

집행관은 이와 같이 경매를 공고하는 외에, 경매의 일시와 장소를 채권자, 채무자, 압류물 보관자, 부부공유 유체동산을 압류한 때에는 그 배우자에게 미리 통지하여야 한다.

6. 경매의 실시

경매는 미리 정한 일시·장소에서 집행관이 매각조건을 정하여 이를 고지하고 압류물에 대한 매수신청을 최고한 후 개시한다. 이어 최고가 매수신청인에게 경락인으로 고지한 다음 경매대금과 상환으로 경매물을 경락인에게 인도함으로써 종결한다. 그러나 경매의 실시에 앞서 채무자가 임의이행을 하는 때에는 이를 영수하고 그 이행이 집행채권과 비용의 변상에 충분한 경우에는 채무자에게 영수증을 작성, 교부하고 집행력 있는 정본을 교부하여 집행절차를 종료하여야 한다.

매수신청은 구술로 하며 매수신청의 가액은 특별매각조건으로 최저경매가격을 정한 경우 등을 제외하고는 아무런 제한이 없다. 경락은 최고가매수신청인에 대하여 그 신청을 허가하는 것으로서, 경매에 참가한 자에게 매수신청을 위한 충분한 기회를 부여한 후 집행관이 그 가격을 3회 호창하고 그 이상의 가격에 의한 매수신청이 없음을 확인한 후에야 결정을 하게 된다.

7. 대금의 지급과 목적물의 인도

　유체동산의 경매에 있어서는 부동산 경매와는 달리 대금지급과 물건을 인도한 날로 하고, 경매기일과 다른 날로 정한 경우를 제외하고는 경매기일에 경락과 대금지급, 물건의 인도가 모두 함께 이루어 지도록 하고 있다(민사집행법 205조 1항).

8. 경매조서의 작성

　집행관이 경매기일을 실시한 때에는 경매조서를 작성하여야 한다. 경매조서에는 최고가매수신청인의 표시 및 경락가격, 배우자의 우선매수신고[1]가 있는 경우에는 그 취지 및 배우자의 표시, 적법한 매수신청이 없는 경우에는 그 취지 등을 기재한다.

9. 재경매

　경락인이 경매기일 또는 정해진 대금지급기일에 대금을 납부하지 않으면 집행관은 재경매를 실시하여야 한다(민사집행법 205조 2항). 재경매의 절차는 이전의 경매와 동일하다. 따라서 집행관은 목적물에 대한 점유를 확보해야 하고 경매할 목적물을 일일이 제시하여야 한다.

---

1) 채무자가 점유하는 물건을 압류하여 경매를 하는 경우에 그 배우자는 경매기일에 출석하여 우선 매수할 것을 신고할 수 있다(민사집행법 206조 1항). 따라서 제3자가 최고가매수신고를 하기 전에 배우자는 자기 신분을 밝히고 우선매수할 것을 신고할 수 있다(민사집행법 140조 1항, 2항).

제 5 절
사례 분석

1. 사실관계

주식회사(이하 '공소외 1 회사'라 한다)를 운영하는 피고인이 피해자 공소외 2 은행으로부터 1억 5,000만원을 대출받으면서 위 대출금을 완납할 때까지 골재생산기기인 '크라샤4230'(이하 '이 사건 크러셔'라 한다)을 양도담보로 제공하기로 하는 계약(이하 '이 사건 양도담보계약'이라 한다)을 체결하였다. 그런데 피해자 공소외 2 은행이 담보의 목적을 달성할 수 있도록 위 크러셔를 성실히 보관·관리하여야 할 의무가 있었음에도, 그러한 임무에 위배하여 위 크러셔를 다른 사람에게 매각함으로써 피해자 공소외 2 은행에 대출금 상당의 손해를 가하였다

2. 관련 법

(1) 횡령죄여부

채무자가 채권담보의 목적인 점유개정 방식으로 채권자에게 동산을 양도하고 이를 보관하던 중 임의로 제3자에게 처분한 경우 횡령죄가 성립한다고 보아야 한다.[1] 형법 제355조 제1항의 횡령죄는 타인의 재물을 보관하는 자가 그 재물을 횡령하거나 그 반환을 거부한 때 성립한다. 횡령죄의 주체는 타인의 재물을 보관하는 자라야 하고, 타인의 재물인지 여부는 민법, 상법 그 밖의 실체법에

---

1) 대판(전) 2020. 2. 20. 2019도9756.

따라 결정하여야 한다.[2]

(2) 배임죄 여부

대법원이 양도담보로 제공된 동산을 제3자에게 처분한 행위를 배임죄로 처벌해 온 것은 부동산에 관한 담보설정자의 임의 처분행위를 배임죄로 처벌한 것과 맥락을 같이한다.[3] 형법 제355조 제2항이 배임죄의 주체를 '타인의 사무를 처리하는 자'라고 포괄적으로 규정하고 있기 때문에, 위와 같은 행위를 배임죄의 규율범위에 포함시켰다고 볼 수 있다.

배임죄의 규율범위를 좁히기 위한 새로운 이론 구성은 얼마든지 가능하다. 그러나 동산 양도담보의 경우 배임죄의 규율범위에서 제외하는 데서 나아가 형사처벌의 대상에서 아예 제외하는 것은 타당하지 않다. 채무자가 동산을 양도담보로 제공하고 이를 계속 점유하는 경우에는 '타인의 재물을 보관하는 자'라는 횡령죄의 구성요건을 쉽게 충족하므로, 채무자가 양도담보로 제공한 동산을 제3자에게 처분하는 것을 횡령죄로 규율하는 것이 올바른 방향이다.[4]

임차인이 자전거를 빌린 사안을 들어 설명해 보고자 한다. 동산 임대차에서 임차인이 임대인으로부터 빌린 자전거를 점유·사용하던 중 임대인의 허락 없이 이를 제3자에게 처분하였다면 횡령죄가 성립한다. 임차인은 임대차계약에 따라 임대인 소유의 자전거를 점유·사용한다. 이때 임차인은 임대차계약이라는 위탁관계를 통해서 동시에 임대인 소유의 자전거를 보관하는 자로서, 횡령죄에서 말하는 '타인의 재물을 보관하는 자'의 지위에 있다. 즉 직접점유자인 임차인은 간접점유자인 임대인과 임대차계약에 따른 신뢰관계(위탁관계)에 기초하여 임대인 소유의 자전거를 보관할 의무가 있다. 임차인이 자신이 보관 중인 임대인 소유의 자전거를 임의로 제3자에게 유효하게 처분한 경우 횡령죄가 성립한다. 이러한 법리를 전제로 임차목적물을 무단 처분한 임차인이 배임죄로 처벌되지 않는 것은 임차인이 임대차계약을 통해서 '타인의 재물을 보관하는 자'의 지위에 있어서 횡령죄로 처벌되기 때문이다.[5]

---

2) 대판 2010. 5. 13. 2009도1373.

3) 대판 2007. 1. 11. 2006도4215.

4) 대판(전) 2020. 2. 20. 2019도9756.

5) 대판 2016. 6. 9. 2015도20007, 2017. 9. 7. 2017도6060.

(3) 동산채권담보법

동산의 경우에는 자동차·선박과 같이 특수한 경우를 제외하고는 등기 등의 방법으로 공시되는 방법이 없기 때문에, 이를 담보로 제공하는 등 금융거래에 활용하기가 어렵다. 이에 특별한 경제적 가치가 있는 동산을 금융거래에 사용하기 위하여 채권자(담보권자)에게 담보물의 소유권을 이전하되, 채무자(원소유자)가 그 사용을 계속하는 '점유개정을 통한 양도담보' 등의 방식을 통한 우회적인 계약이 많이 이루어져 왔다.

동산·채권 등의 담보에 관한 법률(이하 '동산채권담보법'이라 한다) 제1조는 "이 법은 동산·채권·지식재산권을 목적으로 하는 담보권과 그 등기 또는 등록에 관한 사항을 규정하여 자금조달을 원활하게 하고 거래의 안전을 도모하며 국민경제의 건전한 발전에 이바지함을 목적으로 한다"고 규정하고 있다. 본법은 '동산·채권·지식재산권을 목적으로 하는 담보권과 그 등기 또는 등록에 관한 사항을 규정하여 자금조달을 원활하게 하고 거래의 안전을 도모하는 것'을 목적으로(동산채권담보법 1조), '법인 또는 상업등기법에 따른 상호등기를 한 사람이 담보약정에 따라 동산을 담보로 제공하는 경우에는 담보등기를 할 수 있도록 규정(동산채권담보법 3조)하여 일정한 경우 동산 담보에 관한 등기를 허용하고 있다.

그리고 담보등기부는 전산정보처리조직에 의하여 입력·처리된 등기사항에 관한 전산정보자료를 담보권설정자별로 저장한 보조기억장치(자기디스크, 자기테이프, 그 밖에 이와 유사한 방법으로 일정한 등기사항을 기록·보존할 수 있는 전자적 정보저장매체를 포함한다. 이하 같다)를 말하고, 동산담보등기부와 채권담보등기부로 구분한다(동산채권담보법 2조 8호).

3. 소결

이상과 같은 논거 등을 종합하여 볼 때 본 사안은 배임죄를 인정하는 것이 타당하다. 피고인은 20 . 0. 0. 피해은행으로부터 대출을 받으면서 이 사건 크러셔를 양도담보로 제공하였는데, 불과 3개월여 후인 20 . 0. 0. 이를 매도하였다. 피고인은 위 담보물 처분 3개월여 후부터 저지른 다른 피해자들에 대한 사기범

행으로도 경합범으로 기소되어 원심에서 유죄로 인정되었고 그 범죄사실에 따르면 당시 피고인에게 영업손실이 14억원에 이르러 변제능력이 없었다는 것이다. 이는 동산 양도담보설정자의 처분이 문제되는 사건들에서 공통적으로 드러나는 사정이기도 하다.

담보설정자의 무자력으로 채무이행을 기대할 수 없는 상태에서 유일한 채권실현 수단인 담보물이 처분되었는데, '채무를 변제하면 양도담보권 또한 소멸한다'는 일반론은 공허하게 들린다. 대법원 판례와 해석론이 일치하여 배임죄의 본질에 관한 '배신설'의 입장을 취해 온 점도 고려할 수 있다.

채권에 대한 강제집행

제 1 절
금전채권에 대한 강제집행

제1항 총설

　금전채권에 대한 집행은 집행법상으로는 동산에 대한 강제집행의 일종이므로 동산에 대한 강제집행 통칙이 적용된다(민사집행법 제2편 제2장 제4절 제1관). 금전채권에 대한 집행도 압류, 환가, 변제의 3단계로 실시한다. 즉 채권자가 집행법원에 집행신청(압류명령의 신청)을 하면 집행법원은 압류명령을 발하여 채무자가 제3채무자에 대하여 가지는 채권을 압류한 후 다시 채권자의 신청에 의하여 추심명령 또는 전부명령을 발하여 환가한다. 추심명령에 따라 집행채권자는 절차에 참가한 다른 채권자가 없는 경우에는 추심한 금전으로 자기의 채권의 변제에 충당하고 집행절차는 종료하게 된다.

　한편 제3채무자에 대하여 가지는 채무자의 채권에 대하여 채권압류 및 전부명령이 결정된 경우에는 압류한 채권이 압류시에 소급하여 권면액으로 집행채권의 변제에 갈음하여 집행채권자에게 이전하고 집행절차는 종료되므로 변제절차가 진행될 여지는 없다.

제 2 항 집행의 대상

집행의 대상이 되는 금전채권이란 채무자가 제3채무자에 대하여 금전의 급부를 구할 수 있는 각종 청구권에 대하여 하는 강제집행을 말한다.[1] 따라서 집행채무자(채무자)에게 귀속되어 채무자의 책임재산의 일부가 될 수 있는 재산이어야 압류의 대상이 된다. 따라서 집행채무자가 제3자의 명의를 도용하여 은행에 한 경우에는 제3자를 채무자로 하여 한 예금채권에 대한 압류 및 전부명령은 무효이다.

금전채권에 대한 강제집행 중 다음의 경우에는 압류하지 못한다(민사집행법 246조). ① 법령에 규정된 부양료 및 유족 부조료, ② 채무자가 구호사업이나 제3자의 도움으로 계속받는 수입, ③ 급료·연금·봉금·상여금·퇴직금·퇴직연금·그 밖에 이와 비슷한 성질을 가진 급여채권의 2분의 1에 해당하는 금액은 압류하지 못한다. 채무자가 여러 직장을 다니는 경우에는 모든 급여를 합산한 금액을 기준으로 계산한다.

---

1) 대판 1995. 9. 18. 95마684.

제 3 항   압류절차

1. 압류명령의 신청

채권에 대한 강제집행절차는 채권자의 압류명령신청에 의하여 개시된다. 이 신청은 서면에 의하여야 한다. 압류명령을 신청하기 위하여는 강제집행의 요건 및 강제집행개시의 요건을 갖추어야 한다. 즉 집행권원의 집행력 있는 정본, 집행권원의 송달, 집행문 및 증명서 등본의 송달, 이행일시의 도래 등의 요건을 갖추어 채무자의 보통 재판적 소재지의 지방법원에 신청한다. 채무자의 보통재판적이 없을 때는 제3채무자의 보통재판적 소재지의 지방법원이 집행법원이 된다.

2. 신청서의 접수

신청서를 접수받은 법원은 사건번호 및 사건명을 부여하고 사건배당절차를 밟아 기록을 만들고 담당재판부에 회부한다. 담당재판부는 신청서 및 첨부서류만에 의하여 신청의 적식여부, 관할권의 존부, 집행력 있는 정본의 존부, 집행개시요건의 존부 등에 관하여 조사한 후 조사의 흠결이 있을 때에는 보정할 수 있는 것이면 보정을 명한다. 이에 대하여 불복하면 신청을 기각처리한다.

3. 압류명령

집행법원은 서면심사에 의하여 신청이 이유 있다고 인정되는 때에는 피압류채권의 존부나 집행채무자에의 귀속여부만을 심사하거나 제3채무자를 심문함이 없이 채권압류명령을 내린다. 이와 같이 제3채무자나 채무자의 심문을 하지 않고 압류명령을 내리는 것은 채무자가 채권을 제3자에게 양도하는 등의 방법으로 강제집행을 방해하게 할 우려가 있기 때문이다. 채권압류명령의 본질은 환가의 전제로서 압류의 대상인 권리의 처분(양도, 환가)을 금지하는 데 있기 때문에 금전채권의 압류명령은 제3채무자에 대한 채권을 압류한다는 취지 외에 제3채무자에게 채무자에 대한 지급을 금하고 채무자에게는 채권의 처분과 영수를 금하는 내용을 포함하고 있게 된다. 이 중 제3채무자에 대한 지급의 금지명령은 채권압류의 본질적인 것이므로 그 기재가 없으면 압류명령은 무효가 된다.

4. 압류명령의 효력

【채권압류 및 전부명령결정문】

공 시 서
결 정

사건 20 타기 채권압류 및 전부
채권자
채무자
제3채무자

주 문

채무자의 제3채무자에 대한 별지 기재의 채권을 압류한다.
제3채무자는 채무자에게 위 채권에 관한 지급을 하여서는 아니된다.
채무자는 위 채권의 처분과 영수를 하여서는 아니된다.
위 압류된 채권은 지급에 갈음하여 채권자에게 전부한다.

청 구 금 액

금   원
금   원
합계 금   원

이 유

위 청구금액의 변제에 충당하기 위한 집행력 있는 정본에 의한 채권자의 신청은 이유 있으므로 주문과 같이 결정한다.

20 . 11. 25.

판사   (인)

위의 채권압류 및 전부명령결정문(또는 채권압류 및 추심명령결정문)은 제3채무자에게 송달하여야 한다. 위의 압류명령이 제3채무자에게 송달되지 않으면 압류의 효력이 발생하지 않기 때문에 반드시 이루어져야 한다. 채무자에게는 압류명령이 송달되지 않더라도 제3채무자에게 송달이 이루어진 경우에는 압류의 효력이 발생하게 된다.

압류채권자는 압류의 효력에 의하여 그 후 채무자가 채권을 처분하거나 제3채무자가 변제를 하더라도 강제집행을 속행할 수 있다. 즉 제3채무자가 채무자에게 지급하더라도 이로써 압류채권자에게 대항할 수 없고, 압류채권자가 추심권을 행사하면 다시 지급을 하여야 한다. 따라서 제3채무자는 채무자에게 채무의 이행을 하여서는 안 된다. 그리고 채무자는 압류명령에 의하여 채권의 처분과 영수가 금지되기 때문에 채권을 양도하거나 포기, 상계, 기한의 유예 등 채권자를 해하는 일체의 행위를 하여서는 안 된다.

 제 4 항   제3채무자의 채무액공탁

1. 의의

추심명령이 동시 또는 이시에 이중으로 발부된 경우 그 사이에는 우열의 순위가 있을 수 없다. 따라서 제3채무자의 변제도 정당한 추심권자에게 한 것인 이상 당연히 위 모든 자에 대하여 효력을 가진다 할 것이고, 그 변제에 의하여 제3채무자는 면책이 되므로 다른 압류채권자가 또 다시 제3채무자에 대하여 변제의 청구를 할 수 없다. 그러나 여러 압류채권자로부터 채권을 추심받았을 때 압류의 적부를 심사하고 채권자들에게 적절한 배당을 실시하는 것은 제3채무자로서는 상당히 부담이 갈 것이다. 이때는 채무액을 공탁하고 그 사유를 법원에 신고함으로써 제3채무자는 면책을 받을 수 있다. 제3채무자가 채무액을 공탁하는 경우는 다음과 같이 두 가지로 구분할 수 있다.

2. 권리공탁

권리공탁이란 압류채권이 경합되거나 추심권자가 추심을 청구하지 않은 경우 제3채무자가 자발적으로 이행지체의 책임을 면하기 위해 공탁을 하는 것을 말한다. 제3채무자는 압류에 관련된 금전채권의 전액을 공탁하여 채무를 면제받을 수 있다(민사집행법 248조 1항).

3. 의무공탁

의무공탁이란 채권자의 요구가 있는 경우 제3채무자가 의무적으로 공탁을 하는 경우를 말한다. 의무공탁은 두 가지로 구분한다. 첫 번째는 금전채권에 관하여 배당요구서를 송달받은 제3채무자가 배당에 참가한 채권자의 청구에 따라 압류된 부분에 해당하는 금액을 공탁하여야 한다(민사집행법 248조 2항). 두 번째는 금전채권 중 압류되지 아니한 부분을 초과하여 거듭 압류명령 또는 가압류명령이 내려진 경우에 그 명령을 송달받은 제3채무자는 압류 또는 가압류채권자의 청구가 있으면 그 채권의 전액에 해당하는 금액을 공탁하여야 한다(민사집행법 248조 3항). 이 경우에는 공탁이 의무이므로 공탁을 하지 않고 추심권자에게 지급하여도 변제적인 효력이 발생하지 않는다.

4. 배당절차

제3채무자가 채무액을 공탁한 때에는 그 사유를 신고하여야 하며, 공탁이 되면 그 뒤의 배당요구는 허용될 수 없고 집행법원은 배당절차를 개시한다(민사집행법 252조 2항). 법원은 채권자들에게 1주 이내에 원금·이자·비용, 그 밖의 부대채권의 계산서를 제출하도록 최고하고 최고기간이 끝난 뒤에 배당표를 작성하여야 한다. 법원은 배당을 실시할 기일을 지정하고 채권자와 채무자에게 이를 통지하여 배당을 실시한다. 채권자가 배당표의 작성, 배당표에 대한 이의 및 배당표의 실시에 이의를 하고자 할 때는 배당표에 대한 이의 또는 배당이의의 소을 제기할 수 있다. 배당표에 대한 이의는 배당기일이 끝날 때까지 서면으로 할 수 있고, 배당이의의 소는 배당기일로부터 1주 이내에 서면으로 제기하여야 한다(민사집행법 256조, 154조).

 제 5 항　환가절차(추심명령과 전부명령)

1. 총설

　금전채권을 압류한 것만으로는 압류채권자의 집행채권에 만족을 줄 수 없으므로 압류채권자는 자기 채권의 만족을 위하여 압류한 금전채권에 관하여 환가를 한다. 채권자가 압류명령신청서를 법원에 제출하면 법원은 압류명령을 하고 채권자는 이때 환가방법(추심명령 또는 전부명령)을 법원에 신청해야 하는데, 법원은 압류명령신청서와 환가방법(추심명령 또는 전부명령) 신청서를 따로 따로 제출하면 번거로움이 있기 때문에 실무상으로는 압류명령과 동시에 추심명령을 하거나, 압류명령과 동시에 전부명령을 하여 절차가 2단계로 축소하게 하였다. 원래는 채권자가 제3채무자를 상대로 채권을 회수하기 위해서는 압류신청서를 제출하고, 환가방법(추심명령 또는 전부명령)을 신청하여 배당을 하는 방법으로 하게 된다. 예컨대 채무자가 근무하는 회사에 대하여 채권자가 채무자의 월급이나 퇴직금에 대하여 압류를 하고자 신청서를 작성할 때는 채권압류 및 추심명령 또는 채권압류 및 전부명령 중 하나를 선택하여 채무자가 가지는 채권(급여 및 퇴직금)에 대하여 압류를 하여야 한다. 그렇게 하여 압류를 하면 제3채무자인 회사는 압류된 급여나 퇴직금을 채무자에게 지급을 하면 안 되고 법원에 공탁을 하거나 회사 자체에서 계산을 하여 채권자에게 지급해야 한다.

　금전채권의 환가방법으로는 추심명령과 전부명령 그리고 특별한 환가방법으로 양도명령, 매각명령, 관리명령 및 상당한 방법에 의한 환가방법이 있으나, 원칙적인 환가방법은 추심명령과 전부명령에 의한 환가방법이다. 이에 대한 내용을 아래에서 살펴보도록 하자.

2. 추심명령

【채권압류 및 추심명령신청서】

채권압류 및 추심명령 신청

채권자 갑
　　전라남도 송악시 125번지
채무자 을
　　강원도 강릉시 222번지
제3채무자 병
　　전라남도 남원군 남원리 225번지

청구채권 표시

1. 청구금액
(1) 금 100,000,000원
　　(공증인가 법무법인 제일합동법률사무소 공정증서 20 년 제235호에 의한 대여금 원금)
(2) 금 2,000,000원
　　(위 원금에 대한 20 . 11. 25.부터 완제일까지 연 12%의 비율에 의한 이자)
(3) 집행비용
　　1) 500,000원 신청서 첨부 인지대
　　2) 100,000원 송달료
　　3) 10,000원 집행문부여 신청인지대
　　합계: ○○○원

압류할 채권의 표시

1. 금 50,000,000원
　　채무자(직원)가 제3채무자(회사)로부터 매월 25일 지급받는 본봉, 부양수당 초과근무수당, 기말수당에서 법에 따라 원천공제한 잔액의 2분의 1 해당액이 청구금액에 달하기까지의 채권

신청취지 및 이유

1. 위 청구금액은 채권자·채무자 간의 제일합동법률사무소 공증인 작성의 20 년 제235호 금전소비대차계약 공정증서의 집행력 있는 것이나, 채무자는 20 . 0. 0.에 지급할 제○회의 할부금의 지급을 하지 아니하므로, 동일 위 공정증서 제○조 제○호에 의하여 기한의 이익을 상실하였다.
2. 따라서 위 채권의 변제를 받기 위하여 채무자가 제3채무자에 대하여 가지는 위 채권에 관하여 압류명령에 대위절차 없이 추심할 수 있는 뜻의 명령을 발하여 주시기를 신청에 이른 것입니다.

첨부서류

1. 공정증서정본　　1통
2. 송달증명원　　　1통

　　　　　　20 . 0. 0.
　　　　위 채권자 갑　　(인)
　　　　○○지방법원 귀중

추심명령은 압류된 채권의 채권자에 지위의 변동을 가져오는 것은 아니고 채무자가 여전히 압류된 채권의 채권자로 남아 있기는 하나, 압류채권자가 채무자 대신 압류된 채권의 추심권능을 취득하게 된다. 예컨대 채권자 갑이 채무자 을이 제3채무자 병에 대하여 가지는 채권을 민법상 대위절차 없이 채권자가 직접 제3채무자에 대하여 청구할 수 있는 권리를 채권자에게 부여하는 법원의 명령을 추심명령이라 한다. 추심명령은 전부명령과 달리 채권자 "갑"과 채무자 "을"이 제3채무자 "병"에게 가지는 채권을 압류하면서 추심명령을 하였는데, 제3채무자가 재력이 없어 변제를 할 수 없다고 하더라도 채권자 "갑"이 채무자 "을"에게 가지는 채권은 소멸하지 않는다.

추심명령이 있는 때에 압류채권자는 대위절차없이 압류채권을 추심할 수 있다. 추심명령은 이중압류된 경우에도 할 수 있으며 각각 다른 채권자를 위하여 이중으로 할 수도 있다. 추심채권자가 추심명령에 따라 추심을 하였으나 제3채무자가 이에 응하지 않는 경우 제3채무자를 상대로 추심의 소를 제기할 수 있다. 추심의 소는 민사소송의 일종으로 압류채권자에게 직접 지급을 구하는 청구를 할 수도 있지만, 채권자가 경합할 때는 공동청구의 소를 제기할 수 있으며 추심의 소를 제기당한 제3채무자도 채권자들을 상대로 강제참가를 시킬 수 있다.

추심명령이 경합된 경우 그중 한 채권자에게 제3채무자가 변제하면 그 변제에 의하여 제3채무자는 채무를 면하게 되므로 다른 압류채권자가 또 다시 제3채무자에 대하여 변제의 청구를 할 수는 없다. 다만 추심채권은 추심한 채권액을 추심할 때마다 법원에 신고하여야 하며 신고전에 다른 압류·가압류 또는 배당요구가 있었을 때에는 채권자는 추심한 금액을 바로 공탁하고 그 사유를 신고하여야 한다(민사집행법 236조 1항, 2항).

추심신고는 사건의 표시, 채권자·채무자와 제3채무자의 표시, 제3채무자로부터 지급받은 금액과 날짜를 적은 서면으로 한다. 추심신고는 채권의 일부만이 추심된 경우뿐만 아니라 계속적 수입채권이 압류된 경우에도 그때마다 신고를 하여야 한다. 추심신고가 다른 추심권자의 배당요구종기일에 해당하기 때문에 가능한 한 빨리 하는 것이 좋다.

추심채권자가 압류경합이 되었는 데도 추심금에 대하여 추심신고를 하지 않

은 경우 다른 압류권자는 추심채권자를 상대로 추심금 전액을 공탁하고 그 사유
를 신고할 것을 구하는 소를 제기할 수 있다.

3. 전부명령

(1) 전부명령의 특징

전부명령은 압류된 채권을 지급에 갈음하여 채무자로부터 압류채권자에게
이전하는 것으로서, 그에 의하여 채권이 이전되면 현실적인 추심 여부와는 관계
없이 집행채권은 그 권면액만큼 소멸하게 된다. 따라서 제3채무자가 지급할 자
력이 없는 자인 때에는 압류한 채권자는 새로운 불량채권만 생기게 된다. 즉 채
무자에 대한 채권은 그 채권액만큼 소멸하게 되고 제3채무자에게만 채권을 행사
할 수 있게 된다.

예컨대 채권자 "갑"이 채무자 "을"에게 채권을 가지고 있는데, 채무자 "을"
은 다시 "병"에게 채권을 가지고 있어서 "갑"은 "을"이 "병"에게 가지고 있는 채
권에 대하여 압류를 하면서 환가방법으로 전부명령을 같이 신청하였는데, 나중
에 알고 보니 "병"에게 재산이 없는 것이다. 채무자 "병"도 재산이 없어 지금까
지 변제를 못하고 있었던 것이다. 따라서 "갑"은 "을"이 "병"에게 청구할 수 있
는 채권을 전부명령에 의하여 이전받았다고 할지라도 "병"이 재산이 없는 경우
에는 채권회수를 할 수 없는 불량채권만 남게 되는 결과만 발생하게 된다.

전부명령이 제3채무자에게 송달될 때까지 그 금전채권에 관하여 다른 채권
자가 압류·가압류 또는 배당요구를 하여 경합된 경우에는 전부명령은 효력을 가
지지 않는다. 저당권이나 전세권에 대하여 전부명령을 하고자 하는 경우 채권자
는 전부명령 사실을 등기부에 기입하여 줄 것을 법원사무관에게 신청할 수 있다.
이 경우 법원사무관 등은 부동산소유자에게 전부명령이 송달된 뒤에 등기를 촉
탁할 수 있다.

【채권압류 및 전부명령신청서】

채권압류 및 전부명령신청

채권자   갑
            전라남도 송악시 125번지
채무자   을
            강원도 강릉시 222번지
제3채무자 병
            전라남도 남원군 남원리 225번지

청구채권 표시

1. 청구금액
(1) 금 100,000,000원
(공증인가 법무법인 제일합동법률사무소 공정증서 20 년 제235호에 의한 대여금 원금)
(2) 금 2,000,000원
(위 원금에 대한 20 . 11. 25.부터 완제일 까지 연 12%의 비율에 의한 이자)
(3) 집행비용
500,000원

압류할 채권의 표시

1. 금 50,000,000원
    채무자(직원)가 제3채무자(회사)로부터 매월 25일 지급받는 본봉, 부양수당 초과근무 수당,
기말수당에서 법에 따라 원천공제한 잔액의 2분의 1 해당액이 청구금액에 달하기까지의 채권

신청취지

1. 채권자가 가지고 있는 위 채권에 기하여 채무자가 제3채무자에 대하여 가지고 있는 위 채
권을 압류한다.
2. 제3채무자는 채무자에 대하여 가지는 위 압류된 채권의 지급을 하여서는 아니 된다.
3. 채무자도 위 압류된 채권에 관하여 추심 기타 일체의 처분을 하여서는 아니 된다.
4. 위 압류된 채권은 채무자의 지급에 갈음하여 권면액을 채권자에 전부한다는 취지의 명령을 구한다.

신청이유

1. 채권자는 채무자에 대하여 위 청구채권 기재의 집행권원에 기하여 위 청구채권을 가지고
있는바 채무자는 그 채권에 관하여 변제를 하지 않고 있습니다.
2. 따라서 채권자는 채무자의 제3채무자에 대하여 가지고 있는 위 채권에 대하여 압류 및
전부명령을 구하기 위하여 이 신청에 이른 것입니다.

첨부서류

1. 집행문을 부여한 판결정본   1통
2. 송달증명원   1통

                       20 . 0. 0.
             위 채권자   갑   (인)
                ○ ○지방법원 귀중

그리고 당사자 사이에 양도금지의 특약이 있는 채권이라도 압류 및 전부명령에 따라 이전될 수 있고, 양도금지의 특약이 있는 사실에 관하여 압류채권자가 선의인가 악의인가는 전부명령의 효력에 영향이 없다.[2] 여기서 채권의 효력과 관련하여 판례는 "채권양도 금지의 특약은 선의의 제3자에게 대항할 수 없다고만 규정하고 있어서 그 문언상 제3자의 과실의 유무를 문제삼고 있지는 아니하지만, 제3자의 중대한 과실은 악의와 같이 취급되어야 하므로, 양도금지 특약의 존재를 알지 못하고 채권을 양수한 경우에 있어서 그 알지 못함에 중대한 과실이 있는 때에는 악의의 양수인과 같이 양도에 의한 채권을 취득할 수 없다고 해석하는 것이 상당하다"고 판시하고 있다. 즉 채권양도금지의 특약이 있다고 하더라도 채권 양수인이 양도금지 특약의 존재를 알지 못한 데 대한 중과실이 없는 경우에는 유효하게 채권을 취득할 수 있다고 보고 있다.

(2) 압류의 경합과 전부명령의 효과
1) 압류가 경합된 경우
선행 가압류이후 압류 및 전부의 효력이 선행가압류의 집행해제로 유효가 되는지

[Fact]
- 갑(압류 및 전부채권자)
- 금 428,900,000원
- 20 . 7. 28. 제3채무자에 송달
- 을(채무자)
- 병에 대한 공사대금 채권 금 253,319,075원
- 20 . 5. 5. 공사대금 채권
- 병(제3채무자)
- 을(채무자)에 대한 공사대금채무 금 253,319,075원
- 20 . 5. 5. 공사대금 채권확정

---

2) 대판 2002. 8. 27. 2001다71699.

- 정(갑의 선순위 채권가압류권자)
- 금 345,273,000원
- 가압류결정문 제3채무자에게 송달: 20 . 6. 23.
- 채권가압류신청 취하서 법원제출: 20 . 7. 28.
- 채권가압류신청 취하통지서 제3채무자에게 송달: 20 . 7. 31.
- 무(갑의 후순위 임금채권자로 채권가압류권자) 임금채권자
- 금 549,052,880원
- 채권가압류결정문 제3채무자에게 송달: 20 . 8. 12.

[Conclusion]

① **집행공탁**

제3채무자인 병은 20 . 8. 20. 공사대금채권의 채권액이 금 253,319,075원, 갑의 채권압류금액 금 428,900,000원과 무의 채권가압류금액 금 549,052,880원이 위 공사대금채권액을 초과하여 경합되었다는 이유로 금 253,319,075원(공탁금)을 집행공탁하였다. 그리고 법원은 20 . 11. 30. 무(피고)의 임금 및 퇴직금채권이 근로기준법 제37조에 의하여 일반채권자인 갑(원고)의 채권에 우선한다는 이유로 이 사건 공탁금을 무에게 모두 배당하였다. 이에 갑은 무에 대한 위 배당에 이의를 하고 같은 해 12. 5. 배당이의의 소를 제기하였으나, 위 배당법원에 그 소제기증명원을 배당일로부터 7일 이내에 제출하지 않았다. 그 후 갑은 채권배당절차에서의 배당표가 확정되었음을 전제로 무의 배당금출급채권을 가압류하였다.

② **압류의 경합여부**

채권가압류결정정본이 제3채무자에게 이미 송달되어 채권가압류결정이 집행되었다면 그 취하통지서가 제3채무자에게 송달되었을 때에 비로소 그 가압류의 효력이 소멸된다. 또한 그 효력의 소멸은 가압류로 인하여 그때까지 이미 발생한 법률효과에 대하여는 아무런 영향이 없다. 위의 사례에서 정의 채권가압류 집행의 효력은 채권가압류신청의 취하통지서가 제3채무자인 병에게 송달된 20 . 7. 31.에 소멸된다. 따라서 갑은 채권압류 및 전부명령정본이 제3채무자인 병에게 송달된 같은 달 28.에는 공사대금채권에 정의 채권가압류 금 345,273,000원과 금 428,900,000원의 갑의 채권압류가 집행되어 있어 을의 병에 대한 공사대

금채권액 금 253,319,075원보다 초과하여 경합상태에 놓여 있었다.

그러므로 갑의 전부명령은 압류가 경합된 상태에서 발령된 경우에 해당하여 무효이고, 한 번 무효로 된 전부명령은 일단 경합된 가압류 및 압류가 그 후 채권가압류의 집행해제로 경합상태를 벗어났다고 하여 되살아난다고 볼 수 없어 무의 임금 및 퇴직금채권은 근로기준법 제37조에 의하여 일반채권자인 갑의 채권에 우선하여 금 253,319,075원(공탁금)을 모두 배당받게 된다.

그러므로 압류 등이 경합된 상태에서 송달된 전부명령은 무효라 하여도 갑의 압류명령은 유효한 것이므로 이에 터잡아 추심명령을 신청하거나, 경합상태가 해소된 후 다시 전부명령을 신청하는 것은 가능하다.[3) 이 사례에서 갑은 추심명령을 신청하여 제3채무자에게 송달 후 제3채무자로부터 직접 추심을 하고 법원에 공탁을 하거나 제3채무자에게 채권의 전액에 해당하는 금액을 공탁청구하여 각각 나중에 법원으로부터 무와 배당순위에 따라 배당을 받을 수 있을 것이다. 그러나 이 사안에서 갑은 임금채권자인 무의 순위보다 후순위에 해당하기 때문에 궁극적으로 법원에서 배당을 받을 수 있는 금액은 없다.

따라서 갑이 임금채권자에게 우선하기 위해서는 갑은 정의 채권가압류신청 취하통지서(제3채무자에게 송달: 20 . 7. 31.)와 무의 채권가압류결정문(제3채무자에게 송달: 20 . 8. 12.) 사이에 전부명령을 다시 신청하여 제3채무자에게 송달하여야 한다. 그러면 배당순위는 갑의 압류명령 및 전부명령이 병에게 송달될 때 금 253,319,075원은 갑에게 전부(이전)된 것으로 보아 갑은 무보다 우선하여 금 253,319,075원을 병이나 공탁소에서 수령할 수 있게 된다. 그리고 못받은 (금 428,900,000원－253,319,075원)＝175,580,925원은 집행채권이 소멸하지 않았기 때문에 다시 법원에서 집행문을 부여받아 채무자를 상대로 강제집행을 할 수 있다.

* 전부명령도 압류명령 또는 추심명령과 마찬가지로 제3채무자와 채무장에게 송달하여야 한다. 전부명령은 확정되어야 효력이 있다. 채무자에게 전부명령이 송달되지 않으면 전부명령이 확정되지 않으므로 효력이 발생하지 않는다.

---

3) 대판 1998. 8. 21. 98다15439; 임대차계약서상의 임차보증금 6000만원(계약 해지 후인 97. 3. 4. 위 임차보증금채무가 1000만원으로 확정)에 관하여 94. 12. 7. 갑 가압류 3200만원, 94. 12. 16. 을 가압류 2000만원, 95. 6. 17.을 본압류 및 전부 2000만원이 이루어진 경우 갑의 전부명령은 압류경합이 없는 상태에서 발하여진 것으로서 유효하다.

③ 압류가 경합되지 않은 경우

[Fact]

• 갑(압류 및 전부명령)

– 공사도급 계약상(20 . 1. 15.) 공사대금 채권 금 2,960,418,000원 중 금 1,300,000,000원에 대하여 채권압류 및 전부명령을 받아 그 결정은 20 . 3. 16. 병(제3채무자)에게 송달.

• 을(채무자)

갑과 을은 20 . 6. 5. 공사대금을 금 2,960,418,000원으로 하되 이를 기성고에 따라 분할지급받기로 하는 공사도급계약을 체결.

• 병(제3채무자: 한국전력공사, 피고)

– 공사도급계약은 20 . 4. 11.경 적법하게 해제된 사실, 병이 위 공사중단 시까지의 기성고에 따라 채무자에게 지급하여야 할 공사대금채무는 금 2,631,065,593원으로 확정.

– 병이 20 . 1. 15.부터 20 . 10. 25.까지 사이에 4차례에 걸쳐 합계 금 1,356,873,100원을 을에게 지급함으로 병이 을에 대한 공사대금채무는 금 1,274,192,493원이 남음.

• 정(가압류채권자: 원고)

갑은 위 공사대금 채권액이 위와 같이 확정되기 전인 20 . 3. 6. 을에 대한 금 20,287,803원의 채권의 보전을 위하여 을의 병에 대한 위 공사대금 채권 중 금 20,287,803원에 대하여 가압류결정을 받았음(같은 달 9. 병에게 송달됨).

• 무(압류)

갑(전부명령)의 송달 후에도 국가 등 다수의 채권자들이 위 공사대금 채권 중 도합 금 502,061,203원의 채권을 압류.

[Conclusion]

① 장래의 불확정 채권에 대한 압류가 중복된 상태에서 전부명령이 있는 경우, 그 압류의 경합으로 인하여 전부명령이 무효가 되는지 여부의 판단 시점.

위 갑의 채권압류 및 전부명령이 제3채무자인(병, 피고)에게 송달된 위 20 . 3. 16.을 기준으로 하여 볼 때[4])

　－정의 가압류 금액과 갑의 압류 및 전부 금액을 합한 금액(금 20,287,803원
＋1,300,000,000원)

　－을의 병에 대한 공사도급 계약상의 공사대금 채권에서(금 2,960,418,000원)

　－을이 병으로부터 지급받은 공사대금을 공제한 잔액(금 2,960,418,000원－
1,356,873,100원＝1,603,544,900원)보다 적다.

　－ 따라서 갑의 전부명령은 압류가 경합되지 않은 상태에서 발하여진 것으
로서 유효하다.5)

　－ 그러므로 그 후 공사계약이 해제됨으로써 실제로 확정된 공사잔대금 채
권액이 위 가압류 금액과 전부채권의 합계에 미달하게 되었다고 하더라도, 그로
인하여 압류의 경합이 있는 것으로 되어 전부명령이 소급하여 무효로 된다고는
볼 수 없다.

　② 전부명령이 제3채무자에게 송달될 당시를 기준으로 하여 압류가 경합되
지 않았다면 그 후에 이루어진 채권압류가 위 전부명령의 효력에 영향을 미칠
수는 없다.

　－ 따라서 본 사안에서 정(가압류권자)이 채권을 확보하기 위해서는 본안 판
결을 받아 그 집행권원에 기한 압류 및 전부명령을 제3채무자에게 송달하여야
하는데, 그 시기는 압류가 경합되지 않는 상태에서 갑의 압류 및 전부명령 이전
에 병(제3채무자)에게 송달되어야 할 것이다.

　만약 정(가압류권자)이 본안 판결을 받기 이전의 상태라면 정(가압류권자)과 무
(압류권자)는 제3채무자에게 채권의 전액을 공탁할 것을 청구하여(민사집행법 248조
3항) 법원으로부터 배당을 받을 것이다. 배당순위는 정(선순위 가압류)과 갑의 압류
및 전부명령은 안분하여 배당한다.6) 그리고 남은 금액이 있는 경우에는 무에게

---

4) 피압류채권이 공사 완성 전의 공사대금 채권과 같이 장래의 채권액의 구체적인 확정에 불확실
　한 요소가 내포되어 있는 것이라 하여 달라질 수 없다 할 것이며(당원 1984. 6. 26.자 84마13
　결정 참조), 위와 같이 채권액의 확정에 불확실한 요소가 내포된 공사 완성 전의 공사대금 채
　권에 대하여 전부명령을 허용하면서 동시에 그 전부명령의 효력이 장래의 채권 확정 시가 아니
　라 전부명령이 제3채무자에게 송달된 때 발생된다고 해석하는 이상, 압류 및 전부명령을 받은
　자 보다 먼저 당해 피압류채권을 압류한 자가 있을 경우에 압류가 경합되어 전부명령이 무효로
　되는지의 여부는, 나중에 확정된 피압류 채권액을 기준으로 판단할 것이 아니라 전부명령이 제
　3채무자에게 송달된 당시의 계약상의 피압류채권액을 기준으로 판단하여야 한다.

5) 대판 1995. 9. 26. 95다4681.

6) 공사완성 전의 공사대금채권에 대한 압류 및 전부명령보다 먼저 그 공사대금채권에 대한 압류

지급한다. 다만 본 사례에서는 금 1,274,192,493원이 전부 갑에게 이전하고 남은 금액이 없기 때문에 실현성은 없을 것이다.

  — 그리고 무(후행의 압류권자)는 이 사례에서 압류와 경합된 상태(갑+정+무의 채권금액)에 있기 때문에 전부명령을 신청하여도 무효가 될 것이다. 따라서 전부명령보다는 추심의 신청을 하여 제3채무자로부터 직접 추심을 받는 것이 유리할 것이다. 만약 무가 추심금을 받았다면 갑과 정의 압류가 있는 상태에서 추심을 하였기 때문에 추심의 신고만 법원에 하여서는 안 되고 추심한 금액을 공탁하고 그 사유를 신고하여야 한다(민사집행법 236조 1항, 2항). 그리고 이후 법원에서 배당순위에 따른 배당을 실시한다.

  — 한편 갑은 전액 변제받지 못한 금액(금 1,300,000,000원 − 1,274,192,493원 =25,807,507원)에 대해서는 전부명령이 확정된 후 나중에 그 피압류채권이 일부가 존재하지 아니한 것으로 밝혀졌기 때문에 민사집행법 제231조 단서에 따라 피압류채권의 일부는 채무자가 변제한 것으로 볼 수 없어 밝혀진 그 피압류채권의 일부금액만큼은 집행채권이 소멸되지 않은 것으로 된다. 그러므로 채권자는 민사집행법 제35조의 규정에 의하여 집행문을 재도부여받아[7] 채무자의 재산에 대하여 재 집행을 하면 된다. 이때 굳이 부당이득반환에 따라 채무자를 상대로 소송을 제기하여 집행권원에 따라 집행을 하는 것은 아니다.[8]

명령이 있었으나 그 압류 전부명령이 제3채무자에게 송달될 당시를 기준으로는 선행 압류금액과 압류 및 전부금액의 합계액보다 그 당시의 공사대금채권액보다 많아 압류가 경합되지 않은 상태이었는데, 그 후 실제로 확정된 공사대금채권액이 선행 압류금액과 압류 및 전부금액의 합계액에 미달하게 된 경우, 전부명령 이전에 압류된 채권과의 형평성을 고려하여 확정된 공사잔금채권액을 선행 압류금액과 압류 및 전부금액의 비율로 안분하여 전부채권자가 전부받을 금액을 정해야 한다(광주지법 순천지원 2000. 6. 9. 98가합2960).

7) 대판 1996. 11. 22. 96다37176.
8) 전부명령은 압류된 채권을 지급에 갈음하여 압류채권자에게 이전시키고 그것으로 채무자가 채무를 변제한 것으로 간주하는 것이어서 전부명령의 대상인 채권은 금전채권으로 한정되는 것이므로, 토지수용에 대한 보상으로서 채권지급이 가능하고, 기업자가 현금 또는 채권 중 어느 것으로 지급할 것인지 여부를 선택하지 아니한 상태에 있는 경우, 손실보상금채권에 대한 압류 및 전부명령은 기업자가 장래에 보상을 현금으로 지급하기로 선택하는 것을 정지조건으로 하여 발생하는 손실보상금채권을 그 대상으로 하는 것이라고 할 것이고, 위와 같은 장래의 조건부채권에 대한 전부명령이 확정된 후에 그 피압류채권의 전부 또는 일부가 존재하지 아니한 것으로 밝혀졌다면 민사집행법 제231조 단서에 의하여 그 부분에 대한 전부명령의 실체적 효력은 소급하여 실효된다(대판 2004. 8. 20. 2004다24168).
금전채권의 압류 및 전부명령이 집행절차상 적법하게 발부되어 채무자 및 제3채무자에게 적법하게 송달되고 1주일의 즉시항고기간이 경과하거나 즉시항고가 제기되어 그 항고기각 또는 각

- 만약 갑의 피압류채권(13억원)은 존재하는데, 병으로부터 10억원만 변제받고 병이 무자력인 경우에 나머지 3억원에 대해서는 채무자(을)에게는 13억원의 집행채권이 소멸하였기 때문에 청구할 수 없고, 제3채무자(병)에게만 청구를 하여야 할 것이다. 계속 병이 지급하지 않는 경우 갑은 전부금청구 소송을 제기하여 승소판결을 받은 집행권원에 기하여 병이 가지고 있는 재산에 대해서 강제집행을 하여야 한다.

(3) 가압류 이후 압류 및 전부명령이 유효한 경우

채무자 갑은 20 . 1. 5. 제3채무자인 을 사이에 공사대금을 금 2,960,418,000원으로 하되, 이를 기성고에 따라 분할지급받기로 하는 공사도급계약을 체결하였다. 그러나 20 . 9. 27.경 부득이한 사정으로 공사를 중단하게 되어공사도급계약은 20 . 12. 11.경 적법하게 해제되었다. 을이 위 공사중단 시까지의 기성고에 따라 갑에게 지급하여야 할 공사대금채무는 금 2,631,065,593원으로 확정되었는데, 을은 20. 1. 15.부터 20 . 10. 25.까지 4차례에 걸쳐 합계 금 1,356,873,100원을 채무자인 갑에게 지급함으로써 공사대금채무는 금 1,274,192,493원이 남게 되었다. 병은 20 . 3. 6. 갑에 대한 금 20,287,803원의 채권의 보전을 을에 대하여 가압류결정을 받았고 정은 같은 해 3. 15. 위 공사대금 채권 금 2,960,418,000원 중 금 1,300,000,000원에 대하여 채권압류 및 전부명령을 받아 그 결정은 같은 달 16. 을에게 하였다. 을에게 전부명령의 송달 후에도 국가 등 다수의 채권자들이 위 공사대금 채권 중 도합 금 502,061,203원의 채권을 압류하였다. 이때 정의 채권압류 및 전부명령이 제3채무자인 을에게 송달된 위 20 . 3. 16.을 기준으로 하여 볼 때, 원고의 가압류 금액과 병의 압류 및 전부 금액을 합한 금액이 갑이 을로부터 지급받은 공사대금을 공제한 잔액보다 적은 경우, 위 전부명령은 압류가 경합되지 않은 상태에서 발하여진 것으로서 유효하다.

공사잔대금 채권액이 병의 가압류 금액과 정의 전부채권의 합계에 미달하게

하결정이 확정된 경우에는 집행채권에 관하여 변제의 효과가 발생하고 그때에 강제집행절차는 종료한다. 피전부채권이 존재하지 아니하는 경우라 하더라도 민사집행법 제231조 단서 규정에 따라 집행채권 소멸의 효과는 발생하지 아니한다. 집행채권이 소멸하지 아니한 경우에 전부채권자는 피전부채권이 존재하지 아니함을 입증하여 다시 집행력 있는 정본을 부여받아 새로운 강제집행을 할 수 있다(대판 1996. 11. 22. 96다37176).

된 경우 압류의 경합이 있는 것으로 되어 가압류 이후에 이루어진 전부명령이 소급하여 무효로 되지 않는다.9)

(4) 선순위압류와 전부권자의 우선순위

[Fact]

• 갑(압류 및 전부명령권자)

− 20 . 6. 30. 을에게 송달

−1,500,000,000원

• 을(채무자)

−제3채무자에 대한 채권 금 720,545,100원＋29,061,500원＝749,606,600원

• 병(제3채무자)

− 을에 대한 채무 총 749,606,600원

• 정(압류, 국민연금관리공단)

− 20 . 6. 22. 병에게 공사대금 채권에 대한 채권압류통지

− 10,356.380원

[Conclusion]

　공사완성 전의 공사대금채권에 대한 압류 및 전부명령보다 먼저 그 공사대금채권에 대한 압류명령이 있었으나, 그 압류 전부명령이 제3채무자에게 송달될 당시를 기준으로는 선행 압류금액과 압류 및 전부금액의 합계액보다 그 당시의 공사대금채권액보다 많아 압류가 경합되지 않은 상태이었다. 그런데 이후 실제

---

9) 전부명령이 확정되면 피압류채권은 제3채무자에게 송달된 때에 소급하여 집행채권의 범위 안에서 당연히 전부채권자에게 이전하고 동시에 집행채권 소멸의 효력이 발생하는 것이므로, 전부명령이 제3채무자에게 송달될 당시를 기준으로 하여 압류가 경합되지 않았다면 그 후에 이루어진 채권압류가 위 전부명령의 효력에 영향을 미칠 수는 없는 것이고, 이러한 이치는 피압류채권이 공사 완성 전의 공사대금 채권과 같이 장래의 채권액의 구체적인 확정에 불확실한 요소가 내포되어 있는 것이라 하여 달라질 수 없다 할 것이며(당원 1984. 6. 26.자 84마13 결정 참조), 위와 같이 채권액의 확정에 불확실한 요소가 내포된 공사 완성 전의 공사대금 채권에 대하여 전부명령을 허용하면서 동시에 그 전부명령의 효력이 장래의 채권 확정 시가 아니라 전부명령이 제3채무자에게 송달된 때 발생된다고 해석하는 이상, 압류 및 전부명령을 받은 자보다 먼저 당해 피압류채권을 압류한 자가 있을 경우에 압류가 경합되어 전부명령이 무효로 되는지의 여부는, 나중에 확정된 피압류 채권액을 기준으로 판단할 것이 아니라 전부명령이 제3채무자에게 송달된 당시의 계약상의 피압류채권액을 기준으로 판단하여야 한다(대판 1995. 9. 26. 95다4681).

로 확정된 공사대금채권액이 선행 압류금액과 압류 및 전부금액의 합계액에 미달하게 된 경우, 전부명령 이전에 압류된 채권과의 형평성을 고려하여 확정된 공사잔금채권액을 선행 압류금액과 압류 및 전부금액의 비율로 안분하여 전부채권자가 전부받을 금액을 정해야 한다.10)

따라서 갑의 전부명령 이전에 압류된 정의 압류금액 10,356,380원과 갑의 전부금 15억원은 나중에 확정된 공사잔금채권액을 가지고 안분의 비율로 금액을 정한다.

그러므로 전부권자인 갑이 전부받을 수 있는 금액은 금 744,466,614원 {749,606,600원×(1,500,000,000원/1,510,356,380원)}=1,489,714,632이고, 정의 금액은 금 5,139,986원이다.

4. 추심명령과 전부명령의 비교

(1) 채권자는 채무자가 제3채무자에 대하여 가지는 채권에 대하여 압류를 함과 동시에 환가방법인 추심명령이나 전부명령을 할 수 있다. 그러나 추심명령과 전부명령은 그 성질에 있어 차이가 있다.

(2) 추심명령의 경우는 채권자 갑이 제3채무자로부터 채권액을 변제받지 못했다고 하여도 채무자에 대하여 가지는 채권은 소멸하지 않는 반면, 전부명령은 채무자의 제3채무자에 대하여 가지는 채권을 채권자에게 이전시킨 금액만큼 소멸하게 되므로 제3채무자가 자력이 없을 때는 채권회수를 할 수 없는 결과가 발생하게 된다.

(3) 전부명령이 좋은 점도 있다. 예컨대 채무자 을(예: 회사직원)이 제3채무자(예: 회사)에 대하여 급여 및 퇴직금의 채권을 가지고 있는데, 채권자 갑은 채무자 을에게 채권을 가지고 있다. 이 때 채무자 을에게 채권을 가지고 있는 사람이 여러 명 있어 채권자 갑이 먼저 압류 및 전부명령을 한 경우에는 채무자 을이 제3채무자에 대하여 가지는 급여 및 퇴직금에 대하여 다른 채권자와 안분하여 배당을 받는 것이 아니고 채권자 갑의 채권이 우선회수를 한 다음, 이후에 추심명령

10) 광주지법 순천지원 2000. 6. 9. 98가합2960.

한 사람들 간에 안분하여 배당을 받아 가게 된다.

(4) 전부명령은 금전채권에 대해서만 할 수 있는 반면, 추심명령은 금전채권 이외에 유채물의 인도나 권리이전의 청구권을 목적으로 하는 때도 할 수 있다.

(5) 추심명령은 추심명령을 한 이후 추심할 가망이 없으면 추심권을 포기하고 다른 집행방법을 행사할 수 있지만 전부명령은 다른 집행방법을 할 수 없다.

(6) 이와 같이 추심명령과 전부명령은 다른 성격을 가지고 있기 때문에 채권자는 제3채무자의 재력이나 상황에 따라 추심명령으로 할 것인지 아니면 전부명령으로 채권을 환가할 것인지를 결정해야 한다.

(7) 추심명령이나 전부명령의 신청은 채무자의 소재지를 관할하는 법원에 하고, 그 지방법원이 없는 경우에는 제3채무자의 소재지 지방법원에 신청한다.

(8) 집행법원은 추심명령이나 전부명령의 신청이 있으면 관할권의 유무, 강제집행의 요건 및 개시요건의 유무, 압류명령의 효력의 존부, 추심명령 발부요건의 유무 등을 조사하여 신청의 허가 여부를 결정한다.

(9) 추심명령도 압류의 명령과 마찬가지로 제3채무자에게 송달하여야 한다. 채무자와 채권자에 대한 송달은 추심명령의 효력발생요건이 아니기 때문에 적당한 방법으로 고지하면 된다.

임대차보증금에 대한 강제집행

　　채권자 갑이 채무자 을에게 1억원을 대여하였는데, 변제기일이 지나도록 변제를 하지 않자 대여금청구소송을 제기하여 승소판결을 받았다. 그러나 채무자 을이 변제할 수 있는 자력이 없어 채권자는 1억원을 지급하라는 이행판결(집행권원)은 가지고 있지만 강제집행도 못하고 있다. 궁여지책으로 채권자 갑은 채무자 을이 임대인과 체결하고 있는 임대차 보증금 1억원에 대하여 압류를 하고 채권을 회수하고자 한다. 이때 채권자 갑이 어떠한 절차를 밟아야 채권을 회수할 수 있는지 아래에서 살펴보도록 한다.

제1항　신청서류 제출

　　채권자 갑이 채무자(임차인) 을이 임대인에게 가지는 보증금반환청구권에 대하여 압류를 하기 위해서는 우선 준비서류가 필요하다. 준비서류로는 채권자 갑이 채무자 을에 대하여 가지고 있는 집행권원(조정조서·화해조서·확정된 판결·지급명령·공정증서)에 집행문을 부여받은 집행력 있는 판결문 1통, 송달증명서 1통, 채무자가 임차하고 있는 건물등기부등본 1통, 전세계약서사본 1통, 채권압류 및 추심명령 또는 채권압류 및 전부명령신청서 1통, 임대차보증금 내용에 대한 목록 3통 등을 준비하여 채무자 을의 주소지 관할 지방법원 민사신청과에 제출하면 된다.

제 2 항   채권압류명령(판결)

채무자주소지 관할법원에 채권압류 및 추심명령신청서 또는 채권압류 및 전부명령신청서를 위의 서류와 함께 제출하면 법원은 채무자(임차인)와 제3채무자(임대인)를 소환하지 않고 신청서만으로 심리를 하여 신청서가 이유 있다고 인정되면 채권에 대한 압류명령을 한다. 그리고 이어서 채권압류명령에 대한 내용을 제3채무자(임대인)에게 먼저 송달하여 받아 보게 한 다음 채무자(임차인)에게 송달한다.

 제 3 항   환가방법(추심명령 또는 채권전부명령)

채권자 갑이 채무자(임차인)가 제3채무자(임대인)에 대하여 가지는 임대차보증금반환청구권에 대하여 제3채무자(임대인)가 채권압류 및 전부명령결정을 받은 경우에는 제3채무자(임대인)는 임차인에게 보증금을 지급하여서는 안 된다.

제 4 항   채권자대위에 의한 명도소송

압류권자가 전세보증금에 대하여 압류를 하였어도 임대차 기간이 존속하는 동안에는 임대인에게 반환청구를 할 수 없다. 그렇게 되다 보니까, 임차인이 고의적으로 채권자의 압류를 이유로 월세를 연체하여 만기가 도래하였을 때는 한 푼도 남아 있지 않게 하는 경향이 있다. 이때는 임대인이 임차인을 상대로 제기할 수 있는 건물명도청구소송의 권리를 대위하여 행사할 수 있다. 목적물이 상가인 경우는 권리금이 있기 때문에 원활히 타결되는 경우가 많다.

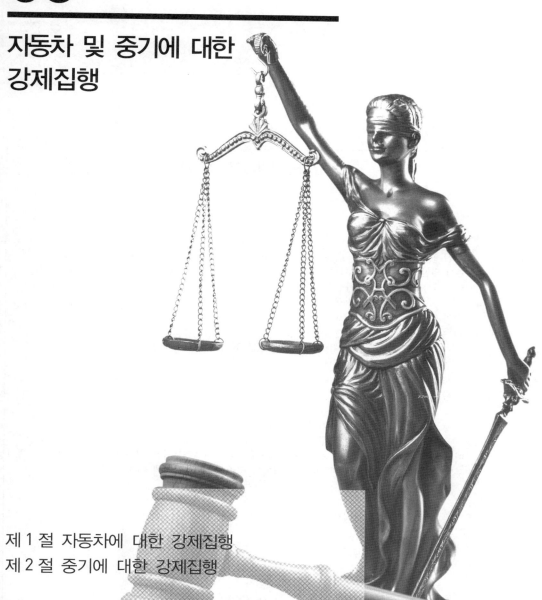

chapter

08

자동차 및 중기에 대한
강제집행

제 1 절
자동차에 대한 강제집행

자동차강제경매신청서

채권자: 김○○

채무자: 나○○

청구채권의 표시

금 100,000,000원(수원지방법원 20 가소20235호 대여금 청구사건의 집행력이 있는 판결정본에 의한 원금), 위 금액에 대하여 20 . 7. 7.부터 완제일까지 연 12%의 비율에 의한 이자.

1. 압류할 자동차(* 자동차 등록원본의 사항을 기재)

자동차등록번호	서울4구 2525
차명	소나타
형식 및 연식	X형 20 년식
차대번호	KMH-UK21KO-KU099220
원동기의 형식	G4DJ
사용본거의 위치	서울시 마포구
등록년월일	20 . 12. 25.

신청취지 및 이유

위 청구금액은 채권자, 채무자간 수원지방법원 20 가소20235호 대여금 청구사건의 집행력이 있는 판결정본에 의하여 채권자에게 변제할 것인바, 채무자는 이를 이행하지 않으므로 채무자 소유의 위 자동차에 관하여 강제경매를 구하고자 이 신청에 이른 것입니다.

첨부서류

1. 집행력 있는 판결정본 1통
2. 송달증명원   1통
3. 자동차등록원부 1통

20 . 0. 0.

위 채권자   (인)

○○ 지방법원 귀중

제1항 강제경매의 신청

　　자동차, 중기 및 항공기에 대한 강제집행절차는 원칙적으로 부동산에 대한 강제집행의 절차에 의하도록 하고 있다. 자동차집행의 대상이 되는 자동차는 자동차관리법에 의하여 등록된 자동차에 한한다.

　　자동차는 민법상 동산으로 취득되지만 그 권리변동에 있어서는 부동산과 유사하여 등록이 그 효력발생요건으로 되어 있으며, 그 가액이 고가여서 동산과 같이 취급하는 것이 부적절하므로, 일반적으로 부동산에 대한 강제집행의 규정에 의하도록 하고 있다. 자동차에 대한 강제집행은 원칙적으로 자동차등록 원본에 기재된 채무자의 주소지 관할지방법원에 한다. 채무자의 주소를 관할하는 지방법원에 할 수 없을 때에는 자동차의 소재지를 관할하는 법원에 하여야 하는데, 그것은 강제경매신청 전에 채무자에게 자동차를 소속 법원 집행관에게 인도할 것을 명하고 이에 따라 집행관이 자동차를 인도받은 경우에 한다. 이때는 자동차의 소재지를 관할하는 법원이 집행법원이 된다. 신청서류에는 신청서 1통, 자동차목록, 집행문을 부여받은 집행권원(확정판결문정본, 화해조서, 조정조서, 공정증서, 확정된 지급명령) 1통, 송달증명원 1통, 자동차등록원부등본 1통을 구비하여 원칙적으로 자동차등록원부상에 기재된 채무자의 주소를 관할하는 지방법원에 신청서를 제출하면 된다.

제 2 항   강제경매개시결정

자동차강제경매신청서는 부동산강제경매신청과 동일하지만 부동산의 표시에 상당하는 자동차의 표시를 기재하는 외에 자동차등록원부에 표시된 채무자의 주소를 기재하여야 한다. 자동차의 표시는 등록번호와 차명, 형식 및 연식, 차대번호, 원동기의 형식, 사용본거지, 등록연월일 등 자동차등록원부에 기재되어 있는 사항을 상세히 기재하여 특정이 가능하도록 하여야 한다.

강제경매의 신청이 요건을 갖춘 때에는 집행법원은 채권자를 위하여 자동차를 압류한다는 것을 선언하는 외에 채무자에 대하여 자동차를 집행관에게 인도할 것을 명한다. 개시결정은 채무자에게 송달하여야 하며, 개시결정 후 법원은 직권으로 서울특별시장, 광역시장 또는 도지사에게 자동차등록원부에 압류의 등록을 할 것을 촉탁한다.

제 3 항   압류의 효력발생시기

경매개시결정의 송달 또는 그 등록 전에 인도명령에 기하여 집행관이 자동차를 인도받은 때에는 압류의 효력이 발생하게 된다.

자동차는 고도의 이동성과 은닉의 용이성이 있기 때문에 채권자가 자동차강제경매신청을 하더라도 집행관에게 자동차가 인도되지 않으면 경매절차를 진행할 수 없다. 따라서 자동차에 대한 강제경매개시결정에는 압류의 선언 외에 채무자에 대하여 자동차를 집행관에게 인도할 것을 명하도록 하고 있다. 자동차인도명령은 경매신청 전에 할 수도 있다. 강제경매신청 전에 자동차를 집행관에게 인도하지 않으면 강제집행이 현저히 곤란하게 될 우려가 있는 때에는 그 자동차가 있는 곳의 소재지를 관할하는 지방법원에 자동차인도명령신청을 할 수 있다. 예컨대 서울시 서초동에 살고 있는 갑이 부산시 수정구에 살고 있는 을에게 자동차강제경매를 신청하고자 하는데 자동차가 있는 곳이 서울시 마포구에 있다면 서울시 마포구 관할법원인 서부지방법원에 자동차인도명령을 신청할 수 있다. 이때 서부지방법원 집행관이 자동차를 인도받은 때에는 서부지방법원이 집행법원이 된다. 이와 같이 경매신청 전에 할 수 있는 자동차인도명령을 함에 있어서는 집행력 있는 정본을 제시하고 신청의 사유를 제시하여야 한다. 만약 경매개시결정이 있은 날로부터 2개월이 경과하기까지 집행관이 자동차를 인도받지 못하면 자동차강제경매는 할 수 없어 강제경매는 취소된다.

제 4 항 자동차인도명령

【자동차인도명령신청서】

자동차인도명령신청

채권자: 김○○
채무자: 나○○
인도 받을 자동차의 표시는
별지기재와 같음

신청취지

채무자는 채권자가 위임한 집행관에게 별지 목록 기재의 자동차를 인도하라.
라는 재판을 구합니다.

신청이유

1. 위 채권자는 수원지방법원 20 가소20235호 대여금 청구사건의 집행력이 있는 판결정본에 의하여 청구채권을 가지고 있는바 위 청구금액을 변제하지 않고 있습니다.
2. 따라서 채무자는 위 자동차를 가지고 잠적할지 모르는 실정이고, 자동차경매개시결정을 받아 위 자동차의 인도집행을 한다 하더라도 압류가 불가능하게 되어 경매 절차를 진행할 수 없게 되므로 이 신청에 이른 것입니다.

첨부서류

1. 집행력 있는 판결정본   1통
2. 송달증명원   1통
3. 자동차등록원부   1통

20 . 0. 0.
위 채권자 김○○   (인)

○○지방법원 귀중

【자동차인도명령결정문】

○ ○ **법원**
결 정

사건 20   타경   0000 자동차인도명령
채권자
채무자

주 문
채무자(소유자)는 채권자의 위임을 받은 집행관에게 별지 목록 기재 자동차를 인도
하라.

이 유
채권자의 강제집행신청 전 자동차인도명령은 이유 있으므로 주문과 같이 결정한다.

20 . 0. 0.

판사   (인)

제 5 항 자동차의 보관

자동차를 인도받은 집행관이 상당하다고 인정한 때에는 인도받은 자동차를
채권자, 채무자 기타 적당한 자에게 보관시킬 수 있다. 집행관이 자동차를 다른
사람에게 보관시킨 때에는 그 자동차가 집행관의 보관하에 있음을 공시의 방법
에 의해 부착하거나 기타의 방법으로 표시하여야 하고, 별도 운행이 허가된 경
우를 제외하고는 운행을 하지 못하도록 적당한 조치를 취해야 한다. 위의 점유
에 표시를 손괴하거나 그 효용을 해하는 행위는 공무상 비밀표시무효죄(형법 140
조 1항)에 해당하여 처벌을 받을 수 있다.

제 6 항 경매 및 배당

　자동차에 대한 환가 및 배당절차는 원칙적으로 부동산에 대한 경매절차와 같지만 다음 몇 가지의 경우에는 특칙이 인정되고 있다.

　1. 법원은 그 관할구역 내에서 집행관이 자동차를 점유하기 전에는 경매기일을 지정할 수 없다. 왜냐하면 자동차를 낙찰받은 경락인이 대금을 지불하였다는 증명서를 집행관에게 제시하면 집행관은 보관하고 있던 자동차를 즉시 인도하여야 하기 때문이다.

　2. 경매기일을 공고함에 있어서는 자동차의 소재지를 기재하여야 한다. 이는 소재지를 공고함으로써 입찰희망자에게 자동차를 직접 볼 수 있도록 배려하기 위함이다.

　3. 부동산의 경우에는 최초의 경매기일에 관한 공고는 그 사항을 신문에 게재하여야 하나 자동차의 경우는 최초의 경매기일에 관한 공고라도 신문에 게재하지 않을 수 있다.

제 7 항 자동차를 목적으로 하는 담보권 실행을 위한 경매

　자동차에 대한 담보권의 실행을 위한 임의경매는 부동산경매에 관한 규정등을 준용한다. 자동차에 대한 임의경매에 있어서 그 점유를 확보하지 아니하고는 경매절차를 진행할 수 없음은 강제경매의 경우와 같다.

제 2 절
중기에 대한 강제집행

　중기관리법에 의하여 등록된 중기에 관한 강제집행절차에 관하여는 자동차에 대한 강제집행에 관한 규정을 준용한다. 여기서 중기라 하는 것은 건설공사에 사용할 수 있는 기계로서 대통령령으로 정한 것을 말한다.

　중기집행의 대상이 되는 것은 중기관리법에 의하여 등록된 중기에 한하고 미등록의 중기는 유체동산집행의 방법에 의하여 집행한다.

　중기를 목적으로 하는 담보권의 실행을 위한 경매절차에도 자동차경매에 관한 규정을 준용하여야 한다.

제 1 절
형식적 경매

 ## 제1항 의의 및 종류

1. 의의

민사집행법 제274조는 "유치권에 의한 경매와 민법·상법, 그 밖의 법률이 규정하는 바에 따른 경매(이하 "유치권등에 의한 경매"라 한다)는 담보권 실행을 위한 경매의 예에 따라 실시한다"라고 규정하고 있다. 여기서 규정하고 있는 민법, 상법 그 밖의 법률이 규정하는 바에 따른 경매를 협의의 형식적 경매라 부른다. 그리고 유치권에 의한 경매를 포함하여 광의의 형식적 경매라고 한다.[1] 형식적 경매는 채권자가 그의 채권의 만족을 얻기 위하여 행하는 임의경매나 강제경매와 다르다.

2. 종류

(1) 유치권에 의한 경매

유치권자는 민법에 의한 경매신청권을 인정하고 있다(민법 322조 1항). 따라서 유치권자는 법원으로부터 유치권에 따른 피담보채권에 대한 판결 등의 집행권원

---

1) 법원공무원교육원, 민사집행실무, 법원공무원교육원, 2020, 420면.

을 받아 경매를 신청하는 것은 아니다.

그러나 유치권자는 경매신청권은 인정하고 있지만 매각대금으로부터 배당을 받을 수 있는 우선변제권은 인정되지 않는다. 오직 피담보채권을 변제받을 때까지 목적물을 점유할 수 있는 권리를 인정하고 있다. 일종의 유치권에 의한 경매의 성질을 현금화를 위한 경매의 일종으로 규율하고 있다.

(2) 협의의 형식적 경매

협의의 형식적 경매는 공유물분할을 위한 경매, 자조매각, 타인의 권리를 상실시키는 경매 그리고 청산을 위한 경매로 구분할 수 있다.

1) 공유물분할을 위한 경매

공유물분할을 위한 경매는 공유물을 그 가치에 의하여 분할하기 위하여 현금화하는 것을 목적으로 하는 경매로서 민법 제269조 제2항[2] 및 제278조에 의한 경매를 의미한다. 판례는 공유물분할을 위한 경매도 강제경매나 담보권 실행을 위한 경매와 마찬가지로 목적 부동산 위의 부담을 소멸시키는 것을 법정매각조건으로 하여 실시된다고 봄이 상당하다고 보고 있다.[3]

---

[2] 민법 제269조(분할의 방법) ① 분할의 방법에 관하여 협의가 성립되지 아니한 때에는 공유자는 법원에 그 분할을 청구할 수 있다. ② 현물로 분할할 수 없거나 분할로 인하여 현저히 그 가액이 감손될 염려가 있는 때에는 법원은 물건의 경매를 명할 수 있다.

[3] 대판 2009. 10. 29. 2006다37908; 구 민사소송법(2002. 1. 26. 법률 제6626호로 전부 개정되기 전의 것)은 제608조 제2항에서 "저당권 및 존속기간의 정함이 없거나 제611조의 등기 후 6월 이내에 그 기간이 만료되는 전세권은 경락으로 인하여 소멸한다"고 함과 아울러, 제728조에서 이를 담보권의 실행을 위한 경매절차에도 준용하도록 함으로써 경매의 대부분을 차지하는 강제경매와 담보권 실행을 위한 경매에서는 소멸주의를 원칙으로 하고 있다. 공유물분할을 위한 경매에서 인수주의를 취할 경우 구 민사소송법이 목적부동산 위의 부담에 관하여 그 존부 및 내용을 조사·확정하거나 인수되는 부담의 범위를 제한하는 규정을 두고 있지 않을뿐더러 목적 부동산 위의 부담이 담보하는 채무를 매수인이 인수하도록 하는 규정도 두고 있지 않아 매수인 및 피담보채무의 채무자나 물상보증인이 매우 불안정한 지위에 있게 되며, 목적부동산 중 일부 공유지분에 관하여만 부담이 있는 때에는 매수인으로 하여금 그 부담을 인수하도록 하면서도 그러한 사정을 고려하지 않은 채 공유자들에게 매각대금을 공유지분 비율로 분배한다면 이는 형평에 반하는 결과가 될 뿐 아니라 공유물분할소송에서나 경매절차에서 공유지분 외의 합리적인 분배비율을 정하기도 어려우므로, 공유물분할을 위한 경매 등의 이른바 형식적 경매가 강제경매 또는 담보권의 실행을 위한 경매와 중복되는 경우에 관하여 규정하고 있는 구 민사소송법 제734조 제2항 및 제3항을 감안하더라도, 공유물분할을 위한 경매도 강제경매나 담보권 실행을 위한 경매와 마찬가지로 목적부동산 위의 부담을 소멸시키는 것을 법정매각조건으로 하여 실시된다고 봄이 상당하다. 다만, 집행법원은 필요한 경우 위와 같은 법정매각조건과는 달리 목적부동산 위의 부담을 소멸시키지 않고 매수인으로 하여금 인수하도록 할 수 있으나, 이때에는 매각조건 변경결정을 하여 이를 고지하여야 한다.

2) 자조매각

자조매각이란 특정물의 인도의무를 부담하는 자가 그 인도의무를 면하기 위하여 물건을 금전으로 현금화하는 것을 목적으로 경매하는 경우가 있는데, 이것을 일반적으로 자조매각이라고 한다.[4] 예컨대 민법 제490조, 민사집행법 제258조 제6항 등의 경우가 해당한다.

변제의 목적물이 공탁에 적당하지 아니하거나 멸실 또는 훼손될 염려가 있거나 공탁에 과다한 비용을 요하는 경우에는 변제자는 법원의 허가를 얻어 그 물건을 경매하거나 시가로 방매하여 대금을 공탁할 수가 있다(민법 490조).

채무자가 그 동산의 수취를 게을리 한 때에는 집행관은 집행법원의 허가를 받아 동산에 대한 강제집행의 매각절차에 관한 규정에 따라 그 동산을 매각하고 비용을 뺀 뒤에 나머지 대금을 공탁한다(민사집행법 258조 6항).

3) 타인의 권리를 상실시키는 경매

어떤 물건에 대한 타인의 권리를 상실시키는 것 자체를 직접적인 목적으로 하여 그 권리에 대한 경매를 신청하는 경우가 있다.

예컨대 집합건물에 있어서 구분소유권의 경매를 신청하는 경우이다(집합건물법 45조). 구분소유자가 규약에서 정한 의무를 현저히 위반한 결과 공동생활을 유지하기 매우 곤란하게 된 경우에는 관리인 또는 관리단집회의 결의로 지정된 구분소유자는 해당 구분소유자의 전유부분 및 대지사용권의 경매를 명할 것을 법원에 청구할 수 있다. 다만 이러한 청구는 구분소유자의 4분의 3 이상 및 의결권의 4분의 3 이상의 관리단집회 결의가 있어야 한다. 그리고 이러한 결의를 할 때에는 미리 해당 구분소유자에게 변명할 기회를 주어야 한다.

위와 같은 청구에 따라 경매를 명한 재판이 확정되었을 때에는 그 청구를 한 자는 경매를 신청할 수 있다. 다만, 그 재판확정일부터 6개월이 지나면 그러하지 아니하다. 여기서 해당 구분소유자는 경매에서 경락인이 되지 못한다.

4) 청산을 위한 경매

청산을 위한 경매는 어떤 범위의 재산을 한도로 하여 각 채권자에 대하여 채권액의 비율에 따라 일괄하여 변제하기 위하여 청산을 목적으로 당해 재산을

---

4) 법원공무원교육원, 전게서, 421면.

현금화하는 경우이다.

예컨대 한정승인이나 상속재산분리의 경매(민법 1037조), 상속인 부존재의 경우의 상속채무변제를 위한 경매(민법 1056조 2항) 등이 해당한다.

 ## 제 2 항 부동산에 대한 형식적 경매절차

1. 의의

민사집행법 제274조는 "유치권등에 의한 경매는 담보권 실행을 위한 경매의 예에 따라 실시한다"라고 규정하고 있다. 그러므로 형식적 경매절차는 담보권 실행을 위한 경매의 예에 따라 실시해야 하며(민사집행법 274조 1항) 목적물이 부동산인 경우에는 부동산경매절차(민사집행법 264조 내지 268조)의 예에 따라 실시해야 한다.5)

여기서 "예"에 따라 실시한다 함은 담보권의 실행을 위한 경매에 관한 제 규정을 모두 적용하는 것이 아니라 사항의 성질에 따라 다소의 변용을 가하면서 이용할 수 있는 한도 안에서 절차를 이용하여 경매를 실시한다는 것을 의미한다.6)

2. 경매의 신청방법

유치권에 의한 경매신청의 경우에는 유치권자의 피담보채권 채무자와 경매목적물의 소유자가 다른 경우가 있는데, 이런 경우에는 임의경매에서 채무자와 소유자가 다른 경우에 준하여 신청인, 상대방, 유치권의 채무자로 신청서를 기재하면 된다.7)

경매신청서에는 유치권의 존재 또는 협의의 형식적 경매의 신청권이 존재한

---

5) 법원공무원교육원, 전게서, 422면.
6) 상게서, 422면.
7) 상게서, 423면.

다는 것을 증명하는 서류를 첨부하여야 한다(민사집행법 264조, 274조). 이들 서류는 판결, 공정증서 등에 한정하지 않고 집행기관에 대하여 경매신청권의 존재를 증명할 수 있는 서류라고 인정될 수 있으면 사문서라도 무방하다.[8]

유치권에 의한 경매의 경우에 채권이 변제기에 있다는 것은 실체적 적법요건이지만 담보권 실행의 경우와 마찬가지로 신청서에 이것을 증명하는 서류를 신청서에 첨부할 필요는 없다.[9]

3. 압류절차

형식적 경매에 있어서는 신청인에게 경매신청권이 인정되어 있으나 상대방의 처분을 제한할 권리까지 인정할지 여부에 대해서는 압류의 효력을 긍정하는 견해와 부정하는 견해로 대립하고 있다.

그런데 형식적 경매에 있어서 신청인에게 경매신청권이 인정하고 있는 상황에서 압류의 효력을 부정한다는 것은 악용의 소지와 안정성을 저해하는 요인들이 많기 때문에 압류의 효력을 인정되는 방안이 타당하다고 본다.

4. 매각조건

(1) 소멸주의와 인수주의

부동산에 대한 형식적경매에 있어서 학설은 부동산위에 존재하는 담보권 등의 부담이 소멸하는지와 관련하여 견해가 대립하고 있다. 판례의 입장은 "민사집행법 제91조 제2항, 제3항, 제268조는 경매의 대부분을 차지하는 강제경매와 담보권 실행을 위한 경매에서 소멸주의를 원칙으로 하고 있을 뿐만 아니라 이를 전제로 하여 배당요구의 종기결정이나 채권신고의 최고, 배당요구, 배당절차 등에 관하여 상세히 규정하고 있는 점, 민법 제322조 제1항에 "유치권자는 채권의 변제를 받기 위하여 유치물을 경매할 수 있다"라고 규정하고 있는데, 유치권에

---

8) 법원공무원교육원, 전게서, 423면.
9) 상게서, 423면.

의한 경매에도 채권자와 채무자의 존재를 전제로 하고 채권의 실현·만족을 위한 경매를 상정하고 있는 점, 반면에 인수주의를 취할 경우 필요하다고 보이는 목적부동산 위의 부담의 존부 및 내용을 조사·확정하는 절차에 대하여 아무런 규정이 없고 인수되는 부담의 범위를 제한하는 규정도 두지 않아, 유치권에 의한 경매를 인수주의를 원칙으로 진행하면 매수인의 법적 지위가 매우 불안정한 상태에 놓이게 되는 점, 인수되는 부담의 범위를 어떻게 설정하느냐에 따라 인수주의를 취하는 것이 오히려 유치권자에게 불리해질 수 있는 점 등을 함께 고려하면, 유치권에 의한 경매도 강제경매나 담보권 실행을 위한 경매와 마찬가지로 목적부동산 위의 부담을 소멸시키는 것을 법정매각조건으로 하여 실시되고 우선채권자뿐만 아니라 일반채권자의 배당요구도 허용되며, 유치권자는 일반채권자와 동일한 순위로 배당을 받을 수 있다고 보아야 한다. 다만 집행법원은 부동산 위의 이해관계를 살펴 위와 같은 법정매각조건과는 달리 매각조건 변경결정을 통하여 목적부동산 위의 부담을 소멸시키지 않고 매수인으로 하여금 인수하도록 정할 수 있다고 판시하고 있다.[10] 즉 민법 제322조 제1항에 따른 유치권에 의한 경매가 목적부동산 위의 부담을 소멸시키는 것을 법정매각조건으로 하여 실시할 수도 있으며, 이런 경우 유치권자의 배당순위는 일반채권자와 동일한 순위로 보아야 한다는 입장이다. 그러나 이와 다르게 집행법원이 매각조건 변경결정을 통해 목적부동산 위의 부담을 매수인이 인수하도록 정할 수도 있다고 보고 있기 때문에 법정 매각조건에 따라 인수와 소멸여부가 달라진다고 볼 수 있다.

(2) 잉여주의

유치권에 의한 경매의 경우에 소멸주의를 원칙으로 하여 진행하는 이상 유치권에 의한 경매의 경우에도 압류채권자에 우선하는 채권자나 압류채권자의 보호를 위하여 잉여주의가 적용되어야 한다.

---

10) 대결 2011. 6. 15. 2010마1059.

5. 매각의 실시

(1) 채무자의 매수신청 금지

채무자의 매수신청금지에 관하여(민사집행규칙 59조 1호, 158조) 유치권에 의한 경매의 경우에도 적용되는가에 대하여는 부정하는 견해와 긍정하는 견해로 대립하고 있다.

다만 협의의 형식적 경매에 있어서는 신청인의 실체적 청구권을 만족시켜 주는 것을 절차의 목적으로 하는 것이 아닐 뿐만 아니라 채무자가 별도로 존재하지 않는 것이 통례이므로 채무자의 매수신청금지에 관한 규정(민사집행규칙 59조 1호, 158조)은 적용되지 않는다고 보는 것이 타당할 것으로 본다. 그러므로 유치권자가 경매를 신청한 경우에 채무자는 매수신청을 할 수 있다고 보아야 한다.

(2) 공유자의 우선매수

공유물분할판결에 기하여 공유물 전부를 경매에 붙여 그 매각대금을 분배하기 위한 현금화의 경우에는 공유물의 지분경매에 있어 다른 공유자의 우선매수권을 규정한 공유자 우선매수권의 규정(민사집행법 140조)[11]을 적용하지 않는다.[12]

6. 배당

형식적 경매에 있어서 인수주의를 채택하고 배당요구도 허용하지 않는 입장에서는 배당절차가 존재할 여지가 없게 된다. 다시 말해서 소멸주의에 따른 경매절차에서는 우선채권자나 일반채권자의 배당요구와 배당을 인정하므로 그 절

---

11) 민사집행법 제140조(공유자의 우선매수권) ① 공유자는 매각기일까지 제113조에 따른 보증을 제공하고 최고매수신고가격과 같은 가격으로 채무자의 지분을 우선매수하겠다는 신고를 할 수 있다. ② 제1항의 경우에 법원은 최고가매수신고가 있더라도 그 공유자에게 매각을 허가하여야 한다.

12) 대결 1991. 12. 16. 91마239; 공유물분할판결에 기하여 공유물 전부를 경매에 붙여 그 매득금을 분배하기 위한 환가의 경우에는 공유물의 지분경매에 있어 다른 공유자에 대한 경매신청통지와 다른 공유자의 우선매수권은 적용이 없다.

차에서 작성된 배당표에 대하여 배당이의의 소를 제기하는 것이 허용되지만, 인수주의에 따른 경매절차에서는 배당요구와 배당이 인정되지 아니하고 배당이의의 소도 허용되지 아니한다.13)

판례의 입장은 민법 제322조 제1항에 따른 유치권에 의한 경매가 목적부동산 위의 부담을 소멸시키는 것을 법정매각조건으로 하여 실시할 수 있다고 보고 있다. 그리고 유치권자의 배당순위는 일반채권자와 동일한 순위로 보고 있다. 그리고 이와 다르게 집행법원이 매각조건 변경결정을 통해 목적부동산 위의 부담을 매수인이 인수하도록 정할 수도 있다고 보고 있다.14)

궁극적으로 형식적 경매 중 소멸주의를 원칙으로 진행하는 경매절차에서는 유치권에 의한 경매, 공유물분할을 위한 경매 등에서는 배당요구와 배당절차를 인정하나,15) 인수주의에 따른 경매절차에서는 배당요구와 배당이 인정되지 아니하고 배당이의의 소도 허용되지 않는다.16)

예외적으로 인수주의를 채택하여 유치권자에 의한 경매가 진행하는 경우 매각대금은 신청인인 유치권자에게 교부한다. 이 경우 유치권에 의한 경매는 유치물을 금전으로 현금화하는 그 자체를 목적으로 하여 행해지는 것이므로 유치권자는 이후 매각대금 위에 유치권을 행사할 수 있다. 다만 공유물분할의 판결에 기한 경매의 경우에는 판결에 나와 있는 분할비율에 따라 신청인과 다른 공유자에게 교부하여야 한다.17)

---

13) 대판 2014. 1. 23. 2011다83691.
14) 대결 2011. 6. 15. 2010마1059.
15) 대판 2014. 1. 23. 2011다83691.
16) 대판 2013. 9. 12. 2012다33709; 민법 제1037조에 근거하여 민사집행법 제274조에 따라 행하여지는 상속재산에 대한 형식적 경매는 한정승인자가 상속재산을 한도로 상속채권자나 유증받은 자에 대하여 일괄하여 변제하기 위하여 청산을 목적으로 당해 재산을 현금화하는 절차이므로, 제도의 취지와 목적, 관련 민법 규정의 내용, 한정승인자와 상속채권자 등 관련자들의 이해관계 등을 고려할 때 일반채권자인 상속채권자로서는 민사집행법이 아닌 민법 제1034조 내지 제1036조 등의 규정에 따라 변제받아야 한다고 볼 것이고, 따라서 그 경매에서는 일반채권자의 배당요구가 허용되지 아니한다.
17) 법원공무원교육원, 전게서, 428면.

7. 담보권 실행을 위한 경매 또는 강제경매와의 경합관계

형식적 경매가 진행되는 중에 담보권 실행을 위한 경매 또는 강제경매가 중복되어 개시된 경우에는 형식적 경매를 정지한다. 그리고 채권자 또는 담보권자를 위하여 그 절차를 계속하여 진행하고 강제경매 또는 담보권 실행을 위한 경매가 취소되면 형식적 경매절차를 속행한다(민사집행법 274조 2항, 3항). 판례는 "유치권자인 갑의 신청으로 점포 등에 대하여 유치권에 의한 경매절차가 개시되어 진행되던 중 근저당권자의 신청으로 점포 등에 대해 경매절차가 개시되어 유치권에 기한 경매절차는 정지되었고 을이 담보권 실행 등을 위한 경매절차에서 점포를 낙찰받아 소유권을 취득하였는데, 이후 점포에 대하여 다시 개시된 경매절차에서 병 등이 점포를 낙찰받아 소유권을 취득한 사안에서, 유치권에 의한 경매절차는 근저당권에 의한 경매절차가 개시됨으로써 정지되었다고 봄이 합당하다. 그리고 을이 경매절차에서 점포를 낙찰받아 유치권 부담까지 함께 인수받았다고 보아야 하므로, 유치권자인 갑은 공사대금 중 미변제된 부분을 모두 변제받을 때까지 점포를 유치할 권리가 있다"고 판시하여 유치권에 의한 경매절차는 근저당권에 의한 경매절차가 개시된 경우 정지되는 관계로 보고 있다.[18]

---

18) 대판 2011. 8. 18. 2011다35593.

제 2 절
강제관리

 제1항 의의 및 종류

강제관리란 채무자의 소유권은 유지한 채 채무자로부터 관리수익의 권능만을 상실하게 하고 그 부동산을 관리인으로 하여금 관리하게 하고 얻은 수익으로 금전채권의 만족을 얻는 부동산에 대한 강제집행 방법이다.

부동산에 대한 강제집행방법으로서 강제경매를 원본집행이라고 하고 강제관리는 수익집행이라고 한다. 강제관리는 강제경매보다는 부동산으로 적절한 수익을 거두면서 부동산 가치(Value)가 높은 경우 강제경매를 신청하여 채권회수를 하는 방법이다.

강제관리는 일반적으로 임대용 빌딩이나 상가건물 등과 같이 다액의 임대료가 예상되는 경우나 선순위 채권자로 인하여 강제경매의 실효성이 적다고 인정되는 경우의 부동산에 대하여 소액인 채권회수를 위하여 활용하면 보다 효율적이라고 볼 수 있다. 다만 강제관리는 집행정본에 의한 강제집행에서만 인정되고 담보권 실행을 위한 경매에서는 인정되지 않는다.

제 2 항 부동산에 대한 강제관리의 집행

1. 대상

강제관리의 대상은 부동산으로 부동산의 직접적인 수익으로 금전채권의 만족을 얻어야 하므로 선박, 자동차, 항공기 등은 해당하지 않는다. 낙찰대금으로 선순위채권자에게 우선배당을 하고 남은 금액이 없어 배당을 받을 수 없는 수익성 높은 부동산이 강제관리의 대상 부동산 으로 볼 수 있을 것이다

수익이란 부동산의 사용으로부터 직접 발생하는 천연과실과 그 부동산을 사용하여 얻을 수 있는 법정과실이다. 수확하였거나 수확할 과실(果實)과 이행기에 이르렀거나 이르게 될 과실이 수익에 해당한다(민사집행법 164조 2항).

부동산의 천연과실을 원료로 하여 제조된 물품은 부동산의 직접적인 수익이 아니며, 건축 중인 부동산의 경우에도 수익이 발생할 수 없으므로 대상이 아니다. 또한 강제관리 이전에 동산이나 채권집행에 의하여 압류된 법정과실도 해당하지 않으며, 부동산을 물적설비로 하여 얻을 수 있는 여관, 목욕탕, 극장, 다방 등도 해당하지 않는다. 그리고 채무자가 현재 주거용으로 사용하는 가옥이나 채무자가 영업을 목적으로 하여 이용하는 점포 등도 채무자에게 관리수익의 상실 이상의 불이익을 주기 때문에 허용되지 않는다.

2. 강제관리 신청

강제관리도 부동산강제집행의 일종이므로 우선 압류를 하여 수익한 것으로 채권을 변제하는 절차로 진행하게 된다. 부동산에 대한 강제관리를 하기 위해서는 우선 신청서를 작성하여 법원에 제출하여야 하는데 서면으로 하여야 한다. 그리고 강제경매신청서의 기재사항을 준용하여 작성하고 부동산경매와 동일하게 부동산소재지 관할법원에 제출한다(민사집행법 163조). 수익의 지급의무를 부담하는 자가 제3자인 경우에는 그 표시 및 지급의무의 내용을 기재하여야 하고, 특정

된 관리인의 임명을 요하는 경우에는 그러한 사항도 신청서에 기재한다.

3. 강제관리개시결정

부동산의 강제관리를 개시하는 결정에는 채무자에게 관리사무에 간섭하여서는 아니 되고 부동산의 수익을 처분하여서도 아니 된다고 명하여야 하며, 수익을 채무자에게 지급할 제3자에게는 관리인에게 이를 지급하도록 명하여야 한다(민사집행법 164조 1항). 강제관리개시결정을 함에 있어서 심리조사할 사항은 강제경매와 일반적으로 동일하고 강제경매나 임의경매개시결정을 한 부동산에 대하여도 할 수 있다.

강제관리개시결정의 등기촉탁과 송달 등 절차는 강제경매와 동일하며, 개시결정을 채무자에게 송달하기 이전에 등기를 먼저 촉탁한다. 강제관리개시결정은 채무자에게 송달되거나 등기가 된 때에 압류의 효력이 발생한다. 그러나 부동산의 수익을 채무자에게 지급할 제3자에게 하는 강제관리개시결정은 제3자에게 결정서가 송달되어야 효력이 발생한다(민사집행법 164조 3항).

압류의 효력은 강제경매와 다르게 채무자는 강제관리를 방해하는 처분행위를 하지 못할 뿐 그 제한에 반하지 않는 범위 내에서는 부동산을 양도, 담보설정, 임대 등을 할 수 있다. 압류의 효력이 발생하면 채무자는 관리, 수익의 권능을 잃고 부동산을 관리인에게 인도할 의무를 부담하며, 수익지급의무를 부담하는 제3자는 강제경매개시결정 이후에는 채무자에게 수익을 지급하여서는 안 되고 관리인에게 지급하여야 한다. 동일채권자에 의해 강제관리와 강제경매가 진행되는 경우에는 양자는 각자 소정의 절차에 따라 병존하여 진행하게 되나 소유권이 매각으로 이전되면 강제관리절차는 종료하게 된다.

4. 현금화 절차

부동산경매와 마찬가지로 부동산관리개시결정이 이후 법원은 강제경매의 경우에 준하여 공과주관 공공기관에 채권신고에 대한 최고(민사집행법 166조 제1항)

와 현황조사 등을 진행한다. 관리인은 채권자가 적당한 자를 추천할 수 있으나 법원은 이에 구애되지 않고 자유롭게 임명할 수 있으며, 집행보조기관으로서 부동산의 수익을 관리, 추심하여 변제를 하는 자이다.[1]

관리인은 관리와 수익을 하기 위하여 부동산을 점유할 수 있다. 이 경우 저항을 받으면 집행관에게 원조를 요구할 수 있다(민사집행법 136조 2항). 즉 관리인은 관리수익을 위하여 채무자가 점유하는 부동산을 인도받아 스스로 부동산을 점유할 권리가 있고 목적을 달성하기 위하여 부동산의 용법에 따라 관리, 수익하여야 할 권한과 책임이 있으며, 제3자가 채무자에게 지급할 수익을 추심할 권한도 가지고 있다(민사집행법 136조 3항).

강제관리를 통한 수익에서 그 부동산이 부담하는 조세 기타 공과금 등을 빼면 남는 것이 없다고 인정되는 때에는 법원은 강제관리절차를 취소하여야 한다.

5. 배당절차

부동산강제관리에서 배당요구를 할 수 있는 자는 강제경매와 같으나 강제관리 기입등기가 있기 전에 설정된 저당권자, 가등기담보권자, 전세권자, 주택임차인 등은 부동산의 교환가치를 목적으로 하는 것이고 강제관리에 의하여 소멸하는 권리가 아니기 때문에 배당을 받을 수 있는 범위에 해당하지 않는다. 배당요구의 시기에 대하여 법원이 정한 수익처리기간의 종기까지이며, 집행법원이 주기적인 배당을 명한 경우에는 장차 실시하게 될 배당절차에서 배당을 받을 수 있다.

관리인은 부동산수익에서 그 부동산이 부담하는 조세, 그 밖의 공과금을 뺀 뒤에 관리비용을 변제하고, 그 나머지 금액을 채권자에게 지급해야 한다. 그리고 모든 채권자를 만족하게 할 수 없는 때에는 관리인은 채권자 사이의 배당협의에 따라 배당을 실시하여야 한다. 또한 채권자 사이에 배당협의가 이루어지지 못한 경우에 관리인은 그 사유를 법원에 신고하여야 한다(민사집행법 169조).

부동산의 수익으로써 각 채권자가 전부 변제를 받은 때에는 법원은 직권으로 강제관리취소결정을 하고, 강제관리의 취소결정이 확정된 때에는 법원사무관

---

1) 법원공무원교육원, 민사집행실무, 법원공무원교육원, 2020, 432면.

등은 강제관리에 관한 기입등기를 말소하도록 촉탁하여야 한다. 관리인은 매년 채권자·채무자와 법원에 계산서를 제출하여야 한다. 또한 그 업무를 마친 뒤에도 같다. 그리고 채권자와 채무자는 계산서를 송달받은 날부터 1주 이내에 집행법원에 이에 대한 이의신청을 할 수 있으며, 위의 기간 이내에 이의신청이 없는 때에는 관리인의 책임이 면제된 것으로 본다(민사집행법 170조).

6. 소결

궁극적으로 부동산의 강제관리는 채무자의 소유권은 그대로 둔 채 채무자로부터 관리수익의 권리만을 빼앗는다. 그리고 관리인을 지정하여 관리인으로 하여금 부동산을 관리하게 하고 부동산으로부터 발생하는 수익으로 채권자가 금전채권의 만족을 얻는 강제집행 방법이다. 이러한 강제관리는 민사집행법 제163조 이하에서 규정하고 있으나 실무상 다소 복잡하다는 이유로 많이 이용되고 있지 않은 실정이다.

그러나 임대료를 목적으로 하는 상가건물이나, 임대료 빌딩, 아파트와 같이 부동산경매를 통한 매각보다는 임대료를 통한 수익을 취할 수 있거나, 선순위 채권자가 낙찰대금으로부터 우선변제를 받고 남은 금액이 없어 배당을 받을 수 없는 경우, 강제경매를 하기보다는 강제관리를 하면서 수익으로 채권에 충당하지만 향후 부동산의 가치(Value)가 올라 그때 매각을 하면 배당을 받을 수 있는 경우, 채무자에게 심리적인 압박을 가할 필요가 있는 때 그리고 집행채권이 소액인 경우 등에 해당하는 경우에는 오히려 강제관리로 강제집행을 하면 효율적인 금전채권의 만족을 얻을 수도 있을 것이다.

부동산경매에서의 담보책임 (경락인이 구제받는 방법)

제 1 절
부동산경매의 이론적 기초

　부동산은 인간생활과 경제의 기본토대를 이루고 있으며, 경제의 발달과 함께 개인이나 기업은 부동산을 담보로 제공하고 자금을 융통하고 있다. 이때 개인이나 기업이 차용한 금전을 약정한 기일에 변제를 하지 않게 되면 채권자는 채권을 회수하기 위해 당사자와 협의를 하거나, 아니면 국가의 집행기관을 통하여 금전채권을 회수하도록 하고 있다. 경매는 강제경매와 담보권 실행으로 크게 나눌 수가 있는데, 강제경매란 집행권원에 의하여 실행하는 것을 의미하고 담보권 실행에 의한 경매란 사적인 합의에 의하여 담보를 제공하고 이행치 않을 경우에 하는 경매를 말한다. 이러한 경매는 그동안 경매에 관심있는 사람들에게만 해당되는 별도의 영역으로 인식되어 경매브로커나 특정인만 하는 것으로 인식되어 왔었다.

　그러다가 법원의 경매절차 방법이 구술신고방식에서 서면입찰제로 변경 실시된 이후 입찰법원은 초만원 사태를 이루게 되었으며, 이후 민사집행법입법으로 입찰제도의 변혁을 가져왔다.

　그러나 현행 경매법제도상의 문제점, 예컨대 법과의 괴리현상, 경매제도에 따른 법적 이론 정립 미비, 제도운영상의 문제점과 경락인 보호문제 등으로 경매의 공정성과 신속성 그리고 경매의 대중화가 제대로 이루어지지 않고 있는 실정이다. 부동산경매시장의 규모가 확대되고 그에 따른 입찰방법이 서면방식으로 변경되어 많은 수요자가 참가는 하고 있지만, 아직까지 채권자와 채무자 또는 집행기관의 편의성에 치중한 경매제도 등으로 인하여 광범위한 경매시장에 대하여 능동적으로 대처하지 못하고 있는 실정이다.

따라서 본 부동산경매에서의 담보책임의 장에서는 이에 따른 강제집행 절차
상의 문제점과 권리상의 하자로 잘못 매입한 경락인을 보호하는 방안을 살펴 보
도록 한다. 그에 대해서는 민법 제578조의 매도인의 담보책임에 관한 규정을 엄
밀히 해석하여, 경매로 잘못 낙찰받은 경락인을 보호하여 보도록 한다.

물론 민사집행법 제85조 이하(경매개시결정에 대한 이의신청)와 민사집행법 제
121조 이하(경락허가에 대한 이의사유) 또는 제123조 이하(경락의 불허)의 조항 등으
로 제도상의 미비한 점을 보완할 수도 있지만, 민사집행법은 절차법이기 때문에
이러한 문제점을 해결하는 데 한계가 있다고 본다. 이외의 방법으로 새로운 입
법을 제정하는 방안도 묘책이 될 수 있겠지만, 새로운 법을 계속 제정하는 것보
다 현행법을 최대한 활용하는 것이 더욱 바람직한 방안이라고 생각한다. 그에
대한 방안으로 민법 제578조의 법적 성질과 해석을 통하여 적용하여 본다. 본조
의 규정을 적용하기 위해서는 우선 민법 제578조의 경매에서 매도인의 담보책임
에 관한 해석과 경매의 법적 성질을 규명해야 할 것이다. 이에 따라 경매에서 담
보책임의 성질도 결정된다고 할 수 있기 때문이다. 그리고 경매에서의 담보책임
의 성질이 결정되면, 그것은 담보책임의 내용과 인정범위를 확장 내지 제한하는
역할을 한다고 볼 수 있어, 이러한 기본적 관계에 입각해서 우선 경매의 법적 성
질을 규정하여 보고자 한다. 그리고 이어서 매도인의 담보책임에 있어 민법 제
578조의 적용여부와 범위 그리고 민법 제575조의 법정지상권과 유치권과의 관
계를 살펴본다.

제1항 경매의 의의

　　채권자가 권리의 실행으로서 채무자의 재산을 경매한 경우에, 그 경매한 목적물에 하자가 있었던 때에는 경락인을 보호할 필요가 있다. 그러나 경락인에 대한 보호는 경매의 특수성이라는 이유 때문에 일반매매와 같이 보호를 받지 못하고 있다. 여기서 민법은 제578조와 제580조의 매도인의 담보책임에 관한 규정을 두어 경매의 특수성에 따른 담보책임을 정하고 있다. 경매에는 공경매와 사경매가 있으나, 여기에서 말하는 경매에는 사경매는 포함하지 않는다(민법 578조 2항). 공경매는 국가기관이 법률에 기하여 행하는 경매로서 민사집행법에 의한 통상의 강제경매(민사집행법 80조 이하)와 담보권 실행경매(민사집행법 264조 이하) 그리고 국세징수법에 의한 경매(민사집행법 73조 이하)가 있으나, 민법의 담보책임의 규정이 이들 각 경우의 공경매에 적용된다는 데 이설이 없다. 즉 담보책임에 관한한 일종의 매매로 보고 채무자를 매도인으로 보는 설이 민법의 다수설이다.[1] 이에 따른 담보책임으로 민법의 매도인의 담보책임에 관한 규정을 준용하는 데 이설이 없고, 경매성질에 관해서는 적어도 담보책임에 관한한 일종의 매매로 보고 채무자를 매도인으로 인정하는 것이 우리 민법의 태도이다. 본 장에서는 경매를 일종의 사법상의 매매로 보고 각 권리자와의 관계에 대해서는 채무자를 본인으로 보고 집행기관을 대리인으로 하여 경락인과 채무자 그리고 집행기관의 3자에 의하여 행하여지는 대리관계로 해석한다.

---

　1) 林正平, 債權各論, 서울: 法志社; 1995, 287면; 權龍雨, 債權各論, 서울: 法文社, 1996, 197면; 郭潤直, 債權各論, 서울: 博英社, 1988, 227면; 金疇洙, 債權各論, 서울: 三英社, 1994, 202면; 金曾漢, 債權各論, 서울: 博英社, 1988, 180면.

제 2 항 경매의 법적 성질

1. 법적 성질

경매의 법적 성질에 관한 여러 견해들 중에 다수설은 경매를 사법상의 매매로보고 있다.[2] 즉 국가의 공권력에 의하여 채무자의 재산권을 강제적으로 박탈하고 이에 재산권을 환가조치하는 권한을 의미하는 것이 아니고, 경매도 환가의 방법으로서 매매의 형식을 취하고 있을 뿐만 아니라 민법 제578조에서 경매에 있어서도 일반의 매매에 있어서처럼 담보책임을 인정하고 있는 이상 적어도 담보책임에 관한 한 일종의 사법상 매매라고 보아야 한다는 것이다.[3] 판례도 담보책임에 관한 한 경매를 매매계약[4] 또는 매매의 일종[5]이라고 하여 경매를 사법상의 매매로 보고 있다.[6]

그런데 경매를 사법상 매매라고 보는 경우에도 경매는 여러 주체가 관여하므로 과연 누구를 매도인으로 볼 것이냐에 따라 여러 견해로 학설이 나누어 지고 있다. 이는 매매계약의 매도인이 누구냐에 따라 법적 효과가 달라지기 때문인데, 이론상 채권자설, 채무자설 그리고 집행기관설로 나뉘어져 있다.

본 장에서는 경매를 사법상의 매매에 따른 대리행위라고 보고 채무자를 매도인으로 그리고 집행기관을 대리인, 경락인은 상대방으로 보는 대리인행위설의 견해에서 매도인의 담보책임을 살펴보았다. 이러한 대리인행위설의 성립배경은 저당권설정계약에서도 살펴볼 수가 있다. 즉 채무자는 채권자로부터 일정한 금전을 차용하는 대신 그에 대한 담보로 부동산을 제공하고, 이에 근저당권을 설정하면서 채무자는 일정한 변제기일에 이행을 하지 못하게 되면 본 목적물을 처분해도 좋다는 묵시적 처분권을 인정하면서, 이에 대한 처분권의 수권행위를 집

---

2) 林正平, 前揭書, 287면: 郭潤直, 前揭書, 227면: 金疇洙, 前揭書, 202면:金曾漢, 前揭書, 180면.
3) 郭潤直, 前揭書, 227면: 金曾漢, 前揭書, 160면: 金疇洙, 前揭書, 202면: 李銀榮, 債權各論, 서울: 博英社, 1996, 225면: 林正平, 前揭書, 287면.
4) 대판 1964. 5. 12. 63다663.
5) 대판 1991. 10. 11. 91다21640.
6) 郭潤直代表執筆, 民法注解(債權XIV), (南孝淳執筆部分), 서울: 朴英社, 1997. 428면.

행기관인 법원에 수여했다고 볼 수 있는 것이다. 따라서 집행기관은 채무자가 변제기일에 이행을 하지 않게 되면 그때 수여받은 수권행위에 따라 그 목적물을 매각하고, 이에 본 목적물을 매수한 경락인은 집행기관을 통하여 잔금을 지불하게 된다. 잔금은 채권자에게 배당을 하여 주고, 남은 금액이 있을 경우는 채무자에게 지급하고, 경락인은 잔금을 납부한 대가로 소유권이전을 집행기관인 대리인을 통하여 이전촉탁받게 된다. 위와 같이 경매는 저당권설정자가 피담보채권을 변제기일에 이행하지 못했을 경우 본 담보물을 집행기관이 처분하여 줄 것임을 저당권자와 합의하에 계약을 체결하게 되는 것인데, 이때 저당권설정자는 묵시적으로 경매처분권이라는 수권행위를 집행기관에 수여해도 좋다는 내용의 계약을 체결하게 되는 것이다.[7]

2. 학 설

(1) 사법상의 매매설

경매의 본질이 사법상의 매매라고 보는 견해이다. 우리나라와 일본의 통설이다.[8] 그 근거로서는 경매가 그 환가방법으로서 매매의 형식을 이용하고 있을 뿐만 아니라 민법 제578조에서 담보책임을 규정하고 있는 것 등을 들고 있다.[9] 즉 경매라고 하는 것은 청약과 승낙의 합치에 의한 매매계약의 성립이라고 하는데, 부동산 매각공고(부동산매각에 관한 신문공고)는 매매의 청약유인이고 최고가 매수신고가 청약이며 경락허가결정이 그에 대한 승낙으로서 계약이 성립한다는 해석으로서 현재 다수설[10]이며, 이 설이 경매의 법적 성질을 적절히 해석하고 있다고 본다.

---

7) 郭潤直, 前揭書, 451~456면: 授權行爲의 特徵을 살펴보면 첫째, 授權行爲는 代理人이 될 자의 承諾을 필요로 하지 않는다. 둘째, 基本的인 내부관계를 발생케 하는 委任契約이나 雇傭契約과는 구분되는 單獨行爲로서 代理權만의 발생을 目的으로 한다. 셋째, 수권행위는 불요식행위로서 特別한 方式이 要求되지 않는다. 넷째, 授權行爲는 基礎的 法律關係인 雇傭이나, 委任契約 등이 無效인 경우에는 그 授權行爲도 영향을 받는다. 다섯째, 授權行爲는 黙示的으로도 할 수 있다.

8) 郭潤直, 前揭書, 227면: 金疇洙, 前揭書, 202면: 李銀英, 前揭書, 225면: 木聲·高木多喜男編著·新版 註釋民法(14), 東京, 有裵閣, 248면.

9) 李英變 編, 註釋 强制執行法(中), 서울: 韓國司法行政學會, 1992, 206면 以下(李在性 執筆部分): 木聲·高木多喜男 編著·新版 註釋民法(14). 東京, 有裵閣, 248면.

10) 東京 控訴院 明治 42. 12. 25 判 新聞 660號 11면; 加藤政治 强制執行法 要論, 1975, 261면.

경매도 환가의 방법으로 매매의 형식을 취하고 있을 뿐만 아니라 민법 제 578조는 경매에 있어서 일반의 매매에서처럼 담보책임을 인정하고 있는 이상 적어도 담보책임에 관한 한 경매를 사법상의 매매라고 보아야 한다.[11] 그런데 경매를 사법상 매매라고 보는 경우에도 경매에는 여러 주체가 관여하므로 과연 누구를 매도인이라고 볼 것이냐가 문제된다. 이론상 채권자(담보권자)설, 채무자설, 국가기관설이 있다. 이렇게 학설이 나뉘어지고 있는 이유는 담보책임을 누구에게 귀속시킬 것이냐의 문제와 관련성이 있기 때문이기도 하다.

첫째, 채권자(담보권자)설은 채권자가 담보계약에 기초하여 이 처분권에 기하여 경매를 신청하는 것으로 미루어 보면, 이들을 매도인과 유사하게 취급할 수도 있다는 점에서는 설득력이 없지 않다. 그러나 이에 대하여는 경매의 실제에 있어서 경매기관이 채권자나 담보권자의 이름으로 경매를 진행하지 않을 뿐 아니라 채권자 등도 경매인이 될 수도 있으므로 채권자설은 그 근거가 가장 빈약하다는 비판이 있다.[12]

둘째, 채무자설은 매도인이 채무자라고 하는 채무자 매도인설이다. 이 설이 사법설 중에서는 현재 다수설이다.[13] 그러나 이 설은 집행법원의 지위와 역할에 관하여 설명하는 바가 없다는 점이 비판되고 있다.[14] 실질적으로 채무자가 변제기일에 이행을 하지 못하면 담보물을 처분하여서 채권자에게 채무를 이행해야 하는데, 이를 하지 않은 것에 대하여 집행법원이 대신하여 주고 그에 따른 효과로서 경락인은 잔금을 지급하고, 채무자는 소유권을 이전하여 주는 관계가 이루어 지고 있는데 이에 대해서 설명하는 바가 없다는 것이다.

셋째, 집행기관설은 집행기관을 매도인이라고 보는 설이다. 이 설은 공법상의 처분설에 가까워지고 있는 설로서 집행기관은 채권자 또는 채무자의 대리인이 아니라 국가기관으로서 독자적인 권능에 기하여 경매를 진행하고 있어서 이를 매도인으로 보는 것이 가장 사실에 부합하다고 보는 설이다.

---

11) 林正平, 前揭書, 287면; 郭潤直, 227면; 郭潤直代表執筆, 前揭書, 428면(南孝淳 執筆部分).
12) 郭潤直代表執筆, 前揭書,(南孝淳 執筆部分), 456면.
13) 郭潤直, 前揭書, 227면; 金疇洙, 前揭書, 202면; 金曾漢, 前揭書, 180면: 李銀榮, 債權各論, 서울: 博英社, 1992, 225면.
14) 李英燮, 前揭書, 387면.

(2) 임대인행위설

1) 학설의 성질

경매를 사법상의 매매로 보지만 그 매매의 성질은 대리인행위설로 파악한다. 이에 따른 내용을 아래에서 살펴보면 다음과 같다. 채무자를 매도인(본인)으로 보고 그에 따른 집행기관을 대리인, 그리고 경락인을 매수인(상대방)으로 본다.[15]

2) 대리에 있어서의 삼면관계

① 채무자와 집행기관

부동산 경매가 진행되는 과정은 크게 나누어 임의경매와 강제경매로 나누어 볼 수 있는데, 임의경매는 채무자가 일정한 금전을 차용하고 그에 대한 담보로 부동산을 채권자에게 제공하여 만약 채무자가 일정한 변제기일에 이행하지 않는 경우 실행하는 것을 말한다.[16] 임의경매는 일반적으로 저당권에 의해 실행되는데 저당권은 채무자가 일정한 기일에 채무를 변제하겠다고 설정계약에 서명하고 만약 이 기일에 변제를 하지 못할 경우 본 담보물건을 임의경매 처분해도 좋다는 합의하에 저당권을 설정하게 되는 것이다. 즉 변제기일에 채무액을 갚지 못할 때는 본인이 제공한 담보물권에 대하여, 경매처분권이라는 수권행위를 집행기관에게 수여하겠다는 정지조건부 법률행위가 설정계약을 할 때 묵시적으로 들어가 있어 그에 대한 수권행위로 경매처분을 한다는 것이다.

② 집행기관과 경락인

근저당권을 설정할 때 변제기일에 이행을 하지 못할 때는 본 담보물건을 법원에 처분해도 좋다는 묵시적인 대리권 수여에 따라 집행기관은 본 물건을 처분하기 위한 경매를 진행하게 되고 이에 따라 집행기관과 경락인은 법률행위를 하게 된다. 즉 집행기관은 본 물건을 매각하기 위하여 신문에 공고를 하게 되는데, 이때 청약의 유인이 있다고 보고 입찰 당일날 입찰자는 청약을 하게 된다. 이에 따라 최고가 매수인으로 청약이 있게 되면 집행기관은 일주일이 되는 날에 낙찰허가라는 승낙을 하고 계약은 성립하게 된다. 물론 낙찰허가일 전까지는 계약이

---

15) 全將憲, 不動産競賣에서의 擔保責任, 서울: 檀國大學校 論文
16) 法院行政處, 法院實務提要(上), 서울: 法院行政處, 1993, 572면; 金龍煥, 抵當權實行을 위한 競賣節次에서의 請求金額 擴張의 可否, 民事裁判의 諸問題(李時潤博士華甲紀念論文集), 서울: 박영사, 1995, 542면.

성립하지 않았기 때문에 청약을 한 입찰자는 낙찰허가일까지 민사집행법 제121
조 이하에 따라 경락허가에 대한 이의신청을 할 수 있고, 집행기관은 직권으로
최저경매가격의 결정이나 물건명세서의 작성에 중대한 하자가 있는 때 또는 일
괄경매의 결정, 최고가매수신고인이 부동산을 매수할 능력이나 자격이 없는 때
그리고 경매기일공고가 법률의 규정에 위반한 때는 경락인이 이의신청을 하지
않더라도 승낙이라는 허가를 하지 않고 불허가를 할 수 있게 된다. 이에 따라 경
락인이 잔금지급일날 잔금을 지불하고 채무자는 배당금을 지불하고 남는 금액이
있을 경우 지급받게 된다. 여기서 경락인과 집행기관은 매매라는 법률행위를 하
게 되므로 그에 따른 효과는 채무자와 경락인 간에 귀속하는 대리관계가 성립하
게 된다는 것이다. 한편 판례는 최우선순위에 해당하는 임차인과 그리고 대항력
과 확정일자를 갖춘 임차인에 대해서 임대차계약기간이 아직 남아 있다고 하더
라도 해지권을 인정하여[17] 그 전에라도 임대차계약기간을 종료시킬 수 있다고
하고 있다. 이러한 임차인은 배당요구신청서를 첫 경매기일 이전[18]까지 제출해
야 하고 법원은 배당요구신청서를 계약의 해지로 보아 배당을 하여 주고 있는데,
여기서 판례는 배당요구신청서를 제출하는 임차인의 행위를 계약의 해지로 보아
그 신청서가 채무자에게 송달되 도달해야 임대차계약이 종료한 것으로 보고 있
으며, 이는 경매절차의 신속성을 해하는 문제가 발생할 수 있기 때문에 면밀히
해석이 필요하다.

위와 같은 논리에 의한다면 경매법원이 임차인의 권리신고 및 배당요구사실
을 임대인에게 송부하였으나 이사불명 등으로 송달이 안된 경우는 결국 배당을
하여 줄 수 없는 문제가 발생하게 되는데, 이런 경우 경매절차의 신속성을 위하
여 규정한 '경락인이 경락대금을 지급하면 3일 이내에 배당기일을 지정하되 대
금납부 후 2주일 이내에 배당기일을 열도록' 한 부동산경매사건의 진행기간 등
에 관한 예규(송민91-5)의 의미도 반감되는 문제가 발생할 수 있다는 것이다. 이

---

17) 대판 1996. 7. 12. 94다37646; 賃借人에게 認定되는 解止權은 賃借人의 同意없이 賃貸借目的物
　　인 住宅이 競落으로 讓渡됨에 따라 賃借人이 이미 賃貸借의 承繼를 원하지 아니할 경우에는 스
　　스로 賃貸借를 終了시킬 수 있어야 한다는 公平의 原則 및 信義誠實의 原則에 根據한 것이라고
　　判示하고 있다.

18) 민사집행법의 법안으로 2002년 7월 1일부터는 첫 매각기일 전까지 배당요구신청을 해야 배당
　　을 받을 수 있도록 되었다.

에 따라 경매는 집행법원과 경락인 간에 이루어지는 청약(최고가 매수신고)과 승낙 (낙찰허가)에 의하여 계약은 성립되고 이에 따른 실체상의 권리관계와 절차상에 하자19)로 인한 경우는 대리인관계설로 해석하여야 할 것으로 본다. 따라서 경매 진행에 관한 대리권을 부여받은 집행기관에 배당요구신청을 할 때 계약의 해지 효력이 성립하고 그에 따른 임대차계약의 해지 효력은 임대인에게 귀속하는 것 으로 본다.

③ 경락인과 채무자

집행기관과 경락인은 최고가매수신고와 낙찰허가 및 잔금납부에 따른 법률 행위를 하고 그에 따른 효과로 채무자는 소유권을 이전하여 주어야 할 채무를 부담하고 경락인은 잔금을 지급해야 할 의무가 발생하게 된다.

여기서 민법 제578조의 규정이 채무자에게 발생하게 된다. 즉 법률행위는 집행기관과 경락인 간에 하지만 그에 따른 하자문제는 채무자와 경락인 간에 발 생하기 때문에,20) 경락인은 계약해제에 따른 효과를 집행기관에 대해 주장하는 것이 아니고, 민법 제578조에 따라 채무자에게 할 수 있고, 채무자가 자력이 없 을 경우에는 배당을 수령한 채권자를 상대로 반환 청구할 수 있다는 것이다.

(3) 공법설

이 학설은 경매는 국가기관이 관여하여 진행하고, 경매목적물은 소유자의 의사를 묻지 않고 이를 처분한다는 것을 중시하여 경매에 사법상의 매매로서의 성질을 부정하고 공법상 처분행위라고 보는 설이다. 이는 현재 소수설이다.

---

19) 入札物件明細書를 잘못 작성하였거나(민사집행법 121조 5호), 신문공고를 잘못 揭示하였을 경우 는(민사집행법 123조 2항) 落札不許可를 하여야 하는데 競賣를 進行하고 落札許可를 한 事由.
20) 대판 1964. 5. 12. 63다663; "競賣에 있어서의 擔保責任의 내용으로서의 손해배상은 債務不履 行이나 不法行爲의 損害賠償의 경우와는 달리 法院의 過失은 채무자의 擔保責任에 영향을 주 는 것은 아니다"라고 하여 法院의 過失에 따른 法律效果로 民法 제578조의 擔保責任을 인정하 고 있다.

제 3 항   부동산경매의 진행절차와 권리관련

　　법원경매를 통한 압류 및 환가방법은 크게 나누어 강제경매와 담보권 실행을 위한 경매로 나눌 수가 있다. 강제경매는 집행권원에 기한 경매를 의미하고 이에는 확정판결·가집행선고부 판결·집행판결·확정된 지급명령·가압류·가처분·화해조서·청구인낙조서·공정증서 등이 있다. 담보권 실행을 위한 경매는 저당권이나 전세권 등에 기하여 하는 경매를 말한다. 실질적으로 담보권 실행을 위한 경매는 강제경매의 절차를 준용한다고 되어 있어 구별의 실익이 크다고는 할 수 없다. 경매로 진행되는 물건중 약 70~80%는 저당권 실행에 의하여 진행되고 있는데, 저당권은 채무자 또는 제3자(물상보증인)가 점유를 이전하지 않고 채무의 담보로써 제공한 부동산으로부터 채권자가 우선적으로 변제를 받을 수 있는 물권이다.[21] 채무자가 변제기일에 이행을 하지 않을 경우에 저당권자가 저당물을 환가하고 그 대가로부터 피담보채권의 변제를 받는 절차를 신청하게 된다. 이러한 절차를 민사소송법에 의한 "담보권의 실행을 위한 경매"라 한다. 민사집행법 제268조에서는 부동산 임의경매절차에 강제경매절차에 관한 규정(민사집행법 79조 내지 162조)을 준용한다고 되어 있어 실질적으로 저당권의 실행을 위한 규정은 강제경매의 절차를 따르고 있다.[22]

　　부동산경매의 압류와 환가·배당 그리고 명도에 관련된 내용은 이미 앞에서 설명하였기 때문에 본 절에서는 생략하기로 하고, 이에 대한 내용들은 해당하는 각 장을 참고하기 바란다.

---

21) 全將憲, 法院競賣不動産의 投資와 陷穽, 서울: 東學社, 1997, 66면.
22) 南基正, 强制執行法講義, 서울: 三湖社, 1995, 252면.

제 2 절
부동산경매에서의 담보책임

📍 제1항 담보책임의 성질

담보책임의 성질은 거래의 목적물에 법률상의 하자가 존재하고 있어 그 계약상의 하자를 채무자가 부담하는 책임이다.[1] 민법은 이에 대하여 제570조 내지 제584조에서 자세히 규정하고 있다. 이와 같이 매매에 의하여 매수인이 취득하는 권리 또는 권리의 객체인 물건을 하자 내지 불완전한 점이 있는 때에 매도인이 매수인에 대하여 부담하는 책임을 매도인의 담보책임이라고 한다.

1. 담보책임의 근거

매도인의 담보책임의 근거에 관하여는 종래 여러 학설이 있었으나, 현재의 다수설은 유상계약인 매매에 있어서 매도인에게 그와 같은 책임을 인정하는 것이 공평하기도 하고, 또 거래의 신용을 보호하기 때문에 법률이 특히 인정한 것이라고 설명한다.[2] 이에 대하여 소수설은 매매의 본질상 채무불이행에 대한 책임이라고 한다.[3]

---

1) 林正平, 前揭書, 263면; 金曾漢, 前揭書, 146면; 郭潤直, 前揭書, 204면; 五十嵐 淸, 比 較法學の 諸問題, 東京, 一粒社, 1976, 99~111면.
2) 金基善, 債權各論, 韓國物權法, 서울: 法文社, 1992, 137면; 金顯泰, 債權法各論, 서울: 一朝閣, 1975, 117면; Esser, E.J.: Schmicit, Schuldrecht, allgemeiner Teil, Teilband, 5., Aufl., Heidelverg: C.F. Muller, 1976, p.256.
3) 廓潤直, 前揭書, 205면; 金疇洙, 前揭書, 182면.

2. 학설

(1) 법정책임설

매매계약의 유상성에 비추어 매수인을 보호하고 일반거래의 동적 안전을 보장하려는 뜻에서 매도인에게 인정되는 법정책임이라고 한다. 현재 다수설의 입장이다. 즉 법정책임설은 하자담보책임을 로마법[4] 이래의 연혁상의 이유로 또는 유상계약에서 대가관계의 유지를 위한 목적에서 인정된 채무불이행책임과 무관한 책임이라고 본다.[5]

(2) 채무불이행책임설

민법은 매도인이 재산권과 물건을 완전한 상태로 매수인에게 이전 또는 인도할 것을 전제로 하고 있다. 이에 따라 매도인의 담보책임을 채무불이행책임으로 보는 것에 대하여 크게 문제삼지 않는다. 다만 매도인의 담보책임은 매도인의 과실을 요건으로 하지 않기 때문에 특히 그 효과와 관련해서는 채무불이행의 특칙이라고 보고 있다.[6] 여기서 채무불이행책임이라고 하는 것은 계약상의 의무를 객관적으로 위반한 것에 대한 책임을 의미하고 있다. 즉 채무불이행책임은 채무자의 고의나 과실이 있을 경우 계약을 해제하고 원상회복의 의무를 발생시킨다.[7] 또한 손해배상의 청구에는 영향을 미치지 아니하고 해제 이후에도 존속하게 된다(민법 551조). 원상회복은 채무불이행으로서 급부한 것의 반환을 청구하는 것인 반면, 손해배상은 채무불이행으로 발생한 손해를 전보하려는 것이므로 양자는 성격을 달리 하고 있다. 예컨대 결혼식을 올리기 위해 예식장을 빌린 사람은 업주의 계약위반으로 결혼식을 원만하게 치루지 못함으로 인한 정신적 고

---

4) Hans Brox, Besonderes Schuldrecht, Munchen: C. H. Beck, 1993, p.32.
5) 郭潤直, 前揭書, 206면; 金曾漢, 前揭書, 146면.
6) 金亨培, 瑕疵擔保責任의 性質, 서울: 考試界, 1997, 163~171면.
7) 대판 1969. 2. 25. 67다1338; 매도인의 擔保責任要件과 달리 채무불이행책임의 요건으로서 債務者의 歸責事由를 요구하고 있다. 즉 "履行不能이 계약해제의 요건이 되려면 다만 履行不能이 된 것만으로는 안되고 履行이 불능하게 된 것이 채무자의 책임에 돌릴 수 있는 사유에서 나온 것이라야만 할 것이다"; 대판 1962. 10. 11. 62다 492: "雙務契約에 있어서 履行不能의 경우 債務者의 責任있는 사유로 이행이 不能하게 된 때에는 채무자는 계약을 해제할 수 있고, 또 당사자 쌍방의 책임없는 사유로 履行할 수 없게 된 때에는 채무자는 相對方의 履行을 請求할 수 없다."

458 제 10 장 부동산경매에서의 담보책임(경락인이 구제받는 방법)

통에 대한 손해배상과 결혼식을 올리기 위해 지출한 손해배상을 청구할 수 있을 것이며, 그가 장소사용료로 선불한 보증금에 대하여도 반환청구할 수 있다는 것이다. 즉 이미 발생한 손해는 해제권의 행사만으로 전보될 수 없으므로 그 손해에 대한 배상금은 별도로 지급하여야 한다는 것이다.

3. 판례의 태도

타인의 권리의 매매에 관해서 성립하는 담보책임에 관하여 판례는 채무불이행책임설을 취하고 있다.[8] 그러나 이러한 입장을 취하기 이전의 판결을 보면 "타인의 권리를 매각한 매도인이 매수인에게 이를 이전할 수 없는 경우에 선의의 매수인에 대해 부담하는 담보책임은 매도인의 귀책사유로 인한 채무불이행책임과는 그 성질을 달리하여 일종의 무과실책임이라고 할 것이므로 매수인에게 하여야 할 손해배상의 범위는 이행이익의 배상이 아니라 신뢰이익의 배상에 그친다"라고 하여 법정책임설을 취하고 있었다. 하자담보책임에 대해서 신뢰이익을 취하던 법원이 최근에는 담보책임의 근거에 대해서는 하자담보책임의 입장에 있으면서 손해배상에 대해서는 이행이익의 판시를 내리고 있는데, 이는 채무불이행책임설을 취하고 있어 그런 것은 아니고 매매에 있어 담보책임은 채무불이행에 대한 특별책임으로 보고 있기 때문에, 그 요건과 효과에 따라 달리 손해배상을 채택하고 있기 때문이다. 1992. 1. 19. 판결에서는 민법 제570조의 담보책임 이외의 경우는 신뢰이익의 손해배상을 허용함으로써 법정책임설을 취하고 있다.[9] 한편 1993년 판례에서는 법정책임과 채무불이행책임의 경합을 인정하고 있어 주목되고 있는데, 그 판결요지를 보면 "타인의 권리를 매매목적으로 한 경우 매도인의 귀책사유로 인하여 이행불능이 되었다면 매수인이 매도인의 담보책임에 관한 민법 제570조 단서에 의해 손해배상을 청구할 수 없다 하더라도 채무불이행의 일반규정에 따라 계약을 해제하고 손해배상을 청구할 수 있다"라고 판시를 하고 있다.[10] 아래에서 법정책임설과 채무불이행책임설을 취하고 있는 판

---

8) 대판 1975. 5. 13. 75다21.
9) 대판 1992. 10. 27. 92다21784, 1992. 12. 22. 92다30580.
10) 대판 1993. 11. 23. 93다37328.

례의 입장을 구체적으로 살펴보면 다음과 같다.

(1) 법정책임설 경향

1) 타인의 권리를 매각한 매도인이 매수인에게 권리를 이전하여 줄 수 없는 경우에 선의의 매수인에 대해 부담하는 담보책임은 매도인의 귀책사유에 의한 채무불이행책임과는 그 성질을 달리하여 일종의 무과실책임이라 할 것이므로 매수인에게 하여야 할 손해배상액의 범위는 이행이익의 배상이 아니라 신뢰이익의 배상에 그친다.11)

2) 민법 제574조가 수량을 지정한 매매의 목적물이 부족되는 경우와 매매목적물의 일부가 계약 당시 이미 멸실된 경우 매수인이 부족 또는 멸실을 알지 못한 때에 매도인의 담보책임을 인정하여 매수인에게 대금의 감액을 청구할 수 있는 등의 권리를 주고 있는 취지는 그와 같이 매매로 인한 채무의 일부를 원시적으로 이행할 수 없는 경우에 대가적인 계약관계를 조정하여 등가성을 유지하려는 데에 있다. 그리고 매매계약을 체결함에 있어 토지의 면적을 기초로 하여 평수에 따라 대금을 산정하였는데 토지의 일부가 매매계약 당시에 이미 도로의 부지로 편입되어 있었고, 매수인이 그와 같은 사실을 알지 못하고 매매계약을 체결한 경우 매수인은 민법 제574조에 따라 매도인에 대하여 토지 중 도로의 부지로 편입된 부분의 비율로 대금의 감액을 청구할 수 있다.12)

3) 가등기의 목적이 된 부동산을 매수한 사람이 그 뒤 가등기에 기한 본등기가 경료됨으로써 그 부동산의 소유권을 상실하게 된 때에는 매매의 목적부동산에 설정된 저당권 또는 전세권의 행사로 인하여 매수인이 취득한 소유권을 상실한 경우와 유사하므로, 이와 같은 경우 민법 제576조의 규정이 준용된다고 보아 소정의 담보책임을 진다고 보는 것이 상당하고 민법 제570조에 의한 담보책임을 진다고 할 수 없다.13)

판례에서 나타나고 있는 바와 같이 매도인의 고의나 과실을 요구하지 않는 법정책임을 주장하기 위해서는 그 담보책임의 내용이나 종류에 따라 구분하여

---

11) 대판 1960. 4. 21. 4292민상385.
12) 대판 1992. 12. 22. 92다30580.
13) 대판 1992. 10. 27. 92다21784.

적용해야 할 것으로 보여진다. 따라서 법률상에 하자로 인한 담보책임은 우선 법적 책임을 적용하고 예외적으로 채무불이행사유에 해당하는 경우 채무불이행 책임설을 인용할 수 있는 것으로 해석하여야 할 것이다. 그러한 이유는 민법 제 575조와 제578조의 담보책임은 원칙상 무과실책임이고 이행할 수 없는 권리관 계에 대하여 대가적인 계약관계를 조정하여 등가성을 유지하려는 데에 있기 때 문이다. 따라서 법정책임설의 입장에서 해석하여야 하겠지만, 담보책임에 관한 규정으로 규율할 수 없고 예외적으로 채무불이행책임의 요건에 해당하면 채무불 이행의 책임을 적용하여야 한다는 것이다.[14] 즉 법정책임은 채무불이행책임에 대한 특별규정이기 때문에 담보책임으로 규정되어 있는 대금감액청구권, 해제권, 손해배상청구권, 완전물급부청구권의 취지를 합목적적으로 고려하여 적용하여 보고 그 담보책임으로 전보되지는 않으나 채무불이행책임으로 전보되는 경우에 는 예외적으로 그 부분에 한정하여 채무불이행책임을 주장하여 볼 수 있다는 것 이다.

(2) 채무불이행책임설 경향

첫째, 매매의 목적이 된 권리의 일부가 타인에게 속함으로 인하여 매도인이 그 권리를 취득하여 매수인에게 이전할 수 없게 된 때에는 선의의 매수인은 매 도인에게 담보책임을 물어 이로 인한 손해배상을 청구할 수 있는 바, 이 경우에 매도인이 매수인에 대하여 배상하여야 할 손해액은 원칙적으로 매도인이 매매의 목적이 된 권리의 일부를 취득하여 매수인에게 이전할 수 없게 된 때의 이행불 능이 된 권리의 시가, 즉 이행이익 상당액이라고 할 것이어서, 불법등기에 대한 불 법행위책임을 물어 손해배상청구를 할 경우의 손해의 범위와 같이 볼 수 없다.[15]

둘째, 타인 권리의 매매에 있어 본건의 경우와 같이 원소유자가 매도인을 상 대로 한 소유권이전등기의 말소등기절차이행청구의 소송에서 매도인의 패소로 확정되었다면 사회거래관념상 매수인에 대한 매도인의 목적부동산에 대한 소유 권이전등기의 이행은 불능상태에 이르렀다고 볼 것이며, 이 경우에 있어 선의의

---

14) 林正平, 前揭書, 267면.
15) 대판 1993. 1. 19. 92다37727.

매수인에 대한 매도인의 손해배상의 산정은 원칙적으로 매매의 목적이 된 권리를 취득하여 이전함이 불능하게 된 때의 시가를 표준으로 하여 결정하여야 한다.16)

이상에서 살펴본 바와 같이 판례는 담보책임의 근거에 대해서는 법적 책임의 입장을 취하면서 그에 따른 손해배상의 범위는 유동적인 입장을 취하고 있다. 한편 손해배상의 범위는 손해의 종류에 관한 규별은 아니고 인과관계에 의해서 결정되어야 한다는 견해도 있다.17) 담보책임에 있어서 손해배상의 범위는 일률적으로 결정되어서는 타당하지가 않고, 하자의 종류와 성질에 따라 탄력적으로 적용되어야 할 것으로 보고 예외적으로 매도인의 고의나 과실로 인한 경우로서 담보책임의 내용을 포함하고 있는 경우는 채무불이행에 따른 이행이익의 배상을 하여 주는 것으로 해석하여야 할 것이다. 그러한 이유는 채무불이행책임의 경우는 채무자의 고의나 과실이 있는 경우에 발생하나 담보책임의 경우는 매도인이 무과실인 경우에도 담보책임을 인정하고 있기 때문이다. 따라서 채무불이행책임의 경우는 이행이익으로 배상하여야 할 것으로 본다. 민법 제575조에 해당하는 목적물을 경락받았을 경우 경락인은 1차적으로 법적 책임을 주장하여야 하겠지만 예외적으로 채무자의 고의나 과실로 인한 경우와 내용이 중대한 경우는 예외적으로 채무불이행책임설을 주장하여 그 계약을 해제하고 이미 이행한 것에 대해서는 원상회복을 청구할 수 있을 것으로 해석하여야 할 것이다. 물론 여기에 따른 손해가 발생하였다면 채무불이행설에 따른 이행이익으로 배상하여야 할 것으로 본다.

결론적으로 담보책임은 채무불이행의 특칙으로서의 성격도 가지고 있으므로 동일한 사실이 양책임의 요건을 충족시키는 경우에는 담보책임을 적용해야 할 것으로 본다. 다만 어떤 사실이 담보책임으로 전보되지는 않으나 채무불이행책임으로 전보되는 경우에는 예외적으로 그 부분에 한정하여 채무불이행책임을 적용하는 것이 타당할 것이다.

---

16) 대판 1975. 5. 13. 75다21.
17) 金亨倍, 民法學 硏究, 서울: 博英社, 1995, 254면.

제 2 항   경매에서 담보책임의 발생요건

경매에서의 담보책임은 경매목적물에 하자가 존재하는 경우에만 발생하고 물건의 하자가 있는 경우에는 원칙적으로 발생하지 않는다.

1. 권리의 하자

민법 제578조 제1항은 전 8조의 규정들을 적용한다고 함으로써 경매에서 권리의 하자로 인한 민법 제570조 내지 제577조의 담보책임을 모두 인정하고 있다.[18] 따라서 민법 제570조부터 제577조까지를 권리의 하자로 보아 적용하고 있는데, 이에 대한 담보책임(민법 570조 내지 573조), 수량부족과 일부멸실(민법 574조), 용익물권에 의한 제한(민법 575조), 가등기에 기한 본등기의 사유(민법 576조 내지 577조)로 구분하여 규정하고 있다.

(1) 권리의 타인 귀속에 의한 담보책임(민법 570조 내지 573조)

경매의 목적인 권리의 전부나 일부가 채무자나 물상보증인이 아닌 타인에게 속함으로 말미암아 경락인이 이를 잃게 되는 경우에 담보책임이 발생한다.

경매에 있어서 타인에 속한 권리의 매매란 권리가 형식적으로는 매도인에게 귀속하고 있으나 실질적으로는 매도인의 권리가 아닌 경우가 해당된다. 따라서 경매의 경우에도 경락인이 취득한 권리를 경락 후에 상실하는 경우에만 담보책임이 성립한다고 보아야 할 것이다.[19] 권리의 전부가 타인에게 귀속하는 경우에 선의의 매도인에게 해제권을 부여하는 민법 제571조 제2항이 적용되는가에 대해서는 경매도 담보책임에 관한 한 일단 계약으로 보기 때문에[20] 선의의 채무자에 대해서는 경락인에 대하여 해제권을 인정하는 것이 타당할 것이다. 위와 같은 권리의 행사는 경매의 경우에도 매수인이 선의인 경우에는 사실을 안 날부터,

---

18) 郭潤直代表執筆, 前揭書, 428면(南孝淳執筆部分).
19) 郭潤直代表執筆, 前揭書, 428면(南孝淳執筆部分).
20) 林正平, 前揭書, 287면; 金曾漢, 前揭書, 160면; 郭潤直, 前揭書, 227면.

악의인 경우에는 계약한 날로부터 1년 내에 행사하여야 가능할 것이다(민법 573조).

그러나 민법 제572조에 의한 권리의 일부가 타인에게 속하는 경우에 악의의 매수인은 계약해제권과 손해배상청구권이 없을 것이다.

(2) 수량부족과 일부멸실에 의한 담보책임(민법 574조)

수량부족이나 일부멸실에 의하여 경락인이 완전한 권리를 취득할 수 없을 경우에는 낙찰허가 전에는 민사집행법 제121조 이하에 따라 경매허가에 대한 이의신청을 제기하여 경매를 불허가 할 수 있을 것이고 경락허가 이후에는 경락의 허가에 따른 항고를 할 수 있을 것이다(민사집행법 130조 이하). 위와 같이 경매허가에 대한 이의신청이나 경락허가 여부에 대한 항고는 낙찰허가 확정 전에만 할 수 있지 경락인이 잔금을 지불한 후에는 할 수가 없다. 이때에는 경락인은 민법 제574조에 의한 수량부족, 일부멸실을 이유로 경락인은 채무자를 상대로 그 부분의 비율에 따른 감액청구를 할 수가 있을 것이다. 만약 잔존한 부분만이라면 경락인이 이를 매수하지 않았을 것이라고 인정될 때에는 선의의 매수인은 계약 전부를 해제할 수 있을 것이다(민법 542조, 574조, 578조). 이에 대하여 경매의 경우는 수량을 지정한 매매라고 할 수 없고 부동산을 특정하기 위한 방법에 불과하기 때문에 본조의 적용을 할 수 없고, 일부멸실로 해석해야 한다는 견해가 있다.[21] 그러나 일괄적으로 일부멸실로 볼 것이 아니고 경매의 경우에도 입찰물건명세서에 그 물건에 대한 면적에 따라 단위 면적당 금액을 표시하고 있을 경우에는 수량을 지정한 경매로 간주해야 할 것이고 그렇지 않은 경우는 일부멸실로 구분해야 할 것이다. 따라서 이런 경우는 민법 제578조의 담보책임을 적용하여야 할 것이다. 이 경우 악의의 매수인에 대해서는 대금감액청구권과 계약해제권 그리고 손해배상청구권은 인정할 수 없을 것이다.

---

21) 南基正, 實務强制執行法, 서울: 育法社, 1991, 579면.

(3) 용익물권에 의한 담보책임(민법 575조)

경매절차에서 유치권이 주장되지 아니한 경우에는, 담보목적물이 매각되어 그 소유권이 이전됨으로써 근저당권이 소멸하였더라도 채권자는 유치권의 존재를 알지 못한 매수인으로부터 민법 제575조, 제578조 제1항, 제2항에 의한 담보책임을 추급당할 우려가 있고, 위와 같은 위험은 채권자의 법률상 지위를 불안정하게 하는 것이므로, 채권자인 근저당권자로서는 위 불안을 제거하기 위하여 유치권 부존재 확인을 구할 법률상 이익이 있다.[22]

경매목적물 위에 용익적인 제한물권이 존재하고 있어 경락인이 그 권리에 의하여 제한을 받고 있을 경우 민법 제575조에 따라 담보책임이 성립한다.[23] 경매부동산에 지상권, 지역권, 전세권, 질권 또는 유치권의 목적이 된 경우에 경락인이 이를 알지 못하고, 이로 인하여 계약의 목적을 달성할 수 없는 때에는 경락인은 계약을 해제할 수 있을 것이다(민법 575조). 또한 낙찰허가 확정 후 잔금납부 전이면 채무자를 상대로 대금감액청구를 할 수 있고 배당절차가 끝나 채권자에게 배당이 돌아간 상태라면 그 채권자를 상대로 대금 전부나 일부의 반환을 청구할 수 있을 것이다(민법 578조 1항, 2항). 위와 같은 원리는 선순위 임차인이 입찰물건명세서에 등재되어 있지 않지만 실질적으로는 대항력이 있어, 그 임차인의 보증금을 낙찰대금 외에 인수하게 될 경락인의 경우에도 준용되어야 할 것이다.[24]

(4) 저당권 및 전세권실행에 의한 담보책임(민법 576조)

민법 제576조가 경매에서의 담보책임이 적용되는지에 대해서는 부정적으로 보는 것이 다수설이다. 그 이유는 민사집행법 제91조 제2항에 의하여 "매각부동

---

22) 대판 2020. 1. 16. 2019다247385.

23) 郭潤直代表執筆, 前揭書, 428면(南孝淳 執筆部分).

24) 저자가 본서를 저술할 당시 주택임대차보호법 제3조 제3항에 다음과 같은 규정을 신설하여 경락인을 보호하게 되었다: "민법 제575조 제1항, 제3항 및 제578조의 규정은 이 법에 의하여 임대차의 목적이 된 주택이 매매 또는 경매의 목적물이 된 경우에 이를 준용한다"라고 규정을 하고 있다. 따라서 최초근저당보다 앞선 일자로 대항력 요건을 갖춘 임차인의 보증금을 경락인이 물어 주어야 할 경우 경락인은 민법 제575조 제1항, 제3항 및 제578조에 따라 인수해야 할 임차인의 보증금을 감액청구하거나 아니면 배당을 받아간 채권자를 상대로 하여 반환청구를 할 수 있도록 되었다. 자세한 내용은 본서 제12장 부동산경매에서의 담보책임에서 설명하고 있으나, 초학자 입장에서는 다소 어려운 내용이라 접근하기가 조금은 힘들 것이라 본다.

산 위의 모든 저당권은 매각으로 소멸한다"라고 규정을 하고 있고 동법 제3항에
서는 "지상권·지역권·전세권 및 등기된 임차권은 저당권·압류채권·가압류채권
에 대항할 수 없는 경우에는 매각으로 소멸한다"라고 규정하고 있기 때문에 경
락인이 이들 권리의 부담없는 권리를 취득하게 된다는 것을 들고 있다. 그러나
저당권이 실행되어 그 주택의 소유권을 매수인이 잃을 때에는 매도인의 담보책
임이 문제가 된다. 매수인과 매도인과의 피담보채권의 인수 또는 이행인수의 특
약이 존재하는 경우에는 예외적으로 매도인이 담보책임을 부담하지 않는다.[25]
왜냐하면 매수인이 자기의 출재로 그 채무를 인수하겠다는 의도하에 소유권을
이전받았기 때문이다. 다만 그러한 특약이 없을 경우에는 저당권설정 사실에 대
한 매수인의 선의·악의를 불문하고 매도인은 민법 제576조를 부담해야 할 것이
다.[26] 그러한 이유는 저당권은 담보물권으로서 피담보채권이 변제되면 언제든지
소멸될 수 있는 것이므로 매수인이 저당권이 설정되어 있다는 사실을 알면서 매
매계약을 체결할 수도 있기 때문이다.[27] 이에 대한 효과로서 매수인은 매도인을
상대로 계약을 해제할 수 있고, 손해를 입은 경우는 그 배상을 청구할 수 있다
(민법 576조 1항, 2항).

　　민법 제576조는 저당권 및 전세권에 대해서만 규정을 하고 있지만 판례는
목적물이 입찰되어 제3자에게 경락이 되고, 이어 가등기에 기한 본등기가 행해
지는 경우에도 민법 제576조를 적용하고 있다.[28]

　　그리고 판례는 "농지법상 농지에 관한 공매절차에서 매각결정과 대금납부가
이루어졌다고 하더라도 매수인은 농지법에서 정한 농지취득자격증명을 발급받지
못하는 이상 소유권을 취득할 수 없고, 공매대상 농지의 원소유자가 여전히 농
지의 소유자이므로, 공매절차의 매수인이 위와 같은 사유로 소유권을 취득하지
못하던 중 원소유자에 대한 가압류채권에 근거한 민사집행절차에서 농지를 매수
한 매수인이 농지취득자격증명을 발급받고 대금을 완납한 때에는 적법하게 농지
의 소유권을 취득하고, 공매절차의 매수인은 소유권을 취득할 수 없게 된다. 그

---

25) 金亨培, 民法演習, 서울: 法文社, 1995, 518면.
26) 林正平, 前揭書, 266면.
27) 金亨培, 前揭書, 518면.
28) 대판 1992. 10. 27. 92다21784.

러나 이러한 결론은 공매절차의 매수인이 가압류의 처분금지적 효력에 의하여 민사집행절차의 매수인에게 대항할 수 없어 발생하는 것이 아니라, 국세체납절차와 민사집행절차가 별개의 절차로 진행된 결과일 뿐이므로, 공매절차의 매각결정 당시 이미 존재하였던 원인에 의하여 후발적으로 소유권을 취득할 수 없게 되는 경우에 해당하지 아니하고, 이러한 경우에까지 민법 제578조, 제576조가 준용된다고 볼 수는 없다"고 보고 있다.[29]

따라서 공매절차에서 농지를 매수하여 대금을 납부한 매수인이 농지취득자격증명을 발급받지 못하여 소유권을 취득하지 못하던 중, 원소유자에 대한 가압류채권에 근거한 민사집행절차에서 매수인이 농지취득자격증명을 발급받고 대금을 완납하여 소유권을 취득한 경우, 공매절차의 매수인이 민법 제578조, 제576조에 따라 공매를 해제할 수 없다.

(5) 지상권 또는 전세권이 저당권의 목적이 된 경우

저당권의 목적이 되는 것은 부동산에 한하지 않으며, 부동산 위에 설정된 지상권·전세권을 목적으로 저당권도 설정할 수 있다. 이때 지상권·전세권이 저당권의 목적이 되어 있는 때에, 저당권이 실행되면 그 지상권·전세권의 매수인은 그 권리를 취득할 수 없거나 또는 잃게 된다. 여기서 민법은 저당권의 목적이 되어 있는 지상권이나 전세권이 경매의 목적인 때에도 민법 제576조를 준용하여 경락인을 보호하도록 규정하고 있다(민법 577조).

2. 물건의 하자

민법 제580조 제1항은 물건에 하자가 있는 경우 매도인의 담보책임에 관한 규정을 경매에 적용하고 있지 않다.[30] 이에 따라 물건에 하자가 있더라도 경락인은 민법 제578조의 적용을 할 수 없게 된다. 이는 경매의 결과를 확실하게 하기 위해서라고 하는 설[31]이 있는가 하면, 다른 한편으로는 다음과 같은 이유를

---

29) 대판 2014. 2. 13. 2012다45207.

30) Max Kaser: Romisches Privatrecht, Munchen: C. H. Beck, 1986, p.194.

31) 金曾漢, 前揭書, 162면; 郭潤直, 前揭書, 229면.

든다. 첫째, 물질적인 하자는 권리의 하자와 비교하여 그다지 중요하지 않고, 둘째 경매에 있어서 채무자는 그 재산을 본인의 의사에 의하지 않고 매각해야 하므로 하자담보책임을 지우는 것은 가혹하고, 셋째 경매를 청구하는 채권자가 일일이 목적물에 하자가 있다는 것을 아는 것이 아니므로 경락인은 목적물에 다소의 하자가 있으리라는 것을 예상할 수 있기 때문이라는 견해가 있다.[32] 물론 권리의 하자에 비해 물건의 하자는 외면적으로 표시가 나기 때문에 경락인이 주의하여 살펴보면 그 하자유무를 파악할 수 있고 그에 따라 입찰금액을 낮게 쓰고 참여하면 되기 때문에 권리의 하자보다 덜 하겠지만, 겉으로 드러나지 않는 물건의 하자와 그 하자의 중요성이 경락의 목적성을 저해하는 정도가 심하고 또한 경락이 되어 낙찰허가확정 이후에 점유자가 경매목적물을 선량한 관리자의 의무로서 관리하지 않고 훼손, 멸실, 수정을 가한 때에는 예외적으로 경락인은 민법 제574조 내지 제576조를 적용하여 본 계약을 해제할 수 있어야 하고 채무자나 채권자가 고의적으로 한 경우는 민법 제578조 제3항을 적용하여 손해배상도 청구할 수 있어야 할 것으로 본다. 또한 경매의 경우는 물건에 어느 정도의 하자가 있더라도 감수하고 낙찰을 본다고 하고 있지만, 이는 법원부동산경매 입찰방식이 구술주의로 하던 때의 경우이고, 지금은 남녀노소를 가리지 않고 누구나 참여를 하여 내 집을 장만하거나 중개법인이나 변호사가 본 업무를 고유업무로 취급하고 있는 현 시점에서는 타당한 이론이라고 할 수 없다. 위와 같은 논리는 채권자와 채무자 또는 경락인을 포함한 모든 이해관계인을 위해서도 바람직하지 않다고 보기 때문에, 대강 물건의 하자가 있더라도 경락인은 감수를 하고 낙찰을 받는다는 식의 사고방식은 현행 제도하에서는 타당성이 없다고 본다. 따라서 법원은 감정평가사와 집행관에게 정확한 조사를 할 것을 명하고 그에 따른 서류를 계속 열람할 수 있도록 해야 현행법에서 배제하고 있는 민법 제580조의 물건의 하자에 대한 담보책임이 어느 정도 보완될 수 있을 것으로 본다.

---

32) 金曾漢代表執筆, 註釋債權各則(I), 서울: 韓國司法行政學會, 1982, 274면; 金顯泰, 前揭書, 130면.

3. 법률적 하자

판례는 민법에 규정된 것 이외의 법률적 장해는 원칙적으로 물건의 하자로 보고 있으므로,[33] 경매에서는 그만큼 담보책임이 성립될 수 있는 범위가 제한된다. 즉 물질적인 하자가 아닌 공법상의 제한으로 목적물을 정상적으로 이용할 수 없는 권리를 이전받았을 때 판례는 이를 민법 제580조의 물건의 하자로 보아 경매에서 매도인의 담보책임을 적용하고 있지 않다.[34] 이에 대해 다수설은 민법 제575조의 용익권에 제한을 받는 목적물로 보아 이를 권리의 하자로 보고 있다.[35] 법률적 장애로 제한을 받는 목적물을 경락받는 경우에 민법 제575조의 용익적 권리의 제한을 받는 하자로 보아 계약을 해제할 수 있도록 하여 주는 것이 타당할 것이다. 다만 권리의 하자와 달리 법률적 장애를 일률적으로 용익적 권리(민법 575조)의 하자로 보아 경락인이 계약을 해제할 수 있게 되면 경매의 신속성과 확정성 그리고 안정성이 떨어져 채권자를 보호하지 못하는 경우가 발생할 수 있을 것이다. 따라서 민법 제575조를 준용하여 법정책임을 묻기 위해서는 계약의 목적을 달성할 수 없는 정도의 중대한 내용의 문제에 한정해야 할 것이고, 그리고 그 내용을 알 수 없었던 경락인에 한해서 계약을 해제할 수 있도록 하여야 할 것이다.

민법 제575조의 경우에 매수인의 과실은 담보책임의 성립에 영향을 미치지 않는다는 견해[36]도 있으나 이는 부적절한 견해이다. 왜냐하면 중과실인 매수인에게도 담보책임을 인정하게 되면 경매의 공정성과 안정성이 저해될 수 있고, 중대한 내용이 아닌 경우에도 매번 민법 제575조를 적용하여 계약을 해제한다면

---

33) 대판 1985. 4. 9. 84다카2525.

34) 대판 1979. 7. 24. 79다827; 民法 제580조 제1항 단서에서 買受人이 瑕疵있는 것을 알았거나 過失로 인하여 이를 알지 못한 때에는 買受人에게 契約解除權과 損害賠償請求權을 인정하지 않고 있다. 그에 관한 判例로 "공원지로서 대지를 매수하는 자가 부동산등기부의 閱覽뿐만 아니라 동 대지 都市計劃法上 도로에 抵觸되는지 여부를 미리 조사하여 보는 것이 상례라 할 것인바, 原告가 본건 賣買契約을 체결함에 있어 현장답사를 하였음에도 불구하고 30평의 대지 중 10평이나 도로로 사용하고 있는 사실을 간과하였다면 原告에게 위 瑕疵를 알지 못한 데 대하여 過失이 있다"고 하여 擔保責任을 인정하지 않았다.

35) 郭潤直, 前揭書, 222면; 金疇洙, 前揭書, 197면; 金鎭宇, 債權各論, 서울: 博英社, 199면.

36) 郭潤直代表執筆, 前揭書, 427면(南孝淳 執筆部分).

경매의 신속성이 떨어져 채권회수의 원활화를 기할 수 없는 문제가 발생하게 된다. 한편 공법상의 하자문제에 대해서는 채무자가 완전한 권리로 이행하여 줄 수 있는 성질이 아니고, 이를 적용하기 위해서는 채무자의 고의나 과실을 문제 삼을 수도 없는 것이기 때문에 공법상의 하자문제를 채무자의 귀책사유에 원인을 삼을 수는 없는 것이 아닌가 싶다. 따라서 민법 제575조를 준용하여 법률적 하자를 법정책임으로 적용하여 그에 따른 손해배상을 신뢰이익의 범위 내에서 인정하여 주는 것이 타당할 것이다.

이외 민법 제575조를 적용해야 하는 이유는 대가적 결연관계에서 발생하는 불균형을 구제하기 위해 인정하고 있는 담보책임의 목적에도 합당하기 때문이다. 그리고 민법 제580조 제2항에서 경매의 경우는 적용하지 않고 있는 이유와 민법 제575조는 1년의 제척기간의 적용을 받는다는 점에 그 특징을 찾을 수 있을 것이다.

제 3 항 경매에서 담보책임의 내용

경락인은 원칙적으로 계약해제권과 대금감액청구권만을 가질 뿐이다(민법 578조 1항, 2항). 그러나 예외적인 경우 손해배상청구도 할 수가 있다(민법 578조 3항). 그런데 이러한 경우 경매에서는 누가 담보책임자인가가 문제될 수 있다.

민법은 담보책임의 내용에 따라 각 책임자를 달리하여 규정하고 있다. 담보책임상의 권리를 가지는 자는 경락인이다. 채무자를 제외하고는 경매에 있어서 누구든지 경락인이 될 수 있다. 그러나 채무자가 경매목적물의 소유자가 아닌 경우에는 예외적으로 경락인이 될 수 있다는 판례[37]에 따라 물상보증인도 경락인이 될 수 있는 것으로 보고 있다.[38] 경락인이면 원칙적으로 매수인의 지위에서 민법 제578조에 따른 담보책임을 채무자나 채권자를 상대로 할 수 있을 것이

37) 대판 1978. 2. 28. 77다2314.
38) 대판 1978. 2. 28. 77다2314.

다. 민법 제578조 제1항은 계약해제권과 대금감액청구권의 상대방으로 채무자를 규정하고 있다. 이는 경매목적물의 권리자인 채무자를 매도인으로 보고 있기 때문이다.[39] 경매를 사법상의 매매라고 보는 경우 매매의 일반원리에 따라 법률상 재산권의 귀속자인 채무자를 매도인이라고 보는 것이다. 여기서 채무자란 일반의 채무자 이외에 저당권·질권·전세권·가등기를 설정한 채무자를 말한다.[40]

물상보증인이 제공한 담보물이 경매된 경우에는 그 물상보증인이 제1차의 책임을 진다고 해석하여야 한다는 견해[41]와 물적 유한책임을 지는 자에게 지나친 책임을 묻는 것이 되어 부당하며, 물상보증인이 있는 경우에도 채무자가 제1차적인 책임을 부담해야 하는 설로 나뉘어지고 있는데, 다수설[42]은 물상보증인이 1차적인 책임을 진다고 하고 있다. 판례는 민법 제578조의 채무자에는 물상보증인도 포함되는 것이기 때문에 그에 대하여 적법하게 계약을 해제한 경우는 물상보증인은 경락인에 대하여 원상회복의 의무를 진다고 하여 동일한 태도를 취하고 있다.[43]

이에 따른 담보책임의 내용으로 하자담보책임은 경락인에게 인정되지 않고, 권리의 하자에 대해서만 인정하고 있다. 그리고 손해배상에 대해서는 제한적으로 인정하고 있는데, 위와 같은 내용에 대하여 아래에서 살펴본다.

1. 경매에서 계약해제와 대금감액청구

경락인은 일정한 요건이 갖추어진 경우 계약을 해제하거나 대금감액청구를 채무자를 상대로 할 수 있다(민법 578조 1항).

(1) 계약해제권

권리의 하자로 인하여 담보책임이 생기는 모든 경우에 매수인은 각각의 요건에 따라서 계약을 해제 또는 대금감액청구를 할 수 있다. 의사표시를 할 상대

---

39) 郭潤直, 前揭書, 227면; 金曾漢, 前揭書, 160면; 李銀榮, 前揭書, 588면.
40) 郭潤直代表執筆, 前揭書, 428면(南孝淳 執筆部分).
41) 郭潤直, 前揭書, 228면.
42) 金曾漢, 前揭書, 161면; 金疇洙, 前揭書, 203면.
43) 대판 1988. 4. 12. 87다카2641.

방은 채무자이다.44) 여기서 계약이란 경매를 가리킨다. 경락인의 의사표시에 의하여 경매는 존재하지 않았던 것으로 된다. 따라서 경락인이 민법 제578조 제1항에 의하여 경매를 해제하였을 경우 채권자, 채무자, 경락인 사이의 법률관계는 계약해제의 일반원칙에 따라 상대방은 원상회복의 의무를 지게 될 것이다(민법 548조 1항).45) 따라서 저당권, 가등기담보권 등이 계약해제로 원상회복하게 되면 채권자는 수령한 배당금의 한도 내에서 반환할 책임이 있게 될 것이다. 민법 제578조 제1항은 해제를 대금감액과 함께 규정하고 있고, 해제는 민법 제570조 이하 담보책임의 내용에 해당되는 경우 할 수 있을 것이다. 계약의 목적을 달성할 수 없는 경우에 인정되고 그 밖의 경우는 대금감액청구 내지 손해배상 등을 청구할 수 있을 것이다. 예컨대 경락된 물건 전부가 타인에게 속하고 있는 경우(민법 570조), 물건의 일부가 타인에게 속하고 있어 그 부분이 없으면 경락을 받지 아니하였을 경우(민법 572조 2항), 특정물의 수량이 부족하거나 일부가 멸실되어 잔존부분만으로는 경락을 받지 아니하였을 경우(민법 574조), 물건 위에 지상권 등의 제한물권이 존재하여 목적을 달성할 수 없는 경우(민법 575조 1항) 또는 가등기에 기한 본등기가 경료되어 경락인이 권리를 취득하지 못하게 되는 경우(민법 576조 1항) 등의 경우는 경락인이 경매 전부를 해제할 수 있는 것이다. 따라서 이상의 요건이 갖추어져 있고 계약의 목적을 달성할 수 없는 경우에 한해 인정될 수 있을 것이고 그 밖의 경우는 대금감액청구 내지 손해배상청구만을 할 수 있을 것이다.46) 즉 이외의 경우는 해제가 인정되지 않는다는 것이다.47) 경매를 해제하면 경락인은 채무자(물상보증인)에게 원상회복으로서 경락대금의 반환을 청구할 수 있다.48)

이때 담보책임의 해제권은 채무자의 귀책사유를 요건으로 하지 않으므로 채무불이행으로 발생하는 해제권은 아니나, 그에 따른 해제의 효과는 법정해제권

---

44) 林正平, 前揭書, 288면.
45) 延光錫, 前揭論文, 75면.
46) 林正平, 前揭書, 270면; 郭潤直, 前揭書, 209면.
47) 대판 1961. 11. 23. 4294민상42.
48) 郭潤直代表執筆, 前揭書, 465면(南孝淳 執筆部分); 민법 제578조 제1항의 채무자에는 임의경매에 있어서의 물상보증인도 포함되는 것이므로 경락인이 그에 대하여 적법하게 계약해제권을 행사했을 때에는 물상보증인은 경락인에 대하여 원상회복의 의무를 진다.

이나 채무불이행의 해제권이나 동일하여 제543조[49] 이하의 일반원칙에 따른다.[50]

(2) 대금감액청구권

경락인은 권리의 일부가 타인에게 속하여 이전 받지 못하거나 수량이 부족하거나 일부가 멸실되어 그 정도가 매도인이 경락을 받지 아니하였거나 그 목적을 달성할 수 없을 정도가 아닌 경우에는 대금반환의 청구로 만족하여야 한다(민법 572조 1항). 경락인은 타인에게 속하여 취득하지 못한 권리의 전체에 대한 비율(민법 572조 1항) 또는 수량부족부분이나 멸실부분의 전체에 대한 비율(민법 574조)로 대금의 감액을 청구할 수 있다. 이때 경락인이 잔금을 납부하기 전이면 집행법원을 통하여 채무자에게 대금감액청구를 할 수 있겠지만, 잔금을 납부한 이후면 납부한 잔액에 대해서 다시 채무자를 상대로 감액청구한다는 것은 모순된 이론이기 때문에 적용하기가 힘들 것이다. 따라서 이때는 감액청구가 아닌 하자로 인한 금액에 해당하는 비율만큼 반환청구를 채권자를 상대로 해야 할 것이다. 따라서 감액청구는 경락대금 납부 전에 해야 할 사항이고 납부 후이면 1차적으로 채무자를 상대로 계약을 해제하고 만약 채무자가 무자력자인 경우는 이를 경락인이 입증하고 2차 책임자인 배당금을 수령한 채권자를 상대로 반환청구를 해야 할 것이다.

판례는 "임의경매절차가 진행되어 그 낙찰허가결정이 확정되었는데 그 낙찰대금 지급기일이 지정되기 전에 그 낙찰목적물에 대한 소유자 내지 채무자 또는 그 매수인의 책임으로 돌릴 수 없는 사유로 말미암아 그 낙찰목적물의 일부가 멸실되었고, 그 낙찰인이 나머지 부분이라도 매수할 의사가 있어서 경매법원에 대하여 그 낙찰대금의 감액신청을 하여 왔을 때에는 경매법원으로서는 민법상의 쌍무계약에 있어서의 위험부담 내지 하자담보책임의 이론을 적용하여 그 감액결정을 허용하는 것이 상당하고, 한편 낙찰목적물의 일부가 "멸실"된 때라 함은 물

---

49) 민법 제543조에서는 당사자 일방이 履行을 延滯하거나 履行이 不能에 빠졌을 경우 債權者에게 그 契約을 解除할 수 있는 권한을 주고 있는데, 이때 債權者는 상당한 기간을 정하여 그 履行을 催告하고 그 기간 내에 이행하지 아니한 때에는 契約을 解除할 수 있다(민법 544조 전단)고 규정하고 있다.

50) 林正平, 前揭書, 270면.

리적인 멸실 뿐만 아니라 경매개시결정이 취소되는 등의 사유로 낙찰인이 당해 목적물의 소유권을 취득할 수 없게 된 경우도 이에 포함된다고 봄이 상당하다"고 판시하고 있다.51)

즉 판례는 낙찰허가결정의 확정 후 낙찰대금의 지급기일이 지정되기 전에 낙찰목적물의 일부가 멸실된 경우에는 위험부담 내지 하자담보책임의 이론을 적용하여 그 감액결정을 허용하고 있다.

2. 채권자에 대한 대금반환청구

민법 제578조 제2항은 매도인의 지위를 갖는 1차 책임자가 자력이 없는 경우 채권자를 2차 책임자로 규정하고 있다. 즉 경락인은 그러한 채권자에 대하여 대금의 전부나 일부의 반환을 청구할 수 있다(민법 578조 2항). 즉 채권자는 채무자에게 속하지 않는 목적물에 의하여 부당히 배당을 수령하기 때문에, 채무자가 자력이 없는 경우에는 대금을 반환할 의무를 지게 된다. 그러나 채권자의 책임은 배당받은 금액을 한도로 한다고 해석하여야 한다. 그리고 경락인의 채권자에 대한 위와 같은 청구는 1차 책임자인 채무자에 대하여 해제권 또는 대금감액청구권을 행사한 뒤에 채무자가 무자력임을 증명한 때에만 할 수 있다고 해석하여야 할 것이다.52) 이러한 반환청구권을 행사하기 위해서는 경매의 목적이 된 권리의 전부 또는 일부가 타인에게 속하는 등의 하자로 경락인이 완전한 소유권을 취득할 수 없거나 잃게 되는 경우에 인정되는 것이고,53) 경매 자체가 무효인 경

---

51) 대판 1979. 7. 24. 78마248, 2004. 12. 24. 2003마1665.

52) 郭潤直, 前揭書, 228면.

53) 대판 1986. 9. 23. 86다카560; 債務名義에 기한 强制競賣申請에 의하여 경매목적 부동산에 대한 競落許可決定이 확정된 경우에는 비록 競賣開始決定 전에 경료된 제3자 명의의 가등기에 기하여 그 3者名義로 소유권이전 본등기가 경료됨으로써 競落人이 경락부동산의 所有權을 취득하지 못하게 되었다 하더라도 그 사유만으로 競落許可決定이 무효로 돌아가는 것은 아니므로 債權者가 競落代金 중에서 債權의 변제조로 교부받은 配當金을 法律上 原因없이 취득한 부당이득이라고 할 수는 없다. 즉 假登記에 기하여 本登記가 경료되어 競落人이 所有權을 취득하지 못하게 되었다고 하더라도 競落人은 민법 제578조에 따라 채무자 또는 채권자를 상대로 擔保責任을 구할 수 있다는 판결이다. 이때 왜 不當利得返還請求를 할 수 없는가에 대하여는 다음과 같은 判例가 그 이유를 설시하고 있는데, "所有權移轉登記請求權 保全의 假登記가 경료된 부동산에 대하여 가등기가 되어 있는 사실을 간과한 채 競賣節次가 진행되었다 하더라도 그와 같은 사정만으로는 競落許可決定이 無效로 되는 것이 아니므로 債權者가 그 경락허가결정에

우에는 담보책임을 인정할 여지가 없기 때문에 부당이득반환청구권만을 행사할 수 있는 것으로 해석하고 있다.[54] 그리고 채권자는 2차 책임자로서 채무자가 자력이 없는 경우에만 보충적으로 그리고 배당받은 금액의 한도 내에서만 대금반환의 의무를 부담하는 것으로 보고 있다. 이를 분설하여 보면 다음과 같다.

(1) 보충책임

채권자는 채무자가 자력이 없는 때에만 책임을 지는 2차적인 책임자에 불과하므로 경락인은 먼저 채무자를 상대로 계약을 해제하거나 대금감액을 청구하여야 한다. 채권자는 경락인이 채무자로부터 만족을 받지 못한 부분에 한해서만 책임을 진다. 이는 채권자의 책임이 보충책임이라는 성질상 당연하다고 할 수 있다. 민법 제578조 제2항은 대금 전부나 일부를 반환하여야 한다고 규정하고 있는바 채권자가 대금의 전부를 반환해야 하는 경우로는 경락인이 계약을 해제하였으나 채무자가 전혀 자력이 없는 경우를 말한다.[55] 이때에 채무자의 무자력의 입증책임은 청구자인 경락인이 부담하게 된다.[56] 그러면 이 경우 무자력의 시점은 언제를 기준으로 정해야 하는지 논란이 될 수 있을 것이다. 이에 대해서는 경락인이 경락부동산을 추탈당한 시점에서 증명할 수 있으면 족하다고 본다. 이처럼 채권자가 2차적으로 담보책임을 지게 되는 것은 경매의 목적인 재산에 흠결이 있음에도 불구하고 마치 흠결이 없는 재산인 것처럼 경매되고, 그러한 절차에 따라 상당한 경매대금이 납부되어 채권자가 그 경락대금으로부터 변제를 받는 것은 부당하기 때문이라고 한다.[57]

그리고 이러한 채권자의 대금반환의무의 성질에 대해서는 경매의 전부 또는 일부의 해제에 따른 원상회복이라고 보고 있기 때문에,[58] 경락인은 경매를 해제

따라 납입된 競落代金 중에서 債權의 辨濟로 配當金을 교부받은 것을 법률상 원인없이 이익을 얻었다고 볼 수 없다"(대판 1992. 10. 27. 92다5065)라고 하여 배당자체가 法律上 原因없이 이루어진 것이 아니기 때문에 不當利得이라 할 수 없고 그에 따른 競落人의 債權者를 상대로 한 返還請求는 適法한 것으로 본다는 것이다.

54) 대판 1991. 10. 11. 91다21640.
55) 郭潤直, 前揭書, 228면.
56) 金曾漢, 前揭書, 590면.
57) 金曾漢, 前揭書, 590면.
58) 金曾漢, 前揭書, 590면.

함이 없이 바로 채권자를 상대로 부당이득반환의 청구를 할 수 없다는 것이 판례59)의 입장이기도 한다. 따라서 경매절차가 무효인 경우는 민법 제580조는 적용될 여지가 없게 되고 경락인은 경락대금을 배당받은 채권자를 상대로 부당이득반환청구권만을 행사할 수 있을 뿐이다.60) 그에 대한 내용을 보면 "민법 제578조 제1항 및 제2항은 매매의 일종인 경매에 있어서 그 목적물의 하자로 인하여 경락인이 경락의 목적인 재산권을 완전히 취득할 수 없는 때에 매매의 경우에 준하여 매도인의 위치에 있는 경매의 채무자나 채권자에게 담보책임을 부담시켜 경락인을 보호하기 위한 규정으로서 그 담보책임은 매매의 경우와 마찬가지로 경매절차는 유효하게 이루어졌으나 경매의 목적이 된 권리의 전부 또는 일부가 타인에게 속하는 등의 하자로 경락인이 완전한 소유권을 취득할 수 없거나 이를 잃게 되는 경우에 인정되는 것이고 경매절차가 무효인 경우에는 경매의 채무자나 채권자에게 담보책임은 인정될 여지가 없는 것이다", "담보책임은 매매의 경우와 마찬가지로 경매절차는 유효하게 이루어졌으나 경매의 목적이 된 권리의 전부 또는 일부가 타인에게 속하는 등의 하자로 경락인이 완전한 소유권을 취득할 수 없거나 이를 잃게 되는 경우에 인정되는 것이고, 경매절차 자체가 무효인 경우에는 경매의 채무자나 채권자의 담보책임은 인정될 여지가 없다.61) 경락인이 강제경매절차를 통하여 부동산을 경락받아 대금을 완납하고 그 앞으로 소유권이전등기까지 마쳤으나, 그 후 강제경매절차의 기초가 된 채무자 명의의 소유권이전등기가 원인무효의 등기이어서 경매 부동산에 대한 소유권을 취득하지 못하게 된 경우, 이와 같은 강제경매는 무효라고 할 것이므로 경락인은 경매 채권자에게 경매대금 중 그가 배당받은 금액에 대하여 일반 부당이득의 법리에 따라 반환을 청구할 수 있고, 민법 제578조 제1항, 제2항에 따른 경매의 채무자나 채권자의 담보책임은 인정될 여지가 없다"라고 판시하고 있다.62) 따라서 강제집행의 집행권원이 되고 있는 약속어음공정증서가 위조된 것이어서 무효라는 이유로 그 소유권이전말소의 판결이 확정됨으로써 소유권을 상실한 경우는 경락

---

59) 대판 1986. 9. 23. 86다카560.
60) 대판 1991. 10. 11. 91다21640.
61) 대판 1991. 10. 11. 91다21640.
62) 대판 2004. 6. 24. 2003다59259.

인은 경매채권자인 피고에게 그가 배당받은 금액에 대하여 부당이득반환을 청구할 수 있을 뿐 민법 제578조 제2항에 따라 담보책임을 물을 수는 없다는 것이다. 그리고 "형식상 적법한 경매절차에 의하여 경락된 이상 채권자가 교부받은 경락대금을 부당이득이라고 주장하여 반환을 구할 수는 없고, 민법 제578조에 의하여 근저당권 설정자에 대하여 경매절차에 의한 매매계약을 해제하고 근저당설정자가 대금을 반환할 능력이 없는 때에 한하여 경락대금을 교부받은 채권자에 대하여 그 대금의 반환을 구할 수 밖에 없다"라고 하여 경락인이 경락대금을 납부하고도 경매목적물의 소유권을 취득하지 못한 경우에 경락인은 경락대금을 배당 또는 교부받은 채권자에 대하여 그 받은 금액을 부당이득이라고 하여 바로 반환청구할 수는 없고 1차로 채무자를 상대로 계약을 해제하고 대금감액청구를 해야 가능하다고 보고 있다.63) 위와 같은 판례는 강제경매이든 담보권 실행에 관한 경매이든 모두 적용된다고 볼 수 있다.

민법 제578조 제2항은 채무자가 자력이 없을 경우에 채권자에 대하여 그 대금 전부나 일부의 반환을 청구할 수 있다고 규정하고 있는데 그에 대하여 채무자는 경락인이 잔금을 납부하기 전이면 대금감액청구에 응해야 할 것이다. 그러나 경락대금을 지불한 상태라면 채무자가 무자력자인 것을 입증하고 2차책임자인 채권자를 상대로 그 받은 금전의 전부나 일부의 반환을 청구해야 할 것이다.

(2) 유한책임

채권자는 배당받은 금액의 한도 내에서만 담보책임을 부담한다.64) 이는 '민법 제578조 제2항이 대금의 배당을 받은 채권자'라고 규정하고 있는 것으로 보아 명백하다. 채권자가 부담하는 대금반환의무는 계약의 해제로 인하여 발생하는 것이므로 반환의 범위는 배당을 받은 이후의 법정이자를 가산한 금액이 될 것이다.65) 그리고 채권자가 수인인 경우에는 각자 독립하여 배당받을 금액의 범위 내에서 대금반환의무를 진다고 하는 견해66)와 채권자가 받은 배당액의 비율

---

63) 대판 1993. 5. 25. 92다15574.

64) 郭潤直, 前揭書, 228면; 金曾漢, 前揭書, 161면; 金疇洙, 前揭書, 202면.

65) 金曾漢, 前揭書, 590면.

66) 金曾漢, 前揭書, 590면.

에 따라 반환할 책임을 질 뿐이라고 하는 견해[67]가 있는데, 후설이 타당할 것이다. 왜냐하면 각 채권자는 배당금을 수령할 때 물권적 우선순위에 따라 배당금액이 달라지는데 반환할 때 일괄적으로 받은 금액의 한도에서 반환한다면 배당금액의 전액이 아닌 일부의 반환을 청구할 때는 배당금을 많이 받은 자는 반환금이 상대적으로 많기 때문에 형평의 원칙에 부합하지 않기 때문이다.

3. 채권자와 채무자의 손해배상의무

(1) 손해배상청구권의 발생요건

경매의 목적물에 권리의 하자가 있더라도 손해배상은 청구할 수 없는 것이 원칙이다. 원래 본조의 적용이 되는 경매는 보통의 매매에 있어서의 매도인과 같은 책임을 인정하는 것은 너무 가혹하기 때문이다. 그러나 다음의 경우에는 예외적으로 손해배상의 청구가 인정된다.

1) 악의의 채무자의 부고지

채무자는 물건 또는 권리의 하자를 알고서도 이를 고지하지 아니한 때에 손해배상책임을 진다. 고지의 상대방은 원칙적으로 법원이라고 할 수 있다. 그러나 경락인에게 고지한 경우도 고지의무를 이행한 것으로 볼 수 있는데, 이를 알고 있는 악의의 경락인은 보호받지 못한다고 보아야 할 것이다. 고지의무는 민법 제584조가 규정하는 매도인의 고지의무와 그 성질을 같이 한다고 할 것이다.

2) 악의의 채권자의 경매청구

채권자는 물건이나 권리의 하자를 알고 있으면서도 경매를 청구한 때에 손해배상책임을 부담한다. 민법 제578조 제2항이 채권자 일반에 대하여 고지의무를 인정하지 않는 것은 채권자는 경매에 있어서 매도인의 지위를 가지지 않기 때문이다. 따라서 배당에 참가한 채권자가 하자의 존재를 알았을 지라도 스스로 경매를 청구하지 않았을 때에는 손해배상책임을 부담하지 않는다. 그러나 경매를 청구한 채권자가 하자가 있음을 알면서도 청구를 한 경우에는 채무자와 동일하게 손해배상을 부담하게 된다고 할 것이다.

---

67) 俗幸郞, 債權法論, 東京: 岩松唐書店, 1972, 396면.

위와 같이 채무자가 물건 또는 권리의 흠결을 알고 고지하지 아니하거나 채권자가 이를 알고 경매를 청구한 때에는 경락인은 그 흠결을 안 채무자나 채권자에 대하여 손해배상을 청구할 수 있다(민법 578조 3항). 선순위 근저당권의 존재로 후순위 임차권이 소멸하는 것으로 알고 부동산을 낙찰받았으나, 그 후 채무자가 후순위 임차권의 대항력을 존속시킬 목적으로 선순위 근저당권의 피담보채무를 모두 변제하고 그 근저당권을 소멸시키고도 이 점에 대하여 낙찰자에게 아무런 고지도 하지 않아 낙찰자가 대항력 있는 임차권이 존속하게 된다는 사정을 알지 못한 채 대금지급기일에 낙찰대금을 지급하였다면, 채무자는 민법 제578조 제3항의 규정에 의하여 낙찰자가 입게 된 손해를 배상할 책임이 있다.[68]

경매의 목적물에 대항력 있는 임대차가 존재하는 경우에 경락인이 이를 알지 못한 때에는 경락인은 이로 인하여 계약의 목적을 달성할 수 없는 경우에 한하여 계약을 해제하고 채무자 또는 채무자에게 자력이 없는 때에는 배당을 받은 채권자에게 그 대금의 전부나 일부의 반환을 구하거나, 그 계약해제와 함께 또는 그와 별도로 경매목적물에 위와 같은 흠결이 있음을 알고 고지하지 아니한 채무자나 이를 알고 경매를 신청한 채권자에게 손해배상을 청구할 수 있을 뿐이다.[69]

(2) 채무자와 채권자와의 관계

민법 제578조 제2항은 경락인은 채무자나 채권자에 대하여 손해배상책임을 청구할 수 있다고 규정하고 있다. 채무자나 채권자는 자신에게 귀책사유가 있는 경우에만 각각 책임을 진다고 할 것이다. 만약 채무자와 채권자 모두에게 귀책사유가 있는 경우에는 양자의 책임에 대해서는 견해가 나누어지고 있다. 이에는 다음과 같은 학설의 견해가 있다.

1) 보충책임설

1차적으로 채무자가 책임을 지고 채권자는 채무자가 무자력인 경우에만 2차적으로 책임을 진다는 설이다.[70]

---

68) 대판 2003. 4. 25. 2002다70075.

69) 대판 1996. 7. 12. 96다7106.

70) 金曾漢, 前揭書, 162면; 金鎭宇, 前揭書, 199면.

2) 연대책임설

경락인의 보호를 목적으로 하는 민법 제578조 제3항의 취지상 채무자와 채권자의 책임은 연대책임의 관계에 있다고 보는 설이다.71)

(3) 손해배상의 범위

손해배상의 범위는 법정책임설과 채무불이행책임설 그리고 후자의 경우는 다시 이행이익배상설·신뢰이익배상설에 따라 달라지고 있다. 판례는 담보책임이 어떤 담보책임이냐에 따라 손해배상의 범위를 달리 보고 있다. 따라서 판례는 경락된 권리의 전부나 일부가 타인에게 귀속한 경우(민법 570조, 572조)는 이행이익의 배상을 그리고 수량부족·일부멸실의 경우(민법 574조)와 가등기에 기하여 본등기가 경료된 경우(민법 576조, 577조)에는 신뢰이익의 배상을 인정하는 것으로 보고 있다. 이때 손해배상의 발생요건으로 채무자와 채권자의 악의를 요구하고 있다. 판례의 이행이익배상설을 따르게 되면 매도인에게 귀책사유가 있으면 채무불이행책임과의 경합을 인정하고 있다. 이를 경매의 경우에 적용하면 경락인은 악의의 채무자(불상보증인)나 채권자에 대하여 채무불이행책임을 추궁하여 이행이익의 배상을 청구할 수 있게 된다는 것이다. 즉 민법이 경매에 관하여 담보책임을 규정하고 있는 취지에 비추어 볼 때 악의의 채무자에게는 담보책임상으로 이행이익의 배상을 인정하는 것이 경제적이고,72) 선의의 채무자(물상보증인)에게는 신뢰이익의 배상을 인정하는 것이 타당할 것으로 본다.

(4) 물건에 하자가 있는 경우

경매의 목적물에 하자가 있더라도 담보책임, 즉 하자담보책임은 생기지 않는다(민법 580조 2항). 경매의 결과를 확실하게 하기 위해서이다. 그리고 이른바 법률적 장애 내지 하자에 대해서도, 종래의 판례는 이것도 하자담보의 문제로 다루고 있기 때문에 민법 제580조 제2항의 규정에 따라 하자담보책임이 발생하지 않는다고 하고 있고, 판례는 매매목적물인 토지의 일부가 제방 및 하천부지

---

71) 郭潤直, 前揭書, 229면; 金疇洙, 前揭書, 203면; 李銀英, 前揭書, 225면.
72) 郭潤直代表執筆, 前揭書, 418면(南孝淳 執筆部分).

에 들어가 있는 법률상의 하자 문제에 대해서 민법 제580조의 하자담보책임을 적용하고 있다.[73] 따라서 경매로 이런 물건을 낙찰받은 자는 보호받을 수 없는 결과가 발생한다는 것이다. 또한 대지임을 전제로 매매계약이 체결되었지만 당해 부동산이 건축허가가 날 수 없는 체비지였던 경우에 매도인에게 민법 제580조의 하자담보책임을 인정한 하급심판결도 있다.[74] 위와 같이 판례는 공법상의 제한을 받는 소유권을 취득하는 자에게 민법 제580조의 하자담보책임을 적용하기 때문에 경매로 이러한 목적물을 취득한 자는 보호받을 수 없는 결과가 발생하게 된다. 따라서 공법상 문제로 매도인에게 담보책임을 인정하지 않게 되면 경락인은 실질적으로 보호받을 수 있는 방안이 없기 때문에, 법률적 장애는 이를 권리의 하자로 보아 민법 제575조를 적용해야 할 것으로 본다.[75]

---

73) 대판 1985. 11. 12. 84다카2344.
74) 서울고판 1986. 6. 5. 85나4190.
75) 林正平, 前揭書, 289면; 郭潤直, 前揭書, 229면.

제 3 절

부동산경매 담보책임의 확대방안

부동산경매의 담보책임은 당사자 쌍방 간에 존재하는 견연성과 급부상호간의 등가성의 유지에 따른 구제제도로서 무너진 대가적 균형의 복구를 목적으로 하여 인정하고 있는 담보책임이다. 즉 채권자가 권리의 실행으로서 채무자의 재산을 경매한 경우에 그 목적물에 하자가 있는 때는 경매에 관한 담보책임을 일종의 매매로 보고,[1] 경락인을 보호하기 위해서 인정하고 있는 것이다.[2] 민법 제578조에서 "경락인은 전 8조의 규정에 의하여 채무자에게 계약의 해제 또는 대금감액의 청구를 할 수 있다"라고 규정하고 있어 전 8조의 규정에 따라 제한을 받는 목적물을 경락받는 경우에 담보책임을 부담시킬 수 있다고 해석할 수 있을 것이다.

따라서 민법 제575조에 규정하고 있는 제한물권을 경락받은 경우도 본조의 적용을 받는다고 할 수 있는데, 민법 제575조는 "매매의 목적물이 지상권 또는 유치권의 목적이 된 경우에 매수인이 이를 알지 못하고, 이로 인하여 계약의 목적을 달성할 수 없는 경우에 한하여 매수인은 계약을 해제할 수 있다"라고 규정하고 있어, 그 외의 경우는 계약을 해제할 수 없는 문제가 있다. 그러나 민법 제575조의 이런 문제점에 대해서는 민법 제578조의 규정을 확대해석하여 해결할 수 있다고 본다. 즉 민법 제578조 제1항은 "전8조의 규정에 의하여 대금감액청구를 할 수 있다"라고 규정하고 있기 때문에 민법 제575조에 따라 계약을 해제

1) 林正平, 前揭書, 287면: 郭潤直, 前揭書, 227면; 金疇洙, 前揭書, 202면; 金曾漢, 前揭書, 180면.
2) 權龍雨, 債權各論, 서울: 法文社, 1996, 197면.

할 수 없는 경우에는 민법 제578조를 확대해석하여 대금감액청구를 할 수 있다고 보는 것이다. 여기서 경락인이 대금을 납부한 이후라면 민법 제578조 제2항에 따라 채권자를 상대로 반환청구도 할 수가 있을 것이다. 부동산경매 담보책임의 확대방안은 경매로 싸게 살려다 오히려 권리상의 하자로 인하여 소유권을 주장할 수 없는 경락인을 보호하기 위해서 필요하다. 결국 이는 민법 제578조와 민법 제575조와의 관계를 고찰하는 것으로 이에 관한 내용은 대항력 있는 임대차[3]나 그 외의 하자문제에 대해서도 보호할 수 있는 이론적 근거가 된다.

 제1항 담보책임 확대의 필요성

1. 법정지상권 성립에 의한 손해의 발생

우리의 법제에 있어서는 서구제국의 법제에서와는 달라서, 토지와 건물을 각각 별개의 부동산으로 다루고 있다. 그러한 전제로서 건물과 토지의 이용권 간의 불가분의 관계를 인정하고 있는데, 토지와 건물이 그 소유자와 계약에 의하지 않고 경매에 의하여 각각 분리되어 양도될 경우에는 그 양도 당시에 건물 양수인이 토지양수인과 지상권설정계약을 작성할 기회가 없기 때문에 불가피하게 법률의 규정에 의한 법정지상권을 인정할 수밖에 없게 된다.[4] 이를 인정하지 않게 되면 건물소유자는 아무런 권원없이 타인의 토지를 사용하는 것이 되어 건물을 철거하여야 할 입장에 놓이게 된다는 것이다. 여기서[5] 이러한 불합리한 점을 피하기 위하여 민법은 법정지상권을 인정하고 있는데(민법 366조), 대지와 건물이 동일소유자에게 속하는 경우에 대지와 건물이 소유자를 달리하게 된 때에 건물소유자를 위하여 지상권을 설정한 것으로 보고 있다(민법 305조, 306조).[6] 이

---

3) 權龍雨, 前揭書, 189면.
4) 郭潤直, 前揭書, 384면; 木聲, 註釋民法(9), 東京: 有裵閣, 1985, 181면.
5) 權龍雨, 民法演習, 서울: 法文社, 1994, 266~267면.
6) 대판 1994. 12. 2. 93다52297, 1996. 4. 26. 95다52864.

는 강행규정으로서 특약으로 베재할 수 없다고 규정하고 있다.[7] 그러나 관습법 상의 법정지상권은 특약이 없는 경우에 한하여 예외적으로 인정을 하고 있고, 특약으로 관습법상의 법정지상권은 그 성립을 배제할 수 있도록 하고 있다.[8][9] 그리고 등기없이 취득한 법정지상권일지라도 이를 새로운 취득자 앞으로 등기하 기 위해서는 우선 자기명의로 그 취득을 등기하고 이전해야 하는데,[10] 판례는 이에 대해서 부정을 하고 그 법정지상권을 인정하고 있다.[11] 그러나 경매로 인 하여 발생하는 법정지상권과 매매나 증여로 발생하는 관습법상의 법정지상권은 성립요건이 다르기 때문에 위의 판례를 일률적으로 적용하는 것은 검토해야 할 부분이 있다. 즉 경매로 인한 경우는 민법 제187조 단서 조항을 적용하여 법정 지상권을 인정해야 하겠지만, 매매나 증여 등으로 취득하는 경우에는 민법 제 187조 단서 조항을 적용하지 않더라도 법정지상권의 성립을 인정하여야 할 것으 로 본다.[12] 그러한 이유는 관습법상 법정지상권은 매매계약서상에 특약으로 제 시할 수 있는데도 불구하고 이러한 사전조치를 하지 않은 매수인에 대해서는 보 호할 가치가 없기 때문이다.

　위와 같이 법정지상권을 설정하여 주게 되는 토지를 경락받는 자는 뜻하지 않게 손해를 당할 수 있는 반면, 건물을 취득한 자는 토지를 당연히 사용·수익 을 할 수 있기 때문에 양 당사자의 대가적 균형이 무너지게 된다. 여기서 양 당 사자의 형평을 위한 바람직한 관계설정이 필요하다고 본다. 이에 대해서 민법 제575조와 제576조 그리고 제578조와의 관계를 확대 해석하여 해결해야 할 것으로 본다.

---

7) 嗔悌 車, 擔保物權法, 東京:有裵閣, 1981, 217면; 我妻 榮, 新版 擔保物權法, 東京: 岩波書店, 1971, 352면.
8) 대판 1968. 1. 31. 67다2007, 1968. 1. 31. 87다카1564.
9) 대판 1979. 8. 29. 79다1087.
10) 대판 1965. 1. 26. 64다121; 權純一, 民法 제366조의 法定地上權의 成立要件, 서울: 韓國法學院, 1997. 7, 43면; 徐敏, 法定地上權의 成立 및 讓渡, 서울: 考試硏究, 1998. 1, 122면.
11) 대판 1985. 4. 9. 84다카1131.
12) 대판 1985. 4. 9. 84다카1131.

2. 유치권에 의한 손해의 발생

유치권이라 함은 물건이나 유가증권을 점유한 자가 그 물건이나 유가증권에 관하여 생긴 채권이 변제기에 있는 경우에는 그 변제를 받을 때까지 물건이나 유가증권을 유치하여 채무자의 변제를 간접으로 강제하는 법정담보물권이다(민법 320조). 이러한 채권의 발생원인에 대해서는 묻지 않으며, 계약이든 부당이득이든 유치권의 발생에는 영향을 미치지 아니한다. 그러나 동시이행의 항변권은 쌍무계약에 기인한 채권에 있어서만 발생하기 때문에 동시이행의 항변권과는 구별된다고 할 수 있다. 여기에서 주목되는 것은 임차인의 필요비와 유익비에 따른 유치권의 성립관계가 민법 제578조에 따른 담보책임과 관계가 될 수 있다는 것이다. 즉 경락인은 채무자와 협의하에 목적물을 매수하는 것이 아니므로 임차인이 유치권의 존재 여부에 대해 법원에 신고하지 않고 있다가 경락인이 잔금을 지불한 후 주장을 하게 되면 불의의 손해를 당할 수 있다는 것이다. 이런 경우 임차인이 필요비와 유익비에 대한 유치권을 주장하여 경락인에게 대항할 수 있는가? 이에 대해서 판례는 임차인이 지출한 필요비와 유익비에 대해서 소유자에게 유치권을 주장할 수 있다고 판시하고 있다.[13]

민법 제325조 제1항과 제2항에서는 유치권자는 유치물에 관하여 지출한 필요비와 유익비에 대해서 소유자에게 청구할 수 있다고 규정하고 있고 민법 제322조 제1항[14]과 민사소송법 제608조 제3항, 민사집행법 제91조 제5항에서는 경락인은 유치권자에게 유치권으로 담보하는 채권을 변제할 책임이 있다고 규정하고 있지만, 이런 유치권의 존재를 모르고 낙찰받은 자에게는 그 대항력을 제한해야 할 것이며, 만약 이런 유치권이 성립할 수 있는 목적물을 경락받은 자에게는 민법 제578조의 담보책임을 확대 해석하여 보호하여 주어야 할 것으로 본다. 즉 유치권의 성립을 주장하는 임차인이 낙찰허가가 되기 전까지 이에 대한 채권신고를 하지 않고 있다가 경락인이 잔금지불 후 명도를 요구할 때 위의 규정을 적용하여 주장하는 것은 신의성실과 형평의 원칙에도 어긋나는 처사이기

---

13) 대판 1972. 1. 31. 71다2414.
14) 민법 제322조 제1항에서 "유치권자는 채권의 변제를 받기 위하여 유치물을 경매할 수 있다"고 규정하고 있다.

때문에 인정할 수 없을 것이고, 이런 유치권 존부를 알 수 없는 경락인에게는 너무 피해가 심하다고 볼 수 있어 면밀한 검토가 필요하다고 볼 수 있다. 실질로 임차인이 유치권을 발생시킬 수 있는 여지는 충분히 많다. 임대인과 임차인 간에 임대차계약을 체결하면서 유치권의 성립을 배제하는 특약을 하지 않았을 경우에도 발생할 수 있지만, 아예 임대인과 임차인이 짜고 허위로 필요비와 유익비를 지출한 것으로 만들어 유치권의 성립을 주장할 수도 있다는 것이다.

 제 2 항   담보책임의 확대해석론

1. 계약해제 및 감액청구의 인정

(1) 민법 제578조의 담보책임

1) 민법 제575조와 제576조

입찰물건명세서에 경락인수의 대상이 되는 법정지상권의 존재를 명시하지 아니하였거나, 경락인이 경락대금을 완납함으로써 소유권을 취득한 후 경락인수의 대상이 되는 가등기권자의 본등기 또는 가처분권자의 권리회복으로 인하여 매수의 목적을 달성할 수 없는 경우에는 민법 제575조 제1항에 따라 전자의 경우 계약을 해제할 수 있을 것이고, 후자의 경우는 민법 제576조가 정하는 담보책임을 추궁할 수 있을 것이다.[15] 즉 여기서 매수인의 과실은 불문에 붙인다. 즉 매수인이 선의였으나 과실로 인하여 부동산에 흠결이 존재함을 알지 못하였다는 사실은 매도인의 담보책임의 성립에 아무런 방해가 되지 않는다는 것이다.[16][17]

다만 민법 제576조의 경우는 유치권이나 법정지상권의 행사로 말미암아 경락인이 취득한 권리를 상실한 경우에도 악의의 매수인에 대하여 담보책임을 부

---

15) 郭潤直代表, 前揭書, 472면(南孝淳執筆部分).

16) 郭潤直代表, 前揭書, 427면(南孝淳執筆部分).

17) 민사집행법 제121조에 "物件明細書의 作成에 重大한 瑕疵가 있는 경우 競落許可에 대한 異議申請을 할 수 있다"고 규정하고 있어 契約을 解除하지 않고 競落許可에 대한 異議申請을 할 수도 있을 것이다.

담시킬 수 있다는 견해가 있다.[18] 즉 악의의 매수인이 유치권자나 법정지상권자의 권리의 행사로 말미암아 목적물을 사용하지 못하는 목적물을 경락받았다고 하더라도 민법 제576조가 정하는 담보책임에 따르면 계약을 해제할 수 있다는 것이다. 민법 제575조는 매수인이 담보책임을 추궁하기 위해서 선의일 것을 요하나, 민법 제576조의 경우는 권리를 상실한 때에 악의의 매수인도 담보책임을 추궁할 수 있다는 점에 차이가 있다는 것이다. 여기서 민법 제575조의 "목적을 달성할 수 없는 경우"란 제3자의 입장에서도 "그러한 경우라면 본인도 하지 않았을 것"이라고 여길 정도의 객관적[19] 하자를 의미한다. 만약 경미한 사안의 문제인 경우는 계약을 해제할 수는 없고 다만 배당기일 전에 민법 제578조에 따라 대금감액을 청구하여 치유하여야 할 것이다. 그리고 배당이 완료된 이후면 1차적으로 채무자를 상대로 반환청구를 하고 채무자가 자력이 없을 때에 한해 2차적으로 배당을 받아간 채권자들을 상대로 반환청구를 한다. 이때 채권자들이 반환해야 할 금액은 낙찰대금보다 반환해야 할 총액이 적은 때에는 각 채권자들은 각자가 배당받은 금액에서 채권금액의 비율에 따라 반환해야 할 것이다. 그러나 낙찰대금보다 반환해야 할 금액이 더 많을 때에는 각 채권자는 채권금액에 관계없이 배당받은 금액 전부를 반환해야 할 것이다. 이에 따른 경락인의 소유권이전 말소의무와 채무자 또는 배당채권자의 배당금반환의무는 동시이행의 관계에 있다.[20]

2) 민법 제575조와 제578조의 관계

민법 제575조에 따른 하자있는 목적물을 경락받더라도 민법 제578조를 확대해석하여 매도인에게 담보책임을 물을 수 있을 것이다. 예컨대 민법 제575조에 규정되어 있는 법정지상권을 설정하여 주는 토지를 경락받더라도 민법 제578조에 따라 경락인을 보호할 수 있다는 것이다.

그러나 민법 제578조를 확대해석하여 경락인을 보호하기 위해서는 일정한 요건에 해당하는 경우에 한정해야지 무한정으로 인정할 수는 없을 것이다. 그에 대한 예로 법정지상권의 담보책임을 묻기 위해서는 아래와 같은 조건에 해당해야 할 것이다.

---

18) 金疇洙, 前揭書, 193면; 郭潤直代表, 前揭書, 426면(南孝淳執筆部分).
19) 郭潤直代表, 前揭書, 427면(南孝淳執筆部分).
20) 대판 1995. 9. 15. 94다55071.

첫째, 집행기관은 법정지상권이 성립될 수 있다는 사실을 입찰물건명세서에 명시하여 경락인을 보호해야 하겠지만, 만약 채권자나 집행기관이 이를 해태하여 법정지상권을 설정하여 주는 토지를 경락인이 받게 된다면, 민법 제575조 제1항에 따라 본 계약을 해제하고 보증금을 반환해 주어야 할 것이다. 이에 대하여 경락인은 "법정지상권이 성립될 수 있는 사실에 대하여 모르고 있어야 하고, 이로 인하여 계약의 목적을 달성할 수 없는 정도로 중대한 문제인 경우에 한하여 계약을 해제할 수" 있어야 할 것이다(민법 575조 1항). 만약 법정지상권을 설정하여 주는 토지를 경락받더라도 그 사안이 그다지 중요하지 않아 나머지 부분만으로도 계약의 목적을 달성할 수 있는 정도라면 계약을 해제할 수는 없고 민법 제578조 제1항에 따라 대금감액청구만을 청구할 수 있어야 할 것이다. 그러한 이유는 민법 제575조 제1항에서 "매수인은 계약을 해제할 수 있고 기타의 경우는 손해배상만을 청구할 수 있다"라고 규정하고 있어, 본조에 따른 손해배상을 청구하기 위해서는 민법 제578조 제3항에 따라 채권자와 채무자가 악의인 경우에 한하여 할 수 있기 때문에 결국 계약을 해제할 수 없는 중대한 사안이 아닌 경우는 그에 따른 손해배상을 청구할 수 없는 결과가 되는 것이다. 물론 민법 제575조에 따른 손해배상으로 해석할 수도 있겠지만 그렇게 되면 토지소유권에 질적인 하자에 따른 손해액을 산정하기 어려운 부분도 있고,21) 경락인과 그 상대방에 대하여 손해배상을 청구해야 할 문제에 대하여 경매의 공정성과 안정성 그리고 실효성이 저해될 수 있기 때문이다. 따라서 손해배상은 민법 제578조 제3항의 규정에 한정하여 해석하여야 할 것이다.

민법 제578조 제1항에 따른 감액청구의 상대방은 채무자에 한정하여 하여야 하고, 그 시기는 배당기일22) 이전에 하는 것으로 해석하여야 할 것이다. 물론 잔금을 납부한 이후에도 감액청구를 할 수는 있겠지만 배당을 한 이후에는 감액청구는 할 수 없고 채권자를 상대로 반환청구를 해야 할 것이다. 그러한 이유는 채무자나 물상보증인이 피담보채권을 변제하지 못해 결국 목적물까지 경매처분 당

---

21) 郭潤直代表, 前揭書, 428면(南孝淳執筆部分).

22) 민사집행법 제142조 제1항은 "경락허가결정이 확정되면 법원은 대금의 지급기한을 정하고, 이를 매수인과 차순위 매수신고인에게 통지하여야 한다"고 규정하고 있고, 이어 동법 제2항에서는 이때 "경락인은 대금지급기한까지 경락대금을 지급하여야 한다"라고 규정하고 있다.

하는 상황에서 감액을 요구하는 것은 현실성이 없기 때문이다. 따라서 낙찰대금을 납부하여 채권자에게 배당이 완료된 상태라면 그 채권자들을 상대로 반환청구를 하여야 할 것이다. 이때 경락인은 채무자가 자력이 없음을 입증한 후 청구하여야 할 것이다. 그리고 법정지상권이 성립될 수 있다는 사실이 있음에도 불구하고 채무자가 이를 고지하지 아니하였거나 채권자가 이를 알고 경매를 청구한 때에는 경락인은 민법 제578조 제3항에 따라 그러한 흠결을 안 채무자나 채권자에 대하여 손해배상을 청구할 수 있을 것이다.

(2) 판례의 경향
1) 법정지상권을 인정한 판례

① 지상권은 그 지상물의 소유를 위하여 토지를 사용할 수 있는 권리로서 양자가 결합하여 그 경제적 효용을 다하는 것이므로 달리 반대의 약정 등 특별한 사정이 없는 한 양자의 법률적 운명은 이를 동일하게 취급하는 것이 상당하고 지상권과 법정지상권 또는 관습상의 법정지상권을 달리 취급할 이유가 없으므로, 지상권과 그 지상물이 동일인에게 귀속되었다가 경매에 의하여 그 지상물만 양도된 경우에는 경락인은 경락 후 그 지상물을 철거한다는 등의 매각조건하에서 경매되는 경우 등 특별히 지상권이 유보되었다는 반대사정이 없는 한 지상물의 경락취득과 함께 지상권 이전등기청구권도 함께 취득한다고 보아야 한다.[23]

② 저당권은 법률에 특별한 규정이 있거나 설정행위에 다른 약정이 있는 경우를 제외하고 그 저당부동산에 부합된 물건과 종물 이외에까지 그 효력이 미치는 것이 아니므로, 토지에 대한 경매절차에서 그 지상건물을 토지의 부합물 내지 종물로 보아 경매법원에서 저당토지와 함께 경매를 진행하고 경락허가를 하였다고 하여 그 건물의 소유권에 변동이 초래될 수 없다. 따라서 경락에 의하여 건물의 소유자와 그 토지의 소유자가 달라지게 되어 경매 당시의 건물의 소유자가 그 건물의 이용을 위한 법정지상권을 취득한 경우, 토지 소유자는 건물을 점유하는 자에 대하여 그 건물로부터의 퇴거를 구할 수 없다.[24]

---

23) 부산고법 1991. 12. 4. 91나3734, 대결 1991. 6. 28. 90다16214.
24) 대판 1997. 9. 26. 97다10314.

③ 구 민법 시행 당시에 토지를 기부체납받아 소유권을 취득하였고 그 지상에 건물을 축조하여 그 소유권을 취득함으로써 위 토지 및 그 지상건물을 소유하고 있었으나 민법 시행 후 민법 부칙 제10조 제1항에 의하여 민법 시행일인 1960. 1. 1.부터 6년 내에 위 토지에 관하여 등기하지 아니함으로써 그 소유권을 상실하였다면, 이로써 위 토지에 대하여 건물의 소유를 위한 관습법상의 법정지상권을 취득한다.25)

④ 민법 제366조 소정의 법정지상권은 저당권 설정 당시 동일인의 소유에 속하던 토지와 건물이 경매로 인하여 양자의 소유자가 다르게 된 때에 건물의 소유자를 위하여 발생하는 것으로서, 토지에 관하여 저당권이 설정될 당시 그 지상에 건물이 위 토지 소유자에 의하여 건축 중이었고, 그것이 사회관념상 독립된 건물로 볼 수 있는 정도에 이르지 않았다 하더라도 건물의 규모, 종류가 외형상 예상할 수 있는 정도까지 건축이 진전되어 있는 경우에는, 저당권자는 완성될 건물을 예상할 수 있으므로 법정지상권을 인정하여도 불측의 손해를 입는 것이 아니며 사회경제적으로도 건물을 유지할 필요가 인정되기 때문에 법정지상권의 성립을 인정함이 상당하다.26)

2) 법정지상권을 부정한 판례

① 원래 채권을 담보하기 위하여 나대지상에 가등기가 경료되었고, 그 뒤 대지소유자가 그 지상에 건물을 신축하였는데, 그 후 그 가등기에 기한 본등기가 경료되어 대지와 건물의 소유자가 달라진 경우에 관습상 법정지상권을 인정하면 애초에 대지에 채권담보를 위하여 가등기를 경료한 사람의 이익을 크게 해하게 되기 때문에 특별한 사정이 없는 한 건물을 위한 관습상 법정지상권이 성립한다고 할 수 없다. 위의 건물에 강제경매가 개시되어 압류등기가 경료되었고, 강제경매절차가 진행 중에 그 이전에 각 대지에 관하여 설정된 채권담보를 위한 가등기에 기하여 그 본등기가 경료되었으므로 건물경락인은 각 대지에 관하여 건물을 위한 관습상 법정지상권을 취득한다고 볼 수 없다.27)

---

25) 대판 1998. 11. 24. 98다28619.
26) 대판 1992. 6. 12. 92다7221.
27) 대결 1994. 11. 22. 94다5458

② 건물 없는 토지에 저당권이 설정된 후 저당권설정자가 그 위에 건물을 건축하였다가 담보권의 실행을 위한 경매절차에서 경매로 인하여 그 토지와 지상건물이 소유자를 달리하였을 경우에는, 민법 제366조의 법정지상권이 인정되지 아니할 뿐만 아니라 관습상의 법정지상권도 인정되지 아니한다. 그리고 등기부에 채무자의 소유로 등기되지 아니한 부동산에 대하여 경매신청을 할 때에는 즉시 채무자의 명의로 등기할 수 있음을 증명할 서류를 첨부하여야 하고(민사집행법 81조 1호, 2호, 268조), 미등기건물의 소유권보존등기는 가옥대장등본에 의하여 자기 또는 피상속인이 가옥대장에 소유자로서 등록되어 있는 것을 증명하는 자나 판결 또는 기타 시·구·읍·면의 장의 서면에 의하여 자기의 소유권을 증명하는 자 및 수용으로 인하여 소유권을 취득하였음을 증명하는 자만이 이를 신청할 수 있을 것이므로(부동산등기법 131조), 토지에 대한 저당권자가 민법 제365조에 의하여 그 지상의 미등기건물에 대하여 토지와 함께 경매를 청구하는 경우에는 지상건물이 채무자 또는 저당권설정자의 소유임을 증명하는 서류로서 부동산등기법 제131조 소정의 서면을 첨부하여야 한다.[28]

③ 민법 제578조에 의하여 경매신청 채권자가 경락인에게 부담하는 손해배상책임은 반드시 신청채권자의 경매신청행위가 위법한 것임을 전제로 하는 것은 아니지만, 경매절차에서 소유권이전청구권 가등기가 경료된 부동산을 경락받았으나 가등기에 기한 본등기가 경료되지 않은 경우에는 아직 경락인이 그 부동산의 소유권을 상실한 것이 아니므로 민법 제578조에 의한 손해배상책임이 성립되었다고 볼 여지가 없다.[29]

④ 관습법상의 법정지상권의 성립요건인 해당 토지와 건물의 소유권의 동일인에의 귀속과 그 후의 각기 다른 사람에의 귀속은 법의 보호를 받을 수 있는 권리변동으로 인한 것이어야 하므로, 원래 동일인에게의 소유권 귀속이 원인무효로 이루어졌다가 그 뒤 그 원인무효임이 밝혀져 그 등기가 말소됨으로써 그 건물과 토지의 소유자가 달라지게 된 경우에는 관습상의 법정지상권을 허용할 수 없다.[30]

---

28) 대결 1995. 12. 11. 95마1262.
29) 대판 1999. 9. 17. 97다54024.
30) 대판 1999. 3. 26. 98다64189.

⑤ 미등기 건물을 그 대지와 함께 양수한 사람이 그 대지에 관하여서만 소유권이전등기를 넘겨받고 건물에 대하여는 그 등기를 이전받지 못하고 있는 상태에서 그 대지가 경매되어 소유자가 달라지게 된 경우에는, 미등기 건물의 양수인은 미등기 건물을 처분할 수 있는 권리는 있을지언정 소유권은 가지고 있지 아니하므로 대지와 건물이 동일인의 소유에 속한 것이라고 볼 수 없어 법정지상권이 발생할 수 없다.31)

⑥ 동일인 소유의 토지와 그 토지상에 건립되어 있는 건물 중 어느 하나만이 타에 처분되어 토지와 건물의 소유자를 각각 달리하게 된 경우에는 관습상의 법정지상권이 성립한다고 할 것이나, 건물 소유자가 토지 소유자와의 사이에 건물의 소유를 목적으로 하는 토지 임대차계약을 체결한 경우에는 관습상의 법정지상권을 포기한 것으로 봄이 상당하다.32)

(3) 계약해제 및 감액청구의 인정

민법 제187조 단서가 "등기하지 아니하면 이를 처분하지 못한다"라고 규정하고 있음에도 불구하고 판례33)가 이를 하지 아니한 건물전득자에게 법정지상권을 인정함은 부동산공시제도에도 배척되는 것이라 타당하지 않다고 본다. 즉 건물양수인은 법정지상권을 유효하게 취득함으로써 건물을 보호받을 수 있는 법적 수단을 가진 자이므로 이런 법적 수단을 갖춘 경우에만 토지소유자의 토지용익권에 우선할 수 있고 그렇지 않는 한 토지소유자의 철거청구에 대항할 수 없다고 보는 것이 토지이용관계의 조정상 공평하고 합리적인 해석이라고 생각한다. 다만 경매로 인하여 법정지상권이 설정되어 있는 건물을 낙찰받은 경우는 위의 판례34)의 견해에 따르지 않는 것이 합당할 것으로 본다. 그러한 이유는 매매와 달리 경매의 경우는 입찰물건명세서에 법정지상권의 설정유무에 대한 명시를 하지 않게 되면 그러한 사실관계를 파악하기가 곤란하다는 것이다. 특히 건물만에 대하여 법정지상권이 설정되어 있고 그 토지만 경매로 나온 경우는 건물에 대해

---

31) 대판 1998. 4. 24. 98다4798.
32) 대판 1992. 10. 27. 92다3984.
33) 대판 1985. 4. 9. 84다카1131.
34) 대판 1985. 4. 9. 84다카1131.

법정지상권을 이미 설정하여 주고 있는 관계인지 아니면 임대차관계인지 어떤 권리관계가 설정되어 있는지를 경락인은 알 수가 없기 때문이다. 결국 이런 토지를 경락받은 자는 사용할 수 없는 토지를 경락받음으로 인하여 불의의 손해를 당할 수 있다는 것이다. 이때 토지를 경락받은 자는 목적물을 사용할 수 없는 관계로 민법 제575조 제1항에 따라 계약을 해제35)할 수 있어야 할 것이다. 다만 경락인이 사용할 수 없는 경우란 법정지상권이 설정되어 있는 건물로 인하여 토지를 사용할 수 없는 정도이어야 한다는 것이다. 만약 그 사안이 경미하여 법정지상권을 용인하는 부분이 중요하지 않아 계약을 해제할 수 없는 경우면 민법 제578조 제1항에 따라 채무자를 상대로 대금감액청구를 하여야 할 것이다. 이에 대한 청구시기는 배당기일 이전에 해야 하는 것으로 해석해야 합당할 것이다.36) 그러한 이유는 변제를 하지 못해 목적물이 경매처분당하는 입장에 있는 자에게 대금감액청구를 하는 것은 설득력이 없기 때문이다. 그리고 배당기일 이후에 해당하는 경우면 경락인은 민법 제578조 제2항에 따라 채권자를 상대로 반환청구를 행사하여야 할 것이다. 이때 경락인은 반환청구의 상대방인 채무자의 자력이 없음을 입증해야 하는데, 물상보증인은 이 반환청구의 상대방에서 제외해야 한다고 본다. 그러한 이유는 물상보증인은 이미 채무자의 물상보증을 하여 주는 관계로 목적물을 경매처분하였고, 그 설정계약에 따른 이행으로 목적물이 처분되어 채권자에게 배당까지 하여 주었는데 또 다시 권리의 하자를 이유로 책임을 추궁하는 것은 물적 유한책임을 지는 물상보증인에게 과다한 책임을 지우는 것이 되기 때문에 인정하기 힘들다는 것이다. 오히려 물상보증인의 목적물이 처

---

35) 대전지법 홍성지원 1993. 12. 10. 93가합309; 判例는 "他人의 權利賣買시 賣渡人이 그 권리를 취득하여 매수인에게 이전할 수 없게 된 경우에 매수인은 그 담보책임의 效果로서 賣買契約을 해제할 수 있는데, 매수인이 취득한 해제권은 形成權의 일종으로서, 解除權 발생의 기초가 되는 賣買契約 이른바 債權的 權利로서 10년으로 시효소멸하게 되며, 아울러 形成權에 있어서는 그 성질상 권리의 불행사는 사실상태가 있을 수 없다는 점에 비추어 볼 때, 위 賣買契約의 解除權도 10년의 기간 내에 행사하여야 하고, 그 기간의 성질은 제척기간이라고 해석된다"고 판시하여 擔保責任에 따른 解除權은 채권적 청구권으로 보아 10년 내에 행사하여야 할 것으로 보고 있다.

36) 대판 1998. 4. 12. 87다카2641; 判例와 多數說은 "민법 제578조 제1항의 채권자에는 任意競賣에 있어서의 物上保證人도 포함되는 것이므로 競落人이 그에 대하여 적법하게 계약해제권을 행사했을 때에는 物上保證人은 競落人에 대하여 원상회복의 의무를 진다"는 입장을 취하고 있다.

분되어 채권자에게 배당되었으므로 배당을 받은 채권자들을 상대로 반환청구(민법 578조 2항)를 행사하는 것이 합리적이라고 본다.

그리고 채무자나 채권자가 악의로 이런 사실을 고지하지 않은 경우라면 손해배상을 청구할 수 있어야 할 것이고, 이때의 손해배상은 채무불이행설에 따른 이행이익의 배상을 해야 할 것이다. 한편 경매나 국세징수법에 의한 경우 또는 공매에 의한 경우는 그러한 법정지상권의 성립유무에 대해서 제대로 알 수 없기 때문에 법정지상권을 인정하는 것이 타당하지만, 매매 등에 의해서 발생하는 관습법상 법정지상권에 대해서는 확대적용을 고려해야 할 것으로 본다. 따라서 관습법상 법정지상권으로 손해를 보게 되는 토지소유자에게 대해서는 무과실 담보책임인 민법 제578조를 인정할 것이 아니라고 본다. 왜냐하면 담보책임의 목적이 대가적 견련관계가 실현되지 않는 경우에 그 구제제도로서 무너진 대가적 균형의 복구를 목적으로 하여 인정되는 것이기 때문이다.[37]

2. 유치권 성립의 제한

(1) 유치권관계 법률

1) 민법 제575조 제1항

매매의 목적물에 유치권의 목적이 된 경우에 매수인이 이를 알지 못한 때에는 이로 인하여 계약의 목적을 달성할 수 없는 경우에 한해서 매수인은 계약을 해제할 수 있다고 민법 제575조 제1항은 규정하고 있다. 여기서 매수인이 알지 못한 때란 선의인 경우에 한한다고 봄이 타당하다.[38] 즉 선의의 매수인은 계약을 해제할 수 있어야 할 것이고, 그러한 계약을 해제하기 위해서는 계약의 목적을 달성할 수 없는 경우에 한하여 인정해야 할 것이다(민법 575조 1항 전단). 계약의 목적을 달성할 수 없는 정도란 당사자의 주관적 판단이 아니라 제3자의 객관적인 입장에서 파악해야 할 것이다. 즉 제3자도 그러한 입장이었더라면 하지 않았을 것이라고 생각될 정도가 될 것이다. 따라서 중요한 내용이 아닌 경우는 민법

---

37) 金亨培, 賣渡人의 擔保責任, 서울: 考試界, 1997, 173면
38) 郭潤直, 前揭書, 217면.

제578조 제1항을 적용하여 채무자에게 대금감액청구를 할 수 있어야 할 것이다.

여기서 대금감액청구권은 경락인이 잔금을 납부하기 전까지 해야 하는 것으로 해석해야 할 것이다. 그러한 이유는 잔금을 납부하기 전이면 낙찰대금에서 그 제한받는 피담보채권액만큼 제한금액을 납부할 수 있도록 할 수 있기 때문이다.

2) 민사집행법 제91조 제5항

민사집행법 제91조 제5항[39)]은 "경락인은 유치권자에게 그 유치권으로 담보하는 채권을 변제할 책임이 있다"라고 규정하고 있다. 이러한 규정을 적용하기 위해서는 민법 제575조에 따라 그러한 유치권의 존재사실에 대해서 알 수 있었는데도 불구하고 과실로 인하여 알지 못했던 매수인이 해당된다. 여기서 "알 수 없었던 경우란" 입찰 당일까지 유치권에 대해 채권신고를 하지 않아 경락인이 알 수 없었던 경우이다. 즉 임차인이 필요비와 유익비에 따른 유치권을 집행기관에 채권신고를 하지 않아 경락인이 알 수 없었던 경우로 보아야 할 것이다.

민사소송법 제728조(현 민사집행법 268조)에 의하여 담보권의 실행을 위한 경매절차에 준용되는 동법 제608조 제3항(현 민사집행법 91조 5항)은 경락인은 유치권자에게 그 유치권으로 담보하는 채권을 변제할 책임이 있다고 규정하고 있는바, 여기에서 "변제할 책임이 있다"는 의미는 부동산상의 부담을 승계한다는 취지로서 인적 채무까지 인수한다는 취지는 아니므로, 유치권자는 경락인에 대하여 그 피담보채권의 변제가 있을 때까지 유치목적물인 부동산의 인도를 거절할 수 있을 뿐이고 그 피담보채권의 변제를 청구할 수는 없는 것이다.

---

39) 대판 1996. 8. 23. 95다8713; 여기서 判例는 "민사소송법 제728조(현 민사집행법 268조)에 의하여 擔保權의 實行을 위한 경매절차에 준용되는 같은 法 제608조 제3항(현 민사집행법 91조 5항)은 경락인은 유치권자에게 그 유치권으로 담보하는 채권을 변제할 책임이 있다고 규정하고 있는바, 여기에서 '변제할 책임이 있다'는 의미는 부동산상의 부담을 승계한다는 취지로서 인적 채무까지 인수한다는 취지는 아니므로, 유치권자는 競落人에 대하여 그 피담보채권의 변제가 있을 때까지 유치목적물인 부동산의 인도를 거절할 수 있을 뿐이고 그 피담보채권의 변제를 청구할 수는 없다"고 판시하고 있다. 즉 유치권자는 경락인에 대하여 그 피담보채권의 변제가 있을 때까지 유치목적물인 부동산의 인도를 거절할 수 있을 뿐이고 피담보채권의 변제를 청구할 수는 없다고 하고 있다. 따라서 유치권자는 유치권에 의하여 담보되는 채무가 변제될 때까지 목적물을 점유하여 변제를 간접적으로 강제하고 그래도 변제가 없을 때에는 목적물을 경매하여 채권을 회수할 수 있을 것이다. 그러나 피담보채권의 변제가 없게 되면 競落人은 목적물을 인도받을 수 없으므로 결국 契約의 목적을 달성할 수 없기 때문에 賣渡人의 擔保責任에 관한 규정을 적용해야 할 것이다.

3) 민법 제575조와 제578조의 관계

채권자가 권리의 실행으로서 채무자의 재산을 경매한 경우에 그 경매한 목적물에 하자가 있었던 때에는 경락인을 보호할 필요가 있다. 여기서 민법은 제578조와 제580조 제2항에서 특칙을 두어 경매에 따른 담보책임을 정하고 있다.[40]

경락인은 매도인의 지위에 서는 매매목적물의 권리자인 채무자에 대하여 경매된 권리의 전부 또는 일부가 타인에게 속하거나, 그 권리가 부족하거나 또는 제한을 받고 있는 경우에는 계약을 해제하거나 또는 대금감액을 청구할 수 있다고 규정하고 있는데(민법 578조 1항), 여기서 경락인이 계약을 해제하거나 또는 대금감액을 청구할 수 있다는 경우란 경매된 권리의 전부 또는 일부 그리고 제한을 받고 있는 경우라고 할 수 있는데, 이는 민법 제578조 제1항에서 "경락인은 전 8조의 규정에 의하여" 할 수 있다고 규정하고 있기 때문이다.

따라서 민법 제575조 제1항의 제한을 받는 유치권의 경우는 제578조를 적용할 수 있을 것이다. 다만 계약의 목적을 달성할 수 없는 정도가 아닌 경미한 경우는 대금감액청구만을 법원을 통하여 채무자에게 청구할 수 있어야 할 것이다. 다만 대금감액청구는 경락인이 잔금납부 전에 청구해야 가능할 것이고,[41] 납부한 이후에는 채무자가 자력이 없다는 것을 경락인이 입증한 이후 채권자를 상대로 반환청구를 할 수 있을 것이다. 이때 채권자가 반환할 금액은 배당받은 금액의 한도가 될 것이다. 그렇지만 배당받은 금액이 채권자에게 따라 다를 수 있기 때문에 반환할 금액이 배당한 금액보다 적은 경우에 각 채권자는 채권액의 비율에 따른 배당액을 반환해야 할 것이다. 일부 설은 배당받은 금액의 한도에서 반환해야 할 것이라고 하였는데, 이렇게 되면 채권자에게 불평등한 결과를 발생할 수 있기 때문에 이는 인정할 수 없을 것이다. 그리고 경매의 목적물에 권리의 하자가 있더라도 손해배상은 청구할 수 없다는 것이 원칙이다. 이는 보통의 매매

---

40) 郭潤直, 前揭書, 227면.

41) 競落人이 殘金納付 전에 감액청구를 해야 한다는 근거는 落札人이 잔금을 납부하고 이후에 채권자에게 배당이 끝난 상태에서 채무자나 물상보증인을 상대로 감액청구를 한다는 것은 채무자나 物上保證人이 자력이 없어 결국 경매로 넘어가게 되었는데 이들을 상대로 감액청구를 한다는 것은 시간도 오래 걸리고 경락인이 보호받지 못하는 결과가 된다. 따라서 잔금을 납부하기 이전에 그 잔액납부금액에 대해서 감액하여 달라는 식으로 청구해야 競賣의 迅速性과 安定性에 부합할 것이다.

에 있어서와 같이 매도인의 손해배상책임을 인정하는 것은 너무 가혹하기 때문이다.[42] 그러나 채무자가 권리의 흠결을 알고 고지하지 아니하거나 채권자가 이를 알고 경매한 경우를 청구한 때에는 경락인은 그 흠결을 한 채무자나 채권자에 대하여 손해배상을 청구할 수 있을 것이다(민법 578조 3항). 그런데 이 경우에 채무자·채권자 양자에게 모두 과실이 있는 때에는 1차로 채무자인 손해배상책임을 지고, 채권자는 제2차로 책임을 질 뿐이라는 설과 민법 제578조 제3항의 취지에 반하기 때문에 연대책임을 부담해야 한다는 설로 나누어지고 있는데,[43] 물상보증인에게 손해배상책임까지 부담하게 하는 것은 이미 담보물을 경매처분당하여 재산상의 손실을 당한 물상보증인에게 너무 가혹하기 때문에 인정하기 힘들 것이다. 또한 채무자가 자력이 없을 경우는 배당을 받아간 채권자들을 상대로 반환청구를 하여야 마땅한 처사일 것이다.

(2) 판례의 경향

유치권의 목적이 될 수 있는 것은 동산이나 부동산 또는 유가증권이며, 목적물의 점유를 요건으로 하지 않기 때문에 등기를 요하지 않는다. 그리고 목적물로부터 발생한 채권이어야 하고 당사자 간에 유치권의 발생을 배제하는 특약이 없어야 한다. 이러한 유치권은 피담보채권이 변제가 도달할 때 주장할 수 있게 되는데, 필요비와 유익비에 대해 판례는 유치권을 인정하고 있어 경매의 경우 문제가 되고 있다.

1) 담보책임 및 유치권을 인정한 판례

① 목적물이 경락된 후 집행채권자가 유치권자인 집행채무자의 점유하에 있던 목적물을 당해 가처분의 집행을 통하여 인도받은 후 제3자에게 처분·인도하고 그 목적물에 관하여 소유권이전등기까지 경료하여 그 제3자로 하여금 목적물에 관한 완전한 소유권을 취득하게 하여 버림으로써 목적물에 관한 소유권이나 점유를 환원시킬 수 없는 새로운 사태가 만들어진 경우, 그때 비로소 가처분의 집행채권자로서 인도집행받은 목적물의 점유를 타에 이전하거나 점유명의를 변경하여서는 아니되는 가처분의 결정취지에 반하여 점유를 타에 이전하여 그 점

---

42) 郭潤直, 前揭書, 228면.
43) 郭潤直, 前揭書, 229면.

유명의를 변경한 것이 되고 집행채무자의 점유를 침탈하여 유치권을 상실하게 하는 불법행위를 저지른 것이라고 보아야 한다.[44]

② 점유라고 함은 물건이 사회통념상 그 사람의 사실적 지배에 속한다고 보여지는 객관적 관계에 있는 것을 말하고 사실상의 지배가 있다고 하기 위하여는 반드시 물건을 물리적·현실적으로 지배하는 것만을 의미하는 것이 아니고 물건과 사람과의 시간적·공간적 관계와 본권관계, 타인지배의 배제가능성 등을 고려하여 사회관념에 따라 합목적적으로 판단하여야 한다. 민사집행법 제268조에 의하여 담보권의 실행을 위한 경매절차에 준용되는 민사집행법 제91조 제5항은 경락인은 유치권자에게 그 유치권으로 담보하는 채권을 변제할 책임이 있다고 규정하고 있는바, 여기에서 "변제할 책임이 있다"는 의미는 부동산상의 부담을 승계한다는 취지로서 인적 채무까지 인수한다는 취지는 아니므로 유치권자는 경락인에 대하여 그 피담보채권의 변제가 있을 때까지 유치목적물인 부동산의 인도를 거절할 수 있을 뿐이고 그 피담보채권의 변제를 청구할 수는 없다.[45]

③ 소유권에 관한 가등기의 목적이 된 부동산을 낙찰받아 낙찰대금까지 납부하여 소유권을 취득한 낙찰인이 그 뒤 가등기에 기한 본등기가 경료됨으로써 일단 취득한 소유권을 상실하게 된 때에는 매각으로 인하여 소유권의 이전이 불가능하였던 것이 아니므로, 민사집행법 제96조에 따라 집행법원으로부터 그 경매절차의 취소결정을 받아 납부한 낙찰대금을 반환받을 수는 없다고 할 것이나, 이는 매매의 목적 부동산에 설정된 저당권 또는 전세권의 행사로 인하여 매수인이 취득한 소유권을 상실한 경우와 유사하므로, 민법 제578조, 제576조를 유추적용하여 담보책임을 추급할 수는 있다고 할 것인바, 이러한 담보책임은 낙찰인이 경매절차 밖에서 별소에 의하여 채무자 또는 채권자를 상대로 추급하는 것이 원칙이라고 할 것이나, 아직 배당이 실시되기 전이라면, 이러한 때에도 낙찰인으로 하여금 배당이 실시되는 것을 기다렸다가 경매절차밖에서 별소에 의하여 담보책임을 추급하게 하는 것은 가혹하므로, 이 경우 낙찰인은 민사집행법 제96조를 유추적용하여 집행법원에 대하여 경매에 의한 매매계약을 해제하고 납부한

---

44) 대결 1996. 12. 23. 95다25770.
45) 대판 1997. 1. 21. 96다40080.

낙찰대금의 반환을 청구하는 방법으로 담보책임을 추급할 수 있다.[46]

④ 기초공사, 벽체공사, 옥상스라브공사만이 완공된 건물에 전세금을 지급하고 입주한 후 소유자와 위 건물을 매수하기로 합의하여 자기 자금으로 미완성부분을 완성한 자는 위 건물에 들인 금액 상당의 변제를 받을 때까지 위 건물의 제3취득자에 대하여 유치권을 행사할 수 있다.[47]

⑤ 유치권자의 점유하에 있는 유치물의 소유자가 변동하더라도 유치권자의 점유는 유치물에 대한 보존행위로서 하는 것이므로 적법하고, 그 소유자 변동 후 유치권자가 유치물에 관하여 새로이 유익비를 지급하여 그 가격의 증가가 현존하는 경우에는 이 유익비에 대하여도 유치권을 행사할 수 있다.[48]

2) 담보책임 및 유치권을 부정한 판례

① 경매의 목적물에 대항력 있는 임대차가 존재하는 경우에 경락인이 이를 알지 못한 때에는 경락인은 이로 인하여 계약의 목적을 달성할 수 없는 경우에 한하여 계약을 해제하고 채무자 또는 배당을 받은 채권자에게 그 대금의 전부나 일부의 반환을 구하거나, 그 계약해제와 함께 또는 그와 별도로 경매목적물에 위와 같이 흠결이 있음을 알고 고지하지 아니한 채무자나 이를 알고 경매를 신청한 채권자에게 손해배상을 청구할 수 있을 뿐, 계약을 해제함이 없이 채무자나 경락대금을 배당받은 채권자들을 상대로 경매목적물상의 대항력 있는 임차인에 대한 임대차보증금에 상당하는 경락대금의 전부나 일부를 부당이득하였다고 하여 바로 그 반환을 구할 수 있는 것은 아니다(주택임대차보호법 3조 3항; 민법 575조 1항, 578조, 741조).[49]

② 건물임차인이 임대차계약 종료시에 건물을 원상으로 복구하여 임대인에게 명도하기로 약정한 경우에는, 이는 건물에 지출한 각종의 유익비 또는 필요비의 상환청구권을 포기한 취지의 특약에 해당한다고 본다.[50]

③ 자기소유가옥에 지출한 수리비로는 유치권을 행사할 수 없다. 즉 건물을

---

46) 대결 1997. 11. 11. 96그64.
47) 대결 1967. 11. 28. 66다2111.
48) 대판 1972. 1. 31. 71다2414.
49) 대결 1996. 7. 12. 96다7160.
50) 대판 1975. 4. 22. 73다2010.

증여받은 자가 증여자로 하여금 그 앞으로 소유권이전등기를 경료하여 제3자에
게 근저당권을 설정케 하고 그 후 제3자가 그 건물을 경락받아 취득한 경우에는
증여받은 자는 경매신청 전에 가옥을 수리하는 데 비용을 지출하였다 하여도 이
로써 유치권을 행사할 수 없다.[51]

(3) 유치권 성립의 제한

민법 제322조 제1항 및 민사집행법 제91조 제5항에 따라 경락인은 유치권자
에게 그 유치권으로 담보되는 채권을 변제할 책임이 있고, 이를 이행하지 않을 경
우 유치물을 경매할 수 있다고 규정하고 있는데, 이러한 규정은 민법 제575조와
민법 제578조에 따라 제한을 받을 수 있다는 것이다. 즉 민법 제575조는 유치권의
존재사실을 알 수 없었고 이로 인하여 계약의 목적을 달성할 수 없는 경우에는 본
계약을 해제할 수 있다고 규정하고 있기 때문에 입찰 당일까지 그러한 유치권의
존재에 대하여 채권신고를 하지 않은 경우는 적용할 수 없다는 것이다. 왜냐하면
임차인이 필요비와 유익비를 지출하고 그에 따른 유치권의 존부를 법원에 채권신
고하지 않게 되면 경락인 입장에서는 채무자와 협의를 할 수 없는 입장이기 때문
에 이를 알 수가 없고 더 나아가 임차인과 채무자가 짜고 허위의 유치권을 주장하
게 되면 불의의 손해를 당할 수 있기 때문이다. 따라서 유치권자가 경락인에게 대
항하기 위해서는 입찰 당일까지 채권신고를 한 경우에 한해서 민법 제322조와 민
사집행법 제91조 제5항을 적용해야 하는 것으로 해석해야 할 것이다. 만약 위와
같은 유치권을 신고하지 않고 경락인에게 명도를 거부하는 경우[52]는 유치권의 주
장을 배척하거나 민법 제575조와 제578조에 따라 경락인을 보호하여야 할 것이다.

그리고 본 규정을 적용하여 계약을 해제하기 위해서는 그 내용이 중대한 내
용이어야 하는데 그 중대한 내용이란 계약의 목적을 달성할 수 없는 정도의 내
용이어야 할 것이다(민법 575조 1항). 그렇지 않은 경우에는 민법 제578조에 따라
대금감액청구를 잔금납부하기 전까지 채무자의 대리인인 집행기관을 통하여 채
무자에게 하여야 할 것이다. 다만 채무자가 자력이 있을 경우에만 할 수 있는 것

---

51) 대판 1959. 5. 14. 58다302.
52) 대판 1996. 8. 23. 95다8713.

이지 없는 경우에는 낙찰대금에 대하여 감액청구를 하여야 할 것이다. 그리고 채무자가 자력이 없다는 것을 경락인이 입증하였을 경우는 민법 제578조 제2항에 따라 배당을 받아간 채권자를 상대로 반환청구를 할 수 있을 것이다. 그에 대한 반환액은 채권액의 비율에 따른 반환을 하여야 형평의 원칙에 합당할 것이다. 만약 채무자나 채권자가 악의인 경우는 예외적으로 채무불이행설에 따른 이행의 이익을 배상하여 주는 것으로 해석해야 경매의 안정성과 공정성이 보장되고 선의의 경락인을 보호할 수 있을 것이다.

그리고 경락인이 민법 제575조에 의해서 제578조에 따른 계약을 해제하기 위해서는 그러한 사실을 안 날로부터 1년 이내에 행사해야 할 것이다.

제 4 절
결론

　자본주의에 그 기초를 두고 있는 현대의 경제구조하에서는 매매계약의 유상
성과 쌍무성이 특히 강조되고 있는데 그것은 당사자 쌍방 간에 존재하는 견연성
과 급부상호간의 등가성의 유지에 따른 매매계약의 형태 때문이다. 이러한 매매
계약의 효력으로서 매도인은 매수인에게 완전한 물건을 인도할 의무를 부담하고
이를 이행하지 않을 경우 매도인은 담보책임을 부담하게 된다. 즉 매매계약에
있어서 매도인의 재산권이전의무·목적물인도의무와 매수인의 대금지급의무는 서
로 대가적 견연관계에 있다. 그와 같은 대가적 견연관계가 실현되지 않는 경우
에 민법은 여러 가지 구제제도로서 채무불이행과 위험부담 또는 매도인의 담보
책임에 관한 민법 제569조에서부터 제583조까지의 규정을 적용하고 있다. 본 장
에서 이중 민법 제575조에 규정되어 있는 법정지상권과 유치권의 제한을 받는
목적물을 경락받은 경우 민법 제578조에 의한 담보책임과의 관계를 규명하여 보
았다. 물론 제575조는 지상권과 유치권에 외에 지역권, 전세권, 질권 또는 목적
부동산 위에 등기된 임차권이나 주택임대차보호법에 의하여 대항력을 가지는 임
차권이나 채권적 전세가 있는 경우에도 적용될 수 있을 것이다.[1]
　경매에서 매도인의 담보책임에 관한 이론을 주장할 수 있는 근거는 다수설
과 판례가 담보책임에 관한 일종의 사법상의 매매로 보고 있기 때문이다.[2] 특히
"민법 제578조에 의한 경매의 담보책임을 전 8조의 매도인 담보책임에도 준용한

---

1) 郭潤直, 前揭書, 216면; 權龍雨, 前揭書, 197면.
2) 林正平, 前揭書, 287면; 郭潤直, 前揭書, 227면; 金疇洙, 前揭書, 202면; 金曾漢, 前揭書, 180면.

다"라고 명시하고 있는 것도 중요한 이유가 된다.

제12장에서 살펴본 부동산경매에서 매도인의 담보책임과 관련한 내용을 요약해서 정리하여 보면 다음과 같다.

첫째, 법원경매의 법적 성질에 대해서 사법상의 매매로 보아 채무자와 집행기관 그리고 경락인 간에 이루어지는 대리인행위관계설로 법률관계를 파악하였다. 또한 실체적인 하자와 절차적인 문제도 채무자와 경락인 간에 발생하기 때문에 경락인은 집행기관에게 손해배상을 청구할 수는 없고,[3] 민법 제578조에 따른 담보책임으로 채무자에게 그 배상을 청구할 수 있다.

둘째, 민법 제578조의 매도인의 담보책임에 관한 규정은 경매에서 발생하는 권리의 하자에 한해서 인정할 것이 아니라 법률적 하자에 대해서도 민법 제575조를 유추적용하여 담보책임을 적용하였다.[4]

셋째, 민법 제575조와 제578조에 의한 담보책임을 적용하기 위해서는 우선 법적 책임을 적용하고 예외적으로 채무불이행책임을 적용할 수 있는 것으로 해석하였다.

넷째, 부동산경매로 나타날 수 있는 여러 문제점 중 제일 문제점이 될 수 있는 법정지상권과 유치권에 대하여, 이런 하자있는 목적물을 경락받은 경우는 민법 제575조 제1항과 제578조의 규정을 적용하여 경락인이 구제받을 수 있을 것이다. 이때 경락인은 선의이어야 하며, 이로 인하여 계약의 목적을 달성할 수 없는 정도로 중대한 경우에 한하여 계약을 해제할 수 있다고 본다(민법 575조 1항). 그리고 그 사안이 그다지 중요하지 않아 계약의 목적을 달성할 수 있는 정도라면 계약은 해제할 수 없고 민법 제578조 제1항에 따라 대금감액청구만을 할 수 있다.

그리고 임차인이 지출한 필요비와 유익비에 대하여 임차인은 그 채권을 임대인이 변제할 때까지 목적물을 점유할 수 있다고 판시하고 있는데, 이는 경락인이 악의인 경우에 한해 적용해야 할 것이며 만약 이를 알지 못한 선의의 경락

---

3) 대판 1964. 5. 12. 63다663.
4) 판례와 일부학설은 민법 제575조가 규정하고 있지 않는 法律的 障害는 이를 물건의 하자로 보아 민법 제580조를 적용하여야 한다고 하나 다수설은 公法上의 制限 등이 있는 法律上의 瑕疵는 권리의 하자로 보아야 한다고 하고 있다.

인인 경우는 민법 제575조에 따라 계약을 해제할 수 있고,5) 경락인이 잔금을 납부한 이후이면 민법 제578조 제2항에 따라 채권자에게 반환청구를 할 수 있다.

본 장에서는 경락인이 하자있는 목적물을 경락받았을 경우 민법 제578조의 관련규정을 적용하여 경락인의 권익을 보호하여 보았는데, 이에 관련된 이론과 판례가 많이 누적되어 적용될 때 원활한 채권회수와 경매의 대중화로 경제력향상과 산업화에도 이바지할 것으로 본다.

---

5) 대판 1996. 7. 12. 96다7106.

부록

[1] 사건부호표

(법원재판사무규칙 별표) 〈대법원규칙 1321호〉

사건별	사건부호	사건별	사건부호
민사제1심합의사건	가합	형사준항고사건	보
민사제1심단독사건	가단	비상상고사건	오
민사소액사건	가소	감호비상상고사건	감오
민사항소사건	나	즉결심판사건	조
민사상고사건	다	형사신청사건	초
민사항고사건	라	감호신청사건	감초
민사재항고사건	마	형사보상청구사건	코
민사특별항고사건	그	형사공조사건	토
민사준항고사건	바	감호공조사건	감토
화해사건	자	행정제1심사건	구
독촉사건	차	행정상고사건	누
민사신청합의사건	카합	행정재항고사건	두
민사신청단독사건	카단	행정특별항고사건	프
공시최고사건	카공	행정준항고사건	루
담보관계사건	카담	행정신청사건	부
기타민사신청사건	카기	선거소송사건	수
부동산등경매사건	타경	선거항고사건	수흐
기타집행사건	타기	선거상고사건	우
비송사건	파	선거신청사건	주
파산사건	하	특별소송사건	추
화의사건	거	특별신청사건	쿠
가사조정사건	너	소년보호사건	푸
차지차가조정사건	더	특허재항고사건	흐
민사공조사건	러	특허상고사건	후
소액조정사건	머	가사비송사건	느
호적비송사건(과태료 포함)	호파	가사제1심소송사건	드
형사제1심합의공판사건	고합	가사항소사건	르
감호제1심사건	감고	가사상고사건	므
형사제1심단독공판사건	고단	가사항고사건	브
약식사건	고약	가사재항고사건	스
형사항소공판사건	노	가사특별항고사건	으
감호항소사건	감노	가사신청사건	즈
형사상고공판사건	도	가사공조사건	츠
감호상고사건	감도	소년보호항고사건	크
형사항고사건	로	소년보호재항고사건	트
감호항고사건	감로	감치·과태료재판사건	정
형사재항고사건	모	감치·과태료항고사건	정로
감호재항고사건	감모	감치·과태료특별항고사건	정모

[2] 소가선정기준표

(민사소송등인지규칙에 의함) 〈대법원규칙 제1179호〉

<table>
<thead>
<tr><th colspan="3">종류</th><th>산정기준</th><th>근거조문</th></tr>
</thead>
<tbody>
<tr><td rowspan="5">Ⅰ
총
칙</td><td colspan="2">1. 소가산정원칙</td><td>소로써 주장하는 이익에 의하여 산정</td><td>법 23①,
인규 6</td></tr>
<tr><td colspan="2">2. 산정기준시</td><td>제소시 또는 제소의제시 기준</td><td>인규 7</td></tr>
<tr><td colspan="2" rowspan="3">3. 산정방법 등</td><td>(1) 산정자료 첨부</td><td>인규 8①</td></tr>
<tr><td>(2) 필요시 법원의 사실조사, 감정촉탁, 필요
사항보고요구, 석명처분</td><td>인규 8②</td></tr>
<tr><td>(3) 산정필요비용 예납</td><td>인규 8③</td></tr>
<tr><td rowspan="13">Ⅱ
각
종
소
송
목
적
물
가
액</td><td rowspan="4">1.
물
건</td><td>(1) 토지·건물 등</td><td>과세표준가액 있는 것→그 가액</td><td>인규 9①</td></tr>
<tr><td>(2) 유가증권</td><td>액면금액
(단, 상장증권→제소 전일의 최종거래가액)</td><td>인규 9②</td></tr>
<tr><td>(3) 기타증서</td><td>20만원</td><td>인규 9③</td></tr>
<tr><td>(4) 기타물건</td><td>제소당시 시가·시가 알기 어려운 것→취득가
격 또는 유사물건 시가로</td><td>인규 11</td></tr>
<tr><td rowspan="9">2.
권
리</td><td>(1) 소유권</td><td>물건 가액</td><td>인규 10①</td></tr>
<tr><td>(2) 점유권</td><td>물건 가액의 3분의 1</td><td>인규 10②</td></tr>
<tr><td>(3) 지상권</td><td rowspan="2">물건 가액의 2분의 1</td><td rowspan="2">인규 10③</td></tr>
<tr><td>임차권</td></tr>
<tr><td>(4) 지역권</td><td>승역지 가액의 3분의 1</td><td>인규 10④</td></tr>
<tr><td>(5) 담보권</td><td>피담보채권 원본액
(단, 목적물가액을 한도로 함)</td><td>인규 10⑤</td></tr>
<tr><td>(6) 전세권</td><td>전세금액(단, 목적물 가액을 한도로 함)</td><td>인규 10⑥</td></tr>
<tr><td>(7) 기타권리</td><td>제소 당시 시가·시가 알기 어려운 것→그 권
리 취득가격 또는 유사권리의 시가로</td><td>인규 11</td></tr>
<tr><td rowspan="2">1.
통
칙</td><td>(1) 재산권상 소</td><td>소가산정불능의 경우
10,000,000원</td><td rowspan="2">인지법
2④</td></tr>
<tr><td>(2) 비재산권상 소</td><td>10,000,000원(천만백원)</td></tr>
</tbody>
</table>

[3] 전국법원관할구역표

법원	지원	관할구역	시·군법원	전화번호	주소
서울 지방 법원	중앙	종로구, 중구, 성북구, 강남구, 서초구, 관악구, 동작구		02) 530-1114 당직실(야간): 02) 530-1280	서울특별시 서초구 서초중앙로 157 (서초동) <06594>
	동부	성동구, 광진구, 강동구, 송파구		02) 2204-2114	서울특별시 송파구 법원로 101 (문정동) <143-705>
	남부	영등포구, 강서구, 양천구, 구로구, 금천구		02) 2192-1114	서울 양천구 신정동 313-1 <158-071>
	북부	동대문구, 중랑구, 도봉구, 강북구, 노원구		02) 3399-7114	서울 노원구 공릉동 622 <139-240>
	서부	서대문구, 마포구, 은평구, 용산구		02) 3271-1114	서울 마포구 공덕동 105-1 <121-020>
	의 정부	의정부시, 동두천시, 구리시, 남양주시, 고양시, 양주군, 파주시, 연천군, 포천군, 가평군, 철원군, 고양시, 파주군		031) 828-0114	경기 의정부시 가능동 364 <480-101>
			포천군 법원	031) 535-6765	경기 포천군 포천읍 신읍리 33-4 <487-800>
			가평군 법원	031) 582-9747	경기 가평군 가평읍 읍내리 685-1 <477-800>
			남양주시 법원	031) 553-6098	경기 미금시 지금동 158-4 <472-080>
			연천군 법원	031) 834-3673	경기 연천군 연천읍 차탄리 57-45 <486-800>
			철원군 법원	033) 452-2783	강원 철원군 갈말읍 신철원리 615-1 <269-800>
			동두천시 법원	031) 862-2411	경기 동두천시 지행동 284-20 <483-020>
	고양 지원		고양시 법원	031) 967-8261	경기 고양시 주교동 588-1 <411-010>
			파주시 법원	031) 945-8668	경기 파주시 금촌동 78 <413-800>

법원	지원	관할구역	시·군법원	전화번호	주소
인천 지방 법원		인천광역시 (다만, 소년보호사건 은 앞의 광역시·시외 에 부천시, 김포시)		032) 430−2114	인천 남구 주안동 983 <402−206>
			강화군 법원	032) 934−8947	인천 강화군 강화읍 갑곶리 340−2
			김포시 법원	031) 982−3103	인천 김포시 김포읍 사우리 240−2
	부천 지원	부천시, 김포시		032) 320−1114	경기 부천시 원미구 상동 445−1
수원 지방 법원		수원시, 안양시, 과천시, 오산시, 의왕시, 군포시, 용인시, 화성군		031) 210−1114	수원시 팔달구 원천동 80
			오산시 법원	031) 374−0329	경기 오산시 오산동 884−11 <445−800>
			용인시 법원	031) 338−2213	경기 용인시 역북동 391−28 <449−800>
	성남 지원	성남시, 하남시, 광주군		031) 737−1111	경기 성남 수정구 단대동 75 <461−706>
			광주군 법원	031) 763−2188	광주군 광주읍 경란리 63−1 <464−800>
	여주 지원	여주시, 이천시, 양평군		031) 884−8610	경기 여주군 여주읍 홍문리 146−3 <469−800>
			양평군 법원	031) 772−5998	경기 양평군 양평읍 양근리 448−7<476−800>
			이천시 법원	031) 635−7040	경기 이천시 안흥동 116 <467−050>
	평택 지원	평택시, 안성군	안성시 법원	031) 650−3114	경기 평택시 동삭동 152−3 <456−800>
				031) 673−8596	경기 안성시 안성읍 구포리8 <456−800>
	안산 지원	안산시, 광명시, 시흥시	안산시 법원	031) 413−2194	경기 안산시 고잔동 525−2 <425−020>
			광명시 법원	02) 682−6390)	경기 광명시 철산동 252 <423−033>

법원	지원	관할구역	시·군법원	전화번호	주소
춘천지방법원		춘천시, 화천군, 양구군, 인제군, 홍천군		033)253-4156	춘천시 효자동 356 <200-092>
			인제군법원	033)462-6222	강원도 인제군 인제읍 상동리 345-8 <262-800>
			홍천군법원	033)434-7243	강원도 홍천군 홍천읍 신장대리 68-12<250-800>
			양구군법원	033)481-1544	강원도 양구군 양구읍 중리 5-2 <255-800>
			화천군법원	033)442-0124	강원도 화천군 화천읍 상리 49-5 <209-800>
	강릉지원	강릉시, 동해시, 삼척시		033)643-7371	강릉시 교동 846-7 <210-100>
			삼척시법원	033)574-8256	강원도 삼척시 성내동 12-1 <245-050>
			동해시법원	033)531-8929	강원도 동해시 천곡동 219 <240-010>
	원주지원	원주시, 횡성군		033)742-4104	원주시 학성동 1008-91 <220-031>
			횡성군법원	033)343-5281	강원도 횡성군 횡성읍 읍상리 300-1 <225-800>
	속초지원	속초시, 양양군, 고성군		033)633-2182	속초시 동명동 300 <217-020>
			고성군법원	033)681-4131	강원도 고성군 간성읍 상리 202 <219-800>
			양양군법원	033)672-2081	강원도 양양군 영양읍 성내리7 <230-800>
	영월지원	태백시, 영월군, 정선군, 평창군		033)372-4922	강원도 영월군 영월읍 영흥리 876 <230-800>
			정선군법원	033)563-7401	강원도 정선군 정선읍 봉양리 145-3<233-800>
			태백시법원	033)553-3628	강원도 태백시 황지1동 49-220 <235-010>
			평창군법원	033)333-0397	강원도 평창군 평창읍 중리 334 <232-800>

법원	지원	관할구역	시·군법원	전화번호	주소
대전 지방 법원		대전광역시, 연기군, 금산군		042) 470-1114	대전광역시 서구 둔산동 1390 <302-720>
			연기군 법원	041) 867-4500	충남 연기군 조치원읍 교리 8-11 <339-800>
			금산군 법원	041) 745-1722	충남 금산읍 상리 91-12 <312-800>
	홍성 지원	보령시, 홍성군, 예산군, 서천군		041) 634-6700	충남 홍성읍 오관리 108 <350-800>
			서천군 법원	041) 956-7550	충남 서천군 장항읍 원수리 893-5 <325-900>
			보령시 법원	041) 931-0501	충남 보령시 대천동 423-14 <355-010>
			예산군 법원	041) 334-4387	충남 예산읍 예산리 696-1 <340-800>
	공주 지원	공주시, 청양군		041) 855-2255	충남 공주시 반죽동 332 <314-100>
			청양군 법원	041) 942-0486	충남 청양읍 읍내리 216-3 <345-800>
	논산 지원	논산시, 부여군		041) 745-2035	충남 논산시 강경읍 대흥동 46-1<320-900>
			부여군 법원	041) 836-2215	충남 부여읍 동남리 689 <323-800>
	서산 지원	서산시, 태안군, 당진군		041) 665-4300	충남 서산시 동문동 804-8 <356-010>
			태안군 법원	041) 672-6745	충남 태안읍 남문리 300-6 <357-900>
			당진군 법원	041) 355-9436	충남 당진읍 읍내리 171-1 <343-800>
	천안 지원	천안시, 아산시		041) 551-3802	충남 천안시 신부동 72-16 <330-160>
			아산시 법원	041) 549-0698	충남 아산시 온천동 1418 <336-010>

법원	지원	관할구역	시·군법원	전화번호	주소
청주 지방 법원		청주시, 청원군, 진천군, 보은군, 괴산군		043) 270-7114	충북 청주시 수곡동 93-1 <361-705>
			괴산군 법원	043) 834-9922	충북 괴산군 괴산읍 동부리 673-3 <367-800>
			진천군 법원	043) 534-0855	충북 진천군 진천읍 교정리 237-2 <365-800>
			보은군 법원	043) 543-2520	충북 보은군 보은읍 교사리 54-13 <376-800>
	충주 지원	충주시, 음성군		043) 843-2003	충북 충주시 교현동 720-2 <380-360>
			음성군 법원	043) 872-0881	충북 음성군 음성읍 읍내리 724-3 <369-800>
	제천 지원	제천시, 단양군		043) 643-2002	충북 제천시 중앙로2가 16-2 <390-012>
			단양군 법원	043) 423-3166	충북 단양읍 별곡리 303 <395-800>
	영동 지원	영동군, 옥천군		043) 742-3702	충북 영동군 영동읍 계산리 681-4 <370-800>
			옥천군 법원	043) 731-2025	충북 옥천군 옥천읍 금구리 3-1 <373-800>
		대구광역시, 영천시, 칠곡군, 성주군, 고령군, 청도군		053) 757-6600	대구광역시 수성구 범어2동 176-1 <706-714>
			영천시 법원	054) 332-2365	경북 영천시 창구동 89 <770-010>
			칠곡군 법원	054) 973-2867	경북 칠곡군 왜관읍 왜관리 777-10 <718-800>
			성주군 법원	054) 931-8400	경북 성주읍 경산리 661-3 <719-800>
			고령군 법원	054) 955-9999	경북 고령읍 지산리 2-4 <717-800>
			청도군 법원	054) 373-6794	경북 청도군 화양읍 범곡리 124-1 <714-905>

법원	지원	관할구역	시·군법원	전화번호	주소
대구 지방 법원			경산시 법원	053) 816-3719	경북 경산시 사동 택지개발 29블럭 <712-190>
	안동 지원	안동시, 영주시, 봉화군		054) 856-3204	경북 안동시 동부동 447-8 <760-050>
			영주시 법원	054) 634-3885	경북 영주시 영주동 19-2 <750-010>
			봉화군 법원	054) 672-6644	경북 봉화군 봉화읍 포저리 350-1 <755-800>
	경주 지원	경주시		054) 741-5005	경북 경주시 동부동 203 <780-040>
	포항 지원	포항시, 울릉군		054) 251-1882	경북 포항시 북구양덕동 산 97-1 <791-270>
	김천 지원	김천시, 구미시		054) 420-2114	경북 김천시 삼락동 1224 <740-200>
			구미시 법원	054) 455-6660	경북 구미시 송정동 46 <730-090>
	상주 지원	상주시, 문경시, 예천군		054) 533-1503	경북 상주시 만산동 652-2 <742-260>
			문경시 법원	054) 555-9485	경북 점촌시 모전동 63-3 <745-050>
			예천군 법원	054) 652-0608	경북 예천군 서본리 44-5 <757-800>
	의성 지원	의성군, 군위군, 청송군		054) 834-1882	경북 의성군 의성읍 중리동 748-7 <769-800>
			군위군 법원	054) 383-1271	경북 군위군 군의읍 서부리 30-2 <716-800>
			청송군 법원	054) 873-6043	경북 청송군 청송읍 월막리 385 <763-800>
	영덕 지원	영덕군, 영양군, 울진군		054) 733-3311	경북 영덕군 영덕읍 남석동 311-2 <766-800>
			영양군 법원	054) 683-1698	경북 영덕군 영덕읍 남석동 333 <764-800>
			울진군 법원	054) 738-8011	경북 울진읍 읍내리 658-2 <767-800>

법원	지원	관할구역	시·군법원	전화번호	주소
창원지방법원	통영지원		거제시법원	055)637-3098	경남 거제시 신현읍 고현리 721-11 <656-800>
			고성군법원	055)672-4792	경남 고성군 고성읍 동외리 509-1 <638-800>
	밀양지원	밀양시, 창녕군		055)354-3101	밀양시 삼문동 246-46 <627-150>
			창녕군법원	055)533-8104	경남 창녕군 창녕읍 말흘리 318-1 <635-800>
	거창지원	거창군, 함양군, 합천군		055)944-1214	경남 거창군 거창읍 중앙리 433 <670-800>
			함양군법원	055)944-1214	경남 함양군 함양읍 용평리 630-3 <676-800>
			합천군법원	055)963-8682	경남 합천군 합천읍 합천리 325-1 <678-800>
광주지방법원		광주광역시, 나주시, 화순군, 장성군, 담양군, 곡성군, 영광군		062)239-1114	광주광역시 동구 거산2동 342-1 <501-703>
			나주시법원	061)336-0044	전남 나주시 금계동 14-1 <520-020>
			화순군법원	061)374-6124	전남 화순군 화순읍 훈리 30-4 <519-800>
			장성군법원	061)393-3138	전남 장성군 장성읍 영천리 1090-4 <515-800>
			담양군법원	061)381-0852	전남 담양군 담양읍 지침리 56-1 <517-800>
			곡성군법원	061)363-0073	전남 곡성군 곡성읍 읍내리 160 <543-800>
			영광군법원	061)351-2546	전남 영광읍 무평리 363 <513-800>
	목포지원	목포시, 무안군, 신안군, 함평군, 영암군		061)276-2131	전남 목포시 용해동 816-6 <530-380>
			무안군법원	061)452-8692	전남 무안군 무안읍 성남리 175-4 <534-800>
			함평군법원	061)324-2343	전남 함평군 함평읍 함평리 122 <525-800>

법원	지원	관할구역	시·군법원	전화번호	주소
부산 지방 법원		중구, 서구, 동구, 경도구, 부산진구, 남구, 수영구, 북구, 사상구, 강서구, 소하구		051) 240-1114	부산시 서구 부민동2가 1번지 <602-072>
	동부 지원	동래구, 연제구, 금정구, 해운대구, 기장군		051) 780-1114	부산 해운대구 재송동 1133 <612-050>
울산 지방 법원		울산광역시, 양산시		052) 228-8000~2	경남 울산시 남구 옥동 635-3 <680-080>
			양산시 법원	055) 388-4072	경남 양산시 북부동 373 <626-030>
창원 지방 법원		창원시, 만산시, 진해시, 김해시, 함안군, 의령군		055) 266-2200	경남 창원시 사파동 1번지 <641-705>
			마산시 법원	055) 222-5463	마산시 함포구 장군동 4가 26-8 <631-164>
			진해시 법원	055) 542-9592	경남 진해시 중앙동 11-1 <645-150>
			김해시 법원	055) 322-6221	경남 김해시 부원동 619-1 <621-010>
			함안군 법원	055) 583-8261	경남 함안군 가야읍 말산리 590-3 <637-800>
			의령군 법원	055) 572-5321	경남 의령군 의령읍 중동리 261-3 <636-800>
	진주 지원	진주시, 사천시, 남해군, 하동군, 산청군		055) 752-4146	경남 진주시 상대동 295-4 <660-320>
			사천시 법원	055) 833-9485	경남 사천시 동금동 83-9 <665-230>
			남해군 법원	055) 864-6904	경남 남해군 남해읍 북변리 235-2 <668-800>
			하동군 법원	055) 884-0603	경남 하동군 하동읍 읍내리 237-3 <667-800>
			산청군 법원	055) 973-5608	경남 산청군 산청읍 산청리 181-1 <666-800>
	통영 지원	통영시, 거제시, 고성군		055) 649-1500	통영시 용담면 동달리 857 <650-831>

법원	지원	관할구역	시·군법원	전화번호	주소
광주 지방 법원	목포 지원		영암군 법원	061) 473-4560	전남 영암군 영암읍 서남리 70-1 〈526-800〉
	장흥 지원	장흥군, 강진군		061) 863-7351	전남 장흥군 장흥읍 남동리 88 〈529-800〉
			강진군 법원	061) 433-6199	전남 강진군 강진읍 동성리 19-4 〈527-800〉
	순천 지원	순천시, 여수시, 여천시, 광양시, 여천군, 구례군, 고흥군, 보성군		061) 752-2103	전남 순천시 매곡동 412 〈540-070〉
			보성군 법원	061) 852-1660	전남 보성군 보성읍 보성리 770 〈546-800〉
			고흥군 법원	061) 833-0180	전남 고흥군 고흥읍 옥하리 190 〈548-800〉
			여수시 법원	061) 681-1688	전남 여수시 학동 97-1 〈555-010〉
			구례군 법원	061) 782-0440	전남 구례군 구례읍 봉남리 218-2 〈542-800〉
			광양시 법원	061) 791-8018	전남 광양시 중동 1314-1 〈545-010〉
	해남 지원	해남군, 완도군, 진도군		061) 534-9151	전남 해남군 해암읍 구료리 390-1 〈536-800〉
			완도군 법원	061) 554-9809	전남 완도군 완도읍 군내리 744 〈537-800〉
			진도권 법원	061) 544-4890	전남 진도군 진도읍 성내리 53-1 〈539-800〉
전주 지방 법원		전주시, 김제시, 완주군, 임실군, 진안군, 무주군		063) 259-5400	전북 덕진구 덕진동 1416-1 〈561-758〉
			김제시 법원	063) 547-2806	전북 김제시 신풍동 190-1 〈576-020〉
			임실군 법원	063) 642-1991	전북 임실군 임실읍 이도리 266-5 〈566-800〉
			진안군 법원	063) 433-2810	전북 진안군 진안읍 군하리 81-4 〈567-800〉
			무주군 법원	063) 322-0591	전북 무주군 무주읍 읍내리 831-2 〈568-800〉

법원	지원	관할구역	시·군법원	전화번호	주소
전주 지방 법원	군산 지원	군산시, 익산시		063) 450－5000	전북 군산시 조천동 880 <573－707>
			익산시 법원	063) 854－5592	전북 익산시 주현동 127 <570－040>
	정읍 지원	정읍시, 부안군, 고창군		063) 535－5101	전북 정읍시 수성동 610 <580－010>
			부안군 법원	063) 584－8608	전북 부안군 부안읍 선은리 301－14 <579－800>
			고창군 법원	063) 561－2011	전북 고창군 고창읍 교촌리 359 <585－800>
	남원 지원	남원시, 장수군, 순창군		063) 625－2015	전북 남원시 동충동 141 <590－010>
			장수군 법원	063) 351－4385	전북 장수군 장수읍 장수리 454－10 <597－800>
			순창군 법원	063) 653－6203	전북 순창군 순창읍 순화리 282 <595－800>
제주 지방 법원		제주시, 서귀포시, 남제주군, 북제주군		064) 729－2000	제주시 이도2동 950－1 <690－022>
			서귀포시 법원	064) 762－3881	제주도 서귀포시 서홍동 441－15 <697－080>

판례색인

사항색인

[學歷 및 經歷]

- 단국대학교 일반대학원 법학박사 과정수료 법학박사(민사법 전공)
- Northwestern University School of Law, Master of Laws(미국 법학석사)
- 한국금융연수원(전국은행 연수기관) 자문교수
- 미국 위스콘신 법과대학교 초빙교수
- 한국연구재단 학술서 심사위원
- 한국고시 민법전문위원
- KBS-TV, 매일경제신문 등 출연
- 한국법학회 최우수 논문상 수상
- 사)한국지적재산권 법제연구원 책임연구원
- 단국대학교 지역경제연구소 자문위원
- 충남도청 평생교육원장 채용 면접위원
- 한국산업인력공단/국민건강관리공단 외래교수
- 소방공무원 경력직(변호사)채용 면접위원
- Washington University of Law, Visiting Scholar
- 천안시청 자문위원
- 대전지방법원 천안지원 민사·가사 조정위원
- 영국 옥스퍼드 대학교 초빙교수
- 법무부 법 교육강사
- 건대·중앙대·성균관대·한양대 등 외래교수
- 한세대학교 민법 전임교수
- 한국대학협의회 출제위원 등
- 건국대 법학과 Best Teaching Award 수상
- 단국대학교 부동산학 전공 주임교수
- 한국부동산경매법제연구원 원장
- 한국부동산법학회 부회장/편집위원
- 한국부동산학회 경기권 회장/편집위원
- 한국법학회 수석부회장/편집위원
- 한국부동산경매학회 초대 회장
- 한국법학회 제20대 회장
- 단국대학교 특수대학원 특수법무학과 주임교수
- 단국대학교 법정대학 법무행정학과 교수/학과장

[主要 著書 및 論文]

- 「민법강의」
- 「민법연습」
- 「민법총칙」
- 「민법 및 민사특별법」
- 「민법이론」
- 「법학원론」
- 「부동산권리분석과 법 실무」
- 「American Law」
- 「민법과 민사집행법의 관계」
- 「민사소송에서 민사집행까지(II)-민사소송에서 부동산집행까지」
- 「부동산 경매론」
- 「부동산집행법과 사례분석」
- 「부동산경매 제1권~제2권」
- 「부동산 사법」
- 「선의취득의 요건에 관한 연구」
- 「미국주택임대차에서 의무위반의 구제에 대한 고찰」
- 「미국부동산에서 경매의 종류에 대한 연구」
- 「저당권 실행에 관한 연구」
- 「불법행위에 따른 손해배상의 범위에 대한 고찰」
- 「민법의 상린관계와 건축법의 접점에 관한 연구」

民事訴訟에서 民事執行까지(Ⅰ) - 民事訴訟에서 不動産·債權·動産 押留까지 -

초판발행	2024년 4월 20일
지은이	전장헌
펴낸이	안종만·안상준
편 집	사윤지
기획/마케팅	정연환
표지디자인	이영경
제 작	고철민·조영환
펴낸곳	(주) **박영사**
	서울특별시 금천구 가산디지털2로 53, 210호(가산동, 한라시그마밸리)
	등록 1959. 3. 11. 제300-1959-1호(倫)
전 화	02)733-6771
f a x	02)736-4818
e-mail	pys@pybook.co.kr
homepage	www.pybook.co.kr
ISBN	979-11-303-4582-6 93360

copyright©전장헌, 2024, Printed in Korea

* 파본은 구입하신 곳에서 교환해 드립니다. 본서의 무단복제행위를 금합니다.

정 가   36,000원